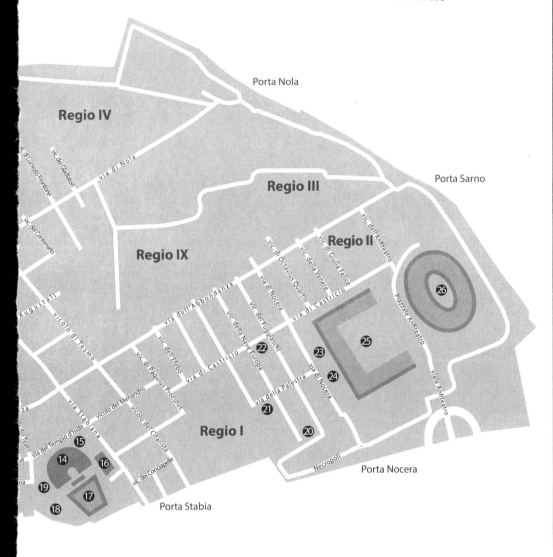

Regio IV

Porta Nola

Regio III

Porta Sarno

Regio IX

Regio II

via di Nola

vic. di Lucrezio Frontone

Vic. dei Gladiatori

Vic. del Centenario

Augustali

Vicolo di Tesmo

via dell'Abbondanza

Vic. di Octavius Quartio

vic. della Venere

vic. di Giulia Felice

vic. di Castricio

vic. dell'Anfiteatro

Vic. del Fuggiaschi

via di Nocera

Vic. del Efebo

via della Nave Europa

via di Castricio

via di Panulius Proculus

via Stabiana

Vicolo del Menandro

Vicolo del Ciarista

vic. del Conciapelle

via del Tempio d'Iside

via della Palestra

via di Nocera

Piazzale Anfiteatro

Viale Anfiteatro

Regio I

26

25

23

24

22

21

20

14

15

16

17

18

19

Necropoli

Porta Nocera

Porta Stabia

N

0   200m   400m

Alberto Angela

I TRE GIORNI DI POMPEI

23-25 ottobre 79 d.C.: ora per ora,
la più grande tragedia dell'antichità

Rizzoli

ISBN 978-88-17-07730-9

Prima edizione: novembre 2014
Seconda edizione: dicembre 2014
Terza edizione: dicembre 2014

Crediti fotografici per gli inserti:

Inserto 1
pp. 1-4, p. 6 in alto, p. 10, p. 12 in basso, pp. 13-15, p. 16 in alto: © Gaetano e Marco Capasso Capware.
p. 5, p. 6 in basso, pp. 7-9, p. 11, p. 12 in alto, p. 16 in basso: fotografie di Alberto Angela.

Inserto 2
pp. 1-2, pp. 4-13, p. 14 in alto, pp. 15-16: fotografie di Alberto Angela.
p. 3 in alto: © Fondazione C.I.V.E.S., Museo Archeologico Virtuale, Ercolano.

Le lettere di Plinio il Giovane citate nel testo sono tratte da *Lettere ai familiari*, traduzione di Luigi Rusca, BUR.

Su concessione del Ministero dei Beni e delle Attività Culturali e del Turismo – Soprintendenza Speciale per i Beni Archeologici di Pompei, Ercolano e Stabia n. 0016335 del 16/10/2014 e su concessione del Ministero dei Beni e delle Attività Culturali e del Turismo – Soprintendenza per i Beni Archeologici di Napoli n. 16569 del 7/11/2014.

L'Editore ha fatto il possibile per reperire i proprietari dei diritti. Rimane a disposizione per gli adempimenti d'uso.

I tre giorni di Pompei

NUNC EST IRA RECENS NUNC EST DISCEDERE TEMPUS
SI DOLOR AFUERIT CREDE REDIBIT AMOR

Adesso la furia è ancora troppo presente, ora è tempo di andare.
Se il dolore scomparirà, credimi, ritornerà l'amore.

PROPERZIO II, 5, 9-10
(graffito sul muro di una casa di Pompei)

DUE PAROLE
PRIMA DI INIZIARE

Dell'eruzione che nel 79 d.C. distrusse Pompei, Ercolano, Oplontis, Boscoreale, Terzigno e Stabia si parla sempre attraverso le vittime, cercando di capire come siano andate incontro alla loro fine. Questo libro farà il contrario: racconterà la tragedia attraverso i sopravvissuti. In effetti, c'è chi si è salvato. Da una lunga indagine ne sono riemersi almeno sette!

Cosa hanno visto? Cosa potrebbero rivelarci se fossero qui?

Purtroppo solo uno di loro, Plinio il Giovane, ha descritto il dramma che ha vissuto in una sua famosa lettera a Tacito. Ma fra tutti e sette era quello che si trovava più distante dalla sciagura, a una trentina di chilometri. Eppure anche da così lontano ha avuto paura di morire fra terremoti e nubi di cenere. E gli altri? Erano molto più vicini al vulcano, ma non hanno lasciato testimonianze. Di loro sappiamo il nome, l'età, a volte persino dove abitavano e in almeno due casi possiamo ricostruire il terrore che provarono e come vissero quelle terribili ore.

Trovare sette sopravvissuti a quasi duemila anni di distanza è già molto, ma non basta. C'è comunque anche un altro modo per avere un'idea di cosa significasse vivere a Pompei in quei giorni, poco prima di essere travolti da una delle più colossali tragedie della storia: cercare altri che fossero presenti assieme ai sopravvissuti.

Ecco perché, in questo libro, accanto ai superstiti si muoveranno altre persone *vere*, realmente esistite: di molte conosciamo il nome, l'età, il mestiere, a volte persino l'aspetto fisico e la storia familiare! Ma non siamo in grado di dire se siano state uccise dall'eruzione oppure se si siano anche loro salvate.

Di altri ancora, invece, ignoriamo quasi tutto, ma sappiamo che non ce l'hanno fatta. Restarono uccisi, non sono riusciti a fuggire da quell'inferno. I loro resti, scoperti dagli archeologi, sono stati raccolti e custoditi con cura in depositi o sono ora esposti in bacheche visibili ai visitatori.

Saranno dunque i sopravvissuti, i "forse sopravvissuti" e le vittime a farci rivivere quelle ore. Il nostro racconto si snoderà attorno a persone *vere*, non inventate, come capita quasi sempre nei film o in tanti libri (il protagonista maschile, quello femminile, il "cattivo", lo schiavo buono dato in pasto alle murene, i due gladiatori che poi finiscono per diventare amici, ecc.). Ma perché mai mettersi a scrivere un copione cinematografico o un romanzo quando sono esistite persone in carne e ossa con storie forse ancora più interessanti?

In questo libro seguiremo quindi la gente comune nelle attività svolte negli ultimi due-tre giorni prima dell'eruzione e scopriremo quello che dovettero affrontare in quelle terribili ore che li separavano dalla tragedia.

Ovviamente non sappiamo nel dettaglio cosa fecero. Nessuno lo saprà mai: quelle che leggerete saranno quindi delle ricostruzioni *verosimili* di ciò che fecero, videro e provarono sulla propria pelle. Il racconto però seguirà luoghi precisi, dai vicoli alle ville, fino alle fattorie sulle pendici del vulcano.

Anche gli affreschi di cui parleremo sono gli stessi che vedete ancora oggi in quei luoghi. Ne emergerà un percorso che ci permetterà di esplorare Pompei, Ercolano, Oplontis e i loro dintorni. Scoprendo tra l'altro il vero volto della vita di allora, ben diverso da quello che viene tratteggiato nei romanzi. Ogni riga infatti si ispirerà a quello che è emerso dagli scavi e alle conclusioni raggiunte dagli archeologi su come si viveva a quei tempi a Pompei e in tutta l'area costiera colpita dall'eruzione. Ma si baserà anche sulle conclusioni che hanno raggiunto i vulcanologi, gli storici, i botanici, gli antropologi e gli esperti di medicina forense.

Prima di augurarvi buona lettura, devo aggiungere due importanti "note di servizio".

Per la datazione dell'eruzione, tradizionalmente fatta risalire al 24 agosto del 79 d.C., ho deciso di attenermi alla tesi "autunnale" che – sulla base di studi e precise osservazioni – l'ha spostata in avanti di due mesi, al 24 ottobre dello stesso anno (per approfondimenti, cfr. pp. 465-478, in fondo al volume).

Tutte le diverse fasi dell'eruzione sono state ricostruite sulla base delle testimonianze dell'epoca e con la consulenza di vulcanologi. Purtroppo i documenti del I secolo d.C. non sono sempre esaustivi nelle descrizioni, perciò per alcuni fenomeni ci si rifà alle osservazioni scientifiche fatte su eruzioni recenti di vulcani con caratteristiche analoghe presenti sul nostro pianeta.

E ora, buon viaggio!

Nota

Nella lista alle pagine seguenti vengono presentati, in ordine di apparizione, tutti quei personaggi di cui si segue il percorso, di vita o di morte. Non vi figurano invece i nomi dei personaggi solo citati o descritti fugacemente.

PERSONAGGI

(in ordine di apparizione)

RECTINA (*Rectina*), nobildonna appartenente all'élite romana: organizza un banchetto nella Pompei che conta a poche ore dalla tragedia. Si salverà.

PLINIO IL VECCHIO (*Caius Plinius Caecilius Secundus*), ammiraglio, naturalista e scrittore latino: facciamo la sua conoscenza nel porto di Miseno perché comanda la flotta imperiale.

EUTICO (*Eutychus*), schiavo di fiducia di Rectina, la segue nei suoi spostamenti.

GAIO CUSPIO PANSA (*Caius Cuspius Pansa*), giovane politico dagli occhi viperini: lo ritroviamo a un pranzo fra potenti a Pompei.

GAIO GIULIO POLIBIO (*Caius Iulius Polybius*), il vero dominatore degli affari a Pompei: lo vediamo entrare con disinvoltura in una taverna "a luci rosse" della città.

LUCIO CECILIO GIOCONDO (*Lucius Caecilius Iucundus*), banchiere di età avanzata e dal proverbiale fiuto per gli affari: riceve una donna ricca e avvenente nel suo ufficio al Foro.

POMPONIANO (*Pomponianus*), ricco proprietario di una villa a Stabia: con lui Plinio passa le sue ultime ore di vita. Si salverà.

FLAVIO CRESTO (*Flavius Chrestus*), liberto di Stabia: va a giocare a dadi in un piccolo "casinò" di Pompei. Si salverà.

LUCIO CRASSIO TERZO (*Lucius Crassius Tertius*), proprietario di una *villa rustica*: al momento dell'eruzione, corre a salvare la sua cassaforte.

11

NOVELLA PRIMIGENIA (*Novella Primigenia*), famosa attrice: la seguiamo mentre gira nei vicoli di Pompei distesa su una lettiga accanto a un uomo potente.

MARCO OLCONIO PRISCO (*Marcus Holconius Priscus*), eletto duoviro grazie all'appoggio del banchiere Lucio Cecilio Giocondo, svanisce senza lasciare traccia nell'eruzione.

AULO FURIO SATURNINO (*Aulus Furius Saturninus*), giovane di una delle più amate e riverite famiglie di Pompei, è in affari con Rectina. Si salverà.

CESIO BASSO (*Caesius Bassus*), sensibile poeta, amico di Rectina: a Pompei alloggia in un hotel a cinque stelle di A. Cossio Libano.

TITO SUEDIO CLEMENTE (*Titus Suedius Clemens*), inflessibile tribuno inviato a Pompei dall'imperatore Vespasiano: lo incontriamo mentre fa un'importante ricognizione in città. Si salverà.

N. POPIDIO PRISCO (*N. Popidius Priscus*), diventato ricco nel commercio del vino e nella produzione di tegole, è proprietario anche di un forno. Potrebbe essersi salvato?

AULO VETTIO CONVIVA E AULO VETTIO RESTITUTO (*Aulus Vettius Conviva* e *Aulus Vettius Restitutus*), schiavi fratelli, diventati ricchi dopo essere stati liberati, vivono in una delle più belle *domus* di Pompei.

A. COSSIO LIBANO (*A. Cossius Libanus*), liberto di origini ebraiche, accoglie Cesio Basso nel suo elegante albergo a Pompei.

APOLLINARE (*Apollinaris*), medico personale dell'imperatore Tito, è di passaggio a Pompei, dove visita Rectina.

MARCO EPIDIO SABINO (*Marcus Epidius Sabinus*), il "Quintiliano" di Pompei, è candidato alle elezioni come duoviro e proprietario della ricca *domus* che ospita Tito Suedio Clemente a Pompei.

STALLIANO (*Stallianus*), idraulico di Pompei, viene chiamato a sistemare le tubature dell'acqua danneggiate dai recenti terremoti.

CLODIO (*Clodius*) vende mantelli nel suo negozio all'entrata delle terme: tenta una fuga disperata insieme con la sua famiglia.

MARCO CALIDIO NASTA (*Marcus Calidius Nasta*), venditore ambulante di statuette sacre, opera sotto il quadriportico degli Olconi.

LUCIO VETUZIO PLACIDO (*Lucius Vetutius Placidus*), proprietario di una delle più belle trattorie di Via dell'Abbondanza: dove nasconde i suoi soldi?

ASCULA (*Ascula*), moglie di Lucio Vetuzio Placido, è molto gelosa.

ZOSIMO (*Zosimus*), nella sua bottega disordinata, vende anfore, lucerne e vasi.

FELIX, pescatore di Ercolano, grazie al vulcano fa pesche miracolose.

AULO FURIO SATURNINO (PADRE) (*Aulus Furius Saturninus*), cavaliere e sacerdote preposto al culto di Giove, è uno dei benefattori di Ercolano.

GIULIA FELICE (*Iulia Felix*), donna imprenditrice dalle idee molto moderne, la conosciamo mentre conversa con Rectina alla Villa dei Papiri.

MOGLIE DI LUCIO CECILIO GIOCONDO, la sua scelta di trascorrere la notte nella fattoria di proprietà fuori Pompei le sarà fatale.

LUCIO CECILIO AFRODISIO (*Lucius Caecilius Aphrodisius*), uomo di fiducia del banchiere e custode del tesoro: cerca di salvarsi in una cisterna.

TIBERIO CLAUDIO ANFIO (*Tiberius Claudius Amphio*), addetto alla gestione della fattoria del banchiere, si stringe attorno alla sua padrona per proteggerla.

LUCIO BRITTIO EROS (*Lucius Brittius Eros*), liberto alla Villa della Pisanella, cerca fino all'ultimo di salvarsi.

FAUSTILLA (*Faustilla*), usuraia, tenta di riscuotere i suoi crediti persino durante il fuggi fuggi generale.

Nota

Tutte le citazioni a inizio capitolo sono graffiti ritrovati nel sito archeologico di Pompei ed Ercolano.

«RECTINA, RACCONTA...»
Qualche anno dopo l'eruzione

SI MEMINI
Se ricordo...

Sono occhi profondi e scuri, che brillano nell'ombra. Chiunque incroci il suo sguardo viene immediatamente attratto dall'insolito calore che emanano. Un calore mediterraneo, di una donna mediterranea. L'ovale perfetto del volto è incorniciato dai suoi capelli corvini. Sono così mossi da disegnare onde scure, nere come la notte, che lambiscono e s'infrangono sul candore del viso. Come le onde sulle spiagge campane dove è nata e vissuta.

A poco serve l'ampia collana d'oro, con incastonate perle e smeraldi, che s'innalza e s'abbassa dolcemente sul suo petto, al ritmo dei respiri, come uno scafo cullato dal mare. Superflui anche i due serpenti in oro massiccio e dagli occhi di smeraldo, che avvinghiano i suoi avambracci con strette spire. Persino le preziose vesti di seta e fili d'oro, con sinuosi panneggi che scendono dal triclinio dove è sdraiata, sembrano ben poca cosa rispetto al fascino che lei diffonde in tutta la sala del banchetto.

Allungata sul letto tricliniare color ocra, con il gomito sinistro elegantemente adagiato su un morbido cuscino, ascolta con sguardo attento l'uomo che le sta parlando, anche lui sdraiato a poca distanza. Affascinante, abbronzato e dalle spalle larghe, con i capelli brizzolati e le labbra carnose: quando sorride, si creano rughe solari attorno agli occhi e alla bocca.

Non sono soli a questo banchetto, ci sono molti altri invitati, adagiati tutt'attorno su altrettanti letti tricliniari seguendo la rigida etichetta romana. Spesso, se c'è più di una persona per letto ci si dispone a "spina di pesce", uno accanto all'altro.

Stanno tutti conversando allegramente, circondati da pareti coloratissime, affrescate con riquadri, finte architetture e paesaggi immaginari.

Il mondo dei romani, dai vestiti alle case, è davvero un mondo colorato, molto più del nostro che invece è fatto di pareti bianche e abiti scuri (per avere un'idea, vedi *Inserto 1*, p. 3). Persino il pavimento è ricoperto da mosaici colorati con geometrie e riquadri variopinti realizzati a tessere così piccole da sembrare, a prima vista, un quadro.

La sala dei banchetti si apre su un ampio giardino interno, circondato da un colonnato, con piante ornamentali profumate, che abili giardinieri hanno "scolpito" dando loro le forme più varie. Tra le piante passeggiano alcuni pavoni e si scorgono delle statue-fontane di bronzo, che indirizzano lo zampillo d'acqua in piccole vasche di marmo.

Alcuni servitori portano vassoi d'argento con ogni delizia, dai preziosi bocconcini di struzzo agli assaggi di murena affogata in salse speziate, al capretto con miele, alla frutta di stagione, fichi secchi, noci, datteri dal Nord Africa. L'attenzione è catturata dai tavolini posti di fronte ai letti tricliniari; in effetti tra piatti e boccali di vetro soffiato finissimo si scorgono piccole statue di bronzo: rappresentano dei vecchi, magrissimi, completamente nudi, dal membro smisurato, che sorreggono dei vassoietti d'argento con dolci e frutti da assaggiare. Sono dei simboli di buona fortuna e fertilità. Qua e là ci sono anche scheletri d'argento lunghi una decina di centimetri, le *Larvae Conviviales*, a ricordare a tutti che la vita è breve, che è un dono da assaporare, e che bisogna cercare sempre la risata e il sorriso. Come nei banchetti, appunto.

Una mano prende alcuni fichi secchi da uno di questi vassoietti d'argento: siamo in autunno. Così tra l'altro declama anche un poeta che, in un angolo della casa, assieme a dei musici recita componimenti che nessuno ascolta.

Ma proprio questa musica entra nella testa della donna portando un sottile veleno con sé: quel tipo di musica… non le è nuova. Un antico ricordo riemerge: non ha contorni definiti, ma è collegato a uno stato di ansia, che comincia a farsi strada. E poi quella mano che prende dei fichi secchi… Una scena già vista. Ma dove? D'improvviso il brusìo del banchetto è squarciato da una risata potente e stridula. È quella di un commensale, grasso, dai capelli bianchi, sdraiato poco più in là, che sta parlando e ridendo, la bocca piena di cibo, con un altro ospite. Anche quella risata la donna l'ha già udita, simile, in una situazione identica a questa. Era un altro banchetto… Sì, ora ricorda.

L'ultimo banchetto a casa sua prima della grande tragedia. I rumori, le parole, la musica all'improvviso svaniscono, tutto agli occhi della donna sembra ovattato, come se si svolgesse al rallentatore. Si guarda attorno, scruta i volti degli ospiti. E incomincia a vedere dell'altro: la sua mente, come per un perverso ritorno indietro nel tempo, cancella alcuni di quei visi sostituendoli con altri. Ed ecco gradualmente apparire, uno dopo l'altro, gli ospiti che si trovavano a casa sua prima dell'eruzione. Sembrano sereni, sorridenti, chiacchierano e ridono rilassati. Perché sono qui? Che fine hanno fatto? Il suo sguardo si abbassa e cerca rifugio sul tavolino posto accanto al suo letto tricliniare. Ma trova le statuette di bronzo e d'argento. E non riesce a staccarsi da quello che vede: lo scheletro con quelle orbite vuote, inespressive, e le costole simili a una gabbia da cui è volata via la vita. E poi la statuetta del vecchio, con quelle gote così scavate e la bocca spalancata come se tentasse di urlarle qualcosa, ma l'urlo fosse rimasto strozzato in gola. Non è più una scultura di bronzo, diventa un ricordo: sono espressioni che ha già visto, cariche di un dolore indicibile, di disperazione. Di qualcuno che ha visto morire.

Per tanto tempo ha cercato di non ricordare, di abbandonare tutto alle spalle, di non risolvere… Non ne ha mai parlato con nessuno. Non ha mai raccontato la tragedia che ha attraversato. Non ha mai voluto dire cosa ha visto e vissuto nelle ore terribili dell'eruzione. Si è sempre barricata nel silenzio. Troppo era il dolore e troppo grande la tragedia. Ma non è possibile cancellare e lasciarsi dietro dei traumi. Bisogna sempre tirarli fuori, sfogarsi, raccontare il proprio dolore a qualcuno. Meglio farlo subito. Altrimenti da dentro erode il tuo corpo come un parassita.

Anche per lei è così: ora i ricordi che aveva sepolto stanno riemergendo da un angolo remoto, buio e profondo della sua mente. Come uno squalo che emerge lentamente dagli abissi. I suoi occhi scuri si dilatano. La sua espressione così intrisa di calore, sensualità e sicurezza, svanisce. Alza lo sguardo, sembra quello di un naufrago che tra le onde cerca una cima da afferrare... Come delle mani tese, i suoi occhi cominciano a guardarsi attorno disperatamente in cerca di un volto, una parola, qualsiasi cosa a cui aggrapparsi. Ma non trovano nulla. La testa le gira, sudori freddi la aggrediscono alle tempie, ha un improvviso senso di nausea, non riesce più a muovere le gambe, e anche le braccia sembrano pesantissime. E poi la sensazione che il cuore stia per esplodere, che qualcosa di imminente e di immane stia per travolgerla.

Molti invitati si sono accorti che le sta succedendo qualcosa, forse anche richiamati dal rumore metallico della coppa d'argento che, lasciata cadere dalla sua mano, sbatte sul pavimento. L'uomo che stava parlando con lei si è alzato, le è vicino. Ma gli occhi della donna sono ormai velati dal terrore, e guardano lontano. Stanno già riandando a quelle ore. Era destino che prima o poi dovesse ritornare in quell'inferno, e riviverlo, prima di lasciarlo per sempre nel passato. L'uomo ha capito. Le dice solo una cosa: «Rectina, racconta, ora è giunto il momento...». Tutti gli invitati ammutoliscono. E si avvicinano per ascoltare. Sanno che lei è una delle poche sopravvissute nell'area più colpita dall'eruzione.

Quelle parole sono risuonate nella sala come la mandata di una chiave a una porta rimasta chiusa da troppo tempo. E questa porta ora si apre. Spalancandosi su una mattina del 79 d.C. Siamo a bordo di una nave a vela, tutt'attorno a noi c'è il rumore delle onde che schiaffeggiano dolcemente lo scafo e i richiami dei gabbiani. Davanti a noi, le coste campane...

LA NOBILDONNA E L'AMMIRAGLIO

Mar Tirreno, in vista di Miseno
22 ottobre 79 d.C., ore 8,00
mancano 53 ore all'eruzione

AV(E) PU(EL)LA
Buongiorno, bella ragazza.

Le mani ossute del timoniere stringono saldamente le corde, consunte dal tempo, che permettono di governare i due timoni della nave: fendono l'acqua come la lama di due aratri. In epoca antica le navi non hanno un timone centrale, ma due, posizionati sulle fiancate vicino alla poppa. Sembrano grandi remi messi in verticale. Sono azionati da un solo uomo all'interno di una piccola cabina, un'autentica "plancia di comando".

Durante l'ampia virata per superare Capo Miseno l'uomo sente vibrare i timoni vigorosamente, come fanno le redini di una quadriga al momento di curvare nel Circo Massimo. La nave ha un breve sussulto, quasi esitasse a virare, ma poi obbedisce e cambia rotta. Rectina e i passeggeri "sentono" la virata anche perché ora il vento accarezza un lato diverso del loro viso, mentre il sole che prima illuminava la loro pelle si è eclissato dietro la vela rigonfia. Il vento sospinge con potenza la nave. E sulla sinistra, a poche decine di metri, sfila la massa verticale della scogliera di Capo Miseno. Un gigante di pietra. Le onde s'infrangono sulle rocce, che a tutti sembrano troppo vicine, creando una spuma bianchissima. Folate di vento portano il tonfo delle onde e un acre odore di mare.

Quella spuma ha lo stesso colore dell'imponente faro a più piani che svetta sopra le loro teste, in cima al promontorio. Ricorda una serie di cubi sempre più piccoli, messi uno sopra l'altro come fanno i bambini. Il suo colore candido e la sua forma danno un tocco arabeggiante ai luoghi. Di certo non stonerebbe in quei piccoli villaggi bianchissimi che si vedono ancora oggi abbarbicati sulle coste del Mediterraneo. In effetti, lo scopriremo, questi luoghi e persino le vie di Pompei hanno atmosfere che oggi definiremmo "orientali" o "nordafricane". E questa è una prima sorpresa.

Dalla piccola cabina, il timoniere dalla barba riccia e nera governa l'imbarcazione con incredibile abilità. È uno dei migliori su queste rotte. Il suo sguardo non ha cessato un attimo di fissare la grande statua di Nettuno, posta sul molo all'entrata del porto di Miseno. Alla luce del sole, il bronzo dorato risplende in modo accecante, e per tutti i marinai rappresenta un pratico punto di riferimento durante l'avvicinamento.

Quello di Miseno non è un porto qualunque. È qui infatti che ha sede la principale flotta imperiale, la *Classis Misenensis*, una delle due flotte *Praetoriae*: l'altra è di stanza a Ravenna.

A ricordare che stiamo per entrare nella più potente base navale dell'Impero romano è un'imponente massa scura sull'acqua, che avanza. È una immensa quadrireme lunga oltre quaranta metri che si avvicina minacciosa, sospinta da una foresta di remi che scintillano tutti assieme quando emergono dall'acqua. A tratti si riesce persino a sentire una voce roca che impartisce il ritmo di voga. Come una nuvola bassa, scivola silenziosa sull'acqua, e sulla sua prua, sotto i grandi occhi dipinti sul fasciame (un simbolo protettivo molto diffuso in antichità e ancora oggi assai comune in alcuni paesi come la Turchia), si vede chiaramente il rostro di bronzo emergere tra le onde, con le sue micidiali tre lame orizzontali capaci di sventrare qualunque scafo nemico.

È poco noto, ma era previsto che i rostri una volta colpita una nave avversaria si strappassero e rimanessero conficcati nell'imbarcazione nemica come il pungiglione di un'ape, andando così a fondo con essa. Questo accorgimento, assieme a una rotta d'impatto mai ortogonale ma leggermente diagonale, evitava di entrare troppo in profondità nello scafo nemico, e quindi il rischio di rimanere incastrati e di affondare assieme. Una traiettoria angolata, inoltre, permetteva di aprire uno squarcio molto lungo e al tempo stesso di spezzare molti più remi, immobilizzando di fatto la nave avversaria.

La quadrireme sta rientrando da un giro di ricognizione della costa fatto assieme ad alcune triremi. In questo "rush finale" si è voluto mettere alla prova la resistenza dei rematori, portando al massimo il ritmo di vogata.

La flotta militare imperiale di Miseno non ha ormai più nemici nel Mediterraneo: sono infatti finite le epoche dei grandi scontri navali, come quello di Azio contro Marco Antonio e Cleopatra, o, prima ancora, la battaglia delle Egadi contro i cartaginesi. E non ci sono più pirati da sgominare. La flotta è sempre pronta, certo, ma ha più un utilizzo da tempo di pace, cioè viene impiegata per trasportare merci, rifornimenti e persone.

Anche Rectina si trova a bordo di una liburna, usata in questo periodo di relativa pace per i trasferimenti di personale governativo da – e per – Miseno. Per motivi che gli studiosi hanno dedotto, e che scopriremo in seguito, doveva essere considerata una VIP.

L'imbarcazione ha dovuto dare la precedenza alla squadra navale che è entrata nel porto. Ora tocca a loro.

Passando tra un lungo molo e una striscia rocciosa (Isola Pennata) che chiudono "a pinza" la baia del porto, il nocchiere accende una fiamma su un piccolo altare di bordo e sminuzza delle offerte, recitando frasi sacre a mezza bocca. Frasi che vengono ripetute da tutti i marinai di bordo, timoniere compreso. E anche da alcuni passeggeri. In effetti i marinai, nell'antichità e non solo, sono sempre stati estremamente superstiziosi. Si ringrazia gli dèi di essere arrivati sani e salvi. Un rito che a noi può sembrare antico, ma che a pensarci bene si vede ancora oggi, in un'epoca tecnologica come la nostra, su molti voli di linea non appena si atterra (a quanti di voi non è capitato di osservare chi si fa il segno della croce o di sentire persino degli applausi? All'estero si recitano frasi religiose o si prega).

L'ammiraglio naturalista

Il porto di Miseno sembra essere stato creato dalla Natura proprio per una flotta imperiale. Ha infatti due baie messe in fila, a formare un "8". La nostra nave a vela si ferma nella prima baia, puntando sul primo piccolo promontorio che incontra, sulla sinistra, oggi chiamato Punta Scarpariella. La squadra navale, invece, ha proseguito ed è penetrata nella seconda baia naturale attraverso uno stretto passaggio sovrastato da un ponte in legno. Si tratta con ogni probabilità di un ponte mobile (sono abbastanza comuni sui fiumi dell'Impero, compreso il famoso Ponte di Londra, Londinium, che già esisteva, mobile, in epoca romana).

È facile ipotizzare che i carri e i militari a terra si siano fermati: a un segnale il ponte si è alzato per far passare la gigantesca nave da guerra con tutti i remi per il momento ritirati all'interno. Sbirciando oltre, si intravedono numerosi scafi, ma soprattutto un gran numero di occhi e di rostri allineati. È la forza di Roma sul mare, pronta a scattare ovunque nel Mediterraneo.

L'imbarcazione su cui viaggia Rectina ha appena ormeggiato su una lunga banchina costeggiata da un porticato che unisce edifici regolari dalle pareti bianche e le tegole rosse, uffici amministrativi e ambienti tecnici. Alle loro spalle innumerevoli abitazioni s'inerpicano sul piccolo promontorio ammantandolo con una cittadella.

L'ammiraglio supremo, il capo di tutta la flotta, abita proprio in questa base e non è inusuale incrociarlo. È un uomo che tutti stimano. Lo si riconosce per l'aspetto massiccio, per l'andatura grave, ma anche per la cortesia e il "savoir faire", frutto di una cultura sconfinata. E infine, soprattutto, per l'indole tranquilla, manifestata da un sorriso solare e sicuro. Il suo nome è entrato nella storia. È Gaio Plinio Secondo, ma gli storici lo hanno sempre chiamato "Plinio il Vecchio" per distinguerlo da suo nipote, "Plinio il Giovane". Entrambi, lo vedrete, saranno personaggi chiave nel nostro racconto. Uno morirà drammaticamente, mentre l'altro, ancora giovanissimo, si salverà raccontandoci quello che è accaduto.

Ed è proprio l'ammiraglio Plinio il Vecchio (così lo chiameremo anche noi) che è venuto ad accogliere la donna. Cosa sappiamo di lui? È un uomo di cinquantasei anni, nato a Como (per alcuni invece a Verona). Da giovane servì per dodici anni nelle legioni del Reno, e comandò uno squadrone di cavalleria. Poi per molti anni la sua carriera si fermò, per via della sua ostilità al regime di Nerone. In seguito, morto l'imperatore, le sorti di Plinio il Vecchio si risollevarono quando salì al potere Vespasiano. Il caso aveva voluto che Plinio avesse militato in Germania con il figlio dell'imperatore, Tito. I tre avevano uno stesso modo "pratico" di pensare, forse perché tutti avevano fatto la gavetta tra i rischi, le responsabilità e i pericoli dell'esercito al fronte. E così diventò persino consigliere personale di Vespasiano e, alla morte di quest'ultimo poco prima dell'eruzione, di Tito, fino a far parte del gabinetto ristretto dell'imperatore.

Plinio, quindi, aveva saputo aspettare e grazie alle sue qualità era diventato un uomo potente e influente, non c'è dubbio. Ma anche una persona molto colta, piacevole da frequentare. In effetti l'uomo in piedi sul molo che aspetta Rectina ha terminato due anni prima un'opera colossale, ancora oggi continuamente citata e consultata, a secoli di distanza: la *Naturalis Historia*, una vera enciclopedia di antropologia, geografia, zoologia, botanica, astronomia, medicina e mineralogia di epoca romana. Anche per questo Plinio il Vecchio è considerato il primo naturalista della storia in senso "moderno". Purtroppo tutte le altre opere che ha scritto sono andate perdute. Plinio fu anche avvocato ed ebbe incarichi governativi in Gallia Narbonense, in Africa proconsolare e in Spagna Tarragonese, dove si trovavano importanti miniere d'oro. Si trattava di compiti molto delicati. Ma Vespasiano prima, e Tito poi, si fidavano di lui: Plinio il Vecchio infatti era dotato di grande onestà, sia pratica sia intellettuale.

Un'ultima domanda: come si spiega che un naturalista comandasse la flotta più importante dell'Impero? Vespasiano gli affidò questo incarico di grande prestigio forse anche perché, come abbiamo detto, a quei tempi richiedeva poco impegno, consentendogli di proseguire i suoi studi…

Rectina si sporge dalla nave, il capo coperto con un sottile scialle di seta, la *palla*, e dà un'occhiata a terra. L'attività sulla banchina, fatta di trasbordi e caricamenti di ogni genere di merce, dalle anfore a grandi sacchi avvolti in spesse reti, si è bloccata. I militari della guardia del corpo dell'ammiraglio hanno fermato tutti, creando due ali ai piedi della stretta passerella della nave. A questo punto la donna, coprendosi il volto, atteggiamento tipico delle matrone di nobili origini, comincia a scendere aiutata da una schiava. Ai nostri giorni, qualunque ufficiale un po' "gentleman" sarebbe salito per aiutare Rectina su quella passerella instabile, ma duemila anni fa l'etichetta proibiva non solo di dare il braccio, ma persino di sfiorare una potente nobildonna romana. Tranne che in una situazione di emergenza, sarebbe stato un vero reato. Le donne dell'alta società, appartenenti alla *nobilitas*, erano intoccabili in pubblico.

L'incontro con l'ammiraglio è caloroso. I due, infatti, molto probabilmente si conoscono da tempo e qualche storico ha ipotizzato che tra loro ci fosse più di un'amicizia… Ma non possiamo dirlo con certezza. In effetti Rectina è ancora giovane, bella e soprattutto vedova. Quello che sappiamo per certo, invece, è che quando si scatenerà l'eruzione Rectina manderà una richiesta d'aiuto a Plinio il Vecchio, supplicandolo di salvarla. Come lo sappiamo? È necessario fare un breve punto della situazione. Perché gran parte di quello che leggerete deriva da due lettere scritte molti anni dopo la tragedia di Pompei da Plinio il Giovane, nipote dell'ammiraglio, a Tacito, nelle quali descrive tutte le fasi dell'eruzione e cosa fece suo zio in quell'occasione. Sono documenti straordinari che ci sono pervenuti solo in copia, grazie al lavoro dei monaci amanuensi nel corso del Medioevo.

In queste lettere Rectina viene menzionata senza specificare altro se non il nome, segno che si trattava probabilmente di una persona nota nei circoli dell'élite romana. Anche perché in quell'epoca Rectina era un nome non raro, addirittura rarissimo. Quindi quando si parla di una nobildonna con quel nome vissuta in una grande villa tra Pompei ed Ercolano, non può che trattarsi di lei... Naturalmente sono tutte supposizioni, lo chiarisco per onestà di racconto, ma come vedrete sono tanti gli elementi (e persino le scoperte archeologiche) che si agganciano a questa figura e ai fatti che accadranno nelle ore che ci accingiamo a narrare, creando una convincente ricostruzione dei fatti.

Molto di quello che è accaduto tra un fatto e l'altro è solo ipotizzabile, come questo incontro avvenuto poco prima dell'eruzione.

Plinio il Vecchio ha fatto accomodare Rectina nella sua abitazione, situata con ogni probabilità nel cuore della "cittadella", la zona del porto militare. È un'occasione per rimediare in qualche modo al fatto che dovrà rinunciare al banchetto che Rectina sta organizzando nella sua bellissima villa, a picco sul mare, tra Ercolano e Pompei: purtroppo lo studio e gli impegni di lavoro gli impediscono di assentarsi da Miseno.

In effetti, mentre comodamente sdraiati su dei letti leggeri mangiano un pasto frugale e sorseggiano dell'ottimo Falerno prodotto proprio in questa regione, Rectina nota i tanti *volumina* (i "libri" formati da lunghissime pagine arrotolate) sparsi un po' ovunque nello studio dell'ammiraglio fra cartine geografiche, busti di imperatori, crani e pelli di animali esotici...

Plinio è un uomo affamato di conoscenza e sempre molto curioso. In tempi moderni sarebbe stato certamente un ricercatore o, vista la sua eclettica capacità di affrontare in modo razionale qualsiasi tema della natura, della scienza, della storia e in generale del sapere, un ottimo divulgatore. Magari da prima serata…

A interrompere questi nostri pensieri è la comparsa nella sala del nipote dell'ammiraglio, Plinio il Giovane, appena diciassettenne, che saluta educatamente Rectina. Assieme a lui c'è la madre (sorella di Plinio, che si chiama, ovviamente… Plinia). Il ragazzo è stato adottato dallo zio, che cerca in ogni occasione di spronarlo a studiare e a coltivare il sapere.

«Stai andando alle terme di Baia?» chiede al ragazzo con la sua voce tonante.

«Sì, mi assenterò solo il tempo necessario per un bagno. E poi è una bella passeggiata…» risponde il ragazzo.

«Potresti farti portare in lettiga…» sbuffa l'ammiraglio.

È una vecchia polemica tra i due. Dalle lettere che ci sono pervenute, a secoli di distanza, sappiamo che lo zio riprendeva spesso il nipote per la sua abitudine di andare a piedi: «Potresti non perdere queste ore» diceva, considerando sprecato ogni momento che non fosse dedicato alla lettura o all'arricchimento del sapere… Plinio il Vecchio, invece, lavorava così tanto da spostarsi sempre in lettiga perché lì poteva continuare a studiare. Soprattutto a Roma, dove il "traffico" rendeva più lunghi gli spostamenti.

Rectina sorride, sa benissimo che Plinio il Vecchio è un uomo fuori del comune…

In effetti su di lui sono stati scoperti tanti aspetti inusuali. Era un vero "workaholic", un drogato del lavoro: dedicava tutta la giornata allo studio, facendosi leggere ad alta voce dei libri ai quali poi apportava note o commenti. Questo accadeva mentre appena sveglio prendeva il sole, o mentre veniva frizionato e massaggiato dopo un bagno termale oppure a cena mentre mangiava. Ogni secondo era prezioso, così come ogni libro. Amava dire che «nessun libro è così da poco che non riesca utile da qualche parte»…

Aveva una grande fortuna: dormiva poco, ed era capace di

stare sveglio a studiare anche per una notte intera. Poi all'alba, come ci ha descritto il nipote, andava dall'imperatore Vespasiano (che era un "notturno" anche lui) e lavoravano assieme. Una volta rientrato a casa, riprendeva la sua attività, concedendosi ogni tanto improvvisi brevi pisolini (come Napoleone). Anzi, la sua capacità di addormentarsi subito e in qualsiasi luogo era diventata proverbiale. E forse gli fu anche fatale, come scopriremo durante l'eruzione...

Rectina saluta la famiglia, ora deve andare. E pochi minuti dopo vede il sorriso di Plinio diventare sempre più piccolo mentre lei si allontana rapidamente dal molo, a bordo della veloce liburna che l'ammiraglio le ha messo a disposizione per portarla nella sua villa. Da lontano vede Plinio salire su una lettiga, dare ordine ai portantini di muoversi, e fare un cenno al suo segretario che lo sta seguendo a piedi di leggergli un testo. Il piccolo corteo si mette in moto con il servo che legge ad alta voce e... inciampa di tanto in tanto.

Cartolina da Napoli... senza il Vesuvio!

La liburna è una nave a due ordini di remi molto veloce. Era un tipo di imbarcazione a vela usata in passato dai pirati delle coste orientali dell'Adriatico per compiere scorrerie e rapidi attacchi. Spazzati via i pirati, i romani hanno adottato questo tipo di nave modificandola leggermente, per farne un'ottima imbarcazione militare. Maneggevole e veloce, impiegherà assai meno tempo di una classica nave a vela per arrivare alla villa di Rectina, perché può contare sia sulla forza dei remi sia su quella del vento. A proposito: come dimostrerà lo studio sulla direzione di ricaduta delle ceneri e dei lapilli durante l'eruzione, da qualche giorno spira un vento teso in direzione sud-est, perfetto per questa rotta verso casa.

Rectina sente l'acqua scivolare velocemente sotto lo scafo mentre la costa campana le sfila davanti agli occhi. Miseno è lontana.

Anche il Golfo di Pozzuoli ormai è alle spalle, con il caos delle sue ville, dei suoi palazzi, dei suoi banchetti, noti in tutto l'Impero come teatro di una "movida" della "Roma che conta" tra le più sregolate e perverse.

Ma sono tanti i luoghi famosi su questo tratto di costa. La liburna prosegue la sua rotta, e superata la piccola isola di Nisida si appresta a penetrare nel cuore del Golfo di Napoli. Gli occhi di Rectina osservano distrattamente, sulla sinistra, quello splendido innalzamento a ridosso del mare, costellato di ville patrizie, fra cui spicca quella di Publio Vedio Pollione, lasciata poi in eredità ad Augusto. Proprio qui in epoca moderna sorgerà Posillipo, il quartiere più bello di Napoli. Anche se non ci siete mai stati, conoscete bene il panorama che si può godere da lassù, perché è il punto dove viene scattata la foto della classica "cartolina da Napoli". Quella in cui si vede l'ampio golfo, con il Vesuvio e l'immancabile pino marittimo... È stato un luogo incantevole fin dall'antichità se già Pollione coniò il nome *Pausilypon* (da cui deriva "Posillipo"), cioè "tregua all'affanno" o "pausa al dolore" per definire la zona in cui sorgeva la sua villa.

Ma la costa che Rectina sta guardando ha qualcosa di molto diverso rispetto a oggi. Proviamo ad avvicinarci al suo volto, fino a vedere il paesaggio del golfo che si riflette nei suoi occhi. Notiamo che c'è qualcosa di strano: i pini sulla costa ci sono, certo, il golfo pure... ma manca totalmente il... Vesuvio! Ci voltiamo di scatto e guardiamo la costa che si estende da Napoli alla penisola sorrentina... Non si vede il vulcano! Ma come è possibile?

Perché il Vesuvio non c'era: la "vera" cartolina da Napoli di duemila anni fa

Questa è la prima sorpresa che emerge se si studia con attenzione la geografia di allora: all'epoca di Pompei il Vesuvio infatti non era visibile come oggi. Per capire cosa vedeva un romano nel 79 d.C. dovete immaginare di prendere la classica "cartolina da

Napoli" e cancellare il cono del Vesuvio. Così appariva la costa campana allora.

La seconda sorpresa (che è una conseguenza della prima) è che il vulcano che vedete oggi, così alto e minaccioso, non è il killer di Pompei. Anzi a quel tempo non esisteva ancora! Contrariamente a quello che vi dicono guide, film, documentari, romanzi... Ma allora chi distrusse Pompei, Terzigno, Ercolano, Boscoreale, Oplontis e Stabia?

È stato un altro vulcano, che si trovava nello stesso punto, ma molto più antico: il Somma. E lo avete visto tante volte senza rendervene conto: nella classica "cartolina da Napoli", infatti, il Vesuvio ha un "dentello" sulla sua sinistra. Se poteste alzarvi in volo vi accorgereste che quel dentello, in realtà, fa parte di un'ampia cresta circolare che gira attorno al Vesuvio attuale, "abbracciandolo" in buona parte. Ecco, quell'ampia mezzaluna è ciò che rimane del cratere dell'antico vulcano che c'era prima del Vesuvio. Il suo condotto era ostruito da secoli. Ed è stato proprio lui ad aprirsi improvvisamente uccidendo migliaia di persone a Pompei e tutt'attorno alle sue pendici.

E il Vesuvio che vediamo oggi, quando comparve? Venne dopo: s'innalzò esattamente al centro dell'antico cratere del Somma. Fu proprio l'eruzione del 79 d.C. a dare inizio alla sua crescita. In questo senso il Vesuvio è figlio della tragedia di Pompei. Ma impiegò secoli a raggiungere le dimensioni attuali. In alcuni affreschi medievali che raffigurano san Gennaro con il Vesuvio alle spalle lo si vede ancora più piccolo del Somma.

Una curiosità: i romani non chiamavano l'antico vulcano Somma, come facciamo noi oggi, ma già Vesuvius o Vesbius e poi hanno trasferito questo antico nome al nuovo cono. Bisogna tenere bene a mente questo particolare per evitare un po' di confusione quando si leggono i testi antichi. Quindi, se proprio vogliamo essere corretti, dovremmo parlare di Vesuvius al tempo di Pompei e di Vesuvio in seguito.

Abbiamo quindi compreso perché il Vesuvio attuale non esisteva ai tempi di Pompei. Ma allora, se c'era un altro vulcano, il Somma (o Vesuvius), come mai i romani non si sono accorti della sua pericolosità? In fondo la forma di un vulcano è talmente chiara da generare più di un timore a chi vive alle sue pendici.

Altra sorpresa e altro mito da sfatare…

Nei film e in romanzi famosi, in effetti, si vede sempre Pompei sovrastata da un cono imponente (persino più grande del Vesuvio attuale). In realtà, ebbe quelle dimensioni solo nella preistoria quando, durante l'ultima glaciazione, l'uomo ancora dipingeva nelle caverne: continue colate laviche avevano fatto crescere un vulcano immenso. In seguito, frequenti eruzioni esplosive avevano demolito e fatto sprofondare questo gigante lasciando in superficie solo la base del cratere.

Quindi cosa vedevano i romani?

Un ampio monte basso e lungo, pianeggiante al centro e con qualche rilievo lungo i margini.

A rendere ancora più nascosta la sua vera identità contribuiva la "copertura" creata da boschi, vigneti e campi coltivati. Era a prima vista identico ai monti circostanti, perfettamente "mimetizzato", quasi fosse un commando sdraiato coperto di foglie e rami. Per quanto ne sappiamo oggi, le sole zone sprovviste di vegetazione erano la cresta più alta (l'attuale monte Somma con i pendii interni scoscesi e rocciosi punteggiati di spaccature) e un'area centrale, sassosa e priva di vita, evidentemente il "tappo" che poi esplose. Quest'ultima però non doveva essere molto estesa perché, di solito, sulle superfici vulcaniche spente la vegetazione ricresce velocemente.

Ecco perché i romani non si erano accorti di vivere alle pendici di un colossale vulcano. Camminavano, galoppavano, coltivavano vigneti, passeggiavano, si baciavano e facevano l'amore sulla pelle di un gigantesco killer nascosto…

A dire il vero, alcuni studiosi di epoca romana avevano compreso la reale natura del luogo: Strabone, famoso geografo greco morto cinquant'anni prima dell'eruzione, aveva intuito la vera identità di quel rilievo, perché si era accorto che, pur avendo sulle pendici dei fertili campi coltivati, in alto era piatto, arido, con tonalità color cenere e (facendo riferimento probabilmente alle pareti scoscese del Somma) con frequenti caverne e spaccature tappezzate di rocce che sembravano addirittura bruciate... Concluse, con incredibile lucidità, che in passato in quest'area doveva esserci stato un vulcano che poi si era spento. Anche lo storico Diodoro Siculo era giunto alla stessa conclusione: un secolo prima dell'eruzione che distrusse Pompei, aveva scritto che in passato quel monte eruttava fuoco, esattamente come l'Etna, e che mostrava ancora chiari segni di quell'antica attività.

Come in tante tragedie della storia, c'è sempre qualcuno che le comprende in anticipo. Entrambi avevano avuto l'intuizione giusta, che rimase inascoltata e quindi non servì a salvare decine di migliaia di vite... D'altronde neanche Plinio il Vecchio, naturalista e uno dei maggiori eruditi del suo tempo, che tra l'altro viveva alle pendici del vulcano, aveva capito il pericolo che correva.

Eppure negli affreschi romani si vede il Vesuvius...

Il fatto più incredibile è che i pompeiani e gli ercolanesi avevano persino dipinto in alcuni dei loro affreschi il killer, senza accorgersi che si trattava di... un vulcano! Per noi sono dei preziosissimi documenti perché possiamo intuire la sua forma prima dell'eruzione.

Come abbiamo detto, del vulcano preistorico completamente demolito s'intravedeva solo la base del cratere ampio e sbocconcellato. Qualcosa di simile a un posacenere dai margini irregolari con un "lato" più basso rispetto al resto. Un po' come il Colosseo oggi.

Quindi il suo aspetto cambiava a seconda della prospettiva da cui lo si osservava.

Chi abitava a Ercolano si trovava sul lato basso del vulcano e vedeva molto bene lo "sperone" del monte Somma: doveva essere una forma molto familiare, soprattutto quando si stagliava nel cielo la mattina.

L'effetto che dava agli occhi degli ercolanesi è stato immortalato, come in una foto, in un celebre affresco rinvenuto nel 1879 che decorava un tempietto domestico (un larario) dell'abitazione di un pompeiano, Rustio Vero. Si vede Bacco coperto di grappoli d'uva e alle sue spalle un monte ripido, un po' stilizzato, ricoperto da vigneti. Quasi tutte le guide e i libri su Pompei lo indicano come il Vesuvio. In realtà, come abbiamo detto, si tratta dell'attuale monte Somma, cioè il bordo del cratere preistorico visto di lato, come quando si guarda un'onda di profilo. Si intuisce bene quanto da Ercolano apparisse aguzzo e quanto fosse ricco di uva, segno che veniva considerato come un elemento generoso della campagna, non certo un potenziale assassino. Fa impressione pensare che i pittori, senza saperlo, avessero ritratto una parte delle fauci del gigantesco predatore che di lì a poco avrebbe divorato intere città…

Chi viveva a Pompei o Stabia, cioè a sud-est, invece, si trovava davanti il "lato" piatto e aperto del vulcano, quello "basso" del Colosseo. Non c'era quindi nessuna barriera naturale, nessun bordo rialzato del cratere per arrestare le terribili valanghe ustionanti di cenere e gas che in effetti qui avrebbero ucciso migliaia di persone.

Chi guardava il vulcano da est, infine, dall'attuale città di Nocera Inferiore, vedeva un monte basso (per via dell'erosione e dei crolli preistorici), un rilievo anonimo all'orizzonte.

Se il Vesuvius avesse mantenuto intatto il suo cratere, quanto meno la sua forma circolare, forse i romani avrebbero compreso che si trattava di un vulcano. Ma il suo secolare silenzio avrebbe comunque ingannato tutti. Un fatto curioso è che gli orli del "posacenere" consentirono a un personaggio famosissimo della storia di nascondersi. Nel 73 a.C. infatti Spartaco, il gladiatore originario della Tracia che guidò la celebre rivolta degli schiavi, si rifugiò con i suoi seguaci proprio in cima al cratere, sul monte Somma: erano luoghi talmente selvaggi, aspri e impervi che non fu possibile inseguirlo. Il pretore romano Appio Claudio Pulcro sbarrò l'unica via di accesso, sul lato dei vigneti e dei boschi, pensando di averlo chiuso in trappola. Ma Spartaco si calò dal lato opposto, verticale e scosceso, usando corde fatte di viticci sorprendendo poi i suoi avversari nel proprio accampamento e sbaragliandoli.

Il vero "Ground Zero" dell'eruzione

Un fatto che puntualmente tutti i film, i romanzi di successo, le serie tv e i documentari riportano in maniera errata è il punto esatto in cui scoppiò l'eruzione. Sappiamo che tutto iniziò quando saltò il "tappo" del Vesuvius, quindi sceneggiatori, scrittori e registi hanno sempre mostrato la sommità del vulcano che esplode. Sono scene di grande impatto... Peccato però che tutto ciò non sia possibile, per il semplice motivo che, come abbiamo visto, il vulcano non aveva una "punta", semmai aveva una forma anonima, un po' come un gelato sciolto.

Il "Ground Zero", quindi, non si trovava in alto, su una vetta, ma in basso, al centro dell'antica caldera pianeggiante, circondato dalle creste del vecchio cratere.

Ignoriamo se qualcuno abitasse proprio sul "tappo" nelle vicinanze del Ground Zero. Secondo un'interpretazione molto diffusa, doveva trattarsi di un'area lunare arida e desolata. Ma quanto estesa? Alcuni testi antichi ne parlano, senza però descriverne l'esatta grandezza. Occupava tutto l'interno del cratere oppure solo il suo centro?

Forse una risposta potrebbe essere davanti agli occhi di tutti, da generazioni, ma solo pochi se ne sono accorti. Nel famoso e già citato affresco che raffigura Bacco, in basso alla cresta vulcanica, sulla destra, si nota uno spuntone e un'area ovale scura.

Alcuni studiosi, come per esempio Virgilio Catalano, hanno concluso che il vulcano preistorico, ormai demolito, avesse al centro della sua ampia caldera un altro cratere, più piccolo, anch'esso in parte eroso, prodotto da un'eruzione più recente, avvenuta circa milleduecento anni prima della fine di Pompei.

Quest'intuizione forse ci consente di capire come appariva l'interno del vulcano. È possibile che l'area arida e lunare citata da Strabone fosse limitata solo a questo piccolo cratere centrale. E tutt'attorno? Vista la fertilità che offriva il Vesuvius e i secoli di inattività, è possibile che ci fosse una cintura di boschi, alimentata dall'acqua piovana che discendeva lungo le pareti interne del bacino idrogeografico disegnato da ciò che restava dell'antica caldera.

Sappiamo che i boschi alle pendici del Vesuvius erano popolati da caprioli e cinghiali e il rinvenimento di palchi di cervi a Pompei fa pensare che alcune aree potessero ospitare una flora e una fauna selvatiche.

Se così stanno le cose, il luogo doveva avere un certo fascino: un anfiteatro naturale coperto di boschi, protetto dai venti, con il lato più basso che si apriva sul Tirreno e su tramonti mozzafiato... Sul pendio che scendeva verso il mare, lo sappiamo, c'erano ville e fattorie. Le cita anche Plinio il Vecchio. E all'interno? Possiamo anche ipotizzare qualche campo coltivato con sporadiche piccole fattorie e strade sterrate? È possibile, ma non è detto che sia stato così.

Qui ci fermiamo, con la fantasia possiamo correre molto, ma non ne abbiamo alcuna prova né disponiamo di descrizioni di abitazioni di allora nella zona. Sono solo ipotesi. Certo è che se, al momento dell'eruzione, lì abitava o si trovava a passare qualcuno in una frazione di secondo è stato spazzato via...

Un serial killer preistorico

L'antico Vesuvius aveva già ucciso in passato. Almeno tre sue eruzioni preistoriche dovettero essere apocalittiche, simili a quella del 79 d.C.

Di una di esse abbiamo testimonianze agghiaccianti: i resti di un villaggio dell'età del Bronzo, ritrovato in località Croce del Papa a Nola. Circa quattromila anni fa il Vesuvius eruttò in modo molto violento (un cataclisma noto con il nome di eruzione delle "Pomici di Avellino"), ricoprendo un'area vastissima con una pioggia di lapilli e ceneri. Il villaggio in particolare venne anche sepolto da un "lahar", cioè una colata di fango scesa dal vulcano che ha realizzato un "calco" naturale delle capanne.

Sebbene siano passati quaranta secoli, grazie al lavoro degli archeologi sono riemersi oggetti delicatissimi, dai vasi agli utensili quotidiani, ed è stato possibile studiare persino i particolari dei muri esterni realizzati con fasci di paglia e giunchi. Come in una Pompei dell'età del Bronzo, molti oggetti erano ancora al loro posto nelle capanne, o appesi alle pareti. Sono stati scoperti anche i recinti dove si allevavano pecore, maiali. E c'erano pure i cavalli.

Il fatto che non siano stati ritrovati corpi ha indotto a pensare che gli abitanti di questi villaggi siano riusciti a mettersi in fuga. Ma molti non si salvarono. Anche quattromila anni fa, l'eruzione provocò molte vittime. Due sono state ritrovate in un'altra località, a San Paolo Bel Sito. Si tratta degli scheletri di un uomo tra i quaranta e i cinquant'anni alto circa un metro e settanta, molto robusto e muscoloso, e di una donna di circa ventun anni, alta un metro e cinquanta, che aveva avuto più parti. Fuggivano sotto una fitta pioggia di pomici. Pur trovandosi addirittura a sedici chilometri dal vulcano, non ce la fecero a salvarsi. Gli archeologi li hanno trovati con le mani a protezione del viso.

Il loro atteggiamento difensivo al momento della morte è incredibilmente simile a quello di tante vittime di Pompei. Forse furono anch'essi sorpresi da un'improvvisa valanga di nube soffocante di gas e ceneri, oppure a ucciderli furono le pomici e i frammenti rocciosi che caddero da decine di chilometri d'altezza, a velocità stimate tra i 125 e 170 chilometri all'ora! I loro corpi vennero poi ricoperti da un metro di pomici e lapilli e sigillati in una sorta di tomba geologica.

La lunga scia di morti e distruzione iniziata dall'antico Vesuvius verrà poi continuata dal nuovo vulcano, il Vesuvio vero e proprio, nato come abbiamo detto proprio il giorno dell'eruzione di Pompei. In quel giorno c'è stato il passaggio del testimone e il Vesuvio, per così dire, ha fatto il suo primo devastante "vagito".

Ci sono voluti secoli perché crescesse, diventando visibile, fino a raggiungere le dimensioni di oggi. Lo ha fatto in modo discontinuo con pause, crolli, e piccole ma continue eruzioni poco esplosive che hanno permesso alla lava di colare e di accumularsi creando il cono attuale. Ha conosciuto almeno quattro periodi di grande crescita: si è innalzato tra il I e il III secolo d.C.; dopo un periodo di quiete ha ripreso la sua violenta attività tra il V e l'VIII secolo con una nuova grande eruzione detta di Pollena (472), le cui ceneri sono giunte fino a Costantinopoli, che ha risommerso l'area vesuviana seppellendo ciò che era rinato attorno a Pompei; la sua attività è quindi ripresa tra il X e il XII secolo; infine, l'ultimo periodo di intensa attività è iniziato con la famosa eruzione del 1631, per concludersi nel 1944 quando è entrato in un "silenzio" che dura ancora oggi.

Ma adesso, dopo queste spiegazioni, necessarie, riprendiamo il nostro racconto.

VILLE DA SOGNO

22 ottobre 79 d.C., ore 13,00
mancano 48 ore all'eruzione

O FELICEM ME
Come sono fortunato!

La navigazione prosegue, la giornata è splendida. La liburna ha entrambe le vele spiegate per approfittare del vento favorevole. Nessuno a bordo lo sa, ma proprio questo vento, durante l'eruzione, sarà lo spietato complice del vulcano nell'uccidere folle di pompeiani, indirizzando la terribile pioggia di pomici e lapilli sulla città.

È interessante notare quanto queste eleganti imbarcazioni siano completamente diverse dalle nostre barche a vela, pur navigando nello stesso mare, nelle medesime condizioni. Mentre i velieri, i galeoni e le barche a vela di oggi hanno grosso modo la punta della prua emersa (a volte anche di poco), per i velieri romani invece questo non accade. La prua a pelo d'acqua presenta una forma particolare: una sorta di "naso" che fende le onde sormontato dagli occhi dipinti sulle fiancate. Sembra davvero il muso di un animale. E sulla fronte emersa c'è sempre un altissimo e imponente "ricciolo" (alla Elvis Presley) in legno dipinto.

Anche la poppa è insolita: è molto rialzata e prosegue nell'aria con una sorta di "coda" di scorpione ripiegata sopra al ponte. È davvero una struttura bizzarra. A volte viene persino scolpita a "collo di cigno", con le sembianze e i colori di un uccello con il collo ripiegato a "S". In altre imbarcazioni la coda di scorpione è sfrangiata come un ciuffo d'erba, oppure ha una grande sfera.

A prima vista sembra solo una decorazione un po' curiosa. Ma voi sprechereste tutto quel legno, quel lavoro e quel peso? Certo, può anche fornire un sostegno per dei teli messi a mo' di tenda per ripararsi dal sole e dalla pioggia. Ma in realtà pare fosse una sorta di "coda per il vento", una specie di timone fisso, che contribuiva ad allineare la nave al vento.

Per capirne l'utilità la si può paragonare a quelle banderuole girevoli in cima ai vecchi campanili o ai palazzi antichi (spesso hanno la forma di stemmi, bandiere o galli). Girando si allineano al vento e quindi indicano la sua direzione. Con un principio simile, la coda per il vento di una nave aiuta e contribuisce a tenere allineata la nave al vento favorevole di poppa.

Le navi romane hanno una vela quadra e di conseguenza viaggiano velocissime quando il vento è in poppa. Anche per questo i romani avevano stabilito importanti commerci con l'India. Riuscivano ad avere un vento dominante di poppa per andare e per tornare grazie ai monsoni che spirano in direzioni opposte a seconda delle stagioni.

È il timoniere a orientare la nave (compatibilmente con le condizioni del mare), ma quella coda per il vento sembra favorire un contributo "passivo" molto prezioso.

Se il vento proviene da altre direzioni, i marinai possono angolare le vele, ma non oltre un certo limite. Quando il vento spira frontalmente o soffia da un lato (di bolina) allora la nave non riesce più ad avanzare spedita e i remi sono indispensabili, altrimenti è giocoforza dover attraccare in un porto e attendere il vento "giusto".

La famosa vela triangolare, in grado di trasformare il vento di bolina in una forza propulsiva per la nave, si diffonderà solo nel Medioevo. A essa si deve il piacere di chi va per mare oggi con barche a vela o windsurf e la spettacolarità delle regate. Un marinaio romano rimarrebbe stupito dall'agilità di manovra delle barche attuali, che possono avanzare con ogni vento.

Questo approfondimento sulle navi romane è necessario quando si parla della tragedia di Pompei. Perché, come già accennato, a causa del limite imposto dalle vele quadre, le navi romane non possono muoversi se il vento non è favorevole. E questo provocherà la morte di tante persone durante l'eruzione, intrappolate nei porti di Pompei e Stabia. Immaginiamo i fuggitivi che si affannano per raggiungere il porto: vedranno le navi davanti a loro, pronte a salvarli, ma inchiodate ai moli, i marinai impotenti, perché non in grado di andare "contro vento" o con un vento di bolina troppo angolato. Ai venti sfavorevoli, poi, bisognerà aggiungere anche le condizioni del mare in burrasca.

Un'ultima curiosità sulle navi di epoca romana: non esistono cabine, e quindi nemmeno navi, per passeggeri. Le grandi imbarcazioni che attraversano il Mediterraneo sono solo da trasporto o da guerra: i viaggiatori devono trovare uno spazio alla meglio sul ponte, anche per dormire, portando con sé il cibo da consumare durante la navigazione. A queste navi bisogna poi aggiungere ovviamente quelle utilizzate per la pesca e di uso privato, imbarcazioni molto eleganti che i ricchi usano per brevi spostamenti o... feste al largo, come vedremo più avanti.

Pur essendo su una nave militare, a Rectina viene riservato un trattamento di riguardo, consistente in un confortevole giaciglio di cuscini, tavolini e sedie pieghevoli all'ombra di un elegante telo ricamato di un color rosso vivo.

A bordo c'è anche un piccolo gruppo di soldati addetti ad alcune torri di segnalazione che verranno sbarcati assieme a Rectina. Un dettaglio importante per quello che accadrà in seguito.

La liburna ora si è avvicinata molto alla costa, segno che la destinazione è prossima. Guardando ciò che ci troviamo di fronte con più attenzione constatiamo con sorpresa che il paesaggio è molto più verde di oggi. Al di là della fascia costiera, si estende un denso manto vegetale, un vero tappeto verde che copre ogni cosa. Sale omogeneamente fino al Vesuvius, che da qui appare come il dorso di una balena verde, con il suo "sbuffo" di pietra (il monte Somma) sul versante rivolto verso Napoli. Qua e là s'intravedono delle fattorie isolate, sporadici punti bianchi, quasi granelli di polvere su un tavolo da gioco verde. Niente a che vedere con l'attuale distesa di abitazioni e centri abitati, che vanno da Napoli alla penisola sorrentina senza soluzione di continuità...

Se oggi potessimo contemplare com'era il paesaggio in epoca imperiale ci accorgeremmo di quanto il sovraffollamento, l'abusivismo edilizio selvaggio, il cemento e il cattivo gusto abbiano stravolto e devastato quello che era una perla, un paradiso del Mediterraneo. Considerate che la popolazione che oggi vive nell'area vesuviana supera di molto il mezzo milione di abitanti. Ai tempi di Pompei, consisteva al massimo di qualche decina di migliaia di persone: forse non riempirebbero nemmeno uno stadio di calcio...

Se l'entroterra è privo di città e con pochi nuclei abitati, per la costa, invece, il discorso è differente. Si potrebbe dire che in certi punti, quelli più panoramici e prestigiosi, i romani abbiano operato una vera "cementificazione". Ben diversa da quella moderna, anzi estremamente raffinata. Si scorgono ville emergere nei punti più suggestivi, con la ricerca della più spettacolare vista sul golfo (che includa, se possibile, tramonti da sogno). In questo i romani sono molto "moderni": adottano gli stessi approcci dei "resort" che oggi sorgono ai Tropici (o dovremmo dire il contrario?...). Le ville appaiono all'improvviso, sbucando dal verde o a ridosso del mare. Colpiscono per il bianco delle pareti e il rosso dei tetti, per le ampie terrazze ma soprattutto per i colonnati, su più livelli. E stiamo parlando di ville faraoniche, da dieci a ventimila metri quadrati. Da lontano però, malgrado le loro dimensioni, danno un senso di estrema leggerezza. In alcuni casi la villa si snoda "in orizzontale" mettendo in fila un gran numero di colonne (un esempio è la straordinaria Villa dei Papiri, a Ercolano). In altri casi questi colonnati sono su più piani, dando l'impressione di trovarsi di fronte a una serie di cascate... cascate di pietra erette con i marmi più costosi provenienti dalle migliori cave d'Italia, del Nordafrica e dell'Egeo...

Il corpo delle ville è saggiamente nascosto da questa architettura aperta. Oltre i colonnati, infatti, ci sono giardini nascosti, vasche, cortili interni, sale colorate, pavimenti di marmo, scalinate, piani superiori in grado di regalare viste mozzafiato... E poi statue, mosaici, affreschi, animali esotici... Sotto questi tetti i romani più ricchi di quest'area dell'Impero fanno affari, banchettano, passeggiano, chiacchierano, ridono, amano. Non sapremo mai quante meraviglie la costa vesuviana abbia mostrato ai navigatori in quell'epoca. Possiamo solo immaginarle...

I romani comunicavano con lampi di luce

Ormai ci siamo quasi. Incrociamo alcune piccole barche di pescatori. Uno di loro è in piedi, magro e abbronzatissimo. Sta tirando fuori dall'acqua una lunghissima lenza con decine di ami (simile alle spadare in uso oggi), munita di galleggianti posti a intervalli regolari e distesa sotto il pelo dell'acqua come un lungo serpente in attesa di prede. E di pesci ne ha catturati parecchi, almeno a giudicare dai riflessi argentei che emergono in superficie.

Gli archeologi ritroveranno questa lenza intatta, arrotolata con i suoi ami e le sue speranze di nuove pescate in una delle profonde arcate sulla spiaggia di Ercolano dove venivano riposte le barche.

Il pescatore, di nome Felix, si ferma, alza lo sguardo con un sorriso luminoso e saluta con ampi gesti la liburna. Ha riconosciuto alcuni marinai. Non c'è da stupirsi, in fondo tutti assieme formano una piccola comunità che da anni si incontra quasi ogni giorno in queste acque a bordo di pescherecci, navi militari da collegamento o nelle taverne di Ercolano. Dopo alcuni cenni di risposta dalla liburna, il marinaio torna a tirare su pesci. Lo incontreremo di nuovo, durante il nostro viaggio e nelle ore drammatiche dell'eruzione sulla spiaggia di Ercolano, non distante dalla sua lenza.

Altre barche di pescatori incrociano la scena. Le loro vele scivolano sulle acque, come sipari ci aprono la vista su Ercolano. È situata al centro del Golfo e dal mare appare come una cittadina elegante: le sue strade infatti scendono parallele verso il mare, ordinate come se fossero passati i denti di un gigantesco pettine. Questa perfetta geometria romana avrà una terribile conseguenza; consentirà, al momento dell'eruzione, di incanalare in modo micidiale le correnti piroclastiche verso il mare seminando morte, fino alla spiaggia. Proprio là dove, ora, c'è un brulicare di persone attorno alle barche dei pescatori, appena tornati con il loro bottino dal mare...

Un lampo luminoso colpisce gli occhi dei rematori. È un riflesso del sole sulle vetrate semicircolari del *calidarium* delle terme suburbane di Ercolano, situate proprio a picco sulla spiaggia. Più volte, durante la navigazione, i volti di Rectina e dei marinai sono stati illuminati dai riflessi dei vetri delle ville. Sì, delle ville, perché il vetro è costoso e solo i ricchi o strutture pubbliche come le terme ne hanno in gran quantità. Ogni riflesso, il più delle volte, indica un punto della costa dove vive una famiglia che può permettersi questo "status symbol luminoso"...

Ma questo tratto di costa emette anche un altro tipo di riflessi del sole. Sono brevi e intermittenti, seguono un codice ben preciso. Provengono sempre da torri di comunicazione militari. È un sistema semplice ma molto sofisticato.

Quando Tiberio si trasferì nella sua straordinaria dimora a Capri, Villa Iovis, per stare lontano da Roma e dalle sue atmosfere velenose e corrotte, continuava a comunicare con il Senato, "in diretta", grazie a una serie di torri messe in fila che ricevevano e poi ritrasmettevano "a staffetta" il messaggio in codice dell'imperatore. Ogni volta un addetto trascriveva e poi rimandava il messaggio alla torre vicina e così via. Ci volevano poche ore per trasferire la comunicazione da Capri a Roma, coprendo circa trecento chilometri. Un corriere a cavallo avrebbe impiegato più di un giorno.

Bisogna dire che i romani conoscevano molti sistemi per comunicare a distanza: sul *limes*, la vera e propria linea di confine dell'Impero, le varie torri e gli avamposti usavano fiaccole accese o segnali di fumo secondo codici prestabiliti. Altrove, si usavano coppie di pali con bandiere di tela angolate in modo ogni volta diverso. Anche i piccioni viaggiatori erano solitamente usati per mandare messaggi. Tuttavia, il più efficace e rapido sistema di comunicazione era l'utilizzo di lampi luminosi, prodotti con superfici lisce (di vetro o di metallo) che riflettevano il sole. Il principio era lo stesso degli specchietti che si usano oggi per chiedere aiuto. È un sistema talmente efficiente che alcuni eserciti hanno usato per secoli l'eliografo (così viene chiamato l'apparecchio a specchi che emette questi lampi luminosi) fino agli anni Sessanta-Settanta del Novecento. E ciò non deve stupire: in una giornata limpida un lampo può arrivare fino a cinquanta chilometri.

I romani non erano in grado di realizzare specchi come i nostri, ma sapevano produrre vetri e specchi di bronzo comunque molto efficaci, ideali per la toilette… e anche a letto: si trattava di un sex toy irrinunciabile per alcuni nobili. Secondo Svetonio uno di questi era il poeta Orazio, che avrebbe fatto costruire, come tanti altri amanti di questa pratica, uno *speculatum cubiculum*, cioè una stanza tappezzata di specchi per i suoi giochi erotici…

L'uso degli specchi doveva essere un sistema di comunicazione usuale tra la base della flotta di Miseno e le varie stazioni o avamposti lungo la costa: si trasmettevano informazioni di ogni tipo, dagli ordini del quartier generale a notizie su spostamenti navali importanti o eventuali emergenze. Ed è proprio questo il motivo della presenza di alcuni militari a bordo della liburna di Rectina.

Quello che state per leggere aprirà uno squarcio nel tempo portandovi a quelle ore del 79 d.C. Proprio come detective, metteremo in fila indizi, dati, scoperte per capire innanzi tutto chi è Rectina. Non è facile a duemila anni di distanza – senza foto, mappe, documenti, e con solo poche parole scritte da Plinio il Giovane a Tacito – ricostruire l'immagine di una persona tra le migliaia che sono vissute lì, in quelle ore. Quindi quella che faremo è un'ipotesi. Un'ipotesi da prendere con cautela. Ma i dati, lo vedrete, si incastrano in modo intrigante.

Qual è la vera identità di Rectina?

Alcuni studiosi, come Flavio Russo, esperto di tecnologie militari, e Luciana Jacobelli, che da anni esaminano soprattutto le dinamiche e le questioni rimaste aperte sull'azione, i movimenti e la sorte di Plinio il Vecchio durante l'eruzione, sono giunti a una conclusione molto interessante. La villa di Rectina, probabilmente, doveva avere una torre di segnalazione nelle immediate vicinanze se non all'interno della sua stessa proprietà. Come lo sappiamo?

Per scoprirlo dobbiamo, come abbiamo accennato, fare un balzo in avanti, proprio nelle ore della tragedia.

C'è un passaggio della lettera di Plinio il Giovane a Tacito molto illuminante. Racconta che quando suo zio vide da Miseno l'immensa colonna eruttiva alzarsi in cielo e assumere la forma di un pino marittimo (l'immagine del pino è proprio di Plinio il Giovane), volle andare a indagare più da vicino il fenomeno, da uomo curioso e di scienza qual era. Ordinò che gli si preparasse una liburna. Ma al momento di partire... «Stava uscendo di casa quando riceve un biglietto di Rectina, moglie di Casco, spaventata dal pericolo che la minacciava (giacché la sua villa era ai piedi del monte e non vi era altro scampo che per nave): supplicava di essere strappata da una così terribile situazione.

Egli allora cambia progetto e, messo da parte l'interesse scientifico, si lascia guidare dalla sua eroica coscienza. Fa uscire in mare delle quadriremi e vi sale egli stesso, per andare in soccorso non solo di Rectina ma di molta altra gente, poiché quel litorale, grazie alla sua bellezza, era fittamente abitato.»

Riviviamo la scena. Plinio sta per salire a bordo quando arriva di corsa, trafelato, un militare che gli consegna un dispaccio (*accipit codicillos*). Come gli era giunta questa comunicazione? Con quale mezzo? Via mare? Impossibile, il vento era contrario. Via terra? Un messaggero avrebbe impiegato troppo tempo per arrivare: e poi, se un messaggero poteva partire a cavallo dalla villa di Rectina e arrivare fino a Miseno, non si capisce perché la donna non avrebbe potuto fare altrettanto per mettersi in salvo, vista la sua voglia di scappare...

I romani usavano anche i piccioni viaggiatori per mandare messaggi, lo abbiamo detto, ma durante un'eruzione questi volatili non sono affidabili, come tutti gli animali tendono a mettersi in salvo. Rimangono solo le bandiere di segnalazione e... l'eliografo, cioè i segnali luminosi. Considerando i tempi dell'eruzione e quelli per rendersi conto della gravità della situazione e della difficoltà di fuga, i lampi luminosi sembrano la soluzione più verosimile: sono di rapida esecuzione, di immediata ricezione e sicuri. Certo questo presuppone che la torre di segnalazione sia riuscita a intercettare dei raggi di sole, e che la nube del Vesuvius non avesse ancora reso muto l'eliografo con la sua ombra. In effetti, la nube all'inizio dell'eruzione cominciò ad andare verso l'alto per poi ricadere in direzione di Pompei, lasciando Ercolano e le ville nei suoi immediati dintorni libere da ricadute di lapilli se non per un po' di cenere. Non possiamo sapere se la nube oscurò il sole...

In alternativa all'eliografo si poteva ricorrere comunque a sistemi di ripiego, come l'uso di "bandiere" di comunicazione o forse anche a sistemi di fuochi e specchi (come nel caso dei fari) per rendere la struttura militare sempre efficiente anche con il brutto tempo. Quindi possiamo dire quasi con certezza che è con un segnale ottico che arrivò l'SOS.

Dovete pertanto immaginare Rectina che corre dai militari della torre dentro la sua villa (o vicino alla sua proprietà) e chiede loro di inviare immediatamente un messaggio di richiesta di aiuto proprio al comandante supremo, Plinio il Vecchio. La situazione fa davvero paura: ci sono continue scosse di terremoto, crepe nei muri, pezzi di affresco o di soffitto cadono per terra, i pavimenti ondeggiano, si rovesciano scaffali, vanno in frantumi brocche e statue. La torre stessa viene scossa e trema di continuo, come non ha mai fatto.

Nessuno ha le nostre conoscenze scientifiche: tutti possono solo constatare che a pochi chilometri una montagna si è squarciata sputando il calore degli inferi. Un cataclisma, una furia divina alla quale nessuno è preparato. È più che logico farsi prendere dal panico. Eppure un dato è certo: i militari non sono scappati. Hanno resistito e sono rimasti al loro posto. Hanno inviato il messaggio in codice. Segno di un forte senso di disciplina e di autocontrollo soprattutto nelle situazioni di pericolo... Qualcosa che nessuno finora ha mai sottolineato, ma che la dice lunga sulla preparazione dei legionari e dei marinai romani. Questo infatti era il vero segreto della forza delle legioni e della loro efficienza, anche in battaglia.

Al di là dei momenti concitati e del terrore negli occhi di tutti, che potere aveva questa giovane nobildonna romana per inserirsi in un sistema di comunicazione governativo-militare e obbligare dei soldati a inviare un messaggio?

Forse una risposta c'è, l'hanno fornita gli archeologi. Sul finire dell'Ottocento, durante la costruzione della ferrovia Napoli-Nocera-Salerno emerse sulla costa, a pochi metri dall'acqua, la parte frontale di una villa immensa, costruita a picco sulla scogliera e, pensate, in parte ancora visibile nel Seicento. Questa villa si trova non distante dall'attuale Torre del Greco, e sorge in località Ponte Rivieccio, in contrada Bassano. Ora nelle immediate vicinanze di questa villa è riemerso proprio il basamento di una torre romana, purtroppo poi demolita.

Il fatto intrigante è il nome del luogo: Bassano, che con ogni probabilità risale all'età romana. In effetti in Italia (e nelle nazioni dove una volta si estendeva l'Impero romano) le città e i luoghi con dei nomi che finiscono per "-ano" (in latino -*anum*) si riferiscono quasi sempre a delle proprietà appartenute a degli antichi romani: sono, come si dice, dei prediali, appunto dei toponimi derivanti dal nome di chi possedeva un terreno. Sono l'equivalente di un vero "resto archeologico" nel campo dei nomi.

Il catasto imperiale, forse il meccanismo più potente e silenzioso della civiltà romana, registrava chirurgicamente i confini di ogni terreno e di ogni proprietà, indicando se si trattava di una villa, di un *fundus* (terreno) o di un *praedium* (podere), che finiva con il suffisso -*anum* e che quindi assumeva il significato "la villa/il terreno di…".

Non è improbabile quindi che Bassano fosse in origine, per esempio, *Praedium Bassanum*, cioè il latifondo appartenuto a un ricco romano di nome *Bassus*. Nei secoli, *Bass-anum* si sarebbe trasformato in Bass-ano, l'attuale Bassano.

È la sorte capitata a tantissimi altri luoghi come Cassano (*Cassianum*, da *Cassius*), Cesano Maderno (*Caesianum*, da *Caesius* e Maderno da *maternus* perché il fondo forse è stato ereditato dalla madre), Corsano (*Cortianum*, da *Cortius* leggendo la *t* come una *z*, probabilmente un legionario in pensione a cui il Senato diede un appezzamento di terra, una consuetudine per il congedo dei veterani), e poi Conversano, Triggiano, ecc. Questo vi spiega come mai in Italia ci siano tantissime città e luoghi che finiscono in -ano.

Proseguiamo il nostro discorso.

Sappiamo quindi che c'era una villa appartenuta a un certo Bassus. Per possedere una villa così imponente doveva essere una figura importante e famosa, il cui nome dovrebbe riemergere nei documenti di allora… E in effetti si scopre che…

Sesto Lucilio Basso era stato ammiraglio e capo della flotta di Miseno, prima dell'arrivo di Plinio il Vecchio, che lo aveva sostituito. Un collega di Plinio, quindi è molto probabile che si conoscessero. È verosimile che quella fosse la villa di Basso. Ancora più convincente il fatto che nella proprietà di un ammiraglio ci fosse una torre di segnalazione della marina. Soprattutto se viveva lì (se non sempre, ogni volta che voleva stare con famiglia e conoscenti), al contrario di Plinio che viveva a Miseno. All'arrivo di Plinio, Basso venne trasferito a Ravenna a comandare la seconda flotta dell'Impero. Morì nel 73 d.C., cioè sei anni prima dell'eruzione, in missione in Medio Oriente, dove era stato mandato per condurre a buon fine la complicata vicenda della Prima guerra giudaica durante i preparativi della famosa operazione di riconquista di Masada.

E Rectina, in tutto questo? Secondo molti studiosi, la donna era la moglie di Sesto Lucilio Basso. Questo spiegherebbe diverse cose: l'amicizia tra lei, rimasta vedova, e Plinio, che a conti fatti era un collega del marito; perché chiese proprio a lui di salvarla e perché lui corse in suo aiuto; la sua presenza nella villa faraonica di Basso da cui partì l'SOS; perché, essendo la vedova dell'ex comandante supremo, e amica di quello in carica, potesse avere facile accesso a una struttura a esclusivo uso militare e governativo come la torre di segnalazione. E potesse avere l'autorità, l'influenza o il potere di far mandare l'SOS a dei militari.

Sono naturalmente solo ipotesi, su cui però molti altri studiosi, da Eva Cantarella a Luciana Jacobelli, porgono attenzione. Abbiamo troppo poche informazioni e dobbiamo rimanere nei confini delle supposizioni.

Un dettaglio non trascurabile a sfavore di questa teoria è che Plinio il Giovane nella famosa lettera definisce Rectina moglie di Casco (o Tasco, secondo altre versioni della lettera). C'è il sospetto tuttavia che si tratti di un banale errore di trascrizione avvenuto durante il Medioevo a opera dei copisti. L'originale è andato perduto, ma abbiamo più versioni medievali con errori che si accumulano e si sommano: in certi casi a essere alterate non sono solo singole lettere (capaci di trasformare *Bassus* in *Cascus* o *Tascus*) ma anche intere parole (da *november* a *september*), stravolgendo così informazioni importanti.

Un'altra ipotesi è che Rectina fosse una parente di Basso, e questo sarebbe comunque sufficiente a spiegare la sua presenza in villa.

Oppure, la bella vedova, che aveva ereditato villa e proprietà del marito defunto, si era risposata dopo alcuni anni con un certo Casco (o Tasco). In effetti è esistito un senatore di nome Gneo Pedio Casco, ma non abbiamo notizie di sue attività o proprietà nell'area vesuviana, e poi c'è Tascio Pomponiano, che Plinio incontrerà durante l'eruzione. Ma viveva in una villa a Stabia...

Infine possiamo anche ipotizzare che si trattasse di una nobildonna romana che conosceva Plinio e che assieme a suo marito

Casco (o Tasco/Tascio) vivesse in una villa faraonica accanto a quella con la torre dove corse per mandare l'SOS.

Potremmo proseguire all'infinito con questi interrogativi rimasti aperti che comunque vanno citati. E che delineano sentieri oggi impercorribili, a meno che non vengano fatte nuove e decisive scoperte.

Un fatto però è certo. Rectina viveva in una grande villa sul mare in prossimità di una torre di segnalazione. E ci sono degli indizi che fanno supporre che si sia salvata (scoprirete il perché alla fine del volume). È su questo orizzonte che ci muoveremo.

Ma adesso torniamo alle 13 del 22 ottobre con Rectina a bordo della liburna…

Una villa mozzafiato

L'ultimo tratto del viaggio, la liburna lo fa in compagnia dei delfini che saltano fuori dall'acqua scortando lo scafo, quasi fosse uno squadrone di cavalleria venuto ad accogliere Rectina. A ogni salto il corpo lucido dei delfini sembra rimanere per un istante sospeso, l'occhio che fissa i passeggeri e dà l'impressione di sorridere prima di rituffarsi nel blu del mare. A bordo tutti lo prendono per un buon auspicio.

Questo tratto di costa ha così tante abitazioni nobili da sembrare un unico villaggio di ville che prosegue per chilometri. A volte, non si capisce neppure dove finisca una e inizi l'altra, o quali siano i confini di proprietà.

È interessante notare il traffico di naviglio che "orbita" attorno a queste dimore sontuose. Abbiamo appena incrociato un'immensa "oneraria", cioè una nave da trasporto, con tutte le vele spiegate, che avanza lentamente: sul ponte scorgiamo delle immense e pesantissime colonne di marmo, destinate a chissà quale villa. Vengono dalle cave nei pressi di Efeso, oggi in Turchia. Un viaggio lunghissimo. Tra gli ultimi della stagione, visto che ormai sta per chiudersi il periodo dei grandi viaggi nel Mediterraneo, che riprenderanno solo in primavera. Con l'autunno e l'inverno, infatti, tutta la navigazione si ferma: il mare con le sue burrasche invernali è troppo pericoloso. I romani hanno, in questo, un senso pratico e anche… economico. Meglio aspettare la buona stagione piuttosto che rischiare di perdere merci e soldi in naufragi più che sicuri (a meno di emergenze come richieste di grano per Roma o viaggi dettati da necessità improvvise).

Altre imbarcazioni, più piccole, stanno consegnando dei datteri (una primizia autunnale appena arrivata dalle coste africane), sete preziose e anfore di vino pregiatissimo per il consumo quotidiano degli aristocratici che vivono qui. E pensare che tanti altri abitanti della zona di quel vino non potranno permettersene neanche un bicchiere in tutta la vita… Su una di queste imbarcazioni un gioielliere, che se ne sta seduto, stringe tra le mani un cofanetto. Evidentemente viene a mostrare dei monili preziosi alla giovane moglie annoiata di qualche ricco romano.

Nessuna matrona di queste ville si sposterebbe per andare a fare shopping di monili, sete o vestiti nei negozi di Pompei. È lo shopping che, per così dire, viene a casa loro. Gioiellieri, sarti e venditori di tessuti pregiati si recano nelle ville per esporre la loro migliore mercanzia. Per capire bene la differenza sociale ed economica tra chi abita in queste ville e il resto della popolazione dovete pensare a… degli sceicchi o agli attuali "nuovi ricchi" che comprano ville e yacht come fossero paia di scarpe. Il loro tenore di vita è, sotto ogni aspetto, lontano anni luce da quello di chi potreste incontrare nei vicoli di Pompei. Sono davvero di un altro pianeta. La loro quotidianità si basa su oggetti, cibi, capi di vestiario che sono quanto di più pregiato e costoso si possa immaginare.

Una nave a vela in particolare ha attirato la nostra attenzione. È piccola, quasi anonima, e si sta allontanando rapidamente da una villa, diretta al porticciolo di Pompei.

Il ponte dell'imbarcazione è quasi completamente ricoperto da una catasta di tegole spezzate, frammiste a mattoni rotti, compresi quelli forati per far passare l'aria calda nelle pareti delle terme. A prima vista sembra l'equivalente romano di uno di quei camioncini delle imprese edili carichi di calcinacci da buttare via dopo la ristrutturazione di un appartamento.

Ma non si tratta di un lavoro di ampliamento di una villa. Una statua di marmo rotta e mancante di vari pezzi, con la testa e le braccia delicatamente avvolte in stuoie, destinata evidentemente a essere riparata nella bottega di uno scultore, ci racconta un'altra storia: qualcuno sta cercando di sistemare i gravi danni di una scossa di terremoto. Una scossa molto recente.

La vista di quell'imbarcazione dà un senso di inquietudine a Rectina. Ormai le scosse sono troppo frequenti...

Con l'avvicinarsi della costa, questo suo pensiero viene gradualmente spazzato via dalla bellezza degli edifici.

Bisogna dire che ogni villa è diversa dall'altra. Se volete averne un'idea basta ammirare i riquadri delle pareti affrescate in molte *domus* pompeiane per vedere alcune "foto" della tipologia delle lussuose abitazioni lungo la costa di allora. Certe ville hanno davanti ai colonnati veri e propri giardini e distese erbose che si spingono fino al mare.

Potreste stare seduti ai margini del prato a pescare con i piedi che dondolano a pochi centimetri dalle onde. Statue di bronzo costellano i margini di questi prati. Non sono rivolte al mare come si potrebbe istintivamente pensare, ma guardano verso le ville per farsi ammirare da padroni e ospiti.

Dagli affreschi intuiamo anche un via vai di barche "munite" di schiavi rematori per giri di piacere. Sono l'equivalente di quei motoscafi di legno che si vedono a volte presso le ville dei VIP. Ogni villa ha infatti un proprio approdo, un molo privato, su cui sono ormeggiate eleganti imbarcazioni, ricche di decorazioni e legni cesellati, con vele colorate che spesso raffigurano animali o divinità. Sono gli yacht personali di ogni famiglia o, se volete, le Rolls-Royce dell'epoca.

Ai margini dei moli, a volte, si notano persino delle vasche scavate nella roccia o realizzate in muratura. Hanno un solo scopo: l'allevamento di pesci e la coltivazione di ostriche con l'acqua di mare.

L'arrivo in villa

La villa di Rectina si riconosce subito. È in cima a una scogliera e sviluppa una serie di eleganti terrazze su più livelli che scendono gradualmente verso il mare, ricoprendo l'intera parete rocciosa. Una di esse, tanto per darvi un'idea, è larga più di quaranta metri. Sono collegate tra loro con comode scale e sono dotate di statue e nicchie con fontane (come lascia intuire un tubo in piombo rinvenuto dagli archeologi). La villa si estende oltre la cima della scogliera con ambienti affrescati e giardini con statue di bronzo e vasche di marmo. Quello che si vede molto bene dal mare, e che fa sospirare di invidia chiunque passi davanti alla villa, è una sorta di torrione quadrato, ricoperto di intonaco bianchissimo, con una veduta mozzafiato su tutto il Golfo.

Oggi è rimasto ben poco, ma possiamo immaginare che all'epoca ospitasse una sala per banchetti estivi, aperta sul Mediterraneo con un colonnato circolare che offriva agli invitati una veduta indimenticabile sui tramonti nel Golfo di Napoli. Più tardi è proprio lì che si sdraieranno gli ospiti che Rectina ha invitato per un banchetto.

Ad attendere la giovane donna sul molo è il suo servo di fiducia, Eutico (*Eutychus*). Questo nome, in greco, significa Fortunato. È alto, tenebroso, la pelle scura e gli occhi verdi. Una presenza rassicurante e protettiva per Rectina.

Appena il suo sandalo decorato con pietre preziose tocca il molo, un altro schiavo, un ragazzo, sceso rapidamente dalla nave, le si mette accanto e le fa ombra sorreggendo un ombrello con piccole frange dorate. È più stretto e conico rispetto ai nostri, ricorda un cappellino cinese.

Questa scena ci dice due cose: innanzi tutto che le donne romane non si abbronzavano. La "tintarella", al contrario di oggi, era disdicevole: una pelle abbronzata significava lavoro all'aperto, tipico delle classi umili. Una donna aristocratica doveva avere la pelle candida, segno di una vita agiata passata in casa.

In secondo luogo, l'ombrello esisteva già in antichità, ma aveva uno scopo diverso da oggi. Era di tessuto e lo si utilizzava per proteggersi dal sole, non dalla pioggia. Come facevano le dame nei secoli scorsi. D'altronde la parola ombrello deriva dal latino *umbra*, che vuol dire ombra, appunto.

Una curiosità: in un affresco custodito presso il Museo Archeologico Nazionale di Napoli e in una stele tombale dei Musei Archeologici di Istanbul si può vedere proprio una scena simile a quella che stiamo descrivendo. E si nota un particolare. In entrambi i casi, mentre la parte che ripara dal sole si trova in posizione orizzontale (come è giusto che sia), l'asta è molto inclinata, proprio perché sorretta dallo schiavo che è alle spalle o di lato alla matrona. Ma come è possibile? Potrebbe essere solo un banale errore di prospettiva, tuttavia gli artisti stavano sempre molto attenti a questi dettagli. Forse potrebbe indicare che il punto di contatto tra l'asta e l'interno dell'ombrello, sotto la cupola di tela, avesse un semplice perno allentato e fosse quindi snodato, permettendogli di essere sempre orizzontale, e di fare un'ombra perfetta, anche se l'asta era tenuta molto inclinata (per forza di cose) dal servo che si trovava a una certa distanza dalla matrona.

Mentre sale le scale, a ogni passo Rectina è invasa dall'inebriante aroma delle essenze mediterranee che ha fatto piantare lungo il percorso. Ora si sente a casa.

Una volta in cima alla terrazza, riceve da una schiava una coppa di succo di uva, dal sapore dolcissimo. La tiene stretta con le due mani e si gira verso il mare, mentre la brezza scompiglia i suoi capelli. Chiude gli occhi. La stanchezza sembra svanire in un secondo. E sorride. Poco distante c'è uno schiavo su una piccola scala che sta lustrando con l'olio una grande statua di bronzo di un bellissimo guerriero con lancia e scudo portata fin qui dalla Grecia oltre un secolo fa…

Perché lustrarla con l'olio? Un antico romano rimarrebbe inorridito se vedesse una nostra statua di bronzo al centro delle piazze: noi infatti le lasciamo ossidare, e diventano verdi, con orrende colature verdastre sui basamenti di marmo. Nell'antichità ciò non accadeva mai: le statue venivano pulite, lustrate e ricoperte con uno strato protettivo di olio. Era una delle mansioni degli schiavi in ogni villa. Il risultato lo vedete anche sugli affreschi che rappresentano delle ville con le statue. Sono così lucenti da sembrare fatte in oro.

All'improvviso a Rectina inizia a girare la testa. Come se il rollio della liburna fosse ricomparso di nuovo sotto i suoi piedi. Il rollio si trasforma prima in vibrazione, poi in tremore. Gira lo sguardo verso la vasca di marmo al centro del giardino, su cui è poggiata una colomba di bronzo: l'acqua che contiene crea tanti piccoli anelli che sembrano correre verso il centro. Poi comincia a ballare, quasi stesse friggendo. Una tegola malferma viene giù e va in mille pezzi contro un mosaico. Gli occhi di Rectina sono attratti dagli *oscilla*, dei piatti di marmo scolpiti e colorati su ambo i lati con satiri e ninfe sospesi tra le colonne di una tettoia che circonda il giardino: di solito oscillano dolcemente al vento, ora invece dondolano nervosamente sospinti da chissà quale forza.

La scossa di terremoto sembra non finire mai.

Poi, come è arrivata, svanisce... Rectina guarda lo schiavo che stava pulendo la statua: si è bloccato, gli occhi spalancati. E fissa la sua padrona. Poi, dopo aver tranguggiato la paura, riprende a lustrare la statua, con movimenti meccanici, terrorizzato.

Dopo aver fatto personalmente un'ispezione nella villa per verificare i danni, Rectina ora è seduta nel triclinio che stanno allestendo per il banchetto di questo tardo pomeriggio. Fortunatamente i danni sono lievissimi. Qualche brocca caduta in cucina, un'anfora rotta, e un paio di piccole fessurazioni su un affresco del corridoio che porta alle terme private. È andata bene. Ma ancora per quanto?

Eutico, che ha appena stilato l'elenco dei guadagni ricavati dalla vendita dei prodotti agricoli dei terreni posseduti da Rectina, e le spese sostenute per il funzionamento della villa, compresi i problemi con un paio di schiavi fuggiti, esita a parlare. Di fronte all'insistenza della padrona, ammette che ci sono alcune cose che non comprende.

Negli orti accanto alla villa, in questi ultimi giorni sono emersi ripetutamente in massa dei lombrichi, quasi si rifiutassero di vivere sotto terra e preferissero semmai lasciarsi morire al sole. E così un po' ovunque nei giardini (studi moderni indicherebbero infatti che i lombrichi sarebbero in grado di comportarsi in questo modo anomalo addirittura molti giorni prima di violenti terremoti).

Alcune piante da giardino sono morte in modo strano, rinsecchendosi. All'inizio Eutico pensava fosse per la negligenza di uno schiavo che ha fatto punire. Ma poi si è accorto che l'acqua della piccola fonte usata per irrigare il terreno si era prosciugata.

«Padrona, c'è qualcosa che non va sotto di noi, nella terra. C'è qualcosa che provoca tutto questo e fa persino tremare il suolo. I due schiavi sono fuggiti per questo. Ho fatto compiere dei riti in onore di Tellus (la dea della Terra). Ho fatto venire anche un aruspice che ha fatto un giro nella proprietà e ha verificato se ci fossero dei segni lasciati da una divinità come un fulmine o altro. Nulla. Ha poi sacrificato una pecora, ma le sue interiora indicavano grande fortuna per l'immediato futuro. Nulla di cui preoccuparsi insomma.»

Rectina fissa lo sguardo di Eutico. Per la prima volta vede un'ombra di incertezza e, in fondo, anche di paura.

IL BANCHETTO:
CHI SI SALVERÀ E CHI MORIRÀ?

Villa di Rectina
22 ottobre 79 d.C., ore 17,00
mancano 44 ore all'eruzione

FACITIS VOBIS SUAVITER EGO CANTO
Voi divertitevi, io canto…

Un vento leggero fa ondeggiare sinuosamente dei veli distesi tra le colonne del triclinio in cima al torrione. Da fuori ha l'aspetto di un terrazzo coperto – di forma circolare e con un elegante colonnato – che consente ai commensali di godere di un panorama che abbraccia tutto il Golfo di Napoli, dalla penisola sorrentina a Capo Miseno. Capri, Nisida, Procida e Ischia sembrano a portata di mano. Le navi con le loro vele spiegate assomigliano a piume bianche che scivolano sul mare. Un mare che con l'avvicinarsi del tramonto ha il colore dell'oro scuro.

Il sole, ormai basso all'orizzonte, crea un riflesso lungo, un solco di luce che appiattisce la rugosità del mare e giunge dritto alla villa, inondando la sala del triclinio con una calda luminosità che ammorbidisce tutti i volti.

Se il sole fa sparire le "rughe" del mare, i piaceri delle terme hanno cancellato tutta la fatica della giornata di Rectina, distendendo e rendendo ancor più luminosa la sua pelle. Il calore degli ultimi raggi di sole si somma a quello di numerosi bracieri disposti in vari punti della sala aperta per contrastare il fresco pungente che arriverà nella notte.

Due danzatrici di Cadice fanno ondeggiare i fianchi e il ventre in modo provocante mentre le loro dita fanno risuonare con rara abilità delle nacchere a forma di cucchiaio. Questa danza, tipica della Spagna sudoccidentale, riscuote un grande successo nelle feste e nei banchetti di tutto l'Impero. E sopravvivrà alla caduta di Roma, dando origine al flamenco da una parte del Mediterraneo e alla danza del ventre dall'altra...

Un gruppo di suonatori intona dei motivi molto dolci, lasciando al doppio flauto il compito di condurre l'udito degli invitati in questa sensuale danza sonora.

Rectina è sdraiata su un letto tricliniare, come tutti i suoi ospiti. Il suo sguardo è attratto da un raggio di sole che filtra e illumina un piatto colmo di piccoli fichi secchi. Un invitato ne prende alcuni e poi si allontana. Una risata forte e stridula squarcia l'aria richiamando l'attenzione di Rectina. A emetterla è stato uno degli ospiti, il più giovane. Si tratta di Gaio Cuspio Pansa, edile di Pompei (qualcosa di simile a un odierno potente assessore). Ha gli occhi viperini e l'acne, che ancora punteggia la sua fronte, tradisce la sua età. In effetti è stato uno dei più giovani candidati alle elezioni che ogni anno si tengono a Pompei per questa carica. La sua sicurezza, così maldestramente ostentata, è frutto in realtà di un'operazione politica ordita da un altro commensale, che ha fortemente appoggiato la sua elezione in tutti i modi: ora lo manovra come un burattino.

Il "burattinaio" è sdraiato a una certa distanza assieme a sua moglie e parla lentamente, con parole calcolate e voce bassa. Segno di potere. Si chiama Giulio Polibio. In effetti è molto temuto. È un *homo novus*, un *parvenu*, un nuovo ricco... All'inizio della sua carriera era un semplice fornaio, ma ora è uno degli uomini più potenti di Pompei. Capace di mescolare politica, affari, e persino prostituzione... Sua moglie, coperta di anelli e ori, mastica annoiata alcuni manicaretti realizzati con grande perizia da un *magirus*, un cuoco, tra i più rinomati, che Rectina ha fatto venire apposta da Roma...

Giulio Polibio sta chiacchierando con un banchiere di Pompei, Lucio Cecilio Giocondo, che lo ascolta con attenzione mentre, concentrato, con lo sguardo fisso al suolo, rigira un prezioso anello d'oro massiccio che porta al dito. Più volte sono stati soci in affari, e c'è da scommetterci che Polibio gli sta proponendo un nuovo "business".

Poco oltre, un uomo piccolo, grasso e dall'aspetto buffo discute con altri tre invitati. È Pomponiano, anche lui un VIP e proprietario di una grande villa a Stabia. Continua a gesticolare, e il suo volto paffuto sembra quello di un attore comico.

Di fronte a lui ci sono Flavio Cresto, un liberto anch'egli di Stabia, e più in là un uomo con un volto da contadino e i modi molto semplici e grevi... ma estremamente ricco. È Lucio Crassio Terzo, un altro liberto che ha fatto fortuna. Un indizio della sua opulenza è la splendida ragazza che gli è sdraiata accanto, una donna che ha fatto girare la testa a migliaia di uomini, Novella Primigenia.

È un'attrice di mimo, forse la più famosa della zona. Si lega spesso a facoltosi uomini romani, a quelli che offrono di più. La sua bellezza e la sua esperienza a letto le hanno consentito, come si vede, di accedere ai salotti più esclusivi della città.

Vicino a Pomponiano si trova anche un altro politico, più potente del giovane edile dalla risata stridula. È il duoviro Marco Olconio Prisco, eletto anche grazie al sostegno del banchiere dal grosso anello.

Il tono dei discorsi è preoccupato. I terremoti ormai non si contano più, le scosse, forti o lievi che siano, sono continue e non c'è edificio che non abbia una squadra di operai al lavoro. La stessa villa di Rectina, come molte altre, è stata profondamente restaurata diciassette anni fa, in seguito a un potente terremoto. Ma ogni anno nuove scosse obbligano tutti a riparare crepe nelle proprie case, sostituire colonne, ripristinare i tubi idraulici.

Ultimamente, poi, ogni sforzo è stato vanificato da una nuova serie di scosse. E allora, altri lavori, e altri soldi buttati via. Pomponiano paragona la sua situazione a quella di Sisifo, che Zeus aveva punito e condannato a spingere un enorme masso in cima a una montagna, macigno che poi rotolava a valle, così che tutto il lavoro sarebbe andato avanti all'infinito.

Poco interessato a questi discorsi allarmati, un ragazzo dall'aspetto molto bello e dai lineamenti delicati, Aulo Furio Saturnino, appartenente a una delle famiglie più potenti di Ercolano, ascolta i versi di un rinomato poeta che modula con arte la propria voce e cesella ogni singola parola. È Cesio Basso, un uomo molto sensibile. Quello che ha portato questa sera a Rectina è il dono forse più bello: delle roselline egizie. Una rarità molto costosa. Ma pegno di un'amicizia sincera e anche, immaginiamo, segno di riconoscenza a colei che lo protegge come "patrona" (tutti i poeti e i letterati dovevano "trovarsi" qualcuno che riuscisse a sostentarli e al quale in segno di ringraziamento donavano la propria attività letteraria).

I banchetti dell'età romana sono quelli che in seguito diventeranno i "salotti bene", ci si va per conoscere e farsi conoscere, stringere alleanze o accrescere il proprio prestigio invitando personaggi importanti.

In questo Rectina è abilissima. La figura più influente è certamente seduta accanto a lei, Tito Suedio Clemente, un prefetto dai poteri speciali e il pugno di ferro, inviato da Vespasiano per rimettere ordine nelle proprietà imperiali, pubbliche e private, nella ricostruzione in corso a Pompei dopo il terremoto del 62 d.C. A dispetto del suo immenso potere (è a diretto contatto con l'imperatore), è un uomo molto gentile, educato e disponibile, ma soprattutto dotato di una determinazione inflessibile. Se si tratta di governo imperiale, non guarda in faccia a nessuno, neppure ai morti: da alcune incisioni rinvenute dagli archeologi sappiamo che è stato capace di far spostare intere tombe di famiglia che non avevano rispettato dei confini amministrativi.

Ecco, sono in tutto dodici le persone che sono sdraiate in questo banchetto. Persone vere, non inventate, realmente vissute in quest'area, chi a Pompei, chi a Ercolano, chi a Stabia, chi a Nocera Inferiore (Primigenia), chi a Napoli, e che sicuramente videro e vissero l'esperienza dell'eruzione sulla propria pelle.

Chi riuscì a sopravvivere alla furia del Vesuvius? E chi invece fu ucciso?

Per scoprirlo andiamo avanti con il nostro racconto. Finito il banchetto, ognuno degli invitati tornerà a casa a dormire. Domani seguiremo molti di loro nelle attività e nelle faccende quotidiane: scopriremo cosa succede a Pompei, Ercolano, Stabia, Oplontis, e anche nella lontana Baia, luogo di perdizione dell'età romana.

IL RISVEGLIO DI POMPEI

Pompei
23 ottobre 79 d.C., ore 6,00
mancano 31 ore all'eruzione

PANE(M) FECI FELICITER
Ho fatto il pane, evviva!

Il mare è ancora addormentato. Il suo lungo respiro si adagia sulle spiagge vesuviane con la stessa delicatezza della mano di una madre che accarezza la testa del suo bambino. Le acque del Golfo di Napoli sembrano un'ampia coperta scura che si estende all'orizzonte, punteggiata da qualche piccola vela o dal flebile bagliore di lanterne che dondolano sulle barche dei pescatori… Ormai la notte sta volgendo al termine, e tramonta con le ultime stelle.

Dalla parte opposta, invece, sulla terraferma, oltre le montagne, l'aurora s'illumina progressivamente con una tinta arancione che sembra accendere l'orizzonte. Domani questa stessa tinta nel cielo sarà fuoco e morte. Ma nessuno ancora lo sa.

Adesso ovunque c'è solo silenzio, rotto dall'abbaiare di un cane in lontananza, dal raglio di un asino che già spinge un carro, o dal canto di un gallo al quale risponde un altro in una delle tante fattorie disseminate attorno a Pompei. La giornata si preannuncia magnifica, nel cielo terso si respira un'aria cristallina. Quella tipica di un mattino autunnale.

Il calore del pane

Tutto sembra immobile, e in questa luce blu dell'aurora si creano strani effetti: le lastre delle strade, incastrate con perizia una accanto all'altra, ricordano le squame di un rettile, dandoci l'impressione di camminare su lunghi serpenti di pietra addormentati. Lontano, poche ombre fugaci appaiono e scompaiono agli incroci. La città si sta svegliando. Lo capiamo anche dall'odore dolciastro della legna che ha cominciato a bruciare nelle cucine e che penetra nelle nostre narici.

Seguiamo un uomo avvolto in un mantello color rosso scuro. Il suo passo è veloce, sembra quasi scivolare sul marciapiede. Attraversa la strada passando rapidamente su alcuni blocchi sporgenti messi in fila (le strisce pedonali di allora) e poi s'infila in una via. Si dirige verso un negozio già aperto. Lo spiraglio di luce sta attirando altre ombre dai vicoli. Sembrano tante falene dirette verso un lume.

Il sole non è ancora spuntato. Chi comincia a lavorare così presto a Pompei? I romani sono molto mattinieri. In mancanza di elettricità, nell'antichità, come nei secoli seguenti, si sfrutta al massimo la luce del sole, quindi già all'alba iniziano le prime attività. Questo esercizio appena aperto è particolarmente importante per la vita dei pompeiani. Lo percepiscono per prime le nostre narici, prima ancora dei nostri occhi: a ogni respiro sentiamo l'inconfondibile profumo del pane appena sfornato. Un aroma che cresce a ogni passo. Qui c'è un fornaio!

L'ulteriore conferma questa volta ce la danno i nostri occhi: alcuni pompeiani si stanno allontanando con forme di pane calde e fragranti in mano. Ci accostiamo al capannello di persone che si è formato davanti all'edificio. Aspettiamo il nostro turno, spalla a spalla con gli altri. Sentiamo chiaramente la ruvidezza delle loro cappe sulla nostra pelle: in quest'epoca costituiscono l'indumento più diffuso per difendersi dal freddo. Tenute ferme con una spilla di bronzo, le cappe possono, all'occorrenza, trasformarsi in comode coperte, soprattutto per chi viaggia o per i legionari.

Non è chiaro se questo fornaio abbia un bancone per la vendita diretta ai clienti, come un'odierna panetteria. Da qui, viste le porte semiaperte, sembra più uno di quei forni dei nostri giorni che vendono cornetti caldi nel cuore della notte. In effetti è un forno molto noto ai pompeiani. Si trova su una delle vie più importanti della città, e l'intera proprietà si sviluppa su due piani, dove probabilmente vive il fornaio.

È il nostro turno. Facciamo qualche passo dentro alla bottega e veniamo subito avvolti da un gradevole tepore. A parte qualche lucerna coperta da un sottilissimo velo di farina, onnipresente, tutto l'ambiente è illuminato dal bagliore rossastro del forno, sulla sinistra. Compreso il volto del fornaio, che emerge a tratti dalla semioscurità con una lunga pala di legno in mano. Con movimenti secchi, tira fuori dal forno delle forme di pane fumanti, mentre un garzone gliene porge di nuove da mettere a cuocere.

Sopra la bocca del forno distinguiamo chiaramente una scultura in terracotta. È un pene eretto. Perché metterlo proprio sul forno? Perché genera vita, quindi è un simbolo di fertilità capace di tenere lontano la sfortuna e l'invidia (soprattutto degli altri commercianti nella via). Ma ha anche un altro scopo: favorire, com'è facile intuire, una… buona lievitazione del pane.

Il forno è costituito da due parti: una camera di combustione, poligonale, dove distinguiamo bene la legna che arde, con le fiamme che danzano lente. E poi la camera di cottura, dove stanno cuocendo le pagnotte: ha i mattoni disposti a vortice, come in un igloo, a formare una cupola perfetta. Un camino crea un ottimo tiraggio, asportando il fumo e facendo penetrare nel forno ossigeno per il fuoco.

In fondo è una visione familiare. Sembra di stare in una delle nostre pizzerie con forno a legna. Ma c'è qualcosa di molto diverso. Poco oltre, nell'oscurità, distinguiamo due mule, coperte di farina, che girano attorno a delle macine di pietra vulcanica. Sono simili a grandi clessidre di pietra nera e sono costituite da due elementi: una pietra di forma conica (*meta*), fissa su un basamento, e un'altra cava (*catillus*), che l'avvolge come un cappello e le gira attorno. Funziona in questo modo: si fanno cadere, da una cavità presente nella parte superiore del *catillus*, manciate di chicchi di grano che s'infilano nel sottilissimo spazio tra le due pietre proprio mentre queste girano. Le due pietre sfregando tra loro sminuzzano i chicchi, e in basso fuoriesce farina.

Una curiosità. Le due pietre, inevitabilmente, si usurano. Sostituire quella inferiore è poca cosa, in fondo si tratta di un semplice cono. Per quella superiore il discorso è diverso: è più grande, ha una forma più complessa da scolpire, che prevede anche l'aggancio di bracci di legno e quindi è certamente più costosa. Ma grazie a un trucco i fornai possono risparmiare: la macina, proprio come una clessidra, è composta da due coni, quindi una volta che uno si è usurato basta semplicemente rigirare la pietra e usare l'altro... gli scalpellini nelle cave di pietra lavica scolpiscono infatti queste pietre in modo simmetrico, come delle carte da gioco.

Il fatto interessante è che le pietre vulcaniche non provengono dal Vesuvius, come sarebbe logico aspettarsi. Ma addirittura da cave vicino a Orvieto, segno di una grande "globalizzazione" del commercio e della società molto simile alla nostra, tipica dell'Impero romano. La prima della Storia.

A muovere la pesante pietra-cappello non sono sempre muli o asini, a volte sono degli schiavi.

In questo caso abbiamo due mule. È un lavoro infernale, bisogna spingere per ore e ore, girando in tondo, con poche pause. Con grande tristezza, notiamo che le mule hanno gli occhi completamente coperti da cupole di cuoio. Sono dunque "cieche", e in questo modo più mansuete nella confusione del forno. Camminano senza forse accorgersi che il loro percorso non ha meta.

Si sente solo il cigolio dei bracci di legno che devono far girare, l'attrito delle macine che ruotano, e il tintinnio delle catene che le legano alla struttura. Chiunque, animale o schiavo, è destinato a uscirne distrutto. E, prima o poi, a essere sostituito. È un costo per i fornai. Sembra che ci fosse addirittura un grande forno a Roma che faceva sparire di tanto in tanto alcuni dei suoi clienti (non abituali) per metterli alle macine come schiavi. Per poi, immaginiamo, ucciderli. Il tutto è finito quando hanno cercato di sopraffare quello che pensavano fosse un normale cliente. In realtà si trattava di un legionario: il soldato ha reagito uccidendo i suoi assalitori e portando alla luce il crimine, che ha suscitato un certo scalpore.

La scomparsa di cittadini comuni non era una rarità nel mondo romano: era uno dei pericoli, per esempio, per chi viaggiava. Regolarmente, alcuni imperatori ordinarono dei veri e propri blitz di forze dell'ordine in grandi fattorie per liberare dei cittadini romani, rapiti sulle strade e obbligati a lavorare come schiavi.

Nei forni di Pompei questo probabilmente non accadeva. Ma se oggi, passeggiando tra le rovine della città, provate a entrare tra i resti di un panificio riemergeranno alcuni aspetti di quel mondo oscuro. Vi accorgerete infatti che le macine sono sempre distanziate le une dalle altre di quel tanto che basta per consentire ad animali o schiavi di farle girare senza urtarsi. Dovevano quindi muoversi in spazi angusti. Il pavimento inoltre, in cocciopesto, è molto resistente per evitare, con il tempo, di creare un solco circolare. Questo vi fa capire quanto fosse estenuante essere messo alle macine.

La farina (dal latino *far*, cioè farro) è un vero "petrolio bianco" in grado di far funzionare l'intera città. Fuoriesce dalle macine poco a poco, a ogni giro, e viene raccolta con cura dagli operai-schiavi. La passano subito al setaccio, per separarla dai frammenti del guscio dei chicchi sminuzzati. I movimenti dei setacci mettono in circolo nell'aria una polverina di farina finissima, ricoprendo i volti di tutti, quasi fossero dei mimi moderni.

La farina viene poi lavorata proprio davanti ai nostri occhi, in una stanza laterale, accanto al forno, dove degli schiavi la mescolano ad acqua e lievito in speciali recipienti di pietra. Sorprende la loro rapidità. Ma osservandoli possiamo accorgerci che in questa "catena di montaggio" sono aiutati da un curioso sistema per facilitare la lavorazione dell'impasto.

La potremmo definire una "macchina" impastatrice dell'antichità, mossa dalla forza dell'uomo anziché dall'elettricità. È un "secchio" di pietra con al centro un "attaccapanni" di legno fissato al fondo con una base mobile. Così gli schiavi, girando questa struttura munita di tante braccia, riuscivano a tirare e rigirare l'impasto. Si risparmia tempo e fatica, ma soprattutto si riesce a lavorare una maggior quantità d'impasto, aumentando la produzione del pane.

L'impasto a questo punto viene lasciato riposare per molte ore, coperto da un panno, prima di riprendere la sua lavorazione. Il passo successivo infatti vedrà la nascita vera e propria delle pagnotte su una lunga tavola di legno. Bastano pochi gesti per far apparire la forma desiderata con spicchi ed eventuali sigilli. Appena pronte, le pagnotte sono subito indirizzate al forno, tramite un'apertura laterale.

In questo piccolo ambiente lavorano degli schiavi, anime perdute, e solo una finestrella fa loro capire cosa accade fuori, se c'è il sole o se piove. Anzi è proprio il progredire dei raggi di sole sul pavimento o sulla parete a indicar loro l'avanzare del tempo. Un tempo che non sembra mai finire e che è prigioniero come loro, in questa stanza.

Sulla parete c'è anche un piccolo affresco con una Venere nuda che si specchia: anziché nobilitare questo luogo, lo rende ancora più squallido. Questo forno ricorda una prigione, con i suoi graffiti e le sue donne nude.

I nostri pensieri vengono interrotti dallo schiavo al bancone che ci batte bruscamente sulla spalla porgendoci il pane. Paghiamo un asse, l'equivalente di un euro e cinquanta (è difficile stabilire un cambio preciso ma secondo molti studiosi ai tempi di Pompei un sesterzio aveva valore d'acquisto di circa 6 euro attuali, che però non è rimasto fisso. Anche le monete romane infatti erano soggette a fluttuazioni: appena quarant'anni dopo, sotto Traiano, era sceso di circa due euro, per via di una svalutazione dovuta alla conquista di immense fortune e miniere d'oro della Dacia). E usciamo, divincolandoci tra le persone che nel frattempo sono aumentate.

Il pane ha una forma circolare, sembra una piccola torta del diametro di quindici centimetri, con otto profondi tagli a stella che formano altrettanti spicchi. In pratica, sono le porzioni già pronte. Il pensiero va subito all'attuale "rosetta", o "michetta", la tipica pagnotta moderna molto diffusa soprattutto a Roma e nel Nord Italia.

A volte si vede impresso, con un sigillo, il nome dello schiavo che ha cotto il pane e del suo padrone, il fornaio (a Ercolano, per esempio, su una pagnotta ritrovata intatta dopo quasi duemila anni si legge ancora: «Realizzato da Celer, schiavo di Quintus Granius Verus»).

Non resistiamo alla tentazione di affondare i denti. È caldo, ben lievitato, fragrante e ha la superficie croccante al punto giusto. Una delizia a quest'ora, come per noi lo è un cornetto caldo alla mattina.

Il pane dei romani appena sfornato era leggermente diverso da quello che consumiamo noi oggi perché era spesso (ma non sempre) speziato. Aveva però una caratteristica comune ai nostri: una superficie leggermente croccante. Questo grazie a un piccolo trucco usato dai fornai. Accanto al forno c'erano sempre due recipienti d'acqua. Uno per raffreddare gli attrezzi di lavoro. L'altro... per spruzzarne un po' sulle forme di pane a metà cottura così che la superficie tendesse a dorarsi e a indurirsi.

Un'altra caratteristica "inquietante" del pane nell'antichità (e in altre epoche), anche se non percettibile a ogni morso, è che le macine di pietra usate per sminuzzare il grano rilasciavano microscopici frammenti che, a lungo andare, finivano per "limare" e consumare i denti. A Pompei questo non accadeva perché la pietra vulcanica porosa scelta per le macine era così dura che non rilasciava pezzettini, salvando la dentatura dei suoi abitanti.

Ma ci sono altri segreti nel pane di Pompei?

I segreti del pane e dei dolci di duemila anni fa

Siamo di nuovo per la strada. Ci allontaniamo masticando porzioni di pane caldo speziato. L'alba è imminente. Il colore del cielo ricorda il bagliore rossastro che illuminava il volto del fornaio.

Seguiamo via dell'Abbondanza in direzione del Foro. Superato un incrocio, il primo edificio che troviamo sulla nostra destra lungo il marciapiede sono delle terme: le Terme Stabiane. Ci piacerebbe sbirciare, ma non si può entrare, hanno il portone chiuso (più avanti scopriremo il perché). Così andiamo avanti. La strada prosegue rettilinea e sale un po'. Ma noi vogliamo vedere la Pompei dei vicoli, così svoltiamo a destra nella prima viuzza che incontriamo: ora sì, siamo proprio nel cuore della cittadina. Su qualche balcone, sopra le nostre teste, vediamo spuntare dei volti assonnati, che si grattano la testa, guardano il cielo per capire che tipo di giornata sarà e poi rientrano in casa.

Sentiamo lo schiaffo sul selciato di un liquido gettato dall'alto. Evidentemente qualcuno, di straforo, ha svuotato un vaso da notte in strada (per legge e – aggiungiamo noi – per educazione non potrebbe). Percepiamo tutti i rumori di una città che si sveglia. I cigolii di ante che si aprono. La voce di una mamma, dolcissima, che sveglia il piccolo in culla. Da un'altra parte il pianto di un bambino…

Un carro richiama la nostra attenzione: lo stridio dell'asse delle ruote copre abbondantemente il rumore metallico dei cerchioni sul selciato. Entro lo spuntar del sole deve essere fuori dalla città, come stabilisce una legge che, promulgata da Giulio Cesare a Roma più di un secolo fa, è stata adottata da tutte le principali città dell'Impero. E, ci sembra di capire, anche a Pompei. L'obiettivo è evidente: se tutte le consegne e i trasporti dovessero essere fatti di giorno, non si riuscirebbe più a camminare, e il traffico sarebbe caotico. Quindi, con la luce del giorno, Pompei diventa una grande isola pedonale. Poi, di notte, ritornano i carri…

Questo vicolo che stiamo percorrendo lo conoscete tutti. Perché? Perché conduce al lupanare, oggi forse il bordello più famoso del mondo. Tutti i turisti lo vogliono vedere. E anche noi lo faremo in questa giornata. Ma non adesso. Per ora ci limitiamo a passargli accanto. Forma il bivio tra due vicoli, e per questo l'edificio ha una strana forma ad "angolo". Sembra la prua di una nave incastrata tra le vie. Da una delle porte esce un uomo barcollando. Ha passato evidentemente parecchie ore della notte in compagnia di alcune prostitute dal nome esotico, che lo hanno fatto bere spennandolo per bene. Ma con le ore diurne aumenta la frequenza dei clienti, e i rapporti vengono consumati in breve tempo. In effetti, passano solo pochi secondi e un altro uomo, con passo rapido e impaziente, entra nel lupanare scostando una tenda. Questo luogo non conosce proprio momenti di pausa, è più attivo dei forni di Pompei!

E a proposito di forni, superato il lupanare sentiamo di nuovo un gradevole profumo di pane appena fatto. Ma quanti panifici ci sono in città?

A Pompei ne esistono più di una trentina. Non tutti hanno le proprie macine, segno che probabilmente ci sono dei mulini nei dintorni che li riforniscono. È quindi facile immaginare il via vai di sacchi di farina nella città, su carri di notte e su muli e schiavi di giorno.

I responsabili di questo trasporto di sacchi sono, come dice il nome, i *saccarii*, che formano un'importante corporazione, in grado di mettere in ginocchio l'intera città se decidono di incrociare le braccia (come accade ai nostri giorni con i trasportatori su gomma).

Deve esserci un'efficiente rete di consegne, che ignoriamo completamente, ma che molti graffiti sembrano suggerire. Sono i cosiddetti "numerali", cioè dei numeri incisi sulle pareti senza una spiegazione apparente: ricordano un po' quelli di un galeotto che fa segni sul muro e conta i giorni di prigione.

Gli studiosi ritengono che si tratti di conteggi per segnare le merci consegnate o ricevute, oppure le ore di lavoro… Alcuni di questi "numerali" sono ancora ben leggibili dopo quasi duemila anni, come quelli nel forno che abbiamo appena visitato, nella Casa dei Casti Amanti. Si trovano proprio dove lo schiavo ci ha dato il pane, vicino all'entrata, sulla parete di sinistra.

Un fatto significativo è che solo la metà dei forni di Pompei (una quindicina) hanno una chiara area interna per la vendita diretta al pubblico, così da poter essere definite vere e proprie panetterie. Gli altri forni, invece, producono del pane all'ingrosso, che poi consegnano direttamente ai bar (*popinae*), alle trattorie e alle locande (*cauponae*) e alle case dei ricchi. Oppure lo distribuiscono ai tanti venditori ambulanti che si vedono in giro soprattutto all'ora di pranzo.

Il fornaio che abbiamo visitato ha persino un proprio "servizio di consegna" (i propri "furgoni"). Le due mule usate per girare le macine, che al momento dell'eruzione si rifugeranno nella sala dell'impasto in un ultimo vano tentativo di fuga, non sono i soli animali del forno. In una stalla attigua gli archeologi hanno rinvenuto gli scheletri di altri cinque cavalli, muli o asini (non è ben chiaro). Erano usati per le consegne a Pompei e portavano probabilmente delle ceste sul dorso.

Varietà di pane e pasticcerie

Il pane a Pompei era un cibo fondamentale, soprattutto per i poveri. Secondo alcune stime, nel mondo romano costituiva l'ottanta per cento della dieta nelle classi più basse. Non stupisce quindi che in periodi elettorali o di carestia avvenissero distribuzioni gratuite di pane.

Andrebbe visto in questo senso un celebre affresco pompeiano che ritrae un uomo con una tunica bianca, seduto sopra a un bancone in mezzo a tante forme di pane; ne allunga una a due uomini che indossano vestiti pesanti e a un bambino, che non nasconde la sua gioia (e la sua fame). L'uomo in bianco viene sempre indicato nelle guide come un fornaio che vende il pane, in realtà è assai più probabile che si tratti di un candidato alle elezioni o di un'autorità di Pompei che regala pane ai bisognosi (o a potenziali suoi elettori). I vestiti dei clienti indicherebbero un periodo freddo dell'anno, quando la distribuzione gratuita del pane era più richiesta.

Osservando l'affresco, si notano diverse varietà di pane. In effetti i romani potevano contare su almeno dieci diversi tipi di pane ed esistevano anche già dei biscotti per i cani. Una vasta gamma, insomma, non solo nelle dimensioni, ma anche per il tipo di farina. C'era il cosiddetto pane bianco, per ricchi (fatto con la farina più pura), e il pane nero, per gli schiavi e i poveri, che conteneva gli scarti rimasti nel setaccio. È quello che oggi chiamiamo pane integrale, a volte persino consigliato per la salute, ma al tempo dei romani visto come un cibo di bassissima qualità: lo si definiva pane di "ultima farina".

E poi esistevano diversi tipi di pane a seconda degli ingredienti, come il pane d'orzo o quello di miglio. Sui banconi dei fornai c'erano anche piccoli pani di mosto molto saporiti o il pane di Picenum che andava intinto nel latte. Se avevate la pazienza di cercare, potevate trovare dei fornai che, grazie a piccoli forni in terracotta, erano in grado di vendervi il pane *clibanicus*, una specie di "pan brioche" di epoca romana…

Alcuni fornai, poi, prima di mettere le forme di pane nel forno, vi spennellavano sopra la chiara d'uovo e vi "incollavano" grani di sedano, oppure di anice. Come potete ben intuire, questo dava al pane un sapore forte, che oggi associamo a cibi mediorientali o indiani.

Ritornando alla nostra passeggiata per le strade di Pompei, dicevamo che a poca distanza dal lupanare c'è un altro fornaio. È diverso rispetto a quello che abbiamo visto prima. Vende anche dolci. Potremmo definirlo una… pasticceria di duemila anni fa.

Ci affacciamo, ma veniamo quasi investiti da un servo che esce con una pesante cesta contenente dolci e forme di pane. Non è il solo, a intervalli regolari ne escono altri. È l'ora delle consegne. Anche questo forno produce all'ingrosso e non vende al dettaglio.

Ma sappiamo di più: è di proprietà di una delle più antiche famiglie di Pompei, i Popidii. Dopo un periodo di decadenza, questa famiglia è ora in forte ascesa. N. Popidio Prisco, il proprietario, ha dato in gestione l'attività a un suo liberto, e vive in una bellissima casa a ridosso del forno-pasticceria, con il quale è comunicante. Ha fatto fortuna con il commercio del vino e soprattutto con la produzione di tegole (con un'officina *figulina*). La sua casa è così bella da essere stata battezzata, dagli archeologi, la "casa dei marmi". Per un motivo diverso da quello che pensate. Al momento della scoperta, infatti, i marmi e le tegole non facevano bella mostra in vari punti della casa, ma erano tutti sul pavimento. Segno che l'edificio era in fase di restauro. E, come scopriremo, nel nostro viaggio non era la sola. Erano altri segnali dell'eruzione imminente. Questi segnali premonitori, lo vedrete, ci seguiranno in tutta la nostra esplorazione di Pompei.

Un'altra curiosità è che gli archeologi hanno trovato una scritta enigmatica in questa dimora: *domus pertusa* ovvero "casa bucata, aperta". La scritta, in caratteri greci, farebbe pensare che i proprietari, nelle settimane e nei mesi successivi all'eruzione, avessero dato ordine (dietro il permesso delle autorità) di scavare negli strati di lapilli, per recuperare gli oggetti più preziosi. Se così fosse, chi poteva dare quest'ordine?

In una tragedia come quella di Pompei che annienta migliaia di persone, intere famiglie, può diventare macchinoso poi stabilire le eredità e oltretutto, essendo compromessi gli stessi archivi della città, le proprietà sepolte sono difficili da delimitare. È assai più logico pensare che a dare l'ordine sia stato proprio il potente capofamiglia, N. Popidio Prisco. E questo suggerirebbe che si sia salvato dall'eruzione, forse in modo rocambolesco. O forse semplicemente perché si trovava altrove (a Pompei o nelle vicinanze), dal momento che nella casa erano in corso operazioni di restauro. Potremmo quindi annoverarlo tra i sopravvissuti? Non lo sapremo mai...

I pasticcieri di Pompei (*cupedinarii*) realizzavano dolci e dolciumi molto richiesti duemila anni fa, come quelli di frumento farciti con uva e noci, oppure i "temibili" *adipata*, pasticci o dolci ripieni di grasso, vere e proprie "bombe" al colesterolo. Per non parlare di piccole leccornie decisamente "osé" da addentare: i Priapi al pan di spezie!

All'occorrenza i fornai potevano soddisfare richieste speciali per i banchetti, realizzando per esempio un "dolce" che i pompeiani amavano molto. Era costituito da un livello di semola e uno di formaggio, rinchiusi tra due strati di impasto.

Il pane a volte diventava esso stesso un "dolce" irresistibile. In effetti i fornai e i cuochi romani sapevano stupire tutti. Bastava avere un po' di fantasia. Ecco un suggerimento di Marco Gavio Apicio, ricchissimo romano, appassionato di cucina, che ci ha tramandato ricette memorabili.

Prendete dei piccoli pani africani al mosto, raschiate la crosta e immergeteli nel latte. Una volta ben imbibiti metteteli in un forno a fuoco basso perché non secchino. Tirateli fuori e versateci del miele, avendo cura di forarli con una punta perché il miele penetri all'interno. Spolverateli con del pepe e poi serviteli.

Perché non provarli oggi? La tentazione e la curiosità sono forti…

Ma riprendiamo il cammino per Pompei. Chissà quanti altri forni stanno cuocendo pane e dolciumi in questo momento.

Saranno tantissimi, senza contare i fuochi che nelle singole case stanno cominciando a riscaldare il latte e i cibi per la prima colazione.

C'è però un altro "forno" acceso, non distante da qui, che richiama la nostra attenzione. Le sue dimensioni sono colossali, ed è capace di cuocere qualsiasi cosa. È un forno che non genera vita, e che tra poco dispenserà solo morte e distruzione. Si trova nel ventre del Vesuvius… Cosa sta accadendo ora, sotto la sua superficie?

Che cosa si nasconde nel sottosuolo?

Sotto i piedi degli ignari pompeiani c'è una bomba termica innescata da secoli. Ad appena cinque chilometri di profondità, infatti, si trova un "lago" infernale dalle dimensioni apocalittiche. È rinchiuso in una sorta di serbatoio sepolto, e non aspetta altro che di fuoriuscire. A separarlo dal mondo esterno, solo il breve condotto ostruito dell'antico vulcano. Per capire meglio che cosa significhi tutto ciò, provate a immaginare l'equivalente di due chilometri cubi e mezzo di roccia fusa con una temperatura di quasi mille gradi...

Nessuno si è mai reso conto di vivere a così stretto contatto con un inferno di tali proporzioni: cinque chilometri sono davvero pochi, sicuramente non abbastanza per arginare la violenza che sta per esplodere. Eppure un indizio c'era: il magma sotterraneo aveva riscaldato le rocce tutt'attorno, che a loro volta vaporizzavano o riscaldavano a dismisura le acque nel terreno, dando così origine alle sorgenti idrotermali: acque calde con odore di zolfo. Si era creato un sistema geotermico naturale, per usare una definizione da vulcanologi. Per un uomo o una donna dei tempi moderni, un indizio dell'attività di un sistema vulcanico da monitorare costantemente. Per gli inconsapevoli abitanti della zona di duemila anni fa, invece, non una minaccia, ma un vero e proprio dono degli dèi...

Quello che nessuno poteva sapere, inoltre, è che negli ultimi decenni il volume di questo immenso lago sotterraneo era aumentato, quasi il vulcano stesse preparando il suo micidiale attacco. Come un albero, il lago aveva infatti robuste "radici", che apportavano nuovo magma dalle profondità. Il flusso era continuo e inarrestabile: ogni giorno affluivano grandi quantità di massa lavica, con temperature che toccavano i 1200 gradi.

La camera magmatica che conteneva questo lago di fuoco aveva i suoi limiti e premeva sempre più sulle rocce circostanti, deformandole e generando terremoti, che da anni colpivano l'area vesuviana. Il vulcano, insomma, da tempo mandava chiari segnali.

Era l'eruzione che bussava alla porta… Ma nessuno lo aveva capito.

È un concetto che ripeteremo durante il nostro viaggio, di fronte ai tanti segni premonitori che vedremo e che fanno la differenza tra oggi e duemila anni fa. Ai nostri giorni questi indizi, raccolti e interpretati dai vulcanologi, avrebbero fatto scattare l'allarme. Ma in epoca romana nessuno aveva le nostre conoscenze scientifiche e i terremoti venivano interpretati come una naturale caratteristica della Campania, "luogo della terra che trema", come ve l'avrebbe descritta un pompeiano. E se ancora oggi, in quelle stesse aree, pur avendo davanti agli occhi la mole incombente del vulcano ed essendo ben consapevoli delle innumerevoli vittime, degli studi e dei resoconti del passato, gli abitanti sono fatalisti, immaginatevi i pompeiani di duemila anni fa.

Ma torniamo a noi. L'ultimo bollettino dal Vesuvius è inquietante. In queste ore fatali la pressione all'interno di questo "serbatoio" sta aumentando esponenzialmente.

Il vulcano ha deciso: siamo a un passo dall'eruzione.

TRUCCARSI A POMPEI

Villa di Rectina
23 ottobre 79 d.C., ore 6,30
mancano 30 ore e 30 minuti all'eruzione

VENUS ES VENUS
Una Venere, sei proprio una Venere!

Cosa sta facendo Rectina? Lasciamo Pompei e spostiamoci di pochi chilometri lungo la costa. Fino alla sua villa.

Ignara dell'imminente tragedia, come tutti gli abitanti che vivono alle pendici del Vesuvius, Rectina si è svegliata presto, prima dell'alba, ha fatto una breve colazione e sta andando a vestirsi.

Il primo indumento che indossa è l'intimo.

Sì, i romani portavano le mutande... e le mutandine. Se per un uomo si trattava di un semplice perizoma da mettere sotto la tunica, che ricorda molto una T-shirt extralarge, lunga fino alle ginocchia e stretta in vita con una cinta o un cordino, nel caso di una donna era qualcosa di assai più raffinato.

Rectina, come tante donne pompeiane, indossa infatti delle mutandine in pelle morbidissima molto "moderne": sono basse e finemente lavorate, con un ricamo a maglie larghe dal disegno molto elaborato. Non esistendo ancora gli elastici, le mutandine si stringono con due lacci ai fianchi. Indubbiamente già duemila anni fa l'intimo aveva un look molto sexy.

Come reggiseno Rectina indossa lo *strophium*, una fascia morbidissima simile a un nastro (di solito in tessuto o in pelle) che ha lo scopo di schiacciare e tirare su i seni, in modo da farli apparire alti, sodi e un po' prosperosi. In un certo senso, è l'antenato di un moderno push-up.

Aiutata da una schiava, si infila una sottotunica dalle maniche

79

lunghe, per il freddo, e un'elegante tunica, la *stola*, che le arriva fino ai piedi. Dall'orlo finemente ricamato spuntano delle scarpette molto elaborate e basse, i tacchi alti infatti non esistono in epoca romana.

Rectina va poi a sedersi su una sedia di vimini con un ampio schienale ad arco, affidandosi alle sue ancelle per il trucco. Un grande braciere messo accanto alla sedia riscalda i lunghi minuti dedicati al maquillage. Come api attorno a un fiore, le ancelle si avvicendano per truccare e pettinare la *domina*.

È una scena che si ripete ogni mattina in tutte le case della nobiltà pompeiana, e in generale in tutte quelle dell'Impero. Ma come ci si truccava a Pompei?

Innanzi tutto il viso veniva pulito e preparato per ricevere un "fondo" che schiarisse la pelle. Era fondamentale, come abbiamo visto, che una nobildonna avesse la pelle chiara, un vero segno dello status delle classi elevate. Le ancelle passavano una crema a base di miele e biacca, una polvere bianchissima che si forma sulle superfici di piombo e dà al viso delle donne una tinta candida. Sulle gote spolveravano poi un po' di polvere di ematite per dare un tocco "vivo" al volto.

Poi si passava agli occhi. Come ombretto si usava della cenere mista a pigmenti. Il contorno degli occhi veniva realizzato con un "antenato" dell'eyeliner: un impasto nerastro a base, a seconda dei casi, di nero di seppia, manganese, noccioli di datteri bruciati o… formiche abbrustolite.

Si incurvavano poi le ciglia con speciali strumenti rendendo lo sguardo più solare e per accentuare la linea delle sopracciglia si utilizzava un bastoncino di carbone.

Su un tavolino a tre piedi accanto alla sedia ammiriamo alcuni scrigni in avorio scolpito (identici a quello che oggi si può vedere esposto nel Museo Archeologico Nazionale di Napoli): sono dei beauty case pompeiani, che contengono vasetti con creme, coppette di terracotta con ematite polverizzata, conchiglie in ambra con l'ombretto per le palpebre, unguentari, fiaschette finissime in vetro ripiene dell'impasto scuro per il contorno occhi e un lungo bastoncino per applicarlo.

Rectina, sempre seduta sulla sedia di vimini, segue con attenzione ogni passo di questa fase del trucco grazie a un prezioso specchio di bronzo tenuto alto da una schiava.

Infine le ancelle passano ai capelli. Con pettini finissimi in avorio distendono i suoi lunghi capelli neri per poi fare delle trecce che vengono attorcigliate dietro la testa come serpenti arrotolati. Delle "extension" (già esistevano!) vengono aggiunte per dare volume all'acconciatura, tipica di questo periodo.

Poi con dei ferri riscaldati (*calamistra*) le ancelle creano dei boccoli ai lati delle tempie e, a conclusione di questa lunga operazione, inseriscono una finissima intelaiatura ad arco ricoperta con una cascata di riccioli veri in cima alla testa di Rectina. Ricorda quasi la crestina di una cameriera.

Alcune di queste "parure" possono raggiungere le dimensioni e la forma di una mitra papale. Ma Rectina ha optato per qualcosa di più ridotto, "da viaggio".

Non è finita.

Le labbra della donna, carnose e prominenti, vengono sapientemente messe in risalto con del rossetto.

Sapete qual era il colore preferito dalle donne in epoca romana? Era ovviamente il rosso, come oggi. L'ocra e l'ematite erano possibili fonti di questo colore. Ma le donne più ricche amavano permettersi una varietà molto più brillante e costosa di rossetto, a base di cinabro (solfuro di mercurio). Era il cosiddetto *minium*, da cui deriva la parola "miniatura", per via del suo uso nelle piccole e complesse figure (o lettere) dipinte dai monaci negli splendidi manoscritti medievali.

Considerando il rossetto contenente mercurio e il fondotinta chiaro a base di biacca, quindi contenente piombo, si può dire che il trucco delle donne romane non mancasse di una certa dose di pericolo proprio perché entrambi i prodotti erano tossici. Non abbiamo però notizia di eventuali conseguenze sulla loro salute.

Un finto neo sopra l'angolo della bocca ha impreziosito con un tocco di malizia il sorriso di Rectina: a seconda di dove vengono disegnati i nei si manda un "messaggio" ogni volta diverso, seguendo il codice della seduzione.

Alla fine di questa preparazione, Rectina impreziosisce il suo corpo con del profumo realizzato in una bottega qui a Pompei. Proprio come accade ai profumi moderni, la boccettina che lo contiene ha una forma molto originale: una colomba a riposo. Per far uscire il profumo, Rectina deve quindi spezzare la sua lunghissima coda, proprio come si fa oggi con le fialette di medicinali.

Come ultimo tocco, la donna sceglie dei gioielli eleganti che possano essere all'altezza del suo status: degli orecchini dalla forma curiosa, simili alla maschera di uno schermidore moderno, con una miriade di perle e di smeraldi intrappolati nella rete. Fa pendant un bellissimo girocollo, dalle maglie in oro estremamente elaborate, anch'esso tempestato di perle e smeraldi.

Per finire, si infila due bellissimi bracciali a forma di serpente e alcuni splendidi anelli alle dita. Ce n'è uno piccolissimo, con castone, che porta sulla penultima falange dell'indice. È un vezzo di tante romane. Probabilmente molti degli anellini trovati dagli archeologi non appartengono a bambine, come si pensa, ma servivano a impreziosire le estremità delle dita di tante nobildonne romane…

La complessa preparazione è finita e Rectina, dopo un ultimo sguardo nello specchio, si avvolge in un pesante "scialle" di lana (*palla*) e attraversa le sale e i giardini della sua dimora, pochi secondi prima che spunti il primo raggio di sole all'orizzonte.

Davanti all'entrata della villa l'aspetta un elegante carro, simile a un calesse. Nelle sale e nei giardini non ci sono più tracce del banchetto di ieri sera. Gli schiavi hanno rimesso tutto a posto, silenziosamente, durante la notte, supervisionati dal suo uomo di fiducia che ora è in piedi ad attenderla accanto alla carrozza e le fa sedere accanto una delle ancelle che l'accompagnerà. Poi si siede alla guida del carro: un breve fischio seguito da un colpo deciso di redini e il mezzo si mette in moto.

Ben presto il ritmo del passo del cavallo culla i pensieri di Rectina. Quale la destinazione? Il suo è un viaggio breve. Deve andare a Pompei. Per vedere un medico…

LUCE SULLA CITTÀ

Monte Vesuvius
23 ottobre 79 d.C., ore 7,00
mancano 30 ore all'eruzione

OMNES HIC HABITANT
Tutti abitano qui.

Il primo raggio di sole fende l'aria silenziosamente e si posa delicatamente sul Vesuvius. È proprio l'orlo più alto dell'antico cratere, il monte Somma, a illuminarsi per primo. Le sue rocce nude in cima alla cresta, disposte ad arco, per un attimo disegnano una sorta di sorriso nella pallida luce mattutina. Ma ben presto il sorriso si deforma: i suoi "denti" rocciosi si allungano descrivendo quello che ora sembra il ringhiare di una belva…

La luce del sole penetra fino al fondo dell'antica caldera, ne abbraccia la spianata, i boschi, poi prosegue il suo cammino. Sembra una mano che scosta delicatamente il velo di oscurità che per tutta la notte ha ricoperto il paesaggio. Ora scende sul declivio che porta a Pompei. Prima illumina Terzigno, il piccolo borgo agricolo posto più in alto. Poi, progressivamente, raggiunge i casali e le fattorie nei dintorni di Pompei. Si vedono i filari dei vigneti, i campi arati, dei cavalli che brucano l'erba.

Infine, il sole arriva nel centro di Pompei, ne accarezza i tetti e li accende di vita. Per via delle tegole di terracotta, il primo volto della città ha una tinta rossa, molto calda, quasi sanguigna. Gradualmente Pompei emerge dalle ombre del paesaggio abbandonando l'abbraccio notturno.

In questa visione generale, la città non appare immensa. Copre meno di sessantaquattro ettari. Che aumentano a sessantasei se aggiungiamo tutte le aree immediatamente esterne usate dai pompeiani, come i cimiteri, oppure alcune grandi dimore, come la Villa dei Misteri.

Non tutto è stato fatto riemergere dagli archeologi. Una ventina di ettari si trovano tutt'ora sepolti dai lapilli, con i loro affreschi, altre possibili ricchezze e altre vittime. Un forziere rimasto chiuso che potete vedere camminando per esempio lungo via dell'Abbondanza.

La domanda che ogni turista si pone è: porteranno mai alla luce questa parte della città? Chissà quanti oggetti, capolavori e sorprese nasconde… La risposta è semplice: prima bisogna salvare, proteggere e tutelare ciò che è già emerso. Poi si vedrà. È possibile che non si scavi mai più. Perché si tratta di quartieri abitativi, non monumentali, quindi molto simili a quelli già riemersi, e le novità potrebbero essere pochissime.

Forse basta solo aspettare. Al momento non conosciamo quali strumenti di indagine verranno messi a punto nelle prossime generazioni. Attualmente il GPR (Ground Penetrating Radar) e altre tecnologie consentono di "vedere" cosa c'è sepolto sotto il terreno, ma solo in particolari condizioni e comunque elaborando delle schermate così tecniche da essere quasi illeggibili ai non addetti ai lavori. Non è improbabile che un giorno si visiteranno le aree sepolte unicamente passeggiandoci sopra, con la possibilità di vedere cosa c'è sotto grazie allo sviluppo di queste tecnologie tramite sensori e trasmettitori di segnale infilati nel terreno. Una soluzione che consentirebbe ai sedimenti di continuare a custodire e proteggere i reperti, i muri e gli affreschi come hanno fatto per secoli, senza esporli all'aria aperta, e ai visitatori di esplorare le case esattamente come erano allora, con gli oggetti originali al loro posto.

In effetti, se il resto della città permette di visitare Pompei svelando com'era la vita dei romani, le aree ancora sepolte darebbero un'idea precisa di cosa abbia significato la tragedia con crolli, distruzione e morte.

Perché Pompei si chiama così

Com'è nata Pompei? La sua storia, come quella di tutte le città italiane, è lunga, affonda nell'antichità e prima ancora. La sua posizione è strategica: si trova su un dosso lavico che le consente di controllare la navigazione in questa parte del Golfo di Napoli, ma anche di presidiare l'estuario del Sarno, un fiume che costituisce un'importante arteria di commercio e di collegamento con l'entroterra.

Inoltre, la presenza dell'antico vulcano ha reso fertilissime le terre attorno a Pompei e alle sue spalle dove le coltivazioni sono ricche e abbondanti. È difficile pensare che un luogo così ricco di vantaggi rimanesse disabitato a lungo…

In effetti, i primi insediamenti comparvero più a ridosso del fiume già nell'età del Bronzo. Ma poi la grande eruzione del Vesuvius avvenuta tra il 1880 e il 1680 a.C. uccise tutti e spazzò via villaggi e capanne.

Con l'età del Ferro (dal X al VII secolo a.C.), l'area del Sarno tornò a essere popolata e sappiamo che gli abitanti commerciavano intensamente con gli avamposti greci, poco distanti, soprattutto con Pithecusa, cioè Ischia. Fu proprio al termine di questo periodo, tra la fine del VII e gli inizi del VI secolo, che a Pompei cominciarono a essere stabilite delle abitazioni permanenti. Comparvero delle mura, con un tempio di Apollo e uno di Ercole e Minerva. Prese forma una primissima organizzazione della città, che poi costituirà il "centro antico". Ed è in questo preciso momento che possiamo porre le "vere" origini di Pompei: in altre parole, al tempo dell'eruzione aveva all'incirca settecento anni di vita. Per molte città attuali sarebbe un record; negli Stati Uniti, per esempio, nessun insediamento ha questa età.

Chi decise di fondare Pompei? Non è del tutto chiaro. Per quanto strano possa sembrare, non sappiamo chi ebbe l'idea di costruire quella che, dopo Roma, è diventata probabilmente la città romana più famosa al mondo.

Forse furono gli etruschi, che dominavano l'entroterra, a incoraggiare la popolazione locale, gli osci, a costruirla, seguendo la strategia militare di edificare delle città nel territorio della valle del Sarno come punti di forza contro i greci loro nemici?

O forse furono proprio i greci a dare origine a Pompei, dal momento che controllavano il mare e le sue coste? O ancora, potrebbe essere stata una popolazione che faceva da cuscinetto tra le due potenze a decidere in modo indipendente di fondarla, applicando molti aspetti delle due culture nemiche? Una popolazione, quindi, che veniva rispettata perché consentiva alle due potenze di mantenere convenienti scambi commerciali in modo indiretto.

Pompei nacque pertanto come un territorio neutrale, una Hong Kong del passato, un porto franco? È solo un'ipotesi, la verità è che nessuno lo sa...

Quello che sappiamo, invece, è che con la sconfitta subita dagli etruschi nella battaglia di Cuma contro i greci, nel 474 a.C., Pompei entrò in una fase di declino (forse a dimostrare un suo collegamento più stretto con gli etruschi che con i greci?).

Ed è proprio in questo periodo, grosso modo tra il V e il IV secolo a.C., che dagli Appennini scese una nuova popolazione aggressiva e guerriera: i sanniti. Invasero la valle del Sarno e si appropriarono di tutti i centri abitati. Pompei venne inglobata nella prima unificazione politica della Campania da parte di popolazioni italiche. Pompei diventò una città sannita: nei vicoli si parlava la loro lingua. Le abitudini, le leggi e la religione erano le loro, anche se la maggior parte della popolazione era costituita dagli osci. Un primo e netto momento di cambiamento rispetto all'epoca di greci ed etruschi.

Ma non durò a lungo.

Roma infatti non stava a guardare, era già diventata una potenza dominatrice. E lo scontro con i sanniti fu feroce: è di quel periodo il famoso episodio delle Forche Caudine, con i romani pesantemente sconfitti e costretti a passare sotto i gioghi del nemico, un vero marchio di infamia che verrà a lungo ricordato.

Alla fine, ma ci vollero ben tre guerre, i romani sottomisero i sanniti e spazzarono via la loro civiltà, che uscì dalla storia. Pompei entrò nell'orbita romana, inizialmente però solo come città alleata, facendo parte dei cosiddetti *socii Italici*, ovvero legati con un trattato di alleanza a Roma. Ma l'atmosfera dentro le mura era cambiata: i nuovi coloni romani comandavano e organizzavano la vita secondo la loro cultura. E non mancavano di ribadire la loro supremazia sui "diversi" di origine osca e sannita.

Sembra quasi di vedere le città coloniali dell'Ottocento. Scrivevano persino la parola HAVE (cioè Ave) sulla soglia della loro casa (Villa del Fauno) per ribadire, con una buona dose di arroganza, che Roma dominava su tutti.

Pompei diventò rapidamente una città sempre più romana: l'Urbe in fondo era distante appena duecentoquaranta chilometri. Tuttavia conobbe comunque due momenti difficili. Dovette rinforzare le proprie difese con l'arrivo di Annibale, il quale distrusse Nocera, provò a conquistare Nola e pose il suo quartier generale a Capua. Ma il condottiero cartaginese stranamente risparmiò Pompei, forse per la sua abilità nel dimostrarsi neutrale: la città accolse tra le sue mura le colonne di sfollati dei centri vicini distrutti, dando loro una casa e mescolando ancora di più le sue genti.

Il secondo momento di grande difficoltà lo ebbe quando, insieme ad altre città, si ribellò a Roma per ottenere per i propri abitanti lo status di cittadini romani. Prevedendo che la capitale dell'Impero avrebbe mosso guerra, le mura e le tredici torri vennero restaurate e rinforzate assumendo l'aspetto che potete vedere ancora oggi.

In effetti, nell'arco di quasi dieci anni (tra l'89 e l'80 a.C.) subì gli assedi e gli attacchi dei legionari di Silla. Si vedono ancora bene a Porta Ercolano gli impatti delle tremende sfere di pietra scagliate dalle baliste delle truppe di Silla.

Alla fine si dovette arrendere e aprì le sue porte al dittatore, che le diede un nuovo nome: *Colonia Cornelia Veneria Pompeianorum*. Un nome destinato poi, fortunatamente, a sparire.

La sua ribellione le costò caro: al suo interno si insediarono ben duemila veterani (ex soldati) di Silla, che aumentarono ulteriormente la varietà della sua popolazione. Già allora possiamo considerare Pompei quasi un *melting pot* dell'antichità se teniamo appunto conto di osci, sanniti, romani...

Era l'80 a.C., ed è proprio con l'iniezione di questi veterani che Pompei acquisisce caratteri definitivamente "romani": in quel periodo vennero costruiti l'anfiteatro per i gladiatori, le terme del Foro, il tempio di Venere e molti altri edifici.

Rimane in sospeso un'ultima domanda. Da dove deriva il nome "Pompei"? Anche in questo caso, come per le sue origini, calano le nebbie, e si possono formulare diverse ipotesi, come ribadisce l'archeologo ed ex direttore degli scavi di Pompei Antonio Varone.

Potrebbe derivare dal greco *pempo*, che significa "spedire". In effetti la città costituiva un vero scalo che spediva (e riceveva) merci dall'entroterra al mare e viceversa.

Gli antichi invece sostenevano che fosse addirittura stata fondata da Ercole nel suo trionfale ritorno dalle famose prove: *a pompa Herculis* ("dal trionfo di Ercole") sarebbe diventato con il tempo "Pompei", una spiegazione sull'origine del nome che quasi nessuno ritiene valida.

Più verosimile, invece, che il suo nome derivi da una parola locale, osca, *pumpe*, che vuol dire "cinque". Potrebbe quindi voler intendere "il luogo dei cinque villaggi", ma sfortunatamente di questi insediamenti non sono mai state ritrovate tracce.

Infine c'è un'ultima ipotesi. E cioè che il suo nome derivi da quello di una gens italica, i *Pompeia*.

Quasi certamente una di queste ipotesi è quella giusta (molti archeologi propendono per *pumpe*). Ma non ci sono certezze. Rimane quindi un piccolo enigma sull'origine del nome.

La forma della città: come orientarsi

Ora ritorniamo alla nostra passeggiata mattutina per Pompei. Rectina si sta recando in carrozza dal medico, mentre noi abbiamo lasciato il lupanare e la "pasticceria" alle nostre spalle e siamo sulla cosiddetta via di Nola, il *decumanus superior*, così lo chiamerebbe un romano del tempo. Ci accorgiamo che le strade ora sono diventate dritte e gli edifici sono disposti in modo regolare, come su una scacchiera. Niente a che vedere con il "disordine" urbanistico incontrato in precedenza. La sensazione è che i vari "quartieri" siano frutto di epoche diverse. E in effetti è così.

Già in età romana Pompei aveva un "centro storico" e dei quartieri più recenti, esattamente come le nostre città. Lo si vede bene nelle mappe del sito: è costituito da vicoli stretti e a volte tortuosi, come quelli del lupanare, e comprende anche l'area del Foro, che inizialmente era la piazza del mercato. Il centro storico appartiene all'epoca più antica, con le strade che seguivano l'andamento delle pendenze della collina su cui era edificato il nucleo di partenza della città.

Con il passare delle generazioni e dei capitoli di storia Pompei iniziò ad ampliarsi. I sanniti crearono nuovi quartieri con isolati regolari e una disposizione geometrica. Successivamente le scorrerie dell'esercito di Annibale, che, come detto, distrusse Nocera, furono all'origine della costruzione di tanti nuovi isolati nella parte orientale di Pompei per ospitare i molti nocerini sopravvissuti e qui accolti. Questo "altruismo" tra città sorelle non spense comunque una rovente rivalità tra i loro abitanti, sfociata in una vera e propria rissa, avvenuta nel 59 d.C. nell'anfiteatro di Pompei durante i giochi gladiatori, che causò molti morti e feriti, soprattutto tra i nocerini.

Quando nell'80 a.C. arrivarono i veterani di Silla, l'impianto della città nelle sue linee generali era già abbastanza definitivo, anche se vi furono espropri brutali e modifiche dell'assetto degli isolati con l'abbattimento di mura e l'accorpamento di proprietà. L'età romana tuttavia non stravolse il volto di Pompei.

Si puntò essenzialmente alla monumentalizzazione dello skyline, costruendo edifici imponenti o comunque d'impatto, come il Teatro Grande, l'Anfiteatro, la Grande Palestra, ma anche l'Odeion, il Teatro Piccolo. Oppure ricostruendo e ampliando il Foro.

Il risultato finale è quello che potete ammirare passeggiando tra le vie dell'antica città.

Già a una rapida occhiata della mappa che vi danno all'entrata si nota subito che Pompei ha una rigida griglia geometrica di strade e case. Tutte le città romane si articolavano su due grandi vie disposte a croce: una in direzione nord-sud (*cardo*), l'altra in direzione est-ovest (*decumanus*). Il loro orientamento secondo i punti cardinali era addirittura stabilito con un rito sacro. È uno schema urbano che deriva dalla fitta griglia di tende e vie interne dei campi militari, e che in molti casi ha costituito il nucleo di partenza di tante città attuali.

Anche per Pompei è così: il grande viale che percorre verticalmente la città, il *cardo*, viene oggi chiamato via Stabiana. Per la direttrice est-ovest, però, c'è una differenza: forse per l'origine molto antica e "multietnica" di Pompei, ne sono state costruite due, il *decumanus superior* (via di Nola) e il *decumanus inferior* (via dell'Abbondanza).

Se passeggiando nel sito archeologico avete in mente quest'organizzazione di tre vie in croce, vi perderete meno facilmente… Ma se vi succede, non scoraggiatevi, è più che normale considerando la quantità di vie, tra grandi arterie e vicoli.

Ci sono dieci templi, undici fulloniche, trentaquattro panifici, più di centocinquanta "bar", *thermopolia*, *cauponae*, *popinae* e molti altri negozi di vario genere, due teatri, un anfiteatro, una grande palestra all'aperto, un Foro, un mercato (*macellum*). Senza dimenticare i tre chilometri e duecentoventi metri di mura difensive.

E il numero di abitanti? Non si è certi, ma al tempo dell'eruzione dovrebbero aver oscillato da un minimo di otto a un massimo di diciottomila. E cosa possiamo dire su di loro?

Identikit dei pompeiani

Mentre camminiamo, incrociamo due donne che procedono spedite sul marciapiede, avvolte nelle loro eleganti *pallae*. Una è prosperosa, indossa degli orecchini in argento e i capelli neri, ricci, sono raccolti in uno chignon. A ogni passo, la tunica fatica a contenere le sue forme giunoniche. L'altra invece, più giovane, ha lo scialle sulla testa e si copre la bocca con un lembo. I loro tratti, l'ovale regolare del volto e i grandi occhi scuri, maliziosamente truccati per esaltare il calore dello sguardo, sono tipicamente mediterranei.

Mentre passiamo loro accanto, la più giovane ci lancia un'improvvisa occhiata. In un attimo sentiamo tutta la profondità del suo sguardo. Che poi scivola via. Lasciando un'elegante scia di profumo. Anche il fascino è mediterraneo...

Gli abitanti di Pompei, per la complessa storia che la città ha alle spalle, hanno origini molto diverse, ma per lo più centro-italiche e mediterranee. Analisi del DNA hanno rivelato un patrimonio genetico tipicamente europeo, tranne per una variazione "non europea" che forse indica la presenza di persone di provenienza africana. Quasi certamente si trattava di schiavi o di discendenti di ex schiavi, diventati nel frattempo cittadini romani a pieno titolo.

Ma che genere di persone sono i pompeiani dal punto di vista fisico?

Il primo aspetto che ci sorprende è la statura. Noi oggi siamo abituati a vedere per le strade delle nostre città ragazzi adolescenti di quattordici-sedici anni, quindi ancora in fase di crescita, già alti un metro e ottanta. Sono il prodotto di società moderne, caratterizzate da diete alimentari ricche e complete fin dalla nascita, e senza malattie o carestie che frenino lo sviluppo fisico. Ma duemila anni fa le cose erano ben diverse, la dieta era sicuramente meno ricca di oggi, non c'era la varietà che conosciamo, a tavola si era legati ai capricci del clima, che incideva pesantemente sul raccolto, alla stagionalità di frutta e verdura, ecc.

Se nelle campagne bene o male il cibo non mancava, nelle grandi città invece – un po' come durante la Seconda guerra mondiale – potevano esserci razionamenti, scarsità di certi generi alimentari e carestie. Per non parlare delle malattie durante le stagioni fredde, con frequenti epidemie causate magari da banali influenze.

In mancanza di farmaci efficaci, infezioni e malattie si trascinavano a lungo, bloccando la crescita di un bambino. O potevano anche essere letali: il morbillo o la broncopolmonite per esempio, così come la tubercolosi, erano killer spietati.

In questo senso, l'Impero più potente del pianeta non riusciva a difendere i suoi bambini, ed era a livello di un paese poverissimo di oggi, con ecatombi quotidiane causate da malattie che oggi vengono curate rapidamente. La mortalità infantile era altissima, e sembra si aggirasse intorno al ventotto per cento.

Insomma, arrivare all'età adulta, tra malnutrizione e malattie varie, poteva rivelarsi una vera impresa.

Il risultato è che i pompeiani che incontriamo, come tutti i romani di quest'epoca, sono quasi sempre di bassa statura. Le misurazioni degli scheletri di alcune vittime a Pompei hanno dato questi risultati. Gli uomini sono alti, in media, 1,66 (la forbice è tra 1,63 e 1,70), le donne invece hanno una statura ancora inferiore: 1,53 (una media tra 1,51 e 1,55).

Sono dati confermati anche dall'analisi degli scheletri di Ercolano nei quali si registrano pochi "picchi" verso l'alto (un uomo alto 1,75) e verso il basso (una donna alta 1,40).

Usando formule antropometriche, si è concluso che i primi si aggiravano sui 65 chili di peso, le seconde intorno ai 49.

Naturalmente si tratta di stime. Ma vi danno una buona idea della sensazione che si poteva avere camminando tra la folla di Pompei e di Ercolano: erano in genere "piccoli" e vi avrebbero guardato come una persona più alta della media.

È interessante notare, come indicano gli studi di Luigi Capasso sugli scheletri trovati nei fornici di Ercolano, che la statura media nell'area napoletana a metà degli anni Sessanta era quasi identica a quella del 79 d.C., a sottolineare quanto le cose siano cambiate solo in queste ultime due generazioni.

Si viveva poco, allora. Dati generali sulla popolazione romana indicano che l'età media alla morte era di quarantun anni per l'uomo e ventinove per la donna. Stiamo parlando di statistiche, nessun romano stramazzava al suolo in occasione del quarantunesimo compleanno, anzi molti raggiungevano i cinquant'anni, ma di certo pochissimi superavano i sessanta. Straordinaria, in questo senso, è una stele scoperta nella necropoli di Santa Rosa in Vaticano: porta il nome di un certo Abascantus, morto a novant'anni!

Le cause di morte per l'uomo erano spesso legate ai pericoli di una vita molto più attiva e all'aperto della nostra. Una spiegazione della sconcertante, bassissima, età media alla morte delle donne si trova invece nei rischi legati al parto. Si è calcolato che all'epoca uccidevano mille volte più di oggi.

Anche a Pompei ed Ercolano la vita era breve? Il gran numero di vittime scoperte consente di fare studi su un orizzonte molto ampio. Con il problema tuttavia che si tratta di una "selezione" fatta attraverso una tragedia: non abbiamo trovato *tutta* la popolazione, ma solo quelli che sono morti, e non per cause naturali; un aspetto da tenere comunque presente.

Malgrado questo, c'è una curiosità che emerge guardando la composizione delle vittime di Ercolano: mancano totalmente i sessantenni, mentre i cinquantenni sono appena l'otto per cento. Naturalmente potrebbe essere solo un problema legato alla fuga durante l'eruzione: i più anziani (presenti comunque nella popolazione) hanno avuto difficoltà a mettersi in salvo e questo spiega la loro assenza tra le vittime trovate ammassate sulla spiaggia e nei fornici di Ercolano.

Tuttavia un fatto risulta chiaro: quanto siamo fortunati in epoca moderna!

A cinquant'anni, oggi, un uomo è ancora nel pieno del proprio vigore fisico e mentale, lavora intensamente, e forse è all'apice della sua carriera, fa sport e ha, statisticamente, ancora un terzo di secolo di vita davanti a sé, se non di più. Una donna della medesima età è ancora bella, sensuale e affascinante, si è potuta permettere di fare i figli tardi o di non averne affatto (non certo a quattordici anni come un'antica coetanea romana) e può sperare di vivere anche più di un uomo.

Duemila anni fa, invece, un cinquantenne era arrivato al capolinea. In una manciata di anni sarebbe morto. Mentre la sua compagna lo era già da tempo, a volte da più di vent'anni...

Un dato interessante riguarda i più piccoli. Dall'analisi delle vittime di Ercolano, emerge che il numero dei bambini (da zero a quattordici anni) era pari al 30,1 per cento della popolazione: oggi questo collocherebbe gli abitanti della città, secondo una vecchia classificazione, in una prospettiva che è quella di un paese in via di sviluppo, ma non più in un paese del "Terzo Mondo", dove gli adolescenti spesso superano il quaranta per cento.

I dati di Ercolano suggeriscono infine un altro aspetto molto interessante. C'è una fascia di età che è poco presente tra le vittime, ovvero i giovani tra i quindici e i diciannove anni. È come se la piramide della popolazione, composta dalle varie fasce d'età, a un certo punto subisse un improvviso strozzamento.

Per questa anomalia ci sono due possibili spiegazioni: la prima è relativa al fatto che sono di individui molto abili dal punto di vista fisico, intraprendenti e indipendenti perché non hanno ancora formato una famiglia (o non possiedono una casa di proprietà) che avrebbe potuto bloccare o rallentare le loro strategie di fuga. Certamente si tratta della fascia di popolazione che ha avuto le più alte possibilità di salvezza durante l'eruzione.

Ma c'è anche un'altra spiegazione. La strozzatura della piramide ricorda molto quelle che si sono create in seguito ai conflitti mondiali, e rappresenterebbe una crisi di natalità dovuta alla morte improvvisa di tanti potenziali genitori, uomini e donne. Quel buco generazionale sarebbe insomma la "memoria" di una tragedia avvenuta nell'area vesuviana circa vent'anni prima dell'eruzione. Cosa può essere successo?

Non è stata una guerra, ormai quest'area dell'Italia non vedrà invasori per secoli. Il motivo è un altro: diciassette anni prima dell'eruzione, nel 62 d.C., c'è stato un violentissimo terremoto che ha devastato Pompei, Ercolano e tutte le ville e le fattorie della zona; ma avremo modo di parlarne più approfonditamente.

In conclusione, prendendo con le dovute cautele i dati statistici emersi dalle vittime dell'eruzione in vari siti e applicandoli nelle strade di Pompei questa mattina, che deduzioni possiamo farne? Potremmo dire, in termini generali, che un terzo delle persone che incrociamo ha meno di quindici anni, e quasi due terzi tra quindici e cinquant'anni. Meno di uno su dieci di quelli che ci passano accanto ha più di cinquant'anni.

Ma torniamo alla via che stavamo percorrendo: da una casa escono due bambini che s'inseguono. Come due farfalle in primavera, salgono e scendono dai marciapiedi, ridendo. Hanno l'argento vivo addosso e niente sembra fermarli. In un attimo svaniscono dietro l'angolo aprendoci un mondo inaspettato.

«Scusi, dove abita?»: indirizzi "alla romana"

Avvicinandoci all'incrocio dove sono scomparsi i due bambini ci troviamo di fronte a un poderoso arco monumentale. Sembra un gigante con le gambe divaricate su entrambi i marciapiedi. È ricoperto di travertino e marmi bianchissimi che a quest'ora assumono una tinta salmonata. In cima distinguiamo la grande statua di un uomo a cavallo (forse lo stesso Caligola). L'arco segna un confine invisibile. Oltre i carri non possono andare. Questo significa che è una strada vietata al traffico anche di notte, quindi sempre silenziosa come ci si aspetterebbe in un quartiere esclusivo. Passiamo sotto l'arco ed entriamo in questo mondo a parte.

I raggi bassi del sole non riescono ancora a raggiungere il selciato della strada. L'arco e i tetti delle case permettono solo a poche macchie di luce di passare. Come uno stormo di colombe in una piazza, si posano a poco a poco su cornicioni, angoli, davanzali.

Ci troviamo in una Pompei diversa, in cui tutto è pulito, ordinato. Alcuni schiavi hanno già cominciato a passare le scope sul marciapiede davanti alle case che si affacciano su questa elegante via della città. Da molti usci cola dell'acqua usata per lavare i mosaici all'entrata.

Le sporadiche botteghe e i pochi "bar" si concentrano nel tratto iniziale della via, poi svaniscono per lasciare spazio solo a portoni lussuosi e decorati. È il quartiere-bene di Pompei (oggi chiamato Regio VI), residenziale, silenzioso, dove si concentra la nobiltà della città.

I due bambini ci fanno da guida. Circa a metà della via si fermano a una fontana squadrata in pietra vulcanica, il volto scolpito da cui di solito esce l'acqua è quello di Mercurio con tanto di elmo sormontato dalle classiche ali. La strada è stata ribattezzata, appunto, via di Mercurio, ma sono nomi di fantasia, inventati in età moderna.

Questo vale anche per tutte le altre strade della città perché si conoscono solo tre nomi di epoca antica: via Mediana, via Salina, via Pompeiana.

Si sono quindi dati dei nomi moderni a seconda della direzione geografica che avevano queste vie (via di Stabia o via Stabiana, di Nola, ecc.) oppure a seconda di un particolare emerso durante gli scavi come il fregio su una fontana che rappresentava una divinità (via di Mercurio, via dell'Abbondanza). Anche edifici pubblici (via dei Teatri) o case private di famiglie (vicolo dei Vettii) hanno dato spunto per i nomi.

Conosciamo i nomi di due sole porte della città: la Porta del Sale (che oggi chiamiamo Porta Ercolano, e che conduce anche alla Villa dei Misteri) e la Porta Urbulana (oggi Porta di Sarno). È probabile che a Pompei ci fosse un forte "campanilismo" tra i quartieri. Un po' come succede ancora oggi con le contrade di Siena. Erano "piccole città" nella città dove tutti si conoscevano e si aiutavano, come accade ancora oggi in tanti centri.

Come sottolinea Antonio Varone, ex direttore degli scavi e specialista nelle epigrafi (cioè le scritte sui muri) di Pompei, ci sono giunti i nomi di queste "contrade" pompeiane, e, per riflesso, anche quello dei loro abitanti: i *Salinienses* vivevano in prossimità della Porta Ercolano chiamata all'epoca *Porta Salina* perché evidentemente conduceva a delle saline, gli *Urbulanenses* abitavano nel quartiere che partiva da *Porta Urbulana*, i *Campanienses* vicino a Porta di Capua, i *Forenses* attorno all'area del Foro e la Porta Forense (l'attuale Porta Marina).

Ignoriamo tutto delle "tradizioni" di ogni contrada o rione dell'antica Pompei: c'erano feste o processioni in onore di qualche divinità-patrono? C'erano aneddoti o nomignoli dispregiativi affibbiati agli abitanti di altri rioni? Non lo sapremo mai, ma viene naturale pensarlo.

Noi ora ci troviamo nel quartiere più vicino all'attuale Porta Ercolano, quindi di rigore i suoi abitanti dovrebbero essere i *Salinienses*... Però notiamo un dettaglio: non esistono targhe con i nomi delle vie e sui portoni non ci sono numeri. Come fanno a orientarsi i "postini" (*tabellarii*) nel recapitare le lettere? E in che modo si fa a trovare la casa di un amico? Come avrebbe funzionato un navigatore GPS allora se non si poteva inserire il nome di praticamente nessuna via?

Un indizio è rimasto. Proprio su un muro di Pompei: un uomo vi ha scritto l'indirizzo della bellissima attrice che abbiamo incontrato al banchetto di Rectina: Novella Primigenia.

Quella iscrizione ci svela due cose. Innanzi tutto che questa star locale abitava a Nocera, e in più ci ha fatto capire il modo in cui i romani indicavano un indirizzo. «A Nocera, nelle vicinanze di Porta Romana, nel rione di Venere, chiedi di Novella Primigenia.»

Ecco svelato il sistema: 1) nome della città; 2) lato della città (porta) o vicinanza a un riferimento noto (edificio); 3) quartiere; 4) indicazioni degli abitanti di quelle vie.

In fondo anche oggi, quando si cerca un ristorante o un negozio in un quartiere, spesso baristi o commercianti non danno l'indirizzo esatto, ma piuttosto vi guidano con indicazioni del tipo «più avanti, vicino a…».

È necessario chiarire un'ulteriore cosa per chi oggi visita gli scavi di Pompei. Sulle piantine, i libri e le guide moderne viene usato il termine Regio I, II, III, ecc., per indicare le varie zone della città. Questa suddivisione però non è opera degli antichi pompeiani. È stata stabilita nel secolo scorso da Giuseppe Fiorelli, il più importante direttore degli scavi di Pompei e "inventore" dei calchi.

Ogni *regio* comprende un certo numero di isolati (*insulae*), e ogni isolato è costituito da più dimore, "fuse" a formare un solo blocco. I numeri moderni che oggi vedete su ogni portone non sono quindi quelli crescenti di una via, si riferiscono unicamente al numero di abitazioni che ha l'isolato.

Ma ora proseguiamo la nostra passeggiata per la città. I bambini arrivano in fondo alla via di Mercurio, dove s'innalza, imponente, una delle tredici torri (chiamata ovviamente "torre di Mercurio"), con alle spalle il muro di cinta che corre su entrambi i lati. Hanno trovato una porta aperta e si sono infilati correndo su per le scale. Saliamo anche noi. Ci sono tre livelli. A metà percorso siamo all'altezza dei camminamenti di ronda sulle mura; proseguendo, si arriva in cima. Un volo di piccioni spaventati accompagna lo stridio dell'apertura della pesante porta di legno. Ci affacciamo tra le merlature. La veduta che si offre ai nostri occhi da quassù è straordinaria.

Pompei si apre davanti a noi con una distesa di tetti rossi e terrazze. Notiamo delle statue dorate che spuntano dalle abitazioni, i panni colorati delle tintorie messi ad asciugare, i colonnati bianchi del Foro, non distante da qui. E poi, più in là, le arcate del teatro con i suoi fregi dipinti. In fondo, la struttura possente dell'anfiteatro in cui combattono i gladiatori domina il lato sudorientale dell'abitato. Progressivamente, si distingue il rumore di mille attività che stanno iniziando ad animare la città, ma tutto è ancora avvolto da una leggera bruma, creata dal fumo di tante cucine e forni accesi. Pompei non è gigantesca. Da quassù la si abbraccia interamente, con un solo colpo d'occhio. È davvero bellissima.

All'improvviso sotto i nostri piedi il pavimento comincia a tremare. Gli uccelli che si erano appollaiati sulle merlature spiccano subito il volo. La scossa è molto lunga. Probabilmente stando in cima alla torre la sentiamo più che se fossimo in strada. Istintivamente ci giriamo verso il vulcano, che sembra quasi aver bussato alle nostre spalle. Ma è lì silenzioso, immobile. Ipocritamente pacifico. Mimetizzato in un piccolo Eden.

Oltre le mura di Pompei, infatti, si estende un paesaggio coperto da vigneti e coltivazioni che sale progressivamente verso il Vesuvius, con boschi e piccole fattorie. Un paesaggio idilliaco, del quale il vulcano sembra una parte anonima, come tante altre.

Non pare possibile che tutto questo domani scomparirà. Eppure il conto alla rovescia, cominciato secoli fa, sta per giungere alla fine.

LA BEVERLY HILLS DI POMPEI

Pompei
23 ottobre 79 d.C., ore 7,15
mancano 29 ore e 45 minuti all'eruzione

(H)IC SUMUS FELICES VALIAMUS RECTE
Qui siamo felici… andiamo avanti così!

Dall'alto della torre vediamo i due bambini che corrono di nuovo per la strada. Stanno ritornando verso il grande arco in cima alla via. Scendiamo anche noi. Andiamo a scoprire dove ci porteranno quei due… Certamente tra i segreti di questo quartiere-bene, la "Beverly Hills" di Pompei.

Appena superiamo anche noi il grande arco bianco di Caligola, sulla destra sentiamo l'abbaiare di un cane e le urla di un uomo che cerca di azzittirlo. Ma l'animale sembra quasi in preda a una crisi isterica. Arriviamo davanti al portone della casa. Il cane ha morso l'uomo e continua ad abbaiare, cercando di liberarsi dallo stretto collare e dalla catena. L'uomo, evidentemente uno degli schiavi della *domus*, chiude violentemente il portone e l'abbaiare si trasforma presto in una lunga serie di guaiti…

Nessuno ha capito che in realtà il cane sta solo facendo quello per il quale è stato addestrato: proteggere il suo padrone. Non da un ladro o da un aggressore. Ma dal peggiore assassino, il Vesuvius.

Le scosse sempre più frequenti e forse anche altri segnali che non percepiamo (gas che fuoriesce dal terreno, onde sonore che noi umani non riusciamo a udire) costituiscono secondo le teorie di alcuni studiosi un forte campanello d'allarme per questi animali.

Il nostro sguardo ora è attratto da un altro cane. Immobile, impassibile. Nessun tremore lo spaventa, né potrebbe comunque farlo, perché il suo corpo è composto da centinaia di tessere di mosaico bianche e nere, che costituiscono anche una scritta: *Cave canem* (Attenti al cane).

Lo avrete sicuramente già visto riprodotto in molte guide turistiche o anche sui pannelli all'entrata di tante villette moderne. È il cane più "famoso" dell'antichità.

Più che mettere paura sembra quasi invitarci a entrare. Ed è quello che facciamo. Stiamo entrando in una delle abitazioni più belle di Pompei, la Casa del Poeta Tragico (vedi *Inserto 1*, p. 3).

La Casa del Poeta Tragico è una tappa da non perdere se si vuole capire come erano fatte le dimore dei ricchi pompeiani.

Il suo nome deriva, come spesso accade, da una raffigurazione scoperta al suo interno, un mosaico che si trova sul pavimento dello studio del proprietario, Publio Aninio, e che mostra il dietro le quinte di un teatro poco prima dello spettacolo, con alcune maschere appoggiate per terra e degli attori che si preparano all'imminente rappresentazione; uno di loro si sta vestendo. C'è anche un maestro del coro con la barba bianca e un musico che prova un doppio flauto.

Chi lo fece realizzare amava certamente il teatro, ma sappiamo anche che la famiglia che possedeva quest'abitazione fu molto apprezzata da tutta Pompei perché aiutò la ricostruzione di importanti terme nel cuore della città. Parliamo però di un avvenimento accaduto nell'80 a.C. In effetti questa casa, il giorno prima dell'eruzione, ha già oltre un secolo e mezzo di vita. Ed è stata portata poi alla luce dagli archeologi nel 1824. Ciò significa che è di nuovo "all'aria aperta" da quasi duecento anni. Questo solo per farvi capire quanto sia delicato il problema della conservazione a Pompei…

Superato il mosaico con il cane posto all'ingresso, ci infiliamo nella penombra di un breve corridoio coloratissimo (*vestibulum*). Anticamente la porta era alla fine di questo stretto passaggio che costituiva una sorta di sala d'aspetto per tutti quelli che venivano a chiedere favori o a parlare di affari con il padrone, soprattutto

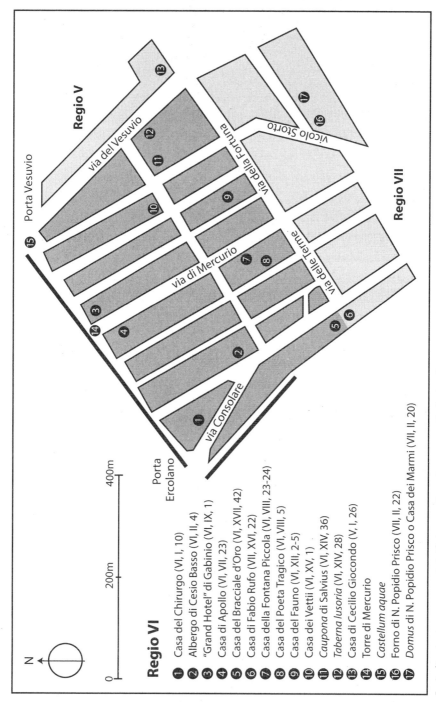

Regio VI

1. Casa del Chirurgo (VI, I, 10)
2. Albergo di Cesio Basso (VI, II, 4)
3. "Grand Hotel" di Gabinio (VI, IX, 1)
4. Casa di Apollo (VI, VII, 23)
5. Casa del Bracciale d'Oro (VI, XVII, 42)
6. Casa di Fabio Rufo (VII, XVI, 22)
7. Casa della Fontana Piccola (VI, VIII, 23-24)
8. Casa del Poeta Tragico (VI, VIII, 5)
9. Casa del Fauno (VI, XII, 2-5)
10. Casa dei Vettii (VI, XV, 1)
11. *Caupona* di Salvius (VI, XIV, 36)
12. *Taberna lusoria* (VI, XIV, 28)
13. Casa di Cecilio Giocondo (V, I, 26)
14. Torre di Mercurio
15. *Castellum aquae*
16. Forno di N. Popidio Prisco (VII, II, 22)
17. *Domus* di N. Popidio Prisco o Casa dei Marmi (VII, II, 20)

Le indicazioni tra parentesi si riferiscono rispettivamente a *Regio*, *insula* e numero civico.

di mattina. In seguito, questo spazio – in tante dimore pompeiane – è stato fagocitato dalla casa e la porta è stata spostata direttamente sulla strada.

È da notare che in quasi tutte le case di Pompei il corridoio è in leggera salita: si sfrutta infatti la pendenza per facilitare la pulizia. Quindi, come abbiamo detto, una delle visioni abituali la mattina è proprio l'acqua che esce dagli usci delle case, con in sottofondo il rumore di ramazza degli schiavi.

Mentre avanziamo scorgiamo due porte laterali: in effetti il corridoio è stretto tra due botteghe, evidentemente degli ex ambienti della casa trasformati in negozi. Il proprietario, in questo modo, può accedere agli esercizi senza uscire, direttamente dalla propria dimora. Murare delle stanze per poi aprirle sulla strada e trasformarle in esercizi commerciali (bar, negozi, botteghe, ecc.) è una pratica estremamente comune a Pompei. Una delle regole non scritte nella mentalità romana è che una proprietà, un investimento, devono sempre rendere, se possibile.

Procediamo nel corridoio, attratti dalla luminosità crescente dell'ambiente che si apre davanti a noi. Arrivati "in cima" all'ingresso (che i romani chiamano *fauces*) si apre una piccola meraviglia, l'atrio (*atrium*), e subito veniamo investiti da un'esplosione di colori e di luce.

L'impressione è quella di essere entrati in un arcobaleno. Le pareti sono color giallo ocra, con linee bianche, decorazioni e riquadri con affreschi di rara bellezza che immortalano scene mitologiche o eroiche ispirate all'*Iliade*. Una fascia di rosso pompeiano corre in basso e fa tutto il giro della sala. E non è tutto.

Salendo con lo sguardo, vediamo un'altra fascia costituita da vortici di foglie d'acanto e più su ancora delle grandi scene di battaglie. Anche il soffitto è colorato. È a cassettoni e forma una scacchiera con riquadri rossi, blu, verdi.

Ma al tetto manca completamente la parte centrale: c'è invece un'ampia apertura quadrata (*compluvium*) che serve per la raccolta dell'acqua piovana. Si vede perfettamente il cielo azzurro. A conti fatti questa sala sembra quasi un cortile aperto.

Il tetto, in quel punto, forma una specie di "imbuto quadrato", indirizzando tutta l'acqua verso il *compluvium*. Immaginate la scena, durante i giorni di pioggia: dal bordo dell'apertura spuntano dei gocciolatoi a forma di testa di fiera in terracotta, dalle cui bocche aperte cola l'acqua piovana, creando un rumore familiare a tutti.

E poi, dove va a finire l'acqua? Precipita in un'elegante vasca quadrata (*impluvium*) dai bordi in marmo smussati. La vasca raccoglie l'acqua e la immette in due canalette, una diretta verso la strada, sotto il marciapiede, per evitare la tracimazione e l'allagamento in casa quando cade troppa pioggia, un'altra collegata a una grande cisterna sotterranea: servirà per bere, cucinare, lavare e per le abluzioni.

Una cosa però alla quale pochi fanno caso è che in questo tipo di abitazioni si può scoprire con facilità il modo in cui si prelevava l'acqua dalla cisterna sotterranea, ovvero con un pozzo. Nella Casa del Poeta Tragico, la "vera da pozzo" è un cilindro di marmo bianchissimo con tante scanalature esterne. Il fatto straordinario è che quasi sempre si possono vedere i profondi solchi lasciati sul bordo dallo sfregamento della corda che portava in superficie, più volte al giorno, il secchio ricolmo di acqua, accompagnato dal tintinnio del suo manico metallico. Quei solchi sono una vera "scatola nera" in grado di registrare le attività della vita quotidiana in una casa romana.

Notiamo un fatto strano: non ci sono finestre alle pareti. Le *domus* romane di questo tipo in effetti sembrano dei "fortini", e ciò proprio perché derivano da modelli e stili di vita arcaici. Ci sono solo delle finestrelle, piccole e strette, nelle parti alte di alcune stanze, più simili a una presa d'aria o alle finestre di una prigione. Se ci fate caso, si vedono ancora le grate di ferro, ormai arrugginite, per impedire l'intrusione di ladri.

Già allora, infatti, i furti erano un problema. E non da poco. Non esistendo banche come quelle attuali, tutti i soldi e i preziosi erano custoditi o nascosti in casa. Un furto ben architettato aveva effetti molto più devastanti di oggi. Lo dimostrano anche le ingiurie di allora, sicuramente comuni anche qui a Pompei.

Di solito, quando una persona ne insulta un'altra, gli "lancia" contro quello che, in fondo, teme di più, la sua paura più profonda: in epoca romana "schiavo" e "ladro" erano gli insulti più usati. A testimonianza che la perdita della cittadinanza (e dei suoi vantaggi) o quella delle proprie ricchezze erano i timori più diffusi.

A pensarci bene, i benefici legali, amministrativi e giudiziari che vi dava lo status di *civis Romanus*, e ancor di più i vantaggi garantiti da un buon numero di sesterzi, erano le basi (e i poteri) su cui poggiava e si architettava tutta la vita di un individuo nella società romana.

Ma se non ci sono finestre, come si fa per la luce?

L'apertura sul soffitto non fa entrare solo rivoli d'acqua ma anche una cascata di luce, che penetra nella casa, come da una fontana rovesciata, e si diffonde in tutti gli ambienti. Non a caso, il pavimento è costituito da un mosaico bianchissimo con poche tessere nere: crea un riverbero simile a quello della neve, proiettando ovunque la luce.

Un vezzo è quello di lasciare, come vediamo ora, un po' d'acqua nella vasca che è profonda solo pochi centimetri. Quando il sole entra dall'apertura, il gioco dei riflessi e delle increspature dell'acqua proietta veli di luce, che ondeggiano e accarezzano gli affreschi sulle pareti. In certe case sul bordo della vasca ci sono delle piccole statue, non di rado trasformate in fontanelle, il tutto con l'intento di creare un ambiente tranquillo allietato da giochi d'acqua.

Nella Casa del Poeta Tragico stranamente non ci sono i padroni, forse sono via per qualche evento familiare, magari un matrimonio. Ma gli schiavi ci sono tutti; costituiscono, come si dice, la *familia* della casa. Gli schiavi infatti non fanno certo parte della *gens*, termine che indica i parenti veri e propri, ma sono comunque sotto l'autorità del *pater familias*.

Sentiamo un cigolio proveniente da alcuni scalini in legno. C'è infatti una scala che porta al piano superiore. È qui che vive, ammassata, la servitù: sono gli "alloggi dell'equipaggio". Oggi chiunque di noi vorrebbe vivere al piano superiore, più luminoso e panoramico, che gira intorno come una corona all'"imbuto" del tetto. Ma per i romani il piano nobile era quello inferiore.

L'atrio infatti è un ambiente di rappresentanza: lo schiavo Successo che è sceso dalle scale di legno sta ora prendendo dell'acqua dal pozzo e la versa delicatamente in una splendida brocca di bronzo posta su un tavolo in marmo bianchissimo (*cartibulum*).

Questi tavoli, con le gambe a forma di zampa di leone, sono un classico delle case dei nobili, e si ispirano alle mense su cui si mangiava in età arcaica, tutti insieme, nel cuore dell'atrio. Nella Pompei del 79 d.C. si trovano sempre accanto alla vasca, e sul loro piano fanno spesso bella mostra di sé brocche di lusso, vasellame di ottima fattura e argenteria. Contribuiscono, assieme all'alta qualità degli affreschi e delle decorazioni, a far capire a chiunque, a un primo colpo d'occhio, il tenore di vita della famiglia.

Nuovi scricchiolii. Stanno scendendo altri schiavi.

Pur in assenza dei padroni, le cose in casa devono funzionare normalmente, sotto l'occhio vigile di Successo, servo di fiducia, quello che ha messo l'acqua nella brocca. È alto, pelato, con la carnagione scura, e una barba nera. Già impartisce i primi ordini ai suoi undici "colleghi": una *domus* come questa ha un "effettivo" di servi paragonabile alla formazione di una squadra di calcio.

Una ragazza comincia a pulire l'atrio con una scopa di saggina. Un altro schiavo spolvera con cura gli affreschi che sono sottoposti a una costante "manutenzione" per conservare intatta la loro qualità negli anni. Un terzo schiavo scosta una tenda ed entra in un piccolo ambiente per controllare lo stato delle lucerne: ci accorgiamo così che sull'atrio si aprono non meno di cinque stanze, alcune con porte, altre con tende. Sono le stanze per gli ospiti o per alcuni membri della famiglia. Ci affacciamo in un *cubiculum*, anch'esso pieno di colori e di decorazioni. Ci colpisce un fregio che mostra la lotta tra greci e amazzoni. C'è una madia per i vestiti, un piccolo tavolino e un letto.

Oggi, quando visitate una casa di Pompei, potete usare un piccolo trucco per capire se in una stanza prima dell'eruzione c'era un letto. Di solito questo mobile si trovava sulla parete di fondo, spesso all'interno di una leggera nicchia nella parete. Se non vedete nicchie, guardate il pavimento: i mosaici creano spesso una decorazione a parte, un'"isola" rettangolare, quasi fosse l'"ombra" del letto sulle decorazioni per terra.

E allora sorge spontanea una domanda: come dormono i romani? Il letto è una struttura abbastanza complessa, ha infatti un bordo rialzato su tre lati (immaginate di prendere una scatola di scarpe e di strappare uno dei lati lunghi). Mentre la rete è costituita da un intreccio di cinghie, il materasso nelle case dei ricchi è spesso di lana. Ma molti, soprattutto nelle classi meno agiate, usano il fieno.

È difficile dire se questi letti fossero comodi. Anche se è soprattutto una questione di abitudine. Certo, noi oggi disponiamo di letti, doghe e materassi "high tech". Questi invece ricordano più il letto della nonna...

Tipiche dei letti romani sono le coperte di lana: hanno sempre delle strisce o delle bande colorate (rosso, verde e/o azzurro), come si può vedere in tanti affreschi.

Avvicinandoci al letto ci accorgiamo subito che il bordo ha delle decorazioni di bronzo, con teste di cavallo o di putto. È un altro segno di agiatezza. Ci sorprende però una strana struttura sopra il cuscino: è una "luce da letto"!

Così come noi ne abbiamo una sul comodino o sulla parete, i romani spesso fissano sulla testiera un lucignolo di stoppa o cera: il *lucubrum*, che di sera aiuta a leggere e a pensare. Da esso deriva il nome latino del letto (*lectus lucubratorius*) e il verbo moderno "elucubrare".

Decisamente curiose sono invece le gambe del letto. Hanno una forma frutto di un elaborato lavoro al tornio: ogni gamba, scendendo, si allarga e poi si restringe per poi riallargarsi di nuovo. Sembra una pila in cui si alternano piatti e coppe di champagne. La parte finale, che poggia a terra, è un puntello molto fine. Sono letti con i "tacchi a spillo".

Anche molti sgabelli e sedie hanno gambe di questo genere. È un look tipico dell'arredo in antichità.

Usciamo e seguiamo la schiava Euhodia. Passa accanto al tavolo di marmo ed entra in un grande ambiente completamente aperto sull'atrio: è lo studio del proprietario, il *tablinum*. È qui che riceve i suoi clienti e i soci in affari. Sul grande tavolo di legno con incastonate placche in avorio ci sono documenti arrotolati, sigilli e speciali tavolette di legno per stipulare accordi: sono ricoperte con un velo di cera che verrà poi incisa con un pennino di bronzo quando sarà il momento di scrivere le clausole dei contratti. Alle sue spalle, un grande armadio contiene altri documenti.

Per chiunque entri in casa, lo studio in fondo allo splendido atrio che abbiamo appena attraversato sembra quasi la cella di un tempio, il *sancta sanctorum* della *domus*. Con il padrone che vi aspetta, per discutere con voi. Del resto l'atrio è da sempre stato il cuore della casa in epoca arcaica: il suo nome deriva da *ater* che significa "nero", "oscuro", un riferimento al colore delle pareti annerite dal focolare, cuore della vita familiare. Molte famiglie custodiscono proprio nel *tablinum* l'intero archivio familiare.

Una curiosità: in passato, sempre nel *tablinum* veniva posto il letto matrimoniale il giorno delle nozze, il cosiddetto *lectus genialis*.

La schiava Euhodia, dopo aver delicatamente tolto la polvere dal tavolo, dagli scaffali e dai documenti con un piumino, si dirige verso una piccola stanza che si dirama dall'atrio, un'*ala*. Ha quasi le dimensioni di uno sgabuzzino, ma i suoi elaborati mosaici geometrici sul pavimento hanno indicato agli archeologi che doveva contenere qualcosa di molto importante. Che cosa?

Stiamo per scoprirlo mentre guardiamo la schiava Euhodia che scosta delicatamente la tenda. Gli anelli scorrono sulla sbarra di bronzo che la sostiene. Questo piccolo "sipario" apre una scena in cui sono presenti i principali attori della storia di questa famiglia. Si tratta delle maschere funerarie di tutti gli antenati più importanti (*imagines maiorum*), quelli che hanno dato lustro al nome della famiglia, e vengono considerati dei veri e propri biglietti da visita da esibire per mostrare la propria credibilità se si vuole contare nell'élite della società pompeiana e romana. Avere volti di antenati famosi e nobili da mostrare agli ospiti (in armadi speciali, nicchie o in *alae* della casa poggiati su piccoli piedistalli in muratura) può davvero fare la differenza rispetto ad altre famiglie e soprattutto rispetto ai liberti che, pur avendo soldi e palazzi, non hanno origini blasonate da esibire.

Euhodia spolvera con estrema cura ogni personaggio, controllata costantemente da Successo. Sembra un piccolo museo delle cere. Ma quelle maschere a noi dicono altro: se vi chiedete come mai le statue romane, rispetto a quelle greche o egizie, siano infinitamente più "vere" e realistiche, la risposta è davanti ai vostri occhi. Quando bisognava realizzare le statue di persone di rilievo (non per forza imperatori o senatori), ci si basava su queste maschere. E quindi si riproducevano anche tutti i difetti del volto. Rughe, nei, calvizie, doppi menti sono entrati nella storia per la prima volta in modo libero, senza il filtro di canoni artistici o di commesse che "dovevano" migliorare l'originale.

Nessuno di noi saprà mai se un faraone aveva le orecchie a sventola o una calvizie incipiente. I romani, al contrario, ne facevano un punto di forza. Niente "filtri", siamo così. Ecco perché rimaniamo spesso a lungo a osservare un busto scolpito duemila anni fa: ci appare molto più vero e forte, come un ritratto in una foto in bianco e nero.

Continuiamo la nostra esplorazione. Ritorniamo nel *tablinum* e proseguiamo oltre. A questo ambiente ne segue un altro, ancora più impressionante. L'ufficio del padrone infatti si apre anche su un giardino interno. È suggestivo vedere queste tre aree della casa in fila in un solo colpo d'occhio. Il giardino è una vera isola verde: contiene piante ornamentali, sapientemente sagomate dalle cesoie di un giardiniere (*topiarius*), e cespugli profumati come il mirto o il bosso.

Piccole statue emergono tra le piante dando al luogo un'atmosfera di grande raffinatezza. Il giardino è circondato su tre lati da un piccolo ed elegantissimo colonnato, il *peristylium*, dove si può passeggiare e chiacchierare.

La parete di fondo, punto d'arrivo dello sguardo di chiunque entri in casa, è ornata con un magnifico affresco: mostra una staccionata in legno e, oltre, un giardino da sogno. Dà l'illusione che il giardinetto di casa continui oltre il muro. Un "trompe-l'oeil" molto suggestivo. Il nome dato a questo tipo di affreschi vi fa capire la loro bellezza: *paràdeisos*, letteralmente "giardino recinto".

Se l'atrio costituisce la parte "pubblica" e di rappresentanza della casa, questo giardino invece è il cuore di quella "privata". Attorno a esso si aprono le stanze dove dormono i padroni, la cucina (con latrina) e il famoso *triclinium* dove mangiare comodamente sdraiati.

Usciamo da una porta laterale che ci immette sulla strada, voltiamo a destra sul marciapiede e proseguiamo incrociando uno schiavo che con fare impacciato porta una grossa cesta di panni piegati con cura. Evidentemente proviene da una tintoria e forse questa è la sua prima consegna. Lo seguiamo…

Arredare alla pompeiana

Guardiamo le gambe ossute dello schiavo: ha le ginocchia gonfie e così le caviglie. Zoppica vistosamente, malgrado la sua giovanissima età. Soprattutto le sue gambe hanno uno strano colore, bluastro.

Tutto questo a causa del continuo pigiare panni e indumenti nelle tintorie (*fullonicae*). Un lavoro massacrante, che trasforma dei giovani schiavi in rottami nel giro di breve tempo. Evidentemente, non potendo più lavorare nell'officina, questo ragazzo è utilizzato per le consegne.

Svoltato l'angolo, lo schiavo entra nel corridoio d'ingresso di un'altra casa. È la Casa della Fontana Piccola. Sappiamo da alcune iscrizioni che appartiene a un certo Elvio Vestale. Probabilmente non possiede un piccolo "museo delle cere" dei suoi antenati da mostrare. In effetti, come ha ipotizzato l'archeologo Salvatore Ciro Nappo, è probabilmente il capo della corporazione dei *pomarii*, ovvero i fruttivendoli!

Se è così, certo non ha origini nobili da mostrare, come il proprietario della Casa del Poeta Tragico. Ma di soldi ne ha fatti, davvero tanti, se ora vive nella Beverly Hills di Pompei. E, come vedremo in seguito, non è il solo tra i "nuovi ricchi".

La sua casa è il risultato della fusione di due *domus* che ha poi suddiviso in questo modo: una è stata trasformata in una specie di "quartiere della servitù", che comunica con l'altra abitazione, dove vivono il padrone e la sua famiglia.

La struttura della sua *domus* ricorda molto quella che abbiamo già descritto, con la sequenza *vestibulum-atrium-tablinum-peristylium*. Non la ripercorreremo. Ora ci interessa più scoprire l'arredo di una tipica abitazione di un ricco in età romana.

Entriamo in casa attraverso la parte servile. Uno schiavo sta verificando la pulizia dei panni portati dal ragazzo, guardandoli in controluce. Il pagamento avverrà solo se il servizio è stato perfetto, guai a trovare macchie. Noi andiamo oltre.

Il primo aspetto che colpisce è che l'arredamento romano, rispetto al nostro, risulta davvero scarno, essenziale. Ha uno scopo funzionale più che estetico.

Nelle nostre case, le pareti sono spoglie mentre gli ambienti sono ricchi di mobilio di ogni tipo: tavoli, sedie, divani, poltrone, armadi, ecc. A un romano, la nostra casa sembrerebbe un

114

deposito e sarebbe difficile per lui camminare senza urtare contro qualcosa.

Le case romane sono praticamente l'opposto. Le pareti sono ricchissime di elementi dipinti e decorazioni, sembrano darvi l'impressione che ci sia un mondo virtuale oltre le mura. Le stanze invece sono "vuote", il mobilio è scarno. Le poche cose presenti spesso vengono camuffate con cuscini e coperte. Ci affacciamo in un *cubiculum*, una stanza dove ha dormito uno dei membri della famiglia: il letto è ancora sfatto, in attesa che venga rassettato da uno schiavo.

Mobilio e oggetti sono ridotti al minimo: oltre al letto c'è una cassapanca (o raramente un armadio) e poi un vaso da notte (*matella*), una brocca e una bacinella (*labrum*) per lavarsi. E basta.

Gli armadi sono rari, si preferiscono delle "cassapanche" simili alle nostre madie o casse (*arcae vestiariae*) dove collocare i vestiti e le coperte. Gli etruschi e i greci non usavano gli armadi, un tipico mobilio romano. Ma gli stessi romani comunque lo usavano poco. La scarsa diffusione degli armadi è giustificata dalla presenza di qualcosa che li sostituisce meglio: per gli oggetti di vario tipo spesso ci sono degli sgabuzzini con scaffalature (*repositoria*) o anche semplici nicchie nelle pareti con ante, veri e propri stipetti. Infine per gioielli e oggetti preziosi si usano delle cassette, gli *scrinia*: se ne vedono qua e là nelle stanze.

Quello che non era affatto raro nelle case dei ricchi erano le *arcae*, cioè delle casseforti contenenti monete d'oro, documenti e argenteria. Avevano dei rinforzi a forma di sbarre metalliche e delle borchie. Alcune, come si è scoperto, erano dotate di un sistema di apertura nascosto, costituito per esempio da teste cesellate che chiunque avrebbe scambiato per elementi decorativi. Si trovavano quasi sempre nell'atrio, poste su uno dei lati della stanza. E, durante i banchetti e i ricevimenti, venivano sorvegliate da uno schiavo-vigilantes, l'*atriensis*.

Esistono vari tipi di tavoli nelle case romane: possono essere tondi o rettangolari, alcuni persino pieghevoli, a tre o quattro gambe. Il tavolino più ricorrente, e amato, ne ha tre, spesso a forma di zampa di leone con artigli oppure che raffigurano lo zoccolo di una capra o ancora di un cavallo. Facile vederlo durante i banchetti.

Ne osserviamo uno in un angolo di una stanza. Perché proprio tre gambe? La risposta è semplice: perché così non ballano. Quante volte avete mangiato in un bar o in un ristorante con un tavolo a quattro gambe che balla? Tre gambe invece permettono di avere un appoggio perfetto. Saggezza antica.

Nelle case romane ci sono diversi pezzi d'arredo su cui ci si siede o ci si sdraia, tutti molto curati. Esistono sgabelli di bronzo o legno pieghevoli (*scamnum*), sedie senza spalliera ma con poggiagomiti (*sella*), e poi la *cathedra*, spesso in vimini intrecciati, con un'alta spalliera ricurva. Ricorda molto le "poltrone" di vimini che oggi utilizziamo durante la stagione estiva. È su di esse che le donne romane si fanno truccare la mattina. A volte sono così alte che c'è bisogno di uno sgabello.

Una curiosità: un romano avrebbe guardato con perplessità le nostre poltrone e i nostri divani. Non esistevano in quell'epoca: non conoscevano la tecnica dell'imbottitura di sedie, sgabelli o divani e per ogni evenienza si usavano cuscini. Tuttavia alcuni letti potevano essere usati come sofà, coperti di cuscini e con la testiera alta. Ma non erano usati certo per dormire, piuttosto servivano per riposini durante il giorno, in piccole stanze appartate (*cubicula diurna*), oppure potevano essere usati per conversazioni riservate, soprattutto tra donne.

C'è qualcosa, però, un oggetto di arredamento che avremmo trovato molto "moderno" nella sua concezione e che molti romani aristocratici usavano: uno sgabello con la seduta di cuoio un po' rilasciata, come nelle sedie da regista, per poggiare le gambe.

Non c'erano solo letti usati per dormire. Ne esistevano anche di altri tipi utilizzati per scopi diversi come per banchettare, ovviamente; li abbiamo già incontrati: i letti tricliniari. A volte erano in muratura, a volte in legno.

Negli ambienti dove stiamo camminando scopriamo altre curiosità. Come ad esempio gli antenati dell'abat-jour: si tratta di un treppiedi con un gambo lunghissimo che termina in cima con un piatto su cui poggiare le lucerne. Gli archeologi ne hanno trovato un esemplare straordinario a Ercolano, con la particolarità di avere lo stelo svitabile. Lo si poteva assemblare e smontare in pochi secondi. Probabilmente veniva usato quando si ricevevano ospiti in casa.

Come molti abat-jour moderni, di solito erano posizionati negli angoli o lungo le pareti. Per l'illuminazione esistevano anche dei portalucerne simili a candelabri dalle forme inconsuete, oppure si potevano utilizzare splendide statue di bronzo, di fatto "obbligate" in modo un po' kitsch a sostenere delle lucerne.

Esistevano anche dei lampadari da appendere al soffitto con catenelle: si trattava di lucerne a più becchi. Una curiosità: praticamente tutte le lucerne trovate a Pompei sono di terracotta. Solo una ventina di quelle riemerse dagli scavi erano di bronzo. Un dato davvero sorprendente. Le condizioni di oscurità dell'eruzione possono aver spinto all'uso di queste lucerne nella fuga, spiegando così perché sono poco frequenti nelle abitazioni? In effetti una di esse era in mano a due fuggiaschi che sono stati rinvenuti per strada.

Restano ipotesi. Ma erano comunque rare nelle case romane. E ancora più rare erano le lanterne, le antenate delle nostre lampade a petrolio, munite di vetri protettivi.

Manca a questa lista qualcosa che solo raramente, o mai, ha lasciato un'impronta archeologica. Tra le *supellectiles*, così i romani definivano tutto il materiale d'arredamento, delle case dei ricchi c'erano sicuramente tappeti (una moda proveniente da Oriente), tessuti alle pareti (qualcosa che ricordava nell'uso l'arazzo, purtroppo mai rinvenuti a Pompei ed Ercolano a causa dell'estrema delicatezza dei materiali), tendaggi, *velaria* (teli per fare ombra nei luoghi aperti) e quadri appesi alle pareti. Senza dimenticare busti, statue, interi servizi di argenteria (il servizio "buono") messi in bella mostra nelle case. E poi vasi antichi!

I romani già consideravano "antiquariato" i vasi etruschi, per esempio, o i manufatti egizi. E nelle case pompeiane a volte erano esposti i migliori prodotti della ceramica greca come veri e propri capolavori.

La nostra visita della Casa della Fontana Piccola termina proprio nel punto che dà il nome all'edificio, il piccolo giardino interno. Situato stranamente in un angolo, è circondato dal tipico colonnato del peristilio solo su due lati. Sufficienti però a fare da cornice a un piccolo capolavoro. Addossata alla parete affrescata c'è una struttura a forma di casetta. È tutta ricoperta da un mosaico coloratissimo di piccole tessere in pasta vitrea. Al centro si apre una nicchia ad abside contenente una maschera teatrale nella sua parte alta e un putto di bronzo con un'oca sotto un braccio.

Avvicinandoci veniamo avvolti dalla quiete del giardino. La struttura è un ninfeo: in origine, come suggerisce il nome, un edificio sacro dedicato a una ninfa. È un richiamo, per la verità molto minimalista, ai grandi ninfei delle case patrizie di Roma, dove questi luoghi sono spesso usati per allestire banchetti e dedicarsi all'*otium*. Ma il suo padrone ci tiene a mostrare che ne ha uno anche lui...

La dimora di un super ricco: la Casa del Fauno

Usciamo dalla *domus*. E ripensiamo a quello che abbiamo visto. La struttura della tipica *domus* romana, con la Casa del Poeta Tragico. E il classico arredamento di un agiato proprietario di Pompei.

Ma tutto questo può avere delle varianti spettacolari e ancora più raffinate, soprattutto quando si passa a famiglie più ricche e potenti. Un esempio si trova sempre nello stesso quartiere a poche decine di metri di distanza. È la famosissima Casa del Fauno. Pensate che in questo quartiere per ricchi costituito da ben diciassette isolati, uno è interamente occupato da questa casa faraonica, che copre ben tremila metri quadrati. La Casa del Poeta Tragico potrebbe tranquillamente stare nel suo giardino...

118

La Casa del Fauno è la più grande di Pompei (vedi *Inserto 1*, p. 2). Ha un atrio, una trentina di ambienti di vario uso e dimensione e due peristili. Un vero capolavoro è il soffitto dell'atrio (che oggi purtroppo non ci è più possibile ammirare), autoportante grazie a un complesso sistema di travi incrociate di enormi dimensioni.

Il colpo d'occhio che questo soffitto offre a chiunque entri nell'abitazione è mozzafiato: attraversava tutta la casa, passando dall'*atrium* al *tablinum*, al primo peristilio e poi in fondo fino al secondo giardino.

Impossibile descrivere tutte le opere rinvenute. A cominciare dalla statuetta in bronzo del fauno che dà il nome alla casa, posta al centro dell'atrio, nell'*impluvium*, ma non nel mezzo della vasca come si vede oggi. In realtà era fissata sul bordo, su un piedistallo.

Per non parlare dei mosaici. Da quelli originali, come un gatto che azzanna un gallo, a quelli di una straordinaria modernità come tre colombe bianche che tirano fuori una collana di perle da un cofanetto... Certamente però il mosaico che ha reso la dimora così famosa è quello che descrive la vittoria di Alessandro Magno su Dario, nella battaglia di Isso, costituito da circa un milione e mezzo di tessere! (Vedi *Inserto 1*, p. 2.)

Avete letto bene, un milione e mezzo di tessere! A volte piccole come un'unghia. Un capolavoro assoluto che ancora oggi stupisce chiunque, un capolavoro che però è soltanto una copia, in quanto l'originale è stato trasferito al Museo Archeologico Nazionale di Napoli. Sorprendono i dettagli e gli sguardi: come quello sicuro di Alessandro, quello impaurito di Dario in fuga. Per non parlare di quello di un soldato persiano a terra il cui volto si rispecchia sulla parete interna del suo grande scudo tondo. Un gioco di riflessi che ci fa cogliere pienamente la grande raffinatezza degli artisti del passato.

Questo mosaico però non è stato "inventato" dai romani: è la "copia" di un celebre dipinto che si trovava in Grecia, andato perduto forse già in epoca antica, che il proprietario della Casa del Fauno ha voluto riprodotto su mosaico dentro casa sua. E così le migliori maestranze (probabilmente nordafricane, abilissime nel realizzare mosaici a colori, con tessere policrome) sono venute in questa favolosa dimora e hanno fatto il mosaico sul sito tessera dopo tessera. È stato disposto in un punto strategico della casa, sotto un'esedra tra i due giardini della *domus*.

Ma torniamo nella Pompei del 79 d.C. dove una nobildonna, Giulia, avvolta dall'immancabile *palla*, osserva proprio il mosaico che abbiamo appena descritto. La vediamo davanti a questo capolavoro simile a uno straordinario tappeto di pietra che osserva per l'ennesima volta la sua potenza evocativa. Lo fa spesso e non si sazierà mai della sua bellezza.

Fa parte della ricca famiglia che vive nella Casa del Fauno e questo è uno dei suoi luoghi preferiti. Di colpo alza lo sguardo. Nel giardino del peristilio i pavoni si comportano in modo anomalo questa mattina, sono decisamente nervosi e la femmina, più timida, non si è fatta vedere. Di solito prende il cibo direttamente dalle mani della padrona. Ma oggi c'è qualcosa di strano. Qualcosa li spaventa…

Una schiava le si avvicina, silenziosamente e deferente, con il capo inclinato. A voce bassa le comunica che la colazione l'attende. Giulia si mette in cammino, con un passo lento e regale.

Ma quando la schiava, nel fare strada alla nobildonna, prova ad aprire una grande porta si trova in difficoltà. Chiama allora un altro schiavo, e i due spingono con forza. Interviene un terzo schiavo, molto robusto: con brevi colpi secchi riesce a far cedere un poco la porta. Ma Giulia lo ferma. Così rischia di danneggiare una porta antica finemente decorata, meglio fare un altro percorso e chiamare qualcuno per ripararla.

Riprendono il cammino. La nobildonna, insospettita, chiede di verificare lo stato delle porte lungo il percorso. Alcune si aprono senza problemi, altre invece grattano contro il pavimento. Sembrano tutte fuori quadro, eppure ieri si aprivano senza problemi… Cosa può essere successo nell'arco di una notte?

L'eruzione in avvicinamento provoca delle deformazioni del

suolo che si traducono, nelle abitazioni, in piccole modifiche, come una porta che gratta o che non si apre. E non solo.

Il gruppetto ora è giunto nell'area delle terme private nel settore orientale della casa: viste le sue dimensioni potremmo definirlo un "quartiere termale", piccolo ma dotato di tutto il necessario. Uno schiavo si china e raccoglie dei vetri che si trovano a terra. Alza lo sguardo e indica una piccola finestra sigillata in alto, quasi un lucernario. Il vetro è attraversato da una lunga crepa e ne manca una porzione. Caduta, appunto, a terra e andata in mille pezzi. Essendo sigillata, cioè inquadrata rigidamente dalle pareti, è bastato un leggerissimo movimento del muro per spezzarla. La nobildonna lancia un'occhiata di sfida alla finestra rotta: ogni giorno ci sono delle sorprese. E tutto si traduce in nuove riparazioni e nuovi costi. Dà una scrollata di spalle e si allontana per andare a fare colazione.

Non sa che sta vivendo le sue ultime ore. Giulia verrà trovata morta dagli archeologi uccisa dal crollo di una delle tettoie della villa. Non a caso, il suo scheletro riemergerà tra i lapilli nell'*atrium*, a poca distanza dal famoso mosaico, vicino al quale era andata a rifugiarsi. Pochi oggi lo sanno, quando si fermano a fotografare il mosaico della Casa del Fauno, chiacchierando con altri turisti.

Pareti dipinte con stile… quattro stili

Riassumendo, qual è la più grande differenza tra le case romane e le nostre? Quella che salta più all'occhio, lo abbiamo visto, sono i colori. I romani rimarrebbero sgomenti dalla povertà di colori delle nostre case ma anche dei vestiti, dell'arredamento e delle statue.

Una statua di marmo per noi deve rimanere bianca. Le loro erano coloratissime, e non usavano colori sobri, ma tinte molto evidenti, appariscenti, un po' come il trucco di una vecchia signora.

Lo stesso accade nelle case. Per loro le superfici bianche non sono sinonimo di luce e pulizia, ma di povertà. Le case dei romani all'interno sono affrescate seguendo uno schema ricorrente: la parete è divisa in tre fasce. Quella inferiore (zoccolo) è alta poche decine di centimetri, comunque meno di un metro, con colori uniformi e leggere decorazioni. La fascia mediana invece, la più grande, è un vero trionfo di colori e di abilità pittoriche che spesso contagia la terza fascia, stretta, a contatto con il soffitto. Le decorazioni più belle vengono realizzate su questa fascia mediana, che è suddivisa in vari "pannelli", utilizzando colori caldi come il rosso pompeiano e il giallo, oppure il nero. Proprio all'interno di questi pannelli ci sono le pitture più belle: vengono infatti realizzati dei riquadri con degli affreschi con scene mitologiche di grande impatto. Servivano a impressionare gli ospiti, a comunicare una virtù alla quale la famiglia era molto legata. Dèi, eroi del passato o a volte anche ville (probabilmente di proprietà) facevano "propaganda" alla raffinatezza e all'agiatezza della famiglia.

Attorno a questi affreschi e ai pannelli dipinti che li contenevano c'erano sempre le sottili colonne dei capitelli a formare architetture leggere e immaginarie, con vere e proprie quinte di tetti, archi sottilissimi, colonnati per dare profondità. Uno straordinario effetto tridimensionale che proiettava lo sguardo verso paesaggi fantastici dove a volte comparivano maschere da teatro, candelabri, vasi con frutti. L'idea era che le pareti fossero una finestra su paesaggi virtuali. Mondi immaginari, che si perdevano all'orizzonte. Le pitture "sfondavano" le pareti, un modo per allargare la visuale della stanza, facendo vagare lo sguardo in territori sconfinati.

È in questo contesto che si parla di pitture di Primo, Secondo, Terzo e Quarto Stile. Tutti ne avete sentito parlare, ma che cosa si intende con questa espressione? Cercheremo di sintetizzarlo, in forma molto semplice perché possiate capire a prima vista, in una casa di Pompei, quale sia lo stile utilizzato. Vedrete come ogni stile racconti anche un momento storico diverso.

Il Primo Stile. È di origine greca, i sanniti lo adottarono e quando abitarono Pompei lo usarono ampiamente; possiamo collocarlo a livello temporale tra il 150 a.C. e l'80 a.C. La parete è ricoperta di intonaci che ricreano a rilievo un finto muro con grossi blocchi perfettamente squadrati. Su di essi i pittori hanno imitato i colori di marmi esotici e costosi (alabastro, pavonazzetto, cipollino, porfido rosso, ecc.). In cima spesso si trova una cornice bianca in stucco. Se ne vedono ancora delle testimonianze, per esempio nella Casa del Fauno: l'atrio dove si trova la celebre statuetta è tutto in Primo Stile.

Il Secondo Stile. Arrivano i romani a Pompei. Questo stile grosso modo copre gli ultimi ottant'anni prima della nascita di Cristo, il periodo di Silla, Cesare, Marco Antonio, Cleopatra e Ottaviano.

Sull'intonaco si dipingono nuovi tipi di architetture: non più blocchi squadrati, ma colonne, edicole, porticati e poi quinte di case o di colonnati che si perdono all'orizzonte. Quando ogni parete che vi circonda è dipinta così avete l'impressione di trovarvi dentro un chiostro. A volte ci sono anche figure umane. Viene proposta, seppur in modo semplice, ma molto efficace, l'idea che il muro si apra sull'esterno, con sapienti linee di fuga. La considerazione interessante è che queste pareti imitano delle scenografie teatrali. Un po' come se noi oggi appendessimo ai muri della nostra casa delle gigantografie di set cinematografici di film famosi o le scenografie teatrali di celebri opere liriche. Ecco spiegato, in parte, anche l'aspetto un po' surreale delle architetture dipinte.

Il Terzo Stile. Nasce con Augusto, quando comincia l'Impero. Questo stile si estende per circa mezzo secolo, fino all'età di Claudio. Le colonne, gli archi, le architetture tridimensionali diventano striminzite: si trasformano in strutture "filiformi", quasi stilizzate, che ricordano canne di bambù. È un intreccio "anoressico" in cui compaiono steli di piante, candelabri, che s'innalzano e a volte sostituiscono le colonne dipinte. Un piccolo trucco: quando vedete delle figure o delle decorazioni in stile egizio, state con ogni probabilità ammirando una pittura realizzata in Terzo Stile: nel 30 a.C. l'Egitto è stato conquistato da Roma, portando molti aspetti della sua cultura (dalla religione all'arte) nella testa dei romani. E di conseguenza anche nelle loro case.

Il Quarto Stile. Dal regno di Claudio in poi (41-54 d.C.), ovvero fino all'eruzione, cambia qualcosa nella mente dei romani. Per decenni hanno vissuto, per lo meno a parole, con l'onda lunga del rigore morale austero di Augusto. Ora, sotto Claudio e soprattutto Nerone, la società romana si abbandona al lusso, all'eccesso. Esattamente come a Roma, dall'atmosfera severa della Casa di Augusto si è passati a quella esuberante e dissoluta della Domus Aurea, fatta costruire, appunto, da Nerone dopo il grande incendio del 64 a.C. A cavalcare questo spirito sono soprattutto i nuovi protagonisti della società romana, cioè le schiere di ex schiavi che hanno fatto carriera, una classe rampante che vuole a tutti i costi dimostrare la sua ricchezza, negli eccessi e nel lusso di case faraoniche. Cosa accade quindi sulle pareti? I pittori ritornano sulla vecchia strada delle architetture del Secondo Stile, ma lo fanno in modo esagerato, perdendo il senso della misura. Diventa quindi un Secondo Stile "barocco". Come ha sottolineato Antonio Varone, le pareti sono uno specchio della società di quel periodo.

Le architetture diventano ardite, irreali, improbabili, fanta-scientifiche. Le decorazioni si affollano e si sovrappongono. I colori diventano carichi, con contrasti feroci. Un segno tipico e distintivo per un osservatore sono quei pannelli "anonimi" che si trovano di lato a quadri-affresco con scene mitologiche: diventano "finestre" aperte su prospettive di architetture di fantasia. Si perde insomma quell'aspetto realistico del Secondo Stile.

Si è passati da una rappresentazione "illusiva" degli stili precedenti, con paesaggi immaginari, a dipinti molto "allusivi" che mandano un chiaro (e volgare) messaggio sulla ricchezza del proprietario.

A Pompei il Quarto Stile è assai più diffuso degli altri tre, non tanto perché era quello di moda al momento dell'eruzione, quanto perché essendoci stato, come detto, un recente e forte terremoto diciassette anni prima, i restauri sono stati tutti realizzati in questo stile, il più richiesto in quel periodo. Secondo alcuni studiosi, osservando le diversità delle "mani" che hanno dipinto le pareti, si capirebbe che operarono a Pompei, forse contemporaneamente, almeno diciassette artisti.

LA SFARZOSA CASA DI DUE EX SCHIAVI

Pompei
23 ottobre 79 d.C., ore 7,30
mancano 29 ore e 30 minuti all'eruzione

HIC FUIMUS CARI DUO NOS SINE FINE
SODALES
Noi due siamo stati qui, complici, per sempre.

Riprendiamo il nostro percorso. La strada si sta riempiendo sempre più di persone. Ma non vediamo ricchi pompeiani a passo lento sui marciapiedi o nobildonne in lettiga, sono infatti ancora all'interno delle loro *domus*. Per il momento ci sono soprattutto schiavi impegnati in consegne, o servi con una lista di commissioni. Se potessimo mettere in evidenza i loro percorsi ci accorgeremmo che creano una "ragnatela" che avvolge progressivamente tutta la città.

A un angolo, svoltando, veniamo quasi travolti da un ragazzo con una cesta. Mentre passiamo vicini, i nostri sguardi s'incrociano. Dopo un attimo di sorpresa, lo riconosciamo. È il ragazzo che ci ha servito il pane stamattina. Evidentemente ora è impegnato nelle consegne. Ci sorride e prosegue spedito. Lascia dietro di sé una scia odorosa di pane appena sfornato e dolci appena cotti. È come una calda carezza sul viso. La tentazione è troppo forte…

Cominciamo a seguirlo. A chi deve consegnare tutto questo pane?

Passiamo davanti agli usci di *domus* sfarzose. I portoni dentro cui sbirciamo ci svelano la vita quotidiana al momento del risveglio in tanti piccoli dettagli.

In fondo a un portone vediamo passare una ragazza dalla tunica rossa che si sta raccogliendo i capelli dietro la nuca, in un

125

altro uno schiavo in ginocchio che lava i mosaici dell'atrio, in quello successivo un padrone che sta dando ordini a degli schiavi riuniti che ascoltano a testa bassa… Ogni casa ci descrive un aspetto diverso della vita dei pompeiani. E in questo quartiere possiamo ammirare, davvero, la loro vita nel lusso.

Il nostro sguardo ritorna sulla cesta che il ragazzo porta sulla testa e che ondeggia al ritmo dei suoi passi. Quando si ferma e bussa a un grande portone a due battenti, alziamo lo sguardo.

L'edificio ha due piani. È un'altra casa sfarzosa, quella dei Vettii. Una delle più belle ritrovate dagli archeologi a Pompei.

I Vettii sono due fratelli, Aulo Vettio Conviva e Aulo Vettio Restituto; in passato erano degli schiavi. Quando il loro padrone li ha liberati hanno scalato rapidamente la società pompeiana, fino a diventare loro stessi dei padroni, e ora hanno alle dipendenze molta servitù. Hanno però mantenuto tutta l'ignoranza e la volgarità delle loro umili origini. Dei "parvenu" direbbe qualcuno, *homines novi* li chiamerebbero i romani, dei "coatti" o dei "cafoni" direbbe oggi chi vuole tagliare corto…

Comunque sia, ora sono dei ricchi proprietari terrieri che guadagnano somme faraoniche con il commercio del vino e dei prodotti della terra. Uno dei due fratelli fa addirittura parte del collegio degli augustali, cioè i sacerdoti che onorano la figura di Augusto come un dio, con tanto di tempio, riti, ecc.

Uno schiavo apre la porta, squadra il ragazzo con la cesta e lo fa entrare, lo seguiamo.

Il primo impatto è sorprendente. Il *vestibulum* è ancora avvolto dal freddo della notte e strappa qualche brivido. Nella penombra intuiamo la figura di un uomo, immobile contro una parete. Chi è? Dopo qualche passo ci troviamo di fronte a un affresco molto famoso, oggi riprodotto su tutti i libri e le cartoline. È Priapo, qui rappresentato in modo quasi grottesco. La divinità poggia il suo smisurato organo sessuale sul piatto di una bilancia, sull'altro c'è un sacchetto colmo di monete, ed entrambi hanno lo stesso peso. Qual è il significato di questo affresco?

Manda un messaggio di buon augurio, nel quale l'organo sessuale, simbolo di vita quindi di salute, pesa quanto le monete, cioè la ricchezza. Salute e ricchezza come obiettivi nella vita dei padroni vengono invocate a protezione della casa, per allontanare fin dall'uscio la malasorte, l'invidia e le sventure. E non è finita. Ai piedi della bilancia è raffigurata una bella cesta colma di frutti, a simboleggiare prosperità per la dimora e per i suoi abitanti.

Il ragazzo con la cesta di pane indugia, attratto da un piccolo graffito, discreto, posto vicino all'uscita per essere visibile forse ai passanti o a chiunque entri in casa per una consegna, come in questo caso. È una scritta che recita: «Eutichide (*Eutychis*), greca di modi raffinati (*moribus bellis*), si concede per due assi». In questa *domus*, quindi, una schiava di casa si prostituisce con chiunque per una cifra davvero irrisoria, paragonabile a un bicchiere di vino di qualità media… È possibile?

Oggi, nessuno scriverebbe all'entrata di casa che la colf si prostituisce. Ancor meno ci aspetteremmo di leggerlo nella casa di una delle famiglie più ricche della città. Ma in epoca romana molte cose erano diverse. E anche qui è chiaro il concetto che un investimento ("umano" in questo caso) debba sempre "rendere". Non importa come, non importa quanto. In un certo senso, anche qui, *pecunia non olet*.

Il ragazzo prosegue con la cesta tra le braccia. Il corridoio ci immette nell'atrio, dove si apre una scenografia straordinaria. Fin dall'entrata si intravede bene, nella casa, la classica sequenza vestibolo-atrio-peristilio (con giardino), come al solito senza pareti divisorie. Come se nelle vostre case eliminaste le pareti: entrereste con lo sguardo nel salotto del vostro vicino e poi sul terrazzo con piante di un altro inquilino.

L'*atrium* è molto grande e decoratissimo di affreschi e pitture. È sovrastato dall'enorme apertura quadrata del tetto da cui sporgono, come gocciolatoi, delle teste di lupo e delle palmette.

Lungo le pareti, ai lati, troneggiano due enormi forzieri. Oggi chi ha una cassaforte in casa tende a nasconderla dentro a degli armadi oppure dietro a dei quadri. In epoca romana, invece, accade proprio il contrario: la ricchezza va ostentata e le casseforti devono essere visibili a tutti, in casa, appena entrati. E ovviamente sono di grandi dimensioni! Quelle dei fratelli Vettii, in effetti, sono notevoli, con sbarre di ferro e borchie di bronzo. Tutt'attorno si aprono delle stanze in cui domina il colore giallo-ocra delle pareti con splendidi affreschi mitologici al centro (Leda e il Cigno, Danae e Giove che si è trasformato in pioggia dorata) e, ai loro lati, corridoi dipinti che portano a pergolati lontani. Ancora oggi, a duemila anni di distanza, si rimane a bocca aperta di fronte alla loro eleganza, all'equilibrio delle proporzioni. Certamente sono opera dei migliori affreschisti di Pompei, forse provenienti da fuori...

Anche il ragazzo è colpito da tanta bellezza. Il suo volto sporco di farina ora osserva lo splendido giardino in fondo alla casa, in cui s'intravedono statue. Tutto è così silenzioso e si sente un aroma molto gradevole nell'aria, evidentemente dei costosi legni esotici sono stati messi sul braciere per profumare gli ambienti padronali della *domus*. Insomma, persino l'aria è da ricchi in queste case.

La Casa dei Vettii è molto grande, frutto anch'essa della fusione di due *domus* diverse. Il ragazzo allunga il collo, vorrebbe vedere cosa c'è oltre, ma una mano sulla spalla lo indirizza bruscamente verso un passaggio laterale che porta alla sala e lo conduce nella parte dedicata alla servitù.

Già dai primi passi cambia tutto. È un mondo diverso. Il silenzio è sostituito dal vocio di più persone. L'aroma delicato dei legni orientali si ferma sulla soglia: qui si respirano solo intensi odori di cucina.

Il primo ambiente è l'ex atrio di una delle due antiche *domus*. È più piccolo e raccolto, e la vasca al centro non è in marmo, ma in tufo. L'attenzione del ragazzo è rapita da un bisbiglio sommesso alla sua sinistra. Su una parete fa bella mostra di sé il lararrio, un "tempietto" domestico. Non è sbagliato chiamarlo così: ha davvero l'aspetto di un tempio con due colonne che sorreggono un timpano triangolare. Ma il culto, per così dire, è casalingo.

Il liberto di fiducia dei padroni, assieme a un altro schiavo, sta compiendo un rito a occhi chiusi con i palmi delle mani rivolti verso l'alto. Le sue invocazioni fanno ondeggiare una fiammella posta su un piccolo altare di marmo poggiato al centro del larario. Ha appena sbriciolato del pane sull'altare e ora si appresta a "sacrificare" un po' di vino facendone colare qualche goccia sul bordo.

Dentro la nicchia ci sono delle statuette di bronzo: una di Mercurio, protettore dei commerci (ma anche dei ladri…), e due che raffigurano i Lari, le divinità protettrici della famiglia. Il loro nome deriva da *Lar*, termine etrusco che voleva dire "padre". In effetti, queste divinità sono la personificazione delle anime degli antenati: proteggono la famiglia contro le malattie, gli incidenti, la morte e qualunque altra sventura possa colpire chi abita nella casa. Compiere questi riti in onore dei Lari equivale per gli antichi romani a fare un'assicurazione contro gli incendi, i furti e qualsiasi altro incidente domestico. Un rituale molto sentito qui a Pompei, dove i terremoti sono frequenti.

Quello che ha reso famoso questo larario in tutti i testi di archeologia è la bellezza dell'affresco nella nicchia. Si vedono due Lari danzanti, rappresentati come due giovani dai capelli lunghi, con una tunica fluttuante al ritmo dei movimenti. In mano ognuno alza un corno riempito di vino (*rhyton*) da versare, attraverso un buco situato sulla punta, in coppe o direttamente nelle bocche aperte durante i banchetti. Tra queste due divinità si erge una figura in toga con il capo coperto: è il genio, un nume tutelare, il custode benevolo delle sorti della famiglia. Ai loro piedi c'è un serpente che ha le dimensioni di un boa gigantesco. Si tratta del serpente Agatodemone, che rappresenta lo spirito protettore dell'antenato capostipite della famiglia.

Insomma, lo avete capito, questo tempio, nella mente dei romani, è l'equivalente di un "parafulmini" del destino, sovrintende e protegge la vita, la casa e persino le attività dei padroni.

Ma torniamo dal ragazzo, che prosegue arrivando nel cuore delle attività della casa in quest'ora del mattino: la cucina. È da qui che proviene il chiacchiericcio che si sentiva fin dall'atrio. Alcuni schiavi, donne e uomini, stanno preparando da mangiare. Chi taglia dei legumi con un coltello su un tagliere di legno consumato dall'uso, chi gira un mestolo di legno dentro un *caccabus*, una piccola marmitta, chi aziona una macina a mano.

L'atmosfera è quella di un ristorante, con più addetti, tutti indaffarati in cucina, e il fulcro di questo ambiente è il piano cottura. È costituito da un enorme bancone in muratura con alcune pentole messe a riscaldare su dei treppiedi di ferro. Sotto di esse c'è una distesa di brace.

Il ragazzo osserva una schiava, minuta e molto graziosa, che sta armeggiando con quello che a noi sembra uno strano e sconosciuto oggetto metallico, ma che un romano riconoscerebbe a occhi chiusi…

È un acciarino. Molto diffuso nelle case di Pompei, qualcosa di banale quanto lo è per noi un accendino. Eppure, sebbene a Pompei saranno stati migliaia, oggi nei musei non ne vedrete neanche uno. Perché?

Essendo piccoli e in ferro, si sono conservati male: il ferro ossidandosi si è gonfiato e ha reso irriconoscibile nel migliore dei casi l'acciarino, che spesso appare come un anonimo grumo di ferro. Nel peggiore dei casi invece si è gradualmente disintegrato.

Che forma aveva? E più in generale: come accendevano il fuoco i romani?

Gli acciarini sono stati usati per secoli persino dai nonni dei nostri nonni (i fiammiferi sono un'invenzione ottocentesca). Per accendere un fuoco nella maggior parte delle case romane si percuoteva un nucleo o una scheggia di selce con una sbarretta di ferro, temprata proprio sul lato da usare.

In fondo è lo stesso principio delle pistole e dei fucili nelle battaglie napoleoniche: premendo il grilletto, una pietra focaia sfregava contro una superficie di ferro generando scintille che a quel punto accendevano la polvere da sparo.

In epoca romana non si conosceva la polvere da sparo, quindi a ogni colpo si fanno piovere le scintille su un materiale che funge da innesco: della lanuggine, o un sottile strato di un fungo che cresce sugli alberi. La scintilla non infiamma il materiale, innesca solo una piccola combustione, simile a quella che possiamo osservare sull'orlo incandescente di un foglio di giornale che sta per prendere fuoco. È come l'embrione di una fiamma, che bisogna adagiare su qualcosa di infiammabile come della paglia o altro, soffiando delicatamente. Prima emerge del fumo, poi la fiamma, e finalmente il fuoco è acceso. Se si ha dimestichezza, e la ragazza ne ha, ci si mette meno di trenta secondi, probabilmente ci avete messo di più solo a leggere la spiegazione della procedura.

Ma ributtiamoci con il ragazzo nella cucina della Casa dei Vettii. Nelle pentole ora si sta riscaldando la carne di ieri sera con delle spezie. Perché?

Costituirà la colazione dei padroni, assieme a vino, olive, uova, qualche alice, ricotta e altri formaggi. I romani, infatti, hanno l'abitudine di mangiare al mattino carne e vino avanzati dal giorno prima. A questi cibi vanno aggiunti il pane e le focacce che ha portato il garzone del forno. Solitamente vengono mangiati assieme al miele, magari intingendoli in coppe di latte: come non vedere in essi gli antenati dei cornetti ripieni che sgranocchiamo al mattino?

Se questa commistione di carne, miele, pesci, uova, latte, formaggi vi fa storcere il naso date un'occhiata al buffet mattutino offerto dagli alberghi internazionali e troverete praticamente gli stessi cibi. In effetti, noi siamo abituati a colazioni leggere, "all'italiana". Passando le Alpi, andando in Nordeuropa, nel mondo anglosassone e negli Stati Uniti, vi accorgerete che le colazioni, tra bacon, pane, miele, aringhe o salmone affumicato, insalate russe e salsicce, ricalcano molto quelle dei ricchi romani.

Dov'è finito il ragazzo delle consegne? La cesta è in un angolo, vuota. Manca anche la schiava che accendeva il fuoco, che guarda caso si chiama Eutichide…

Una stanza adiacente alla cucina è l'alcova dove la schiava si prostituisce. Il costo delle prestazioni è così basso che persino il garzone del fornaio si può intrattenere con lei. Sulle pareti di questo *cubiculum* ci sono ancora oggi degli indizi inequivocabili del suo effettivo uso: dei quadretti erotici assai espliciti (vedi *Inserto 1*, pp. 8-9). Ognuno rappresenta una coppia in posizioni diverse.

Gli altri schiavi non si curano neppure della faccenda. Continuano a parlare come se nulla fosse. Una volta che il cibo è pronto escono in fila, con vassoi d'argento e piattini su cui si trovano le varie portate della colazione.

Li seguiamo, attraversiamo l'atrio e ci troviamo in quel piccolo eden che è il giardino interno della casa. Circondato da uno splendido colonnato che gli gira attorno, ci sono aiuole, alberelli e cespugli che in autunno hanno perso molto della loro bellezza.

A rendere straordinario il luogo sono delle fontane e delle statue. Oggi non sono in funzione, ma solitamente al centro del giardino s'innalza uno zampillo verticale, con il getto che ricade ai lati formando una specie di "palma" di acqua. Addossato a una colonna c'è un putto di bronzo che tiene un'oca. Di fronte a lui ce n'è un altro, gemello. Quando c'è l'acqua, da entrambi i becchi delle oche fuoriescono dei sottili getti che centrano perfettamente una vasca di marmo. Non ci sono solo statue-fontana. In mezzo al giardino spicca di nuovo un Priapo. È di marmo bianco e nelle serate di banchetto dal suo smisurato organo sessuale eretto esce costantemente uno zampillo d'acqua.

I riferimenti a sessualità "inusuali" sono anche altrove in questa casa. Una delle stanze che si aprono sul giardino infatti ha tre quadri-affresco sulle pareti. Uno rappresenta Dedalo che mostra a Pasifae la statua di legno di una vacca dentro alla quale la donna si sarebbe dovuta nascondere per potersi accoppiare con un toro bianco del quale si era invaghita. Sia il toro che questa sua passione "contro natura" erano opera di Poseidone ed è da quell'unione che nacque il Minotauro.

Sentiamo delle voci. Provengono dal triclinio, da dove gli schiavi che hanno servito le portate della colazione si stanno allontanando silenziosamente. Ci avviciniamo, ed ecco davanti ai nostri occhi un banchetto mattutino. I due fratelli sono sdraiati sui letti tricliniari. Ed è così che scopriamo che sono gemelli.

Questo spiegherebbe la loro strana continuità di vita insieme: non si sono mai separati, sembra che non abbiano mai costituito una propria famiglia. Uniti nel ventre materno, uniti nella vita. Entrambi sono diventati obesi a forza di cibi raffinati che per tanti anni rappresentavano solo un miraggio. Parlano ad alta voce, ostentano con esagerazione la ricchezza raggiunta e maltrattano gli schiavi al loro servizio.

È uno strano destino quello dei liberti: anziché provare compassione per chi si trova nella condizione che loro hanno conosciuto per anni, li trattano con disprezzo, quasi fosse una sorta di rivincita.

Tutto attorno a noi parla di lusso. Ovunque si vedono affreschi-capolavoro. Le vesti dei due fratelli hanno fili d'oro intessuti, sono sdraiati su letti tricliniari decorati con placche d'avorio africano scolpite, mangiano in coppe d'argento cesellate, alle loro dita ci sono anelli enormi con pietre preziose.

Ma tutto quello che vediamo è solo un goffo tentativo di mascherare l'ignoranza, i modi grezzi, e le loro origini umilissime e plebee. Lo notiamo anche adesso mentre masticano pasticche per l'alito (i romani ne utilizzano in gran quantità) e maneggiano con avidità uno scrigno che contiene dei gioielli che hanno intenzione di acquistare, il campionario di un gioielliere (*gemmarius*).

Lo abbiamo capito persino noi a duemila anni di distanza. Quando gli archeologi hanno riportato alla luce questa casa straordinaria, nel triclinio hanno scoperto alcuni dei più raffinati e interessanti affreschi di epoca romana, un lungo fregio che mostra degli amorini impegnati in varie lavorazioni: una piccola enciclopedia dell'artigianato e dei lavori nelle campagne.

Alcuni mostrano tutta la catena delle lavorazioni necessarie per realizzare ogni volta qualcosa di diverso: tessuti, profumi, panni, oggetti cesellati. E anche tutta la sequenza di operazioni della vendemmia.

In questi affreschi ognuno di noi è rapito dal tocco raffinato dell'artista, dai dettagli delle lavorazioni e degli utensili e dalla delicatezza degli amorini. Ma se vi allontanate e guardate tutto il fregio nel suo insieme vi sorge spontanea una domanda: perché qui? La risposta è semplice: per ostentare con gli invitati le fonti della ricchezza dei due fratelli.

In epoca pompeiana, è l'equivalente delle scritte luminose che scorrono a Broadway. E ricordano in modo stridente le scene descritte nel suo *Satyricon* da Petronio, scomparso all'epoca da poco più di dieci anni. Nell'opera si racconta di un banchetto organizzato da Trimalcione, guarda caso proprio un ex schiavo, arricchitosi ma rimasto irrimediabilmente rozzo. Durante il banchetto fa intervenire uno schiavo che recita ad alta voce la lista di tutte le proprietà e le fonti dei ricavi di Trimalcione.

A chiunque l'abbia letto, sembra un'irresistibile parodia, una caricatura di personaggi vissuti in epoca neroniana. Ma che Petronio avesse ragione e che questi ex schiavi diventati ricchissimi fossero tanti e rozzi, lo si intuisce anche qui a Pompei in questa stanza. Quel "fregio-propaganda" parla chiaro. Anzi, sembra quasi di sentire parlare (e sorridere) Petronio…

HOTEL A POMPEI

Pompei
23 ottobre 79 d.C., ore 8,00
mancano 29 ore all'eruzione

È un'acqua fresca e tonificante quella che scorre sul viso di Cesio
Basso, il poeta che abbiamo incontrato al banchetto di Rectina.
L'ha appena versata da una brocca in una bacinella di bronzo
posta sul tavolino a tre zampe leonine accanto al letto. Prende a
piene mani l'acqua e se la passa più volte sul viso per risvegliarsi.

Mentre si asciuga con un panno si ferma e fissa i suoi occhi
verdi riflessi in uno specchio di bronzo poggiato sul tavolo. Gli
anni passano e certe rughe, prima appena accennate, ora sono
più marcate. Per fortuna accentuano il sorriso del suo sguardo.
Per un poeta l'aspetto esteriore dovrebbe essere secondario, ma
per chi come lui è spesso impegnato in banchetti o in amabili
conversazioni di poesia con nobildonne di alto rango nelle loro
splendide dimore è importante apparire gradevole e anche un po'
seducente.

Fa parte dello show-business dell'élite della società romana, e
quindi, con le dovute differenze, già in epoca antica valgono le
stesse regole di oggi. Anche perché, come accennato, un poeta si
trova a dipendere, dal punto di vista economico, da un ricco che
lo vuole nella sua piccola corte. Insomma, basta poco per ritro-
varsi disoccupato.

Pronto per uscire, Cesio Basso si avvicina alla porta della stanza e spinge il chiavistello per aprirla. Ma non scorre. Anzi neppure si muove. Bisogna far forza per smuoverlo. Le rughe sul viso

del poeta a un tratto si moltiplicano. Con un sinistro rumore metallico il chiavistello comincia a scorrere e all'improvviso la porta si apre, cedendo su un lato. È chiaramente storta, fuori quadro. Cesio Basso prova a riaccostarla ma il chiavistello non è più allineato con gli occhielli nei quali dovrebbe entrare... Impossibile richiuderla.

Esce sul ballatoio che gira intorno al cortile della casa. Un altro cliente è rimasto chiuso nella stanza, batte le mani contro il legno e urla mentre alcuni schiavi stanno cercando di forzare la porta. Questa notte deve essere successo qualcosa. Il poeta passa oltre e scende delle scale.

Ci troviamo in un albergo (*hospitium*) tra i più lussuosi di Pompei. Può sorprendere che ce ne fossero già duemila anni fa, ma in realtà sono sempre esistiti, soprattutto in una società, come quella romana, in costante movimento.

Erano in tanti ad averne bisogno, dai mercanti ai marinai, dai liberti in viaggio per conto del padrone ai romani in visita ai parenti, dagli impiegati dell'amministrazione imperiale in trasferta agli artigiani in viaggio di lavoro. L'epoca romana ha davvero fatto conoscere all'umanità i primi viaggi su vasta scala: Europa, Nordafrica e Medio Oriente sono stati collegati attraverso quasi centomila chilometri di strade che ancora oggi utilizziamo (nel loro tracciato oppure passandoci direttamente sopra, basta pensare alle vie lastricate del centro di alcune città).

Augusto aveva riorganizzato questo sistema viario creando il *cursus publicus*, l'efficiente servizio statale della posta e dei trasporti imperiali, che si valeva di una rete di strade prevista per il personale governativo (per esempio i messaggeri a cavallo o i legionari) ma in pratica aperta a tutti.

Questa ragnatela di strade, potenziata e migliorata da ogni imperatore, presentava caratteristiche incredibilmente "moderne": strade come l'Appia non passavano più da un villaggio all'altro come si era sempre fatto in passato, ma tagliavano dritto il territorio in linea retta, come un'autostrada. E, proprio come in epoca moderna, esistevano degli "autogrill" (*stationes*) dove fermarsi per "fare il pieno", cioè cambiare cavalli e mangiare al volo l'equivalente di un panino, cioè ricotta, pane, olive e alici. Inoltre spesso percorrendo queste strade ci si imbatteva, con precisione strategica, in un motel (*mansio*) dove dormire. Molte *mansiones* avevano piccole terme annesse, sale da banchetto e servizi extra (per esempio prostitute).

È su queste strade che tempo addietro Cesio Basso è arrivato a Pompei: in una famosa copia medievale di una cartina romana (una sorta di Google Maps dell'antichità, la Tabula Peutingeriana) si vede chiaramente la strada che da Napoli va a sud, passando lungo la costa e toccando Ercolano, Oplontis e Pompei.

Ma torniamo al nostro poeta. L'albergo che Rectina ha scelto per Cesio Basso, e che ovviamente gli ha pagato, è davvero un cinque stelle. Non ne conosciamo il nome ma sappiamo chi era il suo proprietario: A. Cossio Libano, un uomo dotato di uno spiccato senso degli affari, ma anche di gusto raffinato.

Ha molte stanze, buona parte delle quali al piano superiore, con un ristorante (*caupona*) annesso. Accanto c'è anche una panetteria che al momento è in ristrutturazione per via dei danni causati da un terremoto.

Cesio Basso percorre i suoi ambienti, molto eleganti. A lato della vasca piovana c'è un elegante tavolo di marmo con zampe di leone (*cartibulum*) e come fontana una scultura di bronzo che rappresenta "Ercole e la Cerva di Cerinea". Poco oltre, il poeta attraversa un giardino interno con uno splendido pergolato e altre statue di bronzo. Su una parete spicca un affresco con il mito di Atteone assalito dai cani di Diana.

Il proprietario dell'albergo sta parlando con un altro cliente.

Sembra che A. Cossio Libano sia un liberto di origini ebraiche, e avendo i *tria nomina* è con ogni probabilità residente a Pompei da molto tempo: non è arrivato recentemente con la riconquista della Giudea da parte di Vespasiano.

A Pompei secondo molti studiosi sarebbe in effetti presente, se non proprio una comunità, comunque un buon numero di cittadini ebrei, come indicherebbe il recente ritrovamento di due anfore di *garum*... "kosher"! Si tratterebbe infatti di un *garum* contenente parti di animali marini con pinne e squame (escludendo quindi molluschi e crostacei, vietati dalla legge ebraica), frutto di tecniche e lavorazioni previste dalle regole religiose. In effetti sulle anfore si legge la scritta *garum cast*, ovvero l'abbreviazione di *garum castimoniale*, che lo stesso Plinio il Vecchio descrive come un preparato in accordo con le leggi ebraiche.

La presenza di ebrei a Pompei ed Ercolano è oggetto di dibattiti tra i ricercatori. In effetti gli indizi principali provengono dal campo dei nomi: Maria (in una lista di tessitrici), Marta, oppure David (su un graffito di Ercolano). Questo indica che ci furono persone che avevano nomi di origine semitica, ma non per forza che si trattava di ebrei. In un bar di Pompei sono state trovate quattro anfore con inciso un termine che si riferisce alla Giudea. Ma come sottolinea la studiosa inglese Alison Cooley, che ha esaminato a fondo, fin nei dettagli, la vita quotidiana di Pompei, questo indica solo che si tratta di vini importati da quella zona.

La scritta al carboncino "Sodoma e Gomorra" ritrovata sulla parete di un triclinio è stata lasciata da qualcuno che certamente conosceva il Vecchio Testamento. Questo però non prova che si trattasse di un ebreo che viveva a Pompei. Anzi, il fatto che la scritta sia a quasi due metri dal suolo induce a pensare che sia stata realizzata da qualcuno in piedi sui sedimenti vulcanici dopo l'eruzione, a sottolineare che la fine di Pompei sia avvenuta per opera divina, esattamente come per Sodoma e Gomorra.

In conclusione, è assai probabile che lungo la costa vesuviana ci fossero persone di fede ebraica, e anche la logica induce a pensarlo, soprattutto considerando la recente conquista della Giudea e, in generale, la facilità di movimento nell'Impero romano. Quanto fossero numerose e se formassero una solida comunità non è però possibile stabilirlo con certezza. A eccezione di quella di Ostia antica, infatti, non è stata individuata alcuna sinagoga.

Ma il rinvenimento di diverse anfore di *garum* "kosher" indica che la presenza ebraica non dovesse essere poi così esigua e aveva infatti risvegliato l'interesse dei produttori di questa salsa.

Cesio Basso esce dall'hotel, dalla strada sente ancora le urla spazientite dell'ospite rimasto bloccato in stanza e sorride.

Questo albergo si trova vicino a Porta Ercolano e non è un caso: è il punto di arrivo di tanti viaggiatori, così come in epoca moderna ci sono sempre molti alberghi accanto alle stazioni o nei pressi di un aeroporto.

Mentre prosegue, il poeta passa accanto a un altro "grand hotel" di Pompei, lussuoso e discreto, formato dall'unione di tre case, con addirittura una stalla ma anche, presumiamo, con carri da affittare e un servizio di cambio cavalli. Di sicuro, dentro devono esserci belle sculture in bronzo. Sappiamo infatti che il fratello del proprietario fa il bronzista. Il proprietario si chiama Gabinio, e sembra avere uno spiccato fiuto imprenditoriale, perché il motto dell'albergo, scritto nell'androne, è un vero e proprio slogan pubblicitario: «Verrai al Gabinianum e ci resterai!» (*Venies in Gabinianum pro mansu*).

Un incontro... poetico

Cesio Basso ora è giunto al portone di una grande *domus*. È curioso di entrare: ha sentito parlare di quella casa come di una delle più spettacolari e panoramiche di tutta Pompei. Questo si dice della Casa del Bracciale d'Oro, con una vista sulla città che è l'equivalente in età romana dell'esclusivo ultimo piano di un grattacielo.

Ma dove ci troviamo? Nel punto più alto e panoramico di Pompei. Si tratta di ville costruite sopra le mura della città che ormai da più di un secolo e mezzo non svolgono una funzione di difesa.

È facile immaginare i commenti degli abitanti quando sono cominciati i lavori: la costruzione di queste splendide abitazioni è stata vista come un abuso edilizio, in cui una struttura antica – piena di storia, e soprattutto pubblica, come le possenti mura di difesa della città – è stata distrutta per lasciare spazio a case private, appartenenti ad alcuni potenti.

Il motivo di questa speculazione è semplice: la vista da qui è straordinaria. Allo stesso tempo, la "cementizzazione" è stata anche il prezzo da pagare per la sconfitta che la città aveva subito avendo osato sfidare Roma. Silla aveva piegato infatti la resistenza di Pompei, e nell'80 a.C. aveva deciso che lì si sarebbero stabiliti duemila nuovi coloni romani. Gli ex legionari avevano fatto quello che volevano, con espropri, abusi, "sopraffazioni legali", dando un nuovo volto al centro.

Nei decenni seguenti, e quindi anche sotto Augusto, molte cose erano cambiate e queste dimore sono frutto della nuova età di Pompei: sono delle vere e proprie ville che ricoprono le mura quasi fossero un tappeto e scendono esternamente alla città con una serie di tre-quattro terrazzamenti digradanti verso il mare e verso i tramonti.

È quella parte della città a ridosso e sopra le mura che oggi viene definita dagli archeologi *Insula Occidentalis*. Rispetto a tutte le *domus* che abbiamo visto, qui siamo a un livello superiore, anzi tocchiamo il vertice assoluto: in queste dimore i pompeiani concentrarono il massimo dell'eleganza, della ricchezza e della spettacolarità.

Purtroppo di tutto ciò oggi rimane ben poco, perché è stata la parte della città forse più depredata dopo l'eruzione, mal scavata nei secoli scorsi e poi lasciata a lungo nel degrado. Un po' come accade per il Colosseo: quello che oggi si vede è solo lo scheletro (con poche parti integre) di una vera oasi dello sfarzo e del lusso. Ma i resti di queste abitazioni fanno comunque percepire cosa intendessero i romani con l'espressione "ville da sogno"…

Cesio Basso attraversa la casa inebetito dalla bellezza e dal lusso. Vorrebbe fermarsi ad ammirare ogni affresco mitologico, ogni scultura di bronzo. Il soffitto è a cassettoni dipinti, il pavimento ha mosaici geometrici bianchi e neri. E poi ci sono preziosi tessuti in seta sui letti, cuscini ricamati con fili d'oro, Veneri in marmo e dipinte in oro, tavolini di legni cangianti di fattura orientale le cui venature cambiano colore come arcobaleni mentre si passa accanto.

Il poeta non ha mai visto un lusso e una raffinatezza così ricercati, ma quello che lo sorprende maggiormente è la struttura della casa. Non si sviluppa infatti su uno-due piani, come abbiamo visto finora, ma su più livelli con scalinate, fontane, prospettive. Sembra una villa hollywoodiana... o dovremmo forse pensare che Hollywood sia ispirata all'antica Pompei?

La nobildonna proprietaria della casa attende il poeta sulla terrazza principale. E lo invita a raggiungerla. Lo schiavo che lo ha accompagnato fino a quel punto china la testa, fa due passi indietro e svanisce silenzioso. Cesio Basso è solo, di fronte a sé ha la luce accecante che proviene dal terrazzo e non riesce a scorgere la donna.

Varca con un certo timore l'ultima grande apertura. A ogni suo passo il paesaggio sembra dilatarsi. Dagli ambienti chiusi e sfarzosi della casa si passa a quelli infiniti del mondo attorno a Pompei. Ecco che, all'improvviso, compare la linea blu del mare, con la penisola sorrentina a sud, e Capri. E poi a nord Ischia, Posillipo... Sporgendosi dal terrazzamento Cesio Basso vede altri due livelli inferiori nella villa. In quello intermedio ci sono due bambini che giocano assistiti da una "tata": il maschietto corre trascinando un cavallo di terracotta con le ruote alto venti centimetri, una "macchinina giocattolo" dell'epoca. La bambina invece gioca con due bambole in avorio, dotate di vestitini intercambiabili e snodate proprio come delle "Barbie" moderne.

Il livello inferiore è costituito da un giardino. Cesio Basso intravede uno splendido ninfeo ricoperto di mosaici brillanti in pasta vitrea, uno specchio d'acqua e un triclinio immerso nel verde. La vegetazione prosegue idealmente su una parete dove è dipinto un giardino pieno di alberi e di uccelli in volo.

La nobildonna intuisce il suo stupore e chiede con voce gentile se può scostarsi perché le copre la visuale. Il poeta si gira imbarazzato e si accorge che la donna è proprio al suo fianco, per questo non l'aveva notata. È seduta su uno sgabello pieghevole con un grande cuscino e sta dipingendo una tela con una coppa di vetro poggiata sul davanzale con melegrane e fichi. Il magnifico panorama del mare e l'azzurro del cielo fanno da sfondo al suo quadro.

Cesio Basso si scusa e, dopo i primi convenevoli tra un poeta e una delle più ricche donne di Pompei, comincia una serena conversazione. Si intuisce che tra loro c'è la stessa lunghezza d'onda. Lei è una donna di mezz'età, alta, mora, con i capelli riuniti in una coda di cavallo. Attorno al capo ha una fascia dorata. Il suo corpo, avvolto in una tunica gialla e da una stola viola con preziosi ricami, appare slanciato, per nulla appesantito dalle gravidanze. E soprattutto la tunica trasparente lascia intravedere le sue forme giovanili, una piccola civetteria di una donna ancora molto bella.

I suoi occhi blu sembrano cercare in continuazione quelli verdi di Cesio Basso. Il poeta, con mestiere, parla di poesia, arte e sentimenti, toccando le corde più sensibili di questa donna raffinata e intelligente. Chissà, forse tra i due potrebbe nascere qualcosa, in fondo sono persone colte, in un mondo in cui l'ignoranza è molto diffusa. Non lo sapremo mai, ma sicuramente si sono piaciuti fin dal primo istante.

Al braccio la nobildonna porta un bellissimo bracciale in oro (per un bracciale simile, vedi *Inserto 2*, p. 2). E sarà proprio questo monile a dare il nome alla casa, quando riemergerà durante gli scavi in un corridoio della villa: la Casa del Bracciale d'Oro...

Una pittrice romana

Come si dipinge in età romana?
Anche duemila anni fa si realizzavano quadri come in tutte le epoche. Purtroppo la tela e il legno delle cornici, essendo estremamente delicati, non si sono conservati tranne rarissimi casi come, per esempio, il "passepartout" (quella striscia di mate-

riale che collega il quadro vero e proprio alla cornice) di età romana, trovato in Egitto e preservato dal clima secco, ora esposto al British Museum.

I temi erano i più vari: statue, nature morte, paesaggi e ritratti. Sono diventati famosissimi quelli che ricoprivano il volto di circa seicento mummie di età romana, ritrovati in Egitto, nella regione del Fayyum. Si tratta di ritratti del defunto realizzati quando era ancora in vita, presumibilmente appesi in casa, poi collocati sulla sua mummia a mo' di maschera. I volti sono raffigurati in modo così realistico da sembrare foto o quadri ottocenteschi. D'altra parte, gli artisti erano bravi allora tanto quanto oggi.

La nobildonna dal bracciale d'oro sta dipingendo un quadro posto all'interno di una cornice molto semplice costituita da legni incastrati a croce a ogni angolo. Ascolta Cesio Basso senza distogliere lo sguardo dal quadro. Con la mano sinistra tiene a mezz'aria una piccola tavolozza, con la destra di tanto in tanto intinge il pennello in un'elegante scatolina di legno con coperchio. Al suo interno ci sono i pigmenti.

Che colori si usavano in epoca romana? A sentire Plinio il Vecchio erano di origine vegetale, animale e minerale. A seconda del costo e della rarità dei pigmenti, si definivano "piani" i colori più facili da reperire e "floridi" quelli più rari o vivi.

Un esempio è il porpora, che si otteneva dai molluschi del genere *Murex* (*Murex brandaris*) attraverso una lavorazione complessa e dispendiosa. Bruciando l'avorio, ma per chi non poteva permetterselo bastavano l'osso oppure la resina o la corteccia di pino, si otteneva il nero.

Con l'ocra in grumi o in polvere si faceva il giallo, mentre il rosso poteva essere ricavato in molti modi. Lo si otteneva cuocendo l'ocra gialla (ne parleremo anche più avanti, scoprendo come il calore dell'eruzione possa aver alterato alcuni colori sugli affreschi), oppure con l'ematite o il cinabro (solfuro di mercurio). Quest'ultimo era molto costoso e fu usato a profusione nella Casa dei Vettii o nella famosa Villa dei Papiri. Ma la nostra nobildonna non lo ama perché, pur essendo vivo e bello da vedere, con il tempo e la luce del sole tende ad annerire alterando le tonalità.

Il verde invece non aveva questo problema. Lo si otteneva da rocce contenenti celadonite o glauconite. A meno di potersi permettere della malachite polverizzata.

Infine il blu, che era il colore più costoso, soprattutto quello che derivava dalla polverizzazione di azzurrite o lapislazzuli provenienti dall'Afghanistan. Più a buon mercato era il "blu egizio", usato già per decorare le tombe dei faraoni e i templi egizi, realizzato "in laboratorio", cioè attraverso più sintesi, con vari ingredienti come la malachite, il natron, ecc.

Ma torniamo dal nostro poeta e dalla nostra pittrice. Cesio Basso e la nobildonna della Casa del Bracciale d'Oro ora sono in giardino a passeggiare e a discutere di poesia. Il quadro è rimasto sul suo cavalletto in terrazzo. Non sarà mai terminato…

Si sentono delle voci. Il vicino di casa, Fabio Rufo, dell'importante famiglia dei Fabii, sta uscendo dalla sua villa per raggiungere l'approdo sul mare, poco distante dalle mura della città, e salire in barca, una sorta di yacht privato. La sua dimora, se possibile, è ancora più bella. Si sviluppa addirittura su quattro livelli, alla base c'è un ampio giardino che si arresta ai piedi delle antiche mura di Pompei. Sopra di esse c'è un terrazzo-giardino (potremmo definirlo un giardino pensile) su cui si affaccia uno straordinario ed enorme salone per feste e banchetti: ha la parete "bombata", cioè ad abside, con due ordini di ampi finestroni in modo che il padrone e i suoi ospiti, sdraiati sui triclini, possano ammirare il mare oltre le piante del giardino mentre chiacchierano e mangiano. Attorno a questa grande sala si sviluppa il resto della casa, con tantissimi ambienti, molti dei quali dotati di finestre e arcate vista mare. Infine in cima, a mo' di tetto, c'è un ampio porticato per passeggiare e godersi il panorama.

IL FORO

In fondo il Capitolium. Il giorno dell'eruzione, i rivestimenti in marmo sono stati rifatti da poco. Alcuni lavori sono ancora in corso.

Sul lato opposto, le sale della Curia. Il Foro sfolgorava di luce.

LE ELEGANTI *DOMUS* DI POMPEI

L'atrio della Casa del Fauno: colpisce la prospettiva sulle sale e sui giardini interni…

… poco oltre, in un'esedra, lo splendido mosaico di Alessandro Magno,

Nelle *domus* romane traspare tutta la gioia di vivere nei colori, negli affreschi e nelle architetture aperte, come qui nella Casa di Loreio Tiburtino.

I magnifici locali affrescati della Casa del Poeta Tragico. Al centro dell'atrio, l'*impluvium* e il pozzo.

Il colonnato delle Terme Stabiane di Pompei, piacevole luogo di incontri.

Il *calidarium*, sempre alle Terme Stabiane, con l'acqua per le abluzioni.

U
di
co
pr

Un'immagine scattata oggi alle Terme di Ercolano, ancora splendidamente conservate.

Qui e nella pagina accanto, alcune scene erotiche affrescate.

Un lussuoso giardino interno, con un tempietto dedicato a Diana e un canale ombreggiato da un pergolato nella Casa di Loreio Tiburtino.

Il "motel" di Murecine: la spettacolare sala da banchetti. I commensali si sdraiavano sull'elegante rivestimento rosso.

In questi due affreschi riemerge tutta la passione dei pompeiani.

Qui si notano una finestra con le imposte e la porta di una bottega, tutto ancora originale.

Il Decumano massimo, su cui si aprono molte botteghe: uno dei cuori del commercio della città.

Tipicamente nella città il primo piano sporgeva per avere più spazio interno, creando caratteristici porticati.

LA VILLA DEI PAPIRI

La Villa dei Papiri vista dal mare, un tipico esempio delle dimore faraoniche lungo la costa.

In questo giardino interno, con un canale più lungo di una piscina olimpionica, si passeggiava discorrendo di filosofia.

La Biblioteca della Villa.

LA PRODUZIONE ALIMENTARE

I *dolia* pieni di vino, interrati a Villa della Pisanella.

In una fotografia recente, un "alimentari" con delle anfore ancora allineate e le rastrelliere in legno per immagazzinarle salvando spazio.

In questa casa, lo abbiamo capito, la Natura non è più chiusa fuori dall'abitazione o "prigioniera" in piccoli giardini interni, ma ha rivoluzionato l'antica e rigida disposizione degli ambienti che fin qui abbiamo sempre incontrato. La villa si apre e obbedisce alle sue leggi e ai suoi straordinari panorami, disponendosi su più livelli per farli "entrare" dentro casa.

Curioso il destino di Fabio Rufo, o più probabilmente di uno dei suoi schiavi rimasto a guardia della villa durante l'eruzione. Morirà ucciso dalle correnti piroclastiche mentre corre sulle scale interne della casa, cercando di scampare alla morte. Il suo corpo verrà trovato riverso sugli scalini dagli archeologi che ne faranno un calco, "congelando" in modo impressionante questa sua fuga disperata.

Visita dal medico

Mentre Cesio Basso e la nobildonna passeggiano nel giardino della Casa del Bracciale d'Oro a poche centinaia di metri di distanza, Rectina scende dal piccolo carro, aiutata dal suo schiavo di fiducia e seguita dalla sua ancella di compagnia.

Il cavallo ansima, l'ultimo tratto lo ha fatto a passo sostenuto. Ora viene preso per i finimenti da uno stalliere e portato sotto un riparo. È una delle tante "stalle di servizio" che si trovano alle porte delle città romane: qualunque viaggiatore che arriva in città può "parcheggiare" il proprio cavallo o il carro in attesa di riprenderlo dopo poche ore o nei giorni seguenti. È l'equivalente dei parcheggi di scambio delle città moderne (chiamati all'estero *Park and Ride*) dove si può parcheggiare l'auto e proseguire con la metropolitana o altri mezzi pubblici. Anche a Pompei sono state ritrovate delle stalle di servizio subito fuori Porta Nocera, addossate alle antiche mura. Al posto della metropolitana, ci sono delle lettighe pronte per i viaggiatori che possono permettersele, vere e proprie limousine, oppure, più comunemente, la gente prosegue a piedi.

Rectina si mette sulla testa la *palla* e ne tira un lembo coprendosi una parte del volto. Dà uno sguardo alla città e poi comincia a incamminarsi, con la serva accanto. Le precede lo schiavo di fiducia, che "apre la strada" tra le persone che passano.

In breve tempo, arrivano in cima a una salita costeggiata da tombe monumentali: curiosamente lungo i margini dei marciapiedi emergono a distanza regolare dei piccoli cippi. Servono ad agevolare la salita a cavallo (un po' come degli sgabelli), dal momento che i romani non conoscevano ancora l'uso delle staffe. Questi cippi, ancora visibili in epoca moderna, dimostrano che le porte erano un punto d'arrivo e di partenza, con un traffico molto intenso di cavalli, carri e viaggiatori; sono infatti assenti in città.

Non trascorre molto che Rectina e la sua serva raggiungono Porta Ercolano (*Porta Salis*), simile a un massiccio arco trionfale, e passano sotto le sue bianchissime arcate di marmo. La costruzione è sormontata da alcune grandi statue in bronzo, sulle cui teste si sono posati degli uccelli che si riscaldano al sole autunnale. Rectina varca le imponenti porte di legno con borchie di bronzo, spalancate. Nessuno le ha più chiuse da tempi immemorabili. Sono lì, aperte contro le pareti, aggredite dal tempo. Un vero monumento alla pace che ormai regna in quest'area dell'Impero da più di un secolo e mezzo...

Perché Rectina è a Pompei? Non sarebbe stato più semplice andare a Ercolano, a due passi dalla sua villa? Il motivo è che a Pompei è di passaggio un vero luminare della medicina, uno dei medici dello staff imperiale, che ripartirà domattina. Un'occasione da non farsi sfuggire, ma non così rara: il medico personale di Tito è già stato in quest'area, dove ha curato molte persone come attesta un irriverente graffito sulla parete della latrina della Casa della Gemma, a Ercolano, che recita testualmente: «Apollinare, medico personale dell'imperatore Tito, qua defecò gradevolmente» (*Apollinaris medicus Titi imperatoris hic cacavit bene*).

In condizioni normali, visto il livello sociale di Rectina, dovrebbe essere il medico a recarsi nella sua sontuosa villa. I ricchi, infatti, ricevono visite a domicilio, non si mescolano certo alla plebe negli studi dei medici. Ma in questo caso Rectina ha agito in modo impulsivo, ha colto l'occasione del passaggio a Pompei di uno dei migliori nel suo campo e vuole un consulto al più presto. Perché è così impaziente? Semplice, vuole un figlio.

Non è più una ragazza, certo, ma è ancora giovane e fertile. E desidera avere un figlio prima che sia troppo tardi. Il medico, visitandola, potrà certamente darle il suo parere e aiutarla, eventualmente, indicandole il rimedio migliore per aumentare le sue possibilità di rimanere incinta.

Il desiderio di Rectina va un po' controcorrente, in un'epoca in cui i parti sono una vera roulette russa per una donna. Da più di un secolo, infatti, le donne dell'alta società tendono a evitare le gravidanze: innanzi tutto per i pericoli delle infezioni da parto e poi per gli effetti che nascite e figli hanno sulle abitudini della loro vita quotidiana, nonché sull'aspetto dei loro corpi.

Persino Augusto, di fronte al calo della natalità e dei matrimoni nella società che conta, introdusse (inutilmente) leggi contro l'adulterio e a favore delle famiglie numerose, prevedendo sgravi fiscali per chi aveva tre figli o più.

Questa seconda parte del I secolo d.C. è un'epoca stranamente simile a quella attuale, in cui il matrimonio sembra essere entrato in crisi. Con una differenza. In età romana non ci si sposa quasi mai per amore, ma per convenienza tra famiglie. Sono matrimoni "combinati", esattamente come oggi due aziende si fondono per ottenere una migliore quotazione in borsa e una maggiore liquidità e solidità sul mercato. Spesso un nobile in decadenza si unisce alla figlia di un imprenditore rampante, ex schiavo. Il primo ottiene un'importante iniezione di denaro fresco, il secondo un blasone che lo fa emergere dall'oscurità araldica e sociale.

Ma al di là di questa logica "tecnica" dei matrimoni, uomini e donne romane dell'alta società anziché sposarsi e fare figli preferiscono il piacere di unioni temporanee, collezionando relazioni clandestine in quella che molti studiosi hanno definito una vera "quadriglia dell'amore".

Ma torniamo alla nostra Rectina che ieri ha mandato un messaggio al medico preannunciando il suo arrivo. Non dovrà aspettare il suo turno fra la gente in attesa. Lo schiavo, andato in avanscoperta, ha bussato e organizzato l'arrivo della sua matrona.

Rectina viene fatta passare discretamente attraverso un'entrata secondaria della casa del medico. Ci troviamo in quella che oggi le guide vi indicano come Casa del Chirurgo, perché sono stati rinvenuti decine di strumenti propri della professione medica, una quarantina di essi contenuti in piccoli astucci metallici. È certamente una delle più antiche dimore di Pompei, e attorno alla classica vasca per la raccolta piovana si aprono diversi ambienti, anticamente usati nel quotidiano dai padroni, ma al momento dell'eruzione, ipotizziamo, adibiti a visite mediche: una sorta di piccolo ambulatorio.

Nelle città romane, infatti, non esistono ospedali veri e propri (tranne in casi particolari come nelle città militari, per esempio Xanten, in Germania, nell'attuale Renania Settentrionale-Vestfalia). Sono i medici che vanno a curare i malati in casa, un po' come vediamo nei film western o in tanti romanzi dell'Ottocento. Tuttavia alcune scoperte fatte dagli archeologi, come nella Rimini romana, indicano che a volte delle case possono essere trasformate in ambulatori, veri *day hospital*, in cui i pazienti sono curati da uno o più medici in stanze diverse. A Rimini è stata anche ipotizzata l'esistenza di una stanza accanto allo studio del medico per la degenza postoperatoria. Non sappiamo come fosse la situazione a Pompei il giorno prima dell'eruzione, ma è verosimile che per una città di circa dieci-dodicimila abitanti esistessero più studi medici che fungevano anche da *day hospital*, come appunto la Casa del Chirurgo.

Rectina viene accolta personalmente dal medico imperiale. È un uomo dai capelli bianchi, con un forte accento greco. In effetti i medici sono tutti di origine greca. Lo vuole la tradizione, perché la Grecia è sempre stata un faro per le conoscenze mediche (Efeso corrispondeva in quell'epoca a un grande polo medicouniversitario americano di oggi) e poi, forse, anche perché nessun romano in età arcaica si sarebbe mai fatto pagare per salvare la vita di un altro romano. Ogni *pater familias* doveva conoscere più di un rimedio alle comuni malattie e lui stesso preparava medicine da tenere in casa per i propri familiari. Così voleva la tradizione antica. I tempi poi sono cambiati. Con l'arrivo della "globalizzazione" romana nel Mediterraneo e la circolazione dei medici greci, tutto si è modificato. Ci si rivolge ai professionisti. E così ha fatto Rectina...

Il medico di fronte a lei è ospite del collega di Pompei e si appresta a cominciare la visita. Una volta esposto il suo problema, Rectina si è sdraiata su un letto mentre, dopo essersi lavato le mani, il medico prende uno strano strumento a vite a "L", che ricorda un crick per la forma e un grande cavatappi per le dimensioni.

È un divaricatore. Ruotando una maniglia si aprono quattro valve, come quattro dita unite che si allontanano una dall'altra. È uno strumento sorprendentemente moderno, molto simile a quelli usati ancora oggi dai ginecologi, frutto di un lavoro di grande precisione, basato sulla stretta collaborazione tra medico e artigiano.

Durante l'esame, Rectina volge lo sguardo altrove. Sul tavolo vede vari strumenti, tra i quali dei bisturi a lama removibile, esattamente come nelle nostre vecchie lamette da barba, pinze per estrarre denti, pinzette con valve artigliate per estrarre le tonsille, ferri per cauterizzare le ferite, seghe per le amputazioni. Tutto questo fa parte dell'"arsenale" standard dei medici di duemila anni fa, abituati a interventi di ogni tipo, anche i più cruenti, perché spesso hanno operato (in tutti i sensi) nei campi militari, prima di passare al privato e realizzare guadagni cospicui.

Accanto agli strumenti chirurgici sono esposti anche dei farmaci: flaconi con unguenti terapeutici, barattoli di terracotta con creme lenitive, eleganti scatolette di metallo decorate, contenenti pastiglie curative a base di essenze naturali.

Il silfio, in particolare, è una pianta parente del finocchio selvatico alla base di molti rimedi utilizzati dai medici romani. Gli si attribuiscono proprietà curative in tanti ambiti: è una specie di "panacea" dell'antichità. Purtroppo, lo sfruttamento intensivo ed esagerato di questa pianta ha provocato la sua totale estinzione in Cirenaica, la regione dove cresceva abbondante e che la elesse a prodotto talmente prezioso da coniare la sua immagine sulle proprie monete. Oggi non conosciamo quindi le sue proprietà, ma sappiamo che in tempi antichi era usato per esempio per produrre anche "colliri solidi" da sciogliere in acqua per creare un impasto curativo.

Ma sul tavolo di un luminare della medicina romana non ci sono solo farmaci. Accanto agli strumenti chirurgici avvolti in panni da srotolare, oltre a una statua di Esculapio, ci sono anche un paio di divinità (Mercurio e Igea). E poi una strana mano di bronzo, ricca di simboli e collegata al culto orientale di Giove Dolicheno, e un vaso in ceramica a forma di piede, da cui far colare liquidi caldi o freddi a seconda della terapia indicata.

Viste le conoscenze mediche, limitate rispetto a oggi, possiamo affermare che l'ingrediente "divino", propiziatorio, gioca un ruolo tutt'altro che secondario nelle cure dell'epoca.

Fuori dalla Casa del Chirurgo, intanto, altri pazienti sono in attesa, molti dei quali seduti sul bordo dell'alto marciapiede sulla cosiddetta via Consolare. Chi sono?

Curiosamente c'è chi vuole proprio il contrario di quello che Rectina ha richiesto. Il suo nome è Smyrina, proviene dalle coste turche. È una ragazza procace, con i riccioli neri, dalle forme sinuose, con un'indole irrequieta e dalle risposte pronte e dirette, il più delle volte taglienti. Oggi la definiremmo una popolana, a suo agio nei vicoli di quartiere. Lei, di figli, non ne vuole affatto, ma il suo mestiere la porta ad avere rapporti frequenti, anche più volte al giorno, con uomini diversi. Non è una prostituta, ma una cameriera di uno dei "bar" delle vie più frequentate di Pompei, via dell'Abbondanza. In quest'epoca, a qualsiasi donna che lavora in un locale pubblico si può domandare una prestazione sessuale. È normale. Fa parte dei servizi offerti.

Cosa può richiedere una donna romana come anticoncezionale? I romani conoscevano molti sistemi per evitare le gravidanze, ma ne parleremo più tardi. Per il momento possiamo dire che già esistevano le pillole del giorno prima e quelle del giorno dopo...

Tra i pazienti in attesa davanti alla Casa del Chirurgo una ragazza viene fatta accomodare su uno sgabello. Avrà sì e no quindici anni, ed è incinta. Lei rappresenta un altro volto del mondo femminile. In quest'epoca le ragazze si sposano giovanissime, già a dodici anni. Questa è l'età minima prevista per legge. E altrettanto in fretta diventano mamme. Sebbene molti medici, tra i quali Galeno, suggerissero di aspettare i quattordici anni, sono molto frequenti i casi di madri-bambine, anche perché i loro sposi sono molto più anziani di loro, hanno trenta-quarant'anni, e le considerano solo delle mogli "tecniche", a cui si sono legati con matrimoni combinati. A volte le bambine vanno a vivere in casa del futuro marito ancora più giovani, a sette o otto anni di età, come fidanzate, con la "promessa contrattuale" di consumare il matrimonio solo dopo le nozze. Ma spesso questo accordo non viene rispettato, come è emerso da certi atti processuali scoperti dagli studiosi.

La ragazza viene trattata con deferenza perché figlia di una persona che conta a Pompei. Un personaggio potente, ma anche molto chiacchierato per i suoi intrallazzi e per il suo modo di fare affari. Il suo nome è noto a tutti, Gaio Giulio Polibio, il "burattinaio" che abbiamo già conosciuto al banchetto in casa proprio di Rectina. Avremo modo di rincontrarlo in questa giornata a Pompei e ci faremo un'idea più approfondita su di lui. Su un fatto tutti sono comunque d'accordo: sta diventando uno dei dominatori di Pompei. Per i suoi modi molti oggi lo definirebbero uno "squalo".

Colpisce invece la timidezza di questa ragazza. Un contrasto netto con l'indole del padre.

È chiaro che queste tre donne sono qui per il luminare "di passaggio", noto per le sue conoscenze in ambito ginecologico.

Ma nella *domus* c'è anche il medico-chirurgo "di casa", che oggi riceverà come sempre la sua clientela.

Alcuni rumori provenienti dall'interno della casa fanno sobbalzare i pazienti seduti fuori sul marciapiede. La porta è tenuta chiusa da un grosso chiavistello e da un lungo palo che puntella il portone da un'estremità e con l'altra entra in un incavo nel pavimento. Se ci fate caso, quando entrate in una *domus* di Pompei, spesso a un paio di metri dall'ingresso per terra si vede un buco rettangolare con i bordi rialzati; il suo scopo è accomodare la trave che teneva il portone chiuso.

Le due ante dell'ingresso si spalancano e i pazienti in fila entrano silenziosi. Alcuni zoppicano. Altri hanno delle fasciature e vengono aiutati da un parente.

Con ordine si siedono su delle panche in legno, danno il loro nome a uno schiavo-segretario che lo scrive su una tavoletta di cera e aspettano il proprio turno, come in una moderna sala d'attesa di uno studio medico.

Chi sono questi pazienti? È possibile capire qualcosa sullo stato di salute dei pompeiani, e sui loro "acciacchi"? Purtroppo non ci sono giunti referti o anamnesi scritte. Ma abbiamo un gran numero di scheletri che ci hanno fornito molti indizi sulle condizioni fisiche dell'epoca.

In alcuni scheletri esaminati da due ricercatori, Maciej e Renata Henneberg, emergono patologie e traumi vari, legati spesso a una vita molto più attiva della nostra. Si sono ritrovate delle fratture quasi sempre ben "ridotte" dai medici di Pompei (riallineando le estremità). È un'epoca in cui si cammina molto più di oggi e non esistono macchinari che alleviano la fatica e la ripetitività delle azioni in casa e sul lavoro: trasportare pesi e usare continuamente arnesi può portare a un'usura molto rapida delle articolazioni di gambe e braccia, e compromettere l'integrità della schiena.

I pompeiani quindi, come tutti gli abitanti delle città antiche, soffrono di deformazioni artritiche che colpiscono ginocchia, caviglie, anche, mani, polsi, gomiti, spalle e vertebre.

Le infiammazioni sono un altro problema. Spesso si nota che sotto la superficie delle ossa si è formato del materiale osseo (osso subperiostale) come reazione a un'infiammazione. Su molti crani si sono riscontrate lesioni ossee che oggi chiamiamo osteomi.

Sebbene le popolazioni che vivono alle falde del Vesuvius sembrino beneficiare di una naturale protezione ai denti grazie a una forte concentrazione di fluoro nell'acqua che bevono, le carie tormentano comunque alcune persone e le radici a volte sono colpite da profondi ascessi.

Come è emerso dai resti ossei trovati dagli archeologi, si è capito che i medici di Pompei a volte si sono trovati di fronte a patologie non comuni, come per esempio l'anticipata fusione di alcune suture del cranio, che modificano la sua crescita deformandolo e costringendo il cervello a svilupparsi in una forma anomala. Oppure a un progressivo ispessimento delle ossa dello scheletro (malattia di Paget, che le rende più grandi, ma anche più fragili). Curiosa e rara è anche la mancata simmetria dei muscoli del collo, che avrebbe avuto come effetto una sorta di "torcicollo".

Si tratta comunque di episodi sporadici. Ben diverso, invece, è il caso della spina bifida, cioè la non corretta chiusura del tubo neurale e delle vertebre che lo contengono, che è presente nell'undici per cento dei reperti esaminati dai due studiosi. Le persone colpite soffrivano di dolori nella parte bassa della schiena.

Nella Casa del Chirurgo sono in pochi a notare il silenzioso passaggio di un uomo e di due donne in un corridoio secondario. Escono dalla porta posteriore, non distante da un giardinetto interno, usato come piccolo orto tra le mura, a ricordo dell'*heredium* arcaico, l'appezzamento di terra che nutriva la famiglia. Rapidamente si dileguano. Sono Rectina, il suo schiavo e la schiava di compagnia.

Rectina è molto sollevata. Secondo il medico è ancora "giovane" e ha ottime probabilità di procreare. È solo una questione di tentativi, di tempo e di opportunità.

Ben presto, i tre arrivano al carro e riprendono la strada di casa.

La nobildonna a questo punto sa che le rimane una sola cosa ancora da fare: cercare il favore degli dèi portando un voto a un piccolo santuario della fertilità, non distante dalla sua villa.

Una città dal "sapore" mediorientale

Riprendiamo a camminare per le strade di Pompei. Che sensazione si ha nel passeggiare in questa città?

Secondo il professor Antonio De Simone, che ha condotto e coordinato una grandissima quantità di scavi e ricerche a Pompei e nel territorio vesuviano, acquisendo una profondissima (e invidiabile) conoscenza diretta della città, delle case e delle abitudini dei pompeiani – a mio giudizio è la massima autorità in questo senso –, la sensazione che avremmo sarebbe quella di trovarci in una città dalle molte atmosfere mediorientali.

Contrariamente a quanto si vede nelle ricostruzioni, infatti, Pompei dall'alto non appariva come una distesa di tegole. Le terrazze erano tante, molti edifici avevano la sommità piatta, esattamente come oggi in tante cittadine della costa campana. Anche voi stessi, camminando per le rovine di Pompei, quando in un muro vedete un "discendente" affogato tra i mattoni, cioè un tubo di scarico di terracotta costituito da tanti cilindri incastrati gli uni dentro gli altri come una pila di bicchieri, potete capire che lì c'era un terrazzo. Il tubo infatti raccoglieva l'acqua piovana e la scaricava per la strada o in una cisterna. Su queste terrazze avremmo visto donne che stendevano dei panni, frutti o cibi messi a essiccare, casupole di legno, anfore allineate…

Anche semplicemente camminando per le vie avreste la stessa sensazione di una città con tratti orientali, nordafricani o indiani a seconda dei casi, per molti piccoli dettagli. Come la strada che stiamo imboccando ora…

La gente ci passa accanto coperta con tuniche e veli, scorgiamo tanti negozi in fila. Sono senza vetrine, con le mercanzie ammassate all'uscio o appese allo stipite della porta.

A un tratto sentiamo dei rumori, come di tavole in legno che vengono spostate: è un proprietario che ha appena aperto la sua bottega. In tempi antichi non si usano saracinesche come in età moderna, ma tavole messe in verticale una accanto all'altra e unite da un lunghissimo chiavistello (in molti paesi del Nordafrica è ancora così, per esempio in Egitto). A volte il negoziante sposta solo l'ultima di queste tavole a mo' di porta (decisamente stretta).

Ci stiamo avvicinando a una di queste porte semiaperte. Dentro è ancora buio, c'è solo il flebile bagliore di una lucerna ma progressivamente siamo investiti da un forte odore di spezie che fuoriesce dalla porta. Anche se non vediamo niente, capiamo subito che si tratta di un venditore di spezie. Proseguiamo abbassando la testa per non urtare dei tendoni.

Poco più avanti un calzolaio ha già cominciato a lavorare, battendo ripetutamente il martelletto su un sandalo da riaggiustare. Alla fine della via, c'è un mendicante addossato all'angolo che ci chiede qualcosa. Superato questo incrocio ci accolgono pile di tessuti in esposizione, mentre un commerciante dal ventre prominente chiacchiera in mezzo alla strada con un amico sorseggiando una bevanda calda.

Come possiamo, a duemila anni di distanza, sapere tutto questo? Purtroppo a Pompei ciò che vedete sono i resti di una città distrutta da un'eruzione. Ma è una città che riprende immediatamente vita davanti ai vostri occhi, quando la visitate: basta usare piccoli trucchi e un po' d'immaginazione…

Abbiamo visto come la semplice presenza di resti di tubi discendenti vi indichi un terrazzo sopra le vostre teste. Ora guardate il marciapiede. Quasi sempre i blocchi che costituiscono il suo bordo sono un po' "imbarcati" in quanto presentano un lungo solco. La prima spiegazione che viene in mente è che sia l'effetto della fiumana di turisti che camminano lungo il marciapiede. Invece è prodotto dal gocciolio dei tetti e delle tettoie durante i giorni di pioggia in epoca romana. Purtroppo non ci sono più i tetti, anzi a Pompei si vedono solo il pianterreno e resti del primo piano. Ma la vostra immaginazione può andare oltre. Alzate lo sguardo e vi sembrerà di scorgere lo spiovente del tetto, o un'ampia tettoia a protezione dei passanti. Di colpo vi apparirà la via che si rianima. Prenderà forma tutto il primo piano scomparso, con le finestre e qualche balconata o delle stanze in aggetto.

Immaginate dei tessuti messi ad asciugare, e di tanto in tanto qualche vaso con dei fiori; i romani amavano quanto noi avere fiori in casa o piante ai davanzali. I graffi sulle soglie vi indicano invece porte che non ci sono più. Continuate a immaginare, in questo viaggio fra ieri e oggi. Fra il nostro racconto del tempo antico e ciò che resta in epoca moderna. A terra, la soglia dei negozi è molto spesso costituita da una lastra di marmo, anch'essa con un lungo, profondo solco: è lì che scorreva la fila di tavole usate per chiudere le botteghe. D'un tratto sembra di rivederle.

Spesso, di fronte, lo spigolo del marciapiede presenta un buco che passa da parte a parte. Vi si può infilare un dito e vederlo uscire. A cosa serviva? Per legare i cavalli o delle corde che tenevano tesi i tendoni dei negozi. In India si usa ancora oggi una tecnica simile. Davanti all'ingresso delle botteghe si crea una tettoia con un telo tenuto sospeso sopra le teste dei passanti da una struttura formata da un palo orizzontale e da due pertiche oblique, e teso da due funi legate al marciapiede.

Pompei può rinascere anche in un altro modo sotto i vostri occhi. Avete visto quei grossi massi squadrati in fila in mezzo alla strada? Sono dei "passaggi zebrati" per attraversarla. La domanda a questo punto è: perché sono stati fatti? Non sarebbe stato più semplice costruire dei marciapiedi più bassi ed evitare quei blocchi?

La risposta arriva con i giorni di cattivo tempo. Quando piove le strade si trasformano in piccoli torrenti. I marciapiedi sono alti per evitare ai negozi di allagarsi. E quei blocchi servono per passare senza bagnarsi i piedi, esattamente come si attraversa un torrente camminando sulle rocce emerse. Non a caso, se guardate una cartina ci sono molte più strade con orientamento nord-sud che est-ovest: la ragione sta nel fatto che seguono il pendio del dosso su cui è stata costruita la città, e possono così scaricare le acque piovane. È un sistema ingegnoso anche per tenere le strade pulite dai piccoli rifiuti organici buttati dai negozi, dalla gente di passaggio o dalle finestre delle case (anche se è vietato). Le strade si lavano quindi da sé grazie alle piogge.

A riprova di quanto detto finora basta studiare i pochi tratti di Pompei (per esempio in prossimità delle Terme Stabiane) dove esistono dei fognoli che ingurgitano l'acqua durante i giorni di pioggia. In quei tratti, infatti, non ci sono blocchi in mezzo alla strada per l'attraversamento pedonale.

Un ultimo dettaglio "di vita vissuta": quando piove Pompei diventa "musicale", le case sono invase dal rumore dell'acqua che cade nell'*impluvium* e nei vicoli si sente solo il forte ruscellio. Le strade si trasformano in piccoli corsi d'acqua. D'incanto sembra quasi di vedere passare frettolosamente dei pompeiani avvolti nei loro *cuculli*, dei poncho di cuoio con cappuccio che i romani hanno scoperto quando hanno conquistato la Gallia. L'ombrello, come abbiamo detto, serviva solo per ripararsi dal sole, roba da ricchi.

Passeggiando per i vicoli di Pompei con il naso rivolto verso l'alto, a volte ci si imbatte in curiose composizioni sui muri, soprattutto in prossimità delle entrate di alcune case. Sono semplici e antiche decorazioni: a volte si tratta di "soli" realizzati con mattoni disposti a stella, a volte di piccole superfici in *opus reticulatum*, cioè di blocchetti di tufo ordinati a nido d'ape.

Ben più chiare nel loro significato sono invece le formelle in terracotta su cui appaiono in rilievo degli strumenti da lavoro (per esempio da fabbro) a indicare, come in un'insegna moderna, quali servizi offrisse la bottega.

Ancora più espliciti sono gli organi sessuali maschili in pietra incorniciati da mattoni che disegnano il profilo di una casa oppure che fuoriescono dal muro, eretti e protesi verso la strada.

Questi simboli, come già abbiamo avuto modo di vedere, sono dei portafortuna per l'abitazione o la bottega che li espone. Esattamente come il corno in corallo che molti portano addosso oggi, che non è altro che un pene eretto, fatto modificare in corno di toro durante il Medioevo, quando si giudicava impuro qualsiasi riferimento al piacere della carne. Anche il famoso pene scolpito sul selciato di via dell'Abbondanza, descritto abitualmente come una "freccia" che indica la direzione verso un lupanare, in realtà ha uno scopo apotropaico. È probabile infatti che sia stato scolpito per proteggere una bottega dalle invettive di chi era invidioso dei suoi guadagni. A conti fatti, come indicazione, sarebbe stato utile solo per chi aveva il torcicollo e non poteva alzare lo sguardo verso l'alto: non sarebbe stato, infatti, più efficace usare un'insegna sul muro, visibile anche da lontano?

C'è un'altra struttura "eretta" che rende unica Pompei. È visibile per esempio nel gabbiotto-cucina allestito in un piccolo cortile della Casa di Giulio Polibio. Si tratta di una tegola dotata di comignolo, per disperdere i fumi delle cucine o dei focolari. Queste sculture in terracotta sono state rinvenute solo qui a Pompei e sono il frutto di qualche ingegnoso artigiano che le ha realizzate in serie.

C'è ancora una curiosità che colpisce chiunque passeggi per le strade di Pompei. Sono i solchi dei carri per la strada. Istintivamente viene da pensare che siano il frutto del continuo sfregamento delle ruote dei carri sul selciato. Non è così. In realtà quei solchi sono stati scavati apposta nella pietra. Perché?

Sono degli "inviti", dei binari che consentono ai carri, soprattutto di notte, di passare indenni e senza urtare gli alti blocchi di pietra messi per traverso nelle strade e usati come strisce pedonali. A volte invece servono per prendere bene la curva senza urtare i bordi delle fontane. Grazie a questi solchi si è potuto scoprire che alcune strade di Pompei erano a senso unico!

In effetti certe vie sono troppo strette per permettere a due carri di incrociarsi e la retromarcia di un mulo o un cavallo che trainano un carro pieno di mercanzie è praticamente impossibile. Così, nell'area più antica di Pompei, dove abbondano stretti vicoli, si circolava in un solo senso di marcia.

Quando questa mattina siamo passati nel vicolo del lupanare

per andare in quello della "pasticceria" (vicolo storto), abbiamo percorso una parte di via degli Augustali che li collega. In quel tratto ci sono dei blocchi di pietra usati come strisce pedonali: i binari per i carri si trovano solo da un lato e non dall'altro. Ciò significa che i carri venivano solo da una direzione (da occidente verso oriente): era una strada a senso unico.

Se alle vie a senso unico aggiungete le vie sbarrate da cippi in marmo eretti in mezzo al lastricato (simili per concetto agli attuali "dissuasori") che proteggevano le aree pedonali come nel caso di via dell'Abbondanza nel punto in cui giunge al Foro, vi accorgerete che la viabilità di Pompei aveva molti aspetti "moderni", tipici delle nostre città.

Mendicanti, profumieri e scuole

Passeggiando nelle vie di Pompei si incontrano dei mendicanti? La risposta è sì. Ma come sappiamo che esistevano se non hanno lasciato tracce? Come sempre a Pompei bisogna "agire di sponda", per così dire, cioè investigare cercando tracce indirette.

Al numero 13 dell'*insula* IX della Regio VII, quasi all'angolo tra via degli Augustali e la via che portava al Foro, c'è il collegio dei profumieri (*unguentarii*) di Pompei. In un'iscrizione elettorale sul muro emerge un indizio importante: si legge che a raccomandare un certo Modestus alla carica di edile ci sono – oltre agli stessi profumieri – anche i poveri (*pauperes*).

È quindi assai probabile che il marciapiede davanti all'associazione dei profumieri – e in generale il tratto di strada tra via degli Augustali e il Foro – sia "battuto" da mendicanti, che stazionano così frequentemente da essere diventati una presenza abituale per tutti. Un segno tra l'altro che c'è un discreto "traffico" di persone benestanti che elargiscono elemosine. E non solo. In via degli Augustali si trovano anche diversi negozi che vendono dolciumi e pane (come la pasticceria di Donato). A fine giornata o all'uscita di molti clienti è più facile rimediare qualcosa da mangiare rispetto ad altre vie.

Poco oltre, al numero 14 dell'*insula* XII (Regio VII), si trova una scuola con alunni dall'età compresa probabilmente tra i dieci e i quattordici anni. In epoca romana non esistono edifici costruiti apposta per essere delle scuole. La scuola è in strada, o dentro abitazioni riadattate, come in questo caso: consiste in una grande aula, con un giardino, collegata a una normale abitazione. L'aula può contenere fino a trenta studenti e conosciamo anche i nomi degli insegnanti (e proprietari della casa/scuola): Cornelio Amando e Proculo.

Come ci raccontano i disegni incisi sulle pareti interne, vi si insegnano materie tecniche. Sono stati infatti trovati sui muri numerosi graffiti con "note numeriche", un complesso rosone tracciato con il compasso in cui sono iscritte stelline a sei petali, la pianta di un pozzo o di una torre circolare, ecc.

C'è un aspetto che le rovine moderne di Pompei non restituiscono, ma che gli studi dei ricercatori hanno ricreato attraverso le scoperte. È l'incredibile varietà e ricchezza delle vie in termini di persone e di mestieri. Oggi vedete solo muri di mattoni, rovine slabbrate, banconi muti di marmo. Ma continuate a lavorare con l'immaginazione. Questi ruderi sono solo uno scheletro, provate a rivestirli di carne e pelle "viva". Facciamo un esempio, visto che ci troviamo proprio in via degli Augustali: sentite quante diverse attività, professioni e persone ci sono a pochi metri le une dalle altre.

All'inizio di via degli Augustali si trovava una rivendita di olio con un torchio girevole (*torcular olearium*). Di proprietà di Numisio Giocondo, importante *mercator* di olio di Pompei, la bottega era gestita da due suoi liberti (o schiavi): Secundo e Vittore.

A poca distanza (vicino al famoso lupanare meta di tutti i turisti), c'è un'osteria con un'avvenente cameriera di nome Hedoné. L'atmosfera del locale, un po' godereccia, è testimoniata dal graffito ironico di un cliente: «*Seri bibi universi rogant*». In un altro si fa proprio riferimento alla cameriera del locale. «*Calòs Hedoné. Valeat qui legerit. Hedoné dicit: Assibus singulis hic bibitur; dupundium si*

dederis, meliora bibes; quartum assem si dederis, vina Falerna bibes»
(La bella Hedoné saluta chi legge! Hedoné dice: «Qui potrai bere
per un solo asse; per due assi avrai del vino migliore; per quattro
assi, se lo desideri, potrai bere un bicchiere di Falerno»).

Proseguendo lungo via degli Augustali verso via Stabiana si
incontra una bottega di calzolai (*taberna sutrina*). Da un graffito
in un angolo della *taberna* sappiamo che i *sutores* che vi lavorano
si chiamano Menecrate e Vesbino. Gli archeologi troveranno, ancora al loro posto, gli strumenti "del mestiere" come due *scalpra*
lunati (una specie di temperini), una *subula* (un ferro dalla punta
piramidale molto acuminata, impiegato sia per scavare che per
sagomare le superfici), nove scalpelli con manico di ferro, due un-
cini per distendere le pelli, una tenaglia, tre aghi di bronzo, due
vasetti contenenti *atramentum*, una vernice nera utilizzata dai pittori per mantenere meglio il colore degli affreschi…

Poco oltre c'è l'entrata dell'elegante dimora del centurione
"decorato" Marco Cesio Blando, ormai in pensione. Sappiamo
che aveva militato nella nona coorte pretoriana. In casa ci sono
diversi mosaici e rappresentazioni di ambito militare. Ma soprattutto il suo ritratto e quello della moglie. E questo ritratto ha
un dettaglio significativo: si trova all'interno di un medaglione
circondato da una *corona ovalis*. Ciò vuol dire che durante gli
anni di servizio gli è stata tributata un'importante ovazione…

Infine, in fondo a via degli Augustali si trova la bottega di un
mulattiere, Q. Sallustio Invento, con due ampie vasche (una è
l'abbeveratoio e l'altra serve per il foraggio) e una piccola stalla.
Lui vive al piano superiore, dove è stato ritrovato il sigillo con il
suo nome…

PANTA REI, TUTTO SCORRE...
TRANNE L'ACQUA

Pompei, Castellum aquae
23 ottobre 79 d.C., ore 9,00
mancano 28 ore all'eruzione

DA FRIDAM PUSILLUM
Dammi un po' di acqua fredda.

Siamo giunti a un'altra delle porte di Pompei, Porta Vesuvio, posta sul margine nordorientale del quartiere residenziale che ora lasceremo per scoprire il resto della città. Qui si trova una costruzione quadrata e bassa, simile a un bunker. Questo edificio anonimo è in realtà fondamentale per la vita collettiva: è il *Castellum aquae*, una struttura cruciale per la distribuzione dell'acqua.

Quasi tutte le civiltà antiche per l'approvvigionamento idrico ricorrevano ai pozzi, accumulavano l'acqua piovana in grandi cisterne, ma soprattutto costruivano le città lungo le rive di un grande fiume. Così sono nate tutte le principali capitali. Ma i romani sanno fare di più, ovvero fare arrivare l'acqua là dove c'è una città. Con gli acquedotti.

E in effetti a Pompei passa il grande acquedotto del Serino, che rifornisce i cittadini di acqua corrente. Per avere idea dell'imponenza di quest'opera, pensate, è lungo quasi cento chilometri e, con la sua portata di seimila metri cubi al giorno, rifornisce anche molti altri centri, tra cui Miseno, Napoli, Pozzuoli, Ercolano, Cuma e Baia.

Dovete immaginare questo importante acquedotto come un'autostrada dell'acqua con tante uscite e altrettanti *castella aquae*, dei veri e propri "caselli". Da questa costruzione, l'acqua viene immessa nei tubi di piombo che alimentano la città, o per lo meno è quello che dovrebbe fare.

In realtà, scopriamo che in questo fine ottobre del 79 d.C. non funziona! In altre parole, a Pompei non c'è l'acqua! E questa è un'altra delle sorprese del nostro viaggio.

In effetti, contrariamente a quanto si vede in film e romanzi, nei giorni prima dell'eruzione a Pompei le fontane pubbliche per le strade sono vuote, non zampilla l'acqua nelle case dei ricchi né nei loro giardini interni. Anche dai rubinetti delle terme non scende una goccia. Anzi tutte le terme sono chiuse. Tranne una, che alimenta le sue vasche a ciclo continuo con acqua attinta da proprie cisterne. Con buona pace delle sceneggiature hollywoodiane e delle fiction televisive. Sarebbero tante le scene da tagliare.

Questo significa che a Pompei il giorno prima dell'eruzione non ci si lava? Non proprio. O per lo meno non nel modo abituale. Si fa tutto come in epoca arcaica, prima che venisse costruito l'acquedotto. Si usano brocche e vasche da bagno (una di esse, identica a quelle moderne, ma in bronzo, è tutt'ora conservata nei depositi di Ercolano). Oppure ci si fa portare l'acqua dagli schiavi con anfore, ecc.

Tutto ciò vi mostra una Pompei ben diversa da quella che vi raccontano libri, guide e romanzi. Ci troviamo infatti di fronte a una città in crisi e in emergenza.

Anche questo fa parte del suo vero volto, di solito non descritto, che stiamo conoscendo nel nostro viaggio. Avremo modo di scoprire i diversi aspetti di questa crisi.

Ma andiamo per ordine. Perché a Pompei non c'è acqua?

Anche qui, il colpevole è il vulcano che sta per svegliarsi. Non sappiamo se, come sostengono alcuni studiosi, il "rigonfiamento" del terreno per via dell'imminente eruzione abbia alterato le pendenze impedendo all'acqua di arrivare alla città. Non ci sono prove. Tuttavia, se ciò fosse vero, allora anche altre città alimentate dallo stesso grande acquedotto principale avrebbero dovuto soffrire di penuria d'acqua, soprattutto Miseno, posta alla fine del percorso. Ma Plinio il Giovane non ne fa menzione.

È invece assai più probabile che la vera causa del "black-out" di acqua a Pompei sia stato un terremoto avvenuto pochi giorni prima dell'eruzione. Smottamenti del terreno tipici del periodo che precede l'entrata in attività di un vulcano di questo tipo sono a nostro modo di vedere la causa più probabile dell'interruzione dell'erogazione idrica. Con il conseguente lesionamento o crollo di una porzione dell'acquedotto: oltre al ripristino si dovrà poi ricalcolare con precisione le corrette pendenze.

I terremoti sono protagonisti assoluti nelle vicende che stiamo raccontando e loro, sì, sono descritti da Plinio il Giovane nelle sue lettere. Avvicinandoci al *Castellum aquae* udiamo delle voci che parlano proprio di questi fenomeni naturali. Provengono da una piccola porta laterale. Ci affacciamo. All'interno ci sono alcuni uomini. Uno, lo riconosciamo subito, è Tito Suedio Clemente, il VIP più importante al banchetto di Rectina. È un tribuno imperiale, inviato dall'imperatore per riformare e rimettere ordine nel catasto di Pompei e nell'area circostante.

Perché si trova a Pompei e cosa ci fa nel *Castellum aquae*? Il suo incarico, come abbiamo avuto modo di dire durante il banchetto, è molto delicato.

Quando Vespasiano sale al potere, trova una situazione finanziaria molto dissestata. Nerone ha vuotato le casse imperiali con spese inenarrabili. E dopo la sua morte si sono avvicendati più imperatori in pochi mesi, prima dell'arrivo di Vespasiano, in un periodo di estrema confusione, in cui si è arrivati a scontri sanguinosi tra legioni fedeli ai diversi aspiranti imperatori, tanto che il 69 d.C. è passato alla storia come "l'anno dei quattro imperatori"… Bene, una volta arrivato al potere, Vespasiano, un uomo molto pragmatico, ha avviato un severo programma di riordino finanziario e amministrativo. Tito Suedio Clemente fa parte di questo suo programma, proseguito dal figlio Tito, ora al potere dopo la morte del padre.

Il compito del tribuno imperiale è chiaro: la ridefinizione del catasto (confini, proprietà, ecc.) ha come obiettivo quello di aumentare le entrate del fisco imperiale. A Pompei questo problema è più sentito che in altre città della penisola, perché il terremoto del 62 d.C. ha probabilmente distrutto in parte l'archivio della città, ed è stato necessario ritracciare la mappa di tutte le proprietà, ricostruire edifici, e vegliare che nelle ristrutturazioni qualcuno non avesse approfittato occupando aree demaniali o "ritoccando" i propri confini.

Tito Suedio Clemente è un uomo che non guarda in faccia a nessuno. Neppure ai morti. Lo sappiamo da un cippo, rinvenuto dagli archeologi in mezzo alla strada a Porta Nocera: ha fatto spostare addirittura una tomba di famiglia che, fuori le mura della città, aveva illecitamente occupato pochi metri quadri di terreno pubblico su un angolo della strada. Il testo scolpito non lascia dubbi sulla sua inflessibilità: «Per autorità dell'Imperatore Cesare Vespasiano Augusto, il tribuno Tito Suedio Clemente, conosciute le cause ed effettuate le misurazioni, restituì alla cittadinanza pompeiana i luoghi pubblici abusivamente occupati dai privati». E non è il solo cippo in città… Ce ne sono altri a Porta Vesuvio, Porta Ercolano, Porta Marina… Insomma, Tito Suedio Clemente è molto temuto. Ma che tipo di uomo è?

Abbiamo ritrovato alcune righe di Tacito su di lui. Sappiamo che, durante l'anno dei quattro imperatori, è stato il comandante di una spedizione navale sotto il momentaneo potere di Ottone. Tacito lo descrive come debole nel mantenere la disciplina, ambizioso e sempre impaziente di combattere. Insomma, un uomo d'azione. Un falco, diremmo oggi. A causa della delicatezza del suo compito, e per controllare meglio il territorio, si è trasferito a Pompei, dove risiede ormai da anni. Sappiamo anche dove vive: secondo lo studioso Matteo Della Corte, nell'ultimo periodo, quindi anche al momento dell'eruzione, sarebbe stato ospitato nella ricca *domus* di un pompeiano di riguardo, Marco Epidio Sabino.

A suggerirlo è un manifesto elettorale, in cui proprio il tribuno imperiale invita tutti a sostenere la candidatura alle elezioni a duoviro di Sabino che lo ospita. Il fatto che, nella sua scritta di propaganda, specifichi "insieme ai vicini" costituisce un forte indizio che abitasse proprio in questa casa. Non devono stupire i rapporti e le "aderenze" tra un uomo di potere imperiale e le persone in vista della città, che portano addirittura ad appoggiare la candidatura politica di uno di loro, con un sospetto "conflitto di interessi" in quanto Tito Suedio Clemente è ospite a casa sua. Ma, come vedremo tra poco, alcuni intrecci tra politici e imprenditori locali vanno ben oltre, dando luogo ad affari tutt'altro che limpidi...

In effetti sono in molti a cercare l'amicizia e la benevolenza di Tito Suedio Clemente: da una scritta sappiamo che un certo Publio Clodio Sperato lo omaggia di un'anfora di pregiato vino *Clodianum* invecchiato di tre anni. Un regalo costoso e "ricercato", paragonabile a un raro vino d'annata di oggi.

Ma Tito Suedio Clemente è un uomo di assoluta integrità morale. E non c'è conflitto d'interessi nel suo appoggio alla candidatura politica di chi lo ospita: Sabino infatti è al di sopra di ogni sospetto, un'autorità nel campo del diritto, amato da tutti i pompeiani che lo considerano una persona onesta. Forse proprio per questo il tribuno imperiale ha scelto di vivere a casa sua, una sicura "oasi" di onestà, e di appoggiarlo nella sua candidatura a duoviro due anni prima dell'eruzione.

Quest'uomo ora è con lui nel *Castellum aquae* e quando prende la parola tutti lo ascoltano in silenzio. Sabino infatti è un famosissimo giurista e maestro di retorica molto amato: viene definito da alcuni storici il "Quintiliano" di Pompei perché quando era uno degli *iuris doctores* della città avviava i suoi allievi alla carriera di avvocato. Ora è con Tito Suedio Clemente per valutare i danni dell'ultimo terremoto e il da farsi (anche giuridico) per ripristinare al più presto la distribuzione dell'acqua a Pompei.

Tra le persone presenti, ad ascoltarlo nella penombra c'è anche un uomo basso dalle rughe profonde: la calvizie gli ha lasciato una capigliatura "da monaco", a parte qualche lunghissimo capello che ondeggia sulla fronte a ogni alito di vento. È un idraulico. Si chiama Stalliano e assieme ad altri colleghi e "tecnici del comune" dovrà capire dove ci sono delle perdite e riparare tutte le tubature spezzate in città. È un lavoro immenso, ma da realizzare al più presto.

I romani infatti sono maestri nella tecnologia idraulica e considerano l'acqua fondamentale non solo per dissetarsi, lavarsi o cucinare, ma anche per tenere la città pulita, per spazzare via la sporcizia, nonché per evitare l'insorgere di malattie e focolai di epidemie. Queste sono idee modernissime assenti persino nella Londra dell'Ottocento, come testimoniano le violente epidemie di colera.

Tra i milioni di turisti che oggi vengono da tutto il mondo a Pompei per ammirare le case, gli affreschi, i mosaici e le tracce dell'eruzione, solo pochi notano quello straordinario capolavoro che avvolge tutta la città come un sistema circolatorio e che per secoli le ha consentito di vivere. Ora lo riscopriremo.

Il *Castellum aquae* ha le dimensioni di una grande stanza.

Al centro c'è una vasca che si apre a ventaglio: contiene due paratie che fanno da diga, obbligano l'acqua a rallentare, in modo da far cadere sul fondo eventuali impurità che vengono raccolte e portate via. Alcune griglie contribuiscono a filtrare le impurità trasportate dall'acqua. La vasca termina con tre piccole scalette, una centrale e due laterali ad arco, sulle quali l'acqua ruscella ossigenandosi, in modo da eliminare un eventuale cattivo sapore (di origine batterica) dovuto a possibili ristagni. Non è improbabile che nella vasca, intrappolato tra le due dighe, ci sia anche qualche piccolo pesce, un vero "sensore" vivente che garantisce una costante qualità dell'acqua potabile. È una tecnica antica usata per secoli negli acquedotti di tanti paesi, anche in tempi moderni.

Mentre gli uomini discutono, Sabino nota qualcosa sulla parete e avvicina la lucerna. C'è un piccolo affresco sopra lo sbocco dell'acquedotto: sotto due ghirlande dipinte si vede un uomo nudo sdraiato con una palma in mano (una divinità delle acque) e tre donne, anch'esse senza vestiti, in piedi davanti a lui, una delle quali si mette a posto i capelli proprio come fa Venere. È un'allegoria della fonte, un'invocazione perché l'afflusso di acqua a Pompei sia sempre costante. È un affresco molto semplice, ma quello che ha attratto Sabino è, sulla sinistra in basso, la strana "firma" dall'artista. Ha impresso quattro volte il suo anello sull'intonaco fresco: il sigillo rappresenta una donna seduta in un canneto, con una cesta accanto e un uccellino sopra di lei. Chissà che cosa significa…

Sabino sorride. Nessuno degli uomini presenti sa che questa anonima e fragilissima "firma" sopravvivrà alla distruzione di Pompei e sarà ancora visibile in tempi moderni: l'abbiamo riscoperta recentemente facendo delle riprese televisive nel *Castellum aquae*, proiettando una luce radente sulla parete.

Dopo aver percorso i gradini, l'acqua esce dal *Castellum aquae* immettendosi in tre aperture che la indirizzano verso tre utenze diverse: le fontane pubbliche (acqua per tutti), le terme (pulizia per tutti) e le *domus* di quei pochi ricchi romani che sono riusciti a ottenere l'acqua corrente in casa, magari grazie a qualche intrallazzo.

Alcuni studi, come quelli di Hans Eschebach compiuti in passato ma ancora fondamentali, hanno identificato capillarmente i molti punti di arrivo di questa rete idrica e ci consentono di intuire così i "numeri" della distribuzione dell'acqua a Pompei. Oltre ad alcuni edifici pubblici quali le terme, come abbiamo detto, ci sono anche quarantadue fontane pubbliche, quarantacinque esercizi commerciali quali botteghe, "bar", tintorie (*fullonicae*), ecc., venticinque forni-panifici, e ben sessanta abitazioni private di ricchi pompeiani.

Seguendo le vie dell'acqua

Tito Suedio Clemente e Marco Epidio Sabino escono dal *Castellum aquae* e, accompagnati dall'idraulico e dagli altri uomini, cominciano l'ispezione.

La prima "via dell'acqua" che esaminano è la più importante: quella che alimenta le fontane. È facile trovarle: sono messe in fila per le strade, una ogni ottanta metri circa, in modo da non obbligare la gente a fare troppa strada con secchi, brocche o anfore. In effetti, il novanta per cento degli abitanti beve quest'acqua, e non solo: la usa anche per cucinare, lavare i panni, ecc.

Ogni fontana ha una sorta di stele con un'effigie diversa; può esserci il volto di Mercurio, come abbiamo visto, oppure della Concordia Augusta. Da questa scultura fuoriesce l'acqua che cola in una vasca quadrata. È realizzata in modo semplice unendo cinque lastre di pietra vulcanica, una delle quali viene usata come fondo.

A protezione degli spigoli delle singole vasche, molto spesso colpiti dai conducenti un po' sbadati dei carri, ancora oggi si vedono dei paracarri. Un'altra curiosità: sono in molti a sostenere che i bordi delle vasche sono consumati a causa del continuo poggiare le mani dei pompeiani per bere. Non è così. In realtà sembra che quei solchi siano dovuti allo sfregare delle corde usate per tirare su i secchi pieni d'acqua.

Ma proseguiamo il nostro percorso dell'acqua a Pompei.

Tito Suedio Clemente e Marco Epidio Sabino esaminano ogni tratto, scendendo lungo l'attuale via Stabiana, il *cardo* principale di Pompei. Alcuni negozianti sono usciti dalle loro botteghe e osservano curiosi. Non sono i soli. In tanti si fermano a seguire questo sopralluogo tecnico.

Una tappa fondamentale sono alcune strane e strette torri (che oggi solo pochi turisti notano) che s'innalzano lungo le strade di Pompei, spesso vicino agli incroci. In tutto dovrebbero essere quattordici e sono alte quanto un edificio a due piani. Si tratta di torri piezometriche, cioè torri di distribuzione dell'acqua come spesso se ne vedono ancora oggi, nelle nostre città, simili a grandi funghi.

In cima hanno una vasca di piombo che è una piccola cisterna quadrata, nella quale l'acqua è convogliata da un tubo (a Pompei la pressione è sufficiente per compiere questo dislivello). L'acqua riempie la vasca e poi ridiscende sul lato opposto grazie a un altro tubo di piombo per poi proseguire il suo viaggio in città. A cosa serve tutto questo? A "frenare" l'acqua, per farla ripartire a velocità giusta, altrimenti per la troppa pressione farebbe saltare tutte le tubature a valle. E anche a ristabilire una "quota di partenza" ideale per raggiungere i vari punti del quartiere.

A volte l'acqua tracima dalla cisterna colando lungo la colonna. Ancora oggi i turisti attenti possono notare uno strato di concrezioni che riveste, come una pelle rugosa, alcuni lati delle torri. D'estate, nell'antica Pompei, probabilmente su questa superficie coperta da un velo umido si posano farfalle e api per "bere" un po' d'acqua.

Mantenere la pressione giusta nelle tubazioni è fondamentale per i romani. Qua e là infatti si vedono veri e propri riduttori di pressione che ricordano i tubi di scappamento delle auto: sono esposti all'aria aperta per essere controllati più facilmente in questo periodo di emergenza. Questo permette a Tito Suedio Clemente e Marco Epidio Sabino di camminare lungo i marciapiedi seguendo i tubi di piombo che alimentano la città e individuando facilmente le perdite e le condotte piegate o spezzate dal terremoto.

Ora si avvicinano ad alcuni schiavi al lavoro sul lato di una strada, a fianco delle condotte appoggiate sul marciapiede per poterle poi interrare: stanno scavando una lunga trincea. È una scena che si ripete in tante vie e vicoli della città e che verrà bloccata dall'eruzione, come in una fotografia: queste trincee, con in alto il tubo da sostituire, e sul fondo quello nuovo già posizionato, verranno trovate ricolme di lapilli dagli archeologi a testimonianza di lavori in corso bruscamente interrotti e ricoperti dall'eruzione.

Seguendo una di queste condotte i due entrano attraverso una porta secondaria in un grosso complesso di terme, nel cuore di Pompei, oggi chiamate Terme Stabiane. Attraversano grandi ambienti stuccati e colorati, con marmi e mosaici. Tutto è silenzioso. I loro passi riecheggiano nella penombra di *calidaria* freddi, *tepidaria* bui e *frigidaria* che strappano dei brividi anche quando non funzionano per via dei marmi di cui sono rivestiti (vedi *Inserto 1*, p. 4). Esaminano ogni porzione del percorso dell'acqua insieme ai responsabili dell'edificio.

Le terme romane hanno due esigenze "tecniche" molto particolari per funzionare: è necessario che il flusso d'acqua sia continuo e abbia pressione costante.

Ed ecco la soluzione per soddisfare queste condizioni: i due tecnici esplorano delle cisterne, ancora mezze piene, quindi integre malgrado le scosse di terremoto. Queste cisterne sono vitali per il funzionamento delle terme. In effetti l'acqua che arriva per prima cosa riempie le cisterne, che sono come dei piccoli laghetti artificiali. Da queste riparte per i vari ambienti interni. E può essere riscaldata o meno a seconda delle esigenze.

Tito Suedio Clemente continua a dettare appunti a un segretario. Ora sono giunti a esaminare un uso meno nobile dell'acqua a Pompei. Quello delle latrine. In effetti, l'acqua ha una "seconda vita" anche dopo essere stata usata nelle terme o nelle case.

I romani hanno concepito infatti degli impianti fognari tenendo distinte le cosiddette acque bianche (per esempio le acque piovane) da quelle nere, in modo da recuperare e riciclare le acque sporche di terme e latrine, insomma, come diremmo noi oggi, scarti organici da riciclare per il compost!

Dopo questo sopralluogo che ha fatto storcere il naso a tutti, il piccolo gruppo è ricevuto nella casa di un facoltoso pompeiano per una verifica del suo impianto idraulico. Ne approfitteranno anche per scoprire che non siano stati fatti allacci abusivi, cosa tutt'altro che rara.

L'acqua dei ricchi

Dopo le fontane e le terme, la terza "grande via" dell'acqua è, come abbiamo detto, quella destinata alle ville di privati facoltosi. E sono tanti, a Pompei. Come la usano?

Spesso hanno piccole terme private. Ma il più delle volte "sprecano" l'acqua con eleganti fontane e giochi nei giardini.

Inoltre l'acqua viene usata in cucina, per preparare cibi o lavare i piatti. Quella sporca poi viene riutilizzata (in un modernissimo concetto di riciclo) come acqua di scarico per la toilette. In effetti, nella cucina spesso si trova anche un piccolo bagno, dietro una tenda: quasi sempre è una semplice seduta di legno con un buco al centro. Questa sorprendente mancanza di igiene non deve stupire. I romani non conoscono i batteri e alla diffusione di malattie danno varie interpretazioni, non ultima l'azione di divinità maligne. Non sono però ingenui: sanno bene che gli escrementi possono essere fonte di malattie, e proprio per questo usano l'acqua corrente ovunque. Le latrine pubbliche e persino gli orinatoi dei circhi dove si svolgono le corse dei carri (per esempio, il Circo Massimo a Roma) hanno sempre l'acqua corrente per evitare ristagni, cattivi odori e l'insorgere di focolai infettivi.

Colpiscono molto le tubazioni riscoperte dagli archeologi. Sono identiche alle nostre, persino nei rubinetti e nelle valvole, e sono anch'esse il segno delle grandi conoscenze dei romani in ingegneria idraulica.

Mentre continuiamo il controllo dei tratti della rete idrica per la città, una domanda sorge spontanea. Prima della realizzazione dell'acquedotto, come ci si riforniva di acqua a Pompei?

La si prendeva dall'alto, principalmente. Le piogge che fluivano attraverso l'*impluvium*, abbiamo visto, permettevano di creare una riserva d'acqua privata.

Ma esistevano anche altre cisterne, ben più grandi, di uso pubblico. È un aspetto poco noto. In effetti a Pompei ci sono delle cisterne immense che nessuno vede perché "nascoste". Una si trova proprio nei pressi del Tempio di Venere, a poca distanza dal Foro della città, sotto gli occhi di milioni di ignari turisti.

Oggi vi si accede aprendo un tombino e scendendo di alcuni metri con una scala: una volta sotto terra vi troverete in un ambiente dotato di arcate laterali lungo una quindicina di metri. Quando è stata costruita?

Sappiamo che il Tempio di Venere fu eretto da Silla nell'89 a.C., quindi questa cisterna (così come l'altra situata proprio al di sotto del tempio) è stata creata o in quell'occasione o doveva già esistere, il che la renderebbe ancora più antica.

Queste due enormi cisterne sotterranee, vero volto nascosto di Pompei, non sono le sole. Ne esistono altre in varie zone della città, come per esempio sotto il cosiddetto Quadriportico dei teatri, noto anche come Palestra dei gladiatori. Una davvero impressionante, delle dimensioni di una chiesa, si trova accanto all'edificio che ospita attualmente la tavola calda dove tanti turisti si fermano a mangiare e bere.

Nel frattempo Tito Suedio Clemente e Marco Epidio Sabino si sono fermati. Stalliano, l'idraulico, mostra loro un'importante condotta spezzata. Siamo in un punto nevralgico della città. Stalliano li guarda con i suoi pochi capelli che ondeggiano come gli sparuti steli di un campo di grano rimasti dopo la falciatura. È un problema serio…

Questa condotta alimenta un tratto importante di una via della città. Stalliano garantisce che può ripararla rapidamente.

All'interno del tubo vediamo uno strato bianco di incrostazioni, segno che l'acqua di Pompei contiene calcare e a lungo andare lascia sempre un velo chiaro sul fondo delle brocche o dei bicchieri. La sezione del tubo invece mostra il piombo vivo. Non è pericoloso per la salute?

Questa è una polemica che si trascina da anni e nella quale non vogliamo entrare. Un fatto è certo: bisogna sfatare il mito che l'Impero romano sia collassato a causa dell'avvelenamento da piombo. Le cause sono ben altre, di tipo sociale, militare ed economico.

Tuttavia, l'assunzione di acqua portata da condotte in piombo e l'uso di contenitori per addolcire il vino dello stesso metallo è innegabile. Certamente alcuni individui mostrano forti concentrazioni di piombo. Ma le condotte non hanno provocato un'"epidemia" di saturnismo nell'Impero romano. Questa forma di intossicazione era solo una delle tante presenti allora, che finivano con il provocare morti premature e abbassavano la vita media dei romani.

Oggi si può fare un discorso simile riguardo ai possibili effetti tossici rilasciati da tanti oggetti che usiamo ogni giorno. Rientrano, come le polveri sottili e gli innumerevoli agenti chimici, fra le aggressioni alla nostra salute che quotidianamente subiamo. Ma non ce n'è una che domina sulle altre, come invece si ritiene comunemente per il piombo in età romana.

Inoltre, non sempre le condotte erano di piombo: spesso, per esempio nelle campagne, erano di terracotta e di legno (nel museo dello straordinario acquedotto di Pont du Gard in Francia, si può ammirare la ricostruzione di una fontana, simile a quelle di Pompei, alimentata con condotte di legno).

Il piombo era un materiale "pregiato", estratto in regioni lontane e importato, utilizzabile senza grandi problemi per oggetti e strumenti di piccole dimensioni come ex voto, proiettili da fionda, tombe, piccole cisterne per l'acqua, contenitori per il vino, ma con oculatezza per le installazioni che, come le tubazioni, ne richiedevano grandi quantità: perciò le reti idriche in piombo erano presenti soprattutto nelle città o nelle ville dei ricchi, non certo sparse nelle campagne.

C'è da considerare poi, come dimostra la scena che abbiamo descritto, che il calcare che si depositava all'interno delle tubazioni di piombo ne mitigava l'assunzione: l'acqua, in un certo senso, scorreva in "sottili tubi di calcare" che si erano formati nelle condotte in piombo.

Infine, c'è un dato della vita quotidiana al quale non si pensa: buona parte dei romani beveva acqua dalle cisterne o dalle fonti naturali, limitando l'ingestione di piombo. E questo valeva anche per una città come Pompei.

A questo proposito, come indica il professor Antonio De Simone, nelle numerose cisterne di Pompei c'erano grandi quantità d'acqua. Per esempio, durante gli scavi effettuati in una casa, dove si realizzavano profumi grazie anche alle essenze di piante fatte crescere nel giardino, si è scoperto che la cisterna sotterranea (lunga sette-otto metri e alta un metro e mezzo) aveva un livello d'acqua di circa cinquanta centimetri. In altre parole era piena per un terzo. Come si è fatto a capirlo? Le pietre pomici proiettate dal vulcano e penetrate durante l'eruzione hanno galleggiato nell'acqua creando un livello omogeneo.

I terremoti prima dell'eruzione, un dramma nel dramma

Il gruppo ha completato il primo dei giri previsti per il ripristino dell'acqua a Pompei. Stalliano e i tecnici si concentrano sul settore della grossa condotta spezzata e cominciano a lavorare, affrettando i tempi di scavo per sotterrare le nuove tubature lungo i marciapiedi.

Siamo giunti all'altezza di uno degli incroci più importanti della città, quello tra via Stabiana, il *cardo* principale, e via dell'Abbondanza, il *decumanus inferior*.

Tito Suedio Clemente e il suo amico Marco Epidio Sabino, dopo un breve scambio di idee sulla situazione, si dividono. Il primo, arrivato all'incrocio, gira a sinistra su via dell'Abbondanza per tornare a casa, che si trova a pochi passi, e redigere un rapporto. Il secondo, invece, va a destra e s'incammina, sempre su via dell'Abbondanza ma in senso opposto, verso il luogo dove un uomo della sua fama e reputazione deve farsi vedere a quest'ora, sia per l'immagine sia per lavoro: il Foro.

Seguiamo Marco Epidio Sabino.

Passa accanto a degli schiavi che scendono da un carretto pieno di anfore. Sono colme di acqua attinta dal fiume Sarno e ne portano due dentro una *domus*. Vista la penuria si è creato infatti un servizio di recapito di acqua di fiume "a domicilio", per le esigenze più diverse, in modo da risparmiare quella preziosa nelle cisterne.

Questa ricostruzione si basa su un fatto curioso: in diversi giardini di Pompei sono riemerse le tracce di piante fluvio-lacustri, a testimonianza che, in un momento di crisi idrica in città, si annaffiava probabilmente con acqua fatta venire dal fiume Sarno.

Possiamo immaginare che chi ha avuto l'idea della "consegna

idrica" porta a porta, ottenuti i permessi in via eccezionale di girare in città con il carro, si stia arricchendo non poco con questo "business" estemporaneo.

Sabino scuote la testa e prosegue.

Da quanto tempo c'è quest'emergenza? Da quando le terme sono chiuse, le fontane secche e si fanno scavi per sostituire le vecchie condutture superficiali (temporanee) con nuovi tubi più profondi? Non lo sappiamo con esattezza.

Secondo il professor Antonio De Simone, considerando i tempi decisionali dell'amministrazione di Pompei, con riunioni, delibere per appaltare i lavori e l'attesa per l'arrivo del piombo per ripristinare la rete idrica, è assai probabile che la situazione si trascini da tre-quattro mesi (questi sono i tempi della burocrazia e dell'amministrazione di una grande città romana!) e perciò l'ultima forte scossa di terremoto che ha stravolto la vita quotidiana di Pompei deve essere avvenuta tra il giugno e il luglio del 79 d.C.

Ma probabilmente ne sono seguite altre, un vero sciame sismico che preannuncia l'eruzione. Lo possiamo intuire da alcuni dettagli.

In effetti, in tutte le case ci sono riparazioni in corso. Ora, nessuno aspetta tre-quattro mesi per chiamare degli operai e rimettere la casa o il tetto a posto in vista soprattutto di un inverno alle porte.

È un argomento interessante perché fino a oggi si è sempre ritenuto che i danni visibili nella città, nelle case e per le vie, fossero quelli del grande terremoto del 62 d.C. che devastò Pompei e uccise molte persone. In certi casi è vero, come ad esempio per la lunga frattura ricolmata con della malta e annerita dai fumi del forno ancora visibile oggi nel panificio della Casa dei Casti Amanti, dove abbiamo preso del pane questa mattina. Ma non tutti i danni possono ragionevolmente derivare da quel sisma di diciassette anni prima, è passata più o meno mezza generazione. Cosa si nasconde in realtà dietro il fenomeno dei terremoti? Andiamo con ordine.

I fenomeni sismici sono sempre stati descritti e trattati in libri e romanzi come dei meri segni premonitori dell'eruzione. Violenti sì, ma comunque offuscati dal cataclisma del 79 d.C.

In realtà, hanno avuto molto più peso di quanto si pensi, sia per la loro frequenza – che ha gradualmente cambiato, come vedremo tra poco, la "geografia sociale" di Pompei – sia per la loro intensità, che almeno in un caso (il violento sisma del 62 d.C.) avrebbe addirittura "abbattuto" un'intera classe d'età, gli adolescenti tra i quindici e i diciannove anni, poco presenti nella popolazione, come abbiamo visto, parlando della piramide demografica.

Il terremoto del 62 d.C.

Il risveglio del Vesuvius è stato innanzi tutto preannunciato da forti scosse di terremoto nel corso degli anni precedenti all'eruzione. In futuro quasi certamente sarà proprio questo il vero segnale dell'imminente ritorno in attività esplosiva del Vesuvio.

Il violento terremoto avvenuto il 5 febbraio del 62 d.C., sotto Nerone, e durato qualche giorno, tenendo conto anche delle fasi di assestamento, ha devastato Pompei, Stabia ed Ercolano, e provocato danni minori a Nocera, Nola e Napoli. Ciò significa che non aveva una grande magnitudo ed è avvenuto a una profondità di circa sette chilometri: è stato quindi proprio quello che ci si aspetterebbe da un movimento in risalita del magma nella camera magmatica e anche dai gas vulcanici che, infilandosi negli strati rocciosi, ne provocano la fratturazione generando onde sismiche, cioè terremoti.

Pompei ha avuto la sola sventura di trovarsi vicino al suo epicentro, localizzato a Stabia.

Di questo terremoto abbiamo incredibili "foto di pietra" ritrovate dagli archeologi. Si tratta di due bassorilievi (uno è stato rubato qualche tempo fa) che si trovavano nella casa di Lucio Cecilio Giocondo, il banchiere che abbiamo conosciuto al banchetto e che reincontreremo tra poco. Ignoriamo perché avesse in casa sui lati di un larario la descrizione visiva di Pompei che viene devastata dal terremoto: nessuno di noi oggi metterebbe in casa delle gigantografie dello tsunami di qualche anno fa.

In questi rilievi si vedono i danni al Foro, al tempio di Giove, e persino il modo in cui Porta Vesuvio si stia "inclinando" pericolosamente su un carretto con due asini in fuga disperata, evidentemente sotto l'azione delle scosse ondulatorie del terremoto. Il *Castellum aquae* invece rimane intatto.

Tacito, nei suoi *Annales*, dice che Pompei venne quasi interamente distrutta. E Seneca aggiunge che una statua si spezzò in due parti uguali e che molti vagavano sotto shock per le campagne mentre nei giorni precedenti un intero gregge di seicento pecore era morto asfissiato evidentemente per via di gas velenosi emersi dal terreno.

Oggi si stima il terremoto del 62 d.C. al nono grado della scala Mercalli (che si basa sui danni e gli effetti) e al 5,1, con un margine di incertezza di 0,3, di quella Richter (che si basa invece sull'energia sprigionata). È stato insomma un terremoto potente, ma comunque inferiore a quelli dell'Irpinia e dell'Aquila.

Intuiamo dagli scritti di Seneca che in seguito a tali eventi molti emigrarono, e questo provocò danni all'economia. Quelli che rimasero ripararono terme, archi, abitazioni.

Alcuni approfittarono della situazione per fare addirittura una scalata sociale. È il caso di Numerio Popidio Ampliato, un liberto diventato ricchissimo che restaurando a sue spese il tempio di Iside ottenne l'accesso del figlioletto Celsino di soli sei anni al potente ordine cittadino dei *decuriones*, i funzionari che governavano le colonie e i *municipia* per conto di Roma. L'iscrizione leggibile sul muro di cinta del tempio è molto chiara: «Numerio Popidio Celsino, figlio di Numerio, ricostruì a proprie spese, dalle fondamenta, il tempio di Iside, crollato per il terremoto. I decurioni lo accolsero per questa generosità nel loro ordine, gratuitamente, benché avesse sei anni».

Per restaurare il Foro dopo il terremoto del 62 d.C., essendo una struttura pubblica, invece ci è voluto molto più tempo (un po' come in epoca moderna) e diciassette anni dopo, al momento dell'eruzione, non era ancora del tutto risistemato.

Ma quel sisma, visto da un'altra prospettiva, ha portato anche un beneficio inatteso ai pompeiani: nella ricostruzione è stato edificato un nuovissimo complesso termale, le Terme Centrali.

A quel terremoto ne sono seguiti altri perché siamo nell'ambito di un vero sciame sismico che ha gradualmente preceduto e annunciato l'eruzione. In particolare nel 64 d.C., un nuovo evento fece crollare, a Napoli, il teatro dove si era appena esibito l'imperatore Nerone.

Un terremoto alla vigilia

Di un terremoto in particolare, però, si parla poco, anche perché i suoi effetti sono stati spesso confusi con quello del 62 d.C. Per lungo tempo è stato un "fantasma" per gli studiosi, ma di recente è stato chiaramente individuato nell'ultima fase di vita di Pompei. È un sisma avvenuto pochissimi giorni prima di quel fatidico 24 ottobre del 79 d.C. Le sue tracce sono ovunque.

Già Plinio il Giovane, nella sua lettera a Tacito, riferisce che si erano verificate per molti giorni leggere scosse che non avevano però destato quasi nessuna preoccupazione, trattandosi di un fenomeno ordinario in Campania. E anche Dione Cassio lo conferma.

In effetti, se entrate nelle case di Pompei, fateci caso, trovate negli angoli cumuli e a volte anfore piene di calce (Casa del Menandro o Casa di Giulio Polibio), cumuli di blocchi di gesso (Casa del Sacello Iliaco), mattoni allineati, cumuli di tegole, persino porzioni di marmi per realizzare l'*opus sectile* (disegni geometrici sul pavimento con lastre di marmi), affreschi in rifacimento (Casa dei Casti Amanti) e interventi per ripristinare le fosse biologiche nelle strade. Un dato molto curioso sono gli oggetti preziosi e i tesori rinvenuti dagli archeologi nelle ville: spesso sono occultati in luoghi "segreti", chiaramente per nasconderli alla vista di operai e proteggerli dal viavai di persone, anche potenziali ladri, in una casa in ristrutturazione.

Si desume quindi che si sia trattato di una scossa "lieve" con danni di media entità, non certo crolli di edifici: dal momento che si vedono solo lavori di ricostruzione e non veri e propri cantieri significa che c'è stato tempo sufficiente per portare via i calcinacci. Questo farebbe pensare a un sisma avvenuto da tre a sei settimane prima, probabilmente.

Michael Anderson della San Francisco State University ha condotto un'interessante ricerca sul posizionamento di questi materiali dentro le varie *domus*, giungendo alla conclusione che il più delle volte i cumuli di calce o le anfore piene di materiale edile erano messi in luoghi o secondo angolazioni che fossero poco visibili a chi entrava e che soprattutto non intralciassero il passaggio. Chiaramente si continuava a vivere nelle case con gli operai che lavoravano, ma per questioni di ordine pratico e di decoro si cercava di dare un'apparenza più ordinata alla dimora. In alcune altre case, invece, si aspettava la conclusione dei restauri prima di rientrare.

In conclusione, tutti questi dati e ragionamenti ci aprono un quadro impressionante, spesso ignorato, sulla situazione a Pompei prima dell'eruzione, un altro dei volti poco noti della tragedia.

Gli studiosi hanno calcolato che nei quarantatré anni prima dell'eruzione (quindi a partire dal 36 d.C.) sono avvenuti non meno di diciassette eventi sismici con magnitudo compresa tra 3 e 5 gradi della scala Richter.

C'è quindi un mito da sfatare. All'epoca dell'eruzione del 79 d.C. Pompei non era una città gaudente come si vede nei film o come viene descritta nei romanzi, con banchetti ogni sera, immancabili combattimenti tra gladiatori e ricchi patrizi a mollo nelle terme. Questo accadeva in altre città.

Pompei era in una situazione di piena emergenza. Non c'era l'acqua corrente. Quasi tutte le case avevano lavori in corso. Alcune erano addirittura temporaneamente disabitate, altre abbandonate da anni per via degli ingenti danni del terremoto del 62. Nelle strade c'erano cantieri aperti un po' ovunque.

Questo non significa però che fosse una città deserta e in rovina. I suoi abitanti erano tenaci e ottimisti, malgrado tutto continuavano a vivere, a organizzare cene, a ricevere ospiti, a riparare le proprie dimore. Continuavano a vivere e a fare affari pensando che il peggio fosse ormai passato. E comunque erano fatalisti. Un po' come lo sono oggi i napoletani, che hanno il Vesuvio ben visibile, ma non per questo abbandonano le loro case.

I pompeiani, invece, non sapevano neanche di vivere alle falde di un vulcano e che ci fosse il magma sotto i loro piedi. Tutti quelli che abbiamo conosciuto finora fanno parte di questo "affresco" di Pompei all'ultimo giorno. Non abbiamo descritto i lavori di costruzione (tranne nella Casa dei Marmi) perché, come abbiamo visto, tutto (dai lavori ai cumuli di calce) era molto discreto nelle case dei ricchi.

Possiamo però aggiungere un'informazione. Molti pompeiani avevano già lasciato la città negli anni, nei mesi e nelle settimane precedenti. Non c'era più il grande "affollamento" che descrive Seneca: difficilmente si raggiungevano i ventimila abitanti di pochi anni prima. I terremoti avevano stravolto persino i rapporti tra le classi sociali. I ricchi se ne erano andati e, a sentire le parole di Seneca che pochi anni prima invitava gli abitanti dell'area a non fuggire senza ragionare, si intuisce che doveva esserci stata una vera e propria piccola emigrazione con ripercussioni sull'economia di una città nota in tutto l'Impero per il suo vino e il suo *garum*.

A questo punto risulta chiaro un apparente paradosso: molti si sono salvati, a Pompei e nei dintorni, grazie proprio ai terremoti e alle scosse negli anni, nei mesi e nelle settimane precedenti all'eruzione, decidendo di andare a vivere altrove. Questo riguarda soprattutto le famiglie ricche. Altri sono scampati perché, visti i lavori in casa, si sono trasferiti temporaneamente in posti che poi si sono rivelati sicuri (Napoli, Nocera, ecc.).

DISCORSO AL FORO

Foro di Pompei,
23 ottobre 79 d.C., ore 11,00
mancano 26 ore all'eruzione

(UTERE BLANDIT)IIS ODIOSAQUE IURGIA DIFFER
SI POTES AUT GRESSUS AD TUA TECTA REFER
Sii gentile e risparmiaci possibilmente insulti e male
parole. Se no, fa' dietrofront e tornatene a casa.

Seguendo Marco Epidio Sabino, siamo ora giunti nel Foro di
Pompei (vedi *Inserto 1*, p. 1). In cima a via dell'Abbondanza, infatti, un ampio ingresso con due bassi scalini e possenti colonne
segna l'entrata monumentale alla piazza principale di Pompei.
Salito in cima ai gradini, l'uomo si ferma un momento per ammirare il Foro. È vasto, rettangolare, luminosissimo anche grazie
al rivestimento di marmi bianchi. I suoi occhi chiari accarezzano
lentamente tutto il maestoso colonnato, una bellissima costruzione realizzata dopo il terribile terremoto di diciassette anni
prima, che circonda il Foro su due piani: i due ordini di colonne,
uno sopra l'altro, gli conferiscono al tempo stesso leggerezza e
solennità. In fondo, ancora più splendente, troneggia il Capitolium, il tempio dedicato alla triade capitolina (Giove, Giunone
e Minerva), cuore di ogni grande città romana.

Gli edifici che si affacciano sul Foro o che si trovano nelle sue
vicinanze sono sede di uffici pubblici, aule destinate ai processi civili o per concludere affari (*basilica*), studi dei principali avvocati,
templi di divinità e per culti imperiali. Ci sono anche un immenso
granaio cittadino e, poco distante, l'area del mercato (*macellum*).

Nel grande piazzale si ergono su piedistalli diverse statue a cavallo di grandi personaggi romani e di pompeiani benefattori che
hanno fatto costruire a proprie spese dei monumenti regalandoli
alla città.

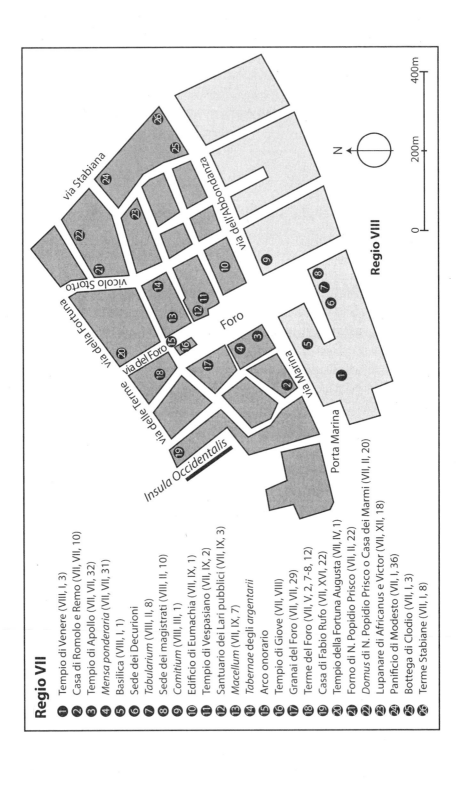

Regio VII

1. Tempio di Venere (VIII, I, 3)
2. Casa di Romolo e Remo (VII, VII, 10)
3. Tempio di Apollo (VII, VII, 32)
4. *Mensa ponderaria* (VII, VII, 31)
5. Basilica (VIII, I, 1)
6. Sede dei Decurioni
7. *Tabularium* (VIII, II, 8)
8. Sede dei magistrati (VIII, II, 10)
9. *Comitium* (VIII, III, 1)
10. Edificio di Eumachia (VII, IX, 1)
11. Tempio di Vespasiano (VII, IX, 2)
12. Santuario dei Lari pubblici (VII, IX, 3)
13. *Macellum* (VII, IX, 7)
14. *Tabernae degli argentarii*
15. Arco onorario
16. Tempio di Giove (VII, VIII)
17. Granai del Foro (VII, VII, 29)
18. Terme del Foro (VII, V, 2, 7-8, 12)
19. Casa di Fabio Rufo (VII, XVI, 22)
20. Tempio della Fortuna Augusta (VII, IV, 1)
21. Forno di N. Popidio Prisco (VII, II, 22)
22. *Domus* di N. Popidio Prisco o Casa dei Marmi (VII, II, 20)
23. Lupanare di Africanus e Victor (VII, XII, 18)
24. Panificio di Modesto (VII, I, 36)
25. Bottega di Clodio (VII, I, 3)
26. Terme Stabiane (VII, I, 8)

Il pavimento, interamente in marmo, è abbagliante in questa bellissima giornata di sole. Sopra il Foro si distende un infinito cielo blu, come a volte lo possono vedere i turisti in età moderna: quello che manca è l'imponente massa del Vesuvio alle spalle del tempio. Niente foto-cartolina dal Foro. Come abbiamo detto, c'è solo un vasto e basso "dosso" all'orizzonte con la cresta del monte Somma. Oggi si nota molto bene come ci sia un perfetto allineamento tra il piazzale del Foro, il Capitolium e il rilievo del monte Somma, mentre il Vesuvio attuale è spostato sulla sinistra.

I colori dominanti di questo grande spiazzo sono, dunque, il bianco dei marmi e l'azzurro del cielo, ai quali si deve aggiungere una miriade di macchie di tinte diverse quante sono le tuniche e le toghe dei pompeiani presenti. In questo 23 ottobre del 79 d.C. si sta avvicinando l'ora di punta e la spianata del Foro si è trasformata in una tavolozza animata con tutti i colori della moda romana.

Il "Quintiliano" di Pompei entra nel Foro e viene fagocitato dal vociare di centinaia di persone. Avanza con passo lento, solenne, girando la testa ogni volta che un concittadino, deferente, lo saluta. È davvero una persona molto amata in città.

Ma chi vediamo attorno a noi? È gente molto diversa da quella che ci si aspetterebbe. Non ci sono i classici patrizi romani che potevano vantare antenati illustri, neppure nobili proprietari terrieri, e ancora meno esponenti dell'aristocrazia di Pompei...

Una volta, il Foro era il luogo d'incontro delle famiglie che avevano fatto la storia della città. Ora ad aver preso la scena e a raccogliere attorno a sé piccoli capannelli di persone sono per lo più... ex schiavi! Sono loro i nuovi potenti di Pompei. Marco Epidio Sabino lo percepisce chiaramente. E ogni volta che entra nel Foro avverte come una pugnalata al cuore. Dove sono andati a finire tutti quelli che ha conosciuto da giovane, dove si sono nascosti i nobili di Pompei con i quali conversava amabilmente e con cui poteva sfoggiare tutta la sua cultura, tanto nel Foro quanto ai banchetti?

I terremoti hanno fatto allontanare una dopo l'altra tante grandi famiglie in vista: si sono trasferite altrove, in luoghi più sicuri dove hanno altre proprietà e interessi.

È stato così che hanno lasciato le loro *domus* sontuose in gestione ai propri liberti, spesso affittandole. Oppure hanno venduto le ville a chi aveva abbastanza soldi per comprarle.

E chi sono questi nuovi ricchi? È la classe emergente di Pompei e dell'Impero. Si tratta di schiavi che, una volta liberati, hanno fatto tanti quattrini, chi nel commercio, chi nella produzione agricola, chi in altri tipi di business, non sempre limpidi. Sono imprenditori rampanti e d'assalto che accumulano ricchezze faraoniche e le sperperano per mostrare la propria condizione di benessere economico.

Dopo una vita di schiavitù e soprusi, finalmente per loro è il momento della rivincita. E fanno a gara a chi ostenta più agiatezza e a chi ha più soldi. Esattamente come i Vettii, che abbiamo incontrato a colazione.

A dire il vero, questo fenomeno è ormai diffuso in tutto l'Impero romano, non solo a Pompei. A favorirlo è stato anche Nerone: nemico dei senatori, e quindi delle famiglie patrizie dalle quali questi provengono, ha agevolato l'ascesa sociale degli ultimi, gli schiavi liberati dai loro padroni. D'altro canto, questa nuova classe emergente con i suoi affari crea, a conti fatti, una ricchezza che ricade su tutto l'Impero, dalla produzione agricola al commercio, all'aumento del gettito fiscale.

Tuttavia, la grettezza, l'ignoranza e la spietatezza di molti di questi "nuovi ricchi" rimangono le stesse di quando venivano venduti al mercato degli schiavi. Alcuni proprio qui. Ogni sabato, infatti, a Pompei è giorno di mercato, nell'area dell'anfiteatro. Quindi è possibile comprare anche schiavi. Questi salgono su una pedana di legno, con un banditore che dà inizio a una vera e propria asta. Oppure rimangono in fila addossati al muro, con un cartello appeso al collo che ne descrive le origini lontane e ricercate (quasi sempre inventate) e le principali qualità.

A Pompei, quindi, i terremoti hanno causato una fuga generale e questo ha determinato una serie di ricadute che anche voi, visitando i resti della città, potete notare. Le ville e le *domus*, passate di mano a liberti avidi di guadagnare, sono state trasformate in luoghi di produzione agricola, in vivai, in tintorie. Molte sale affrescate sono diventate depositi di merci. Ecco perché trovate dei rozzi graffiti su splendidi affreschi: sono spesso opera degli schiavi che lavoravano al servizio di questi liberti.

Per lo stesso motivo potete leggere delle scritte elettorali sui muri, nelle vie: essendo emersa una nuova generazione di commercianti, mercanti, artigiani e bottegai, rampanti e in competizione, le varie corporazioni hanno iniziato ad assumere un peso politico consistente e ogni elezione sposta il potere (e la possibilità di fare ancora più soldi) da una consorteria all'altra.

A Ercolano invece non vedrete nessuna scritta elettorale, perché è una città ricca e "di servizio" per le megaville delle famiglie potenti dei dintorni. Quindi vi si vuole mantenere più equilibrio amministrativo e anche politico. Per questo non c'è un'accesa competizione elettorale. Le decisioni probabilmente vengono prese dai potenti nelle case più belle della città.

Marco Epidio Sabino lancia lo sguardo al Capitolium non ancora finito. Sono tante le opere da completare a Pompei.

Come mai noi oggi non vediamo i marmi del Foro, ma solo pareti di mattoni e poche colonne? Il motivo è molto semplice: dopo l'eruzione i romani hanno scavato nella zona del Foro per riprendersi il "tesoro" delle lastre di marmo e delle colonne, da poco collocate, per un nuovo utilizzo. Anche le statue a cavallo sono scomparse.

Il volto di Marco s'illumina: incrocia lo sguardo di un vecchio amico, con cui si ferma a parlare, quasi fosse un'isola felice in questo mare di ignoranza. Il discorso comincia subito ad arrampicarsi sui vecchi ricordi, su pompeiani illustri e sulle regole che non si rispettano più. Sembrano due classici anziani, ma di duemila anni fa. Li lasciamo chiacchierare…

Gli ultimi discorsi

Di che cosa si parla nel Foro di Pompei?

Questo luogo, in tutte le città romane, è la principale fonte di notizie per i suoi abitanti (seguito da vicino dalle *popinae*, cioè dai "bar"). Andare in piazza equivale a collegarsi al sito web di un giornale. Nell'arco di una mattinata, a seconda delle persone che incontrate, è come se sfogliaste le varie pagine. Un mercante appena sbarcato vi parlerà di fatti accaduti in un altro continente (cronaca dall'estero) o di strane usanze in paesi lontani (cultura), un marinaio di un naufragio appena avvenuto (cronaca), un commerciante commenterà le nuove tasse in arrivo (finanza), un proprietario di terreni dirà invece la sua sulla produzione agricola quest'anno (economia), un ragazzo vi confiderà di aver sentito di un prossimo incontro di gladiatori o degli exploit di un auriga a Roma (sport), un liberto del tradimento che ha subito una persona nota in città (gossip)…

E al Foro di Pompei, di che cosa si parla giovedì 23 ottobre del 79 d.C.?

Essendo una città a vocazione agricola e commerciale, è probabile che si discuta della vendemmia appena finita; della qualità del vino e dei guadagni che se ne ricaveranno facendo paragoni con gli anni precedenti; degli alti e bassi della produzione del *garum*; della preparazione dei terreni per l'inverno successivo; della quotazione al ribasso delle case visto che molti se ne sono andati (o hanno comunque intenzione di farlo); dell'acqua che manca e dei progressi nelle riparazioni del sistema idrico; di fenomeni inconsueti come frane, morie di pesci…

Si parla anche delle scosse sempre più frequenti e ci si domanda se convenga o meno fare riparazioni visto che poi, se avverranno nuovi crolli, si sarà punto e a capo. Molti si lamentano dei prezzi esorbitanti richiesti per restaurare un affresco rovinato da una semplice crepa. Alcuni, preoccupati, cercano di capire dai discorsi degli altri se non sia meglio andarsene dalla città.

Questi sono i probabili discorsi dell'ultima giornata di vita nel Foro di Pompei.

Ma ci sono anche altri fatti sulla bocca di tutti in questa mattinata. Vespasiano è morto da meno di un anno, Tito è appena salito al potere e già offre intriganti spunti di discussione: ha appena fatto uccidere Aulo Cecina Alieno, subito dopo un banchetto tenutosi al palazzo imperiale. Il motivo ufficiale è che avrebbe cospirato contro Vespasiano... ma forse c'è dietro una banale questione di donne: quest'uomo sarebbe stato colpevole di aver provato a flirtare con un'amante dell'imperatore.

Si parla poi del Colosseo, una vera meraviglia di imminente inaugurazione (verrà aperto nell'80 d.C.) e dell'avanzata nel Nord della Britannia delle legioni guidate da Giulio Agricola.

Un'elegante lettiga taglia in diagonale il Foro e ondeggia dolcemente al passo degli schiavi che la sorreggono sopra la spalla. Sembra galleggiare sulle teste delle persone. Comodamente distesa, c'è una donna dallo sguardo assorto. Molti sono colpiti dalla sua eleganza, ma anche dai suoi gioielli. Deve essere la nuova moglie di qualche ricco proprietario di *domus* in città. Tre massicci schiavi-bodyguard aprono la strada e vegliano che nessuno si avvicini troppo. Le tendine della lettiga ondeggiano a ogni alito di vento, come le velature di una nave. Poi, proprio come se si trattasse di un'imbarcazione, la lettiga "attracca" ai bordi del colonnato. La donna scende aiutata da un suo schiavo e s'incammina con passo provocante e sensuale. I tre possenti schiavi la scortano.

Sotto il porticato ci sono molti venditori, come d'altra parte ci illustrano, quasi fossero foto d'epoca, alcuni affreschi rinvenuti in una casa di Pompei. Sono artigiani che non hanno una bottega e offrono qui la loro merce. Un lattoniere vende vari tipi di pentole e marmitte di rame, un fabbro strumenti per lavorare i campi; c'è anche chi espone, tra le varie cianfrusaglie, dei quadri con nature morte.

Siamo attratti da un anziano calzolaio, che si è appena appisolato sul suo sgabello appoggiato a una colonna, tra i sorrisi dei colleghi e dei clienti: vende sandali e scarpe per l'inverno sempre più prossimo, e noi non possiamo non notare un vero e proprio "trucco" contro il freddo. Si tratta di un accorgimento tipico delle calzature invernali in dotazione ai legionari, come si è potuto scoprire rinvenendo il carico di una nave romana arenatasi più di duemila anni fa sulle coste vicino a Comacchio. Anziché indossare calzettoni di lana nei sandali, che proteggono poco e male, inzuppandosi con la pioggia, i legionari infilavano ogni piede in una sorta di mocassino simile a una morbidissima "calza" di cuoio (*soccus*) e sopra indossavano sandali dotati di suole chiodate (*caligae*). Le due calzature sono state ritrovate ancora una dentro l'altra nella stiva della nave e oggi sono visibili nel museo che espone tutti i reperti ritrovati a Comacchio.

Ebbene, con ogni probabilità anche le persone comuni adottavano questo accorgimento. E infatti, davanti all'anziano calzolaio che espone sul selciato del porticato del Foro, un uomo sta guardando alcuni di questi calzari, indeciso se comprarli oppure no. Ha lo sguardo pensieroso, mentre addenta una "piadina" ancora calda. Dove l'ha acquistata? Poco distante da qui. In effetti, all'interno del *macellum* ma anche all'esterno, sotto i porticati del Foro e in altri luoghi della città, operano i *pistores clibanari*, assimilabili agli odierni "baracchini" nei quali vengono fatte piadine, panini e pizze. Utilizzano dei forni portatili, di metallo a doppio fondo. Anche se oggi non è giorno di mercato, all'interno del *macellum* sono stati rinvenuti i resti carbonizzati delle focacce (*placentae*) da loro vendute e che, come i nostri tramezzini, costituiscono il pranzo dei pompeiani.

La ricca matrona romana prosegue il suo cammino, ignorando completamente la buffa scena del calzolaio, la cui testa ciondola sempre di più.

È diretta verso una delle botteghe che si susseguono sul lato che porta alla piazza del mercato di Pompei, previsto, come sempre, per dopodomani, sabato. Qui si trovano, messi in fila, gli "uffici" dei vari banchieri della città, gli *argentarii*.

Lei sa benissimo in quale bottega deve entrare, e con un cenno fa capire ai suoi schiavi di aspettarla fuori. Quindi varca la soglia.

Il banchiere più ricco di Pompei

All'interno, seduto accanto a una grossa scrivania-cassaforte, c'è Lucio Cecilio Giocondo, il banchiere più noto di Pompei. Sta dettando una lettera al suo segretario. Alza lo sguardo e i suoi occhi celesti inquadrano la donna sulla soglia: la silhouette provocante è perfettamente visibile in controluce, è facile fare una "radiografia" attraverso i vestiti. Il banchiere è un uomo magro, con la testa tonda e capelli bianchi cortissimi. Ricorda Picasso per le orecchie un po' a sventola. Così ce lo ha tramandato una scultura in bronzo (erma) che gli archeologi hanno rinvenuto nella sua bellissima casa.

La donna entra decisa, ancheggiando vistosamente. Gli occhi del banchiere si socchiudono. Non cadrà nel tranello teso attraverso la bellezza. L'incontro sarà rigidamente formale e professionale. D'altra parte, è per questo che a Pompei tutti lo conoscono.

Lucio Cecilio Giocondo è uno degli uomini più ricchi della città. Lo abbiamo incontrato al banchetto di Rectina. Ha sposato una donna appartenente alla stessa *gens* della famosa Cecilia Metella (una protagonista femminile della Roma dei tempi di Cicerone, che per brevità di cronaca possiamo ricordare per le innumerevoli avventure amorose), dalla quale ha avuto due figli, Quinto e Sesto. Ama molto il suo cane, la cui effigie si staglia sul pavimento all'entrata di casa.

Ha circa sessantacinque anni, un'età molto avanzata per l'epoca, ma la sua mente è lucidissima. E non potrebbe essere altrimenti. Figlio di banchieri e banchiere egli stesso, è nello specifico un *coactor*: cioè, oltre a concedere prestiti alla gente, è depositario di capitali, come una banca, un incarico molto delicato che dimostra quanta fiducia i clienti nutrano in lui. Il suo fiuto per gli affari è proverbiale e di errori non ne ha mai commessi.

Come mai sappiamo così tante cose su di lui? Perché nella sua splendida casa, in via del Vesuvio, è stata ritrovata una cassaforte con all'interno ben centocinquanta tavolette cerate contenenti tutti i prestiti e tutti i contratti stipulati dal banchiere con enti privati e semplici cittadini. Si tratta però solo di una parte del suo sterminato archivio in quanto copre un periodo che va dal 37 al 62 d.C., anno del famoso terremoto. Manca quindi la documentazione relativa agli ultimi diciassette anni di lavoro. Non si sa dove sia finita. Forse l'ha portata via al momento dell'eruzione. Forse si trovava nel suo ufficio qui al Foro ed è andata distrutta oppure è stata recuperata successivamente all'eruzione, al momento della spoliazione dei marmi da parte delle autorità. Forse è stato lui stesso a richiederla, segno che si è salvato...

Tuttavia quelle centocinquanta tavolette recuperate, pur essendo solo una parte del suo archivio, contengono ben quattrocento nomi di pompeiani! E ci offrono uno straordinario quadro sulla vita economica e finanziaria di Pompei, e sulle interazioni tra i vari cittadini.

Lucio Cecilio Giocondo ha rapporti con le maggiori famiglie pompeiane ed è socio in affari con i più facoltosi personaggi della città. Potete facilmente immaginarlo come un banchiere moderno o del recente passato.

La donna si siede su un comodo sgabello con cuscino, inondando l'ufficio con il suo forte profumo. È la giovane moglie di un ex socio in affari del banchiere, Erennuleio Commune. Il nome di quest'uomo è presente nelle tavolette rinvenute dagli archeologi: si tratta di un abile commerciante di vini (*mercator vinarius*), la cui famiglia ha ramificazioni fino a Ostia e Salerno. È proprietario di una splendida dimora nel quartiere bene di Pompei, la Casa di Apollo, in cui tra i vari capolavori c'è un mosaico con le tre grazie (oggi esposto al Museo Archeologico Nazionale di Napoli). Il banchiere riconosce nella donna seduta di fronte a lui la modella che aveva posato per una di esse...

A un cenno della moglie di Erennuleio Commune, uno degli schiavi porta con una certa fatica un grosso e pesante cofanetto che viene aperto sul tavolo di Lucio Cecilio Giocondo: è ricolmo di monete d'oro. La donna chiede di depositare questa somma ingente nelle casse del banchiere, in previsione di un investimento speculativo che lei vuole fare in città. Lui annuisce senza battere ciglio, ma intanto continua a rigirare un grosso anello d'oro, fissando la donna. Poi chiede al suo segretario di contare le monete per lui e di redigere l'accettazione della somma su tavole di cera: come tutti i contratti, ci saranno tre copie, una per lei (come ricevuta) e due per lui da mettere nel suo archivio.

Neanche per un uomo navigato nel settore della finanza come Lucio Cecilio Giocondo è facile abituarsi alla grande disponibilità di soldi che ha questa nuova classe emergente di Pompei. Né, soprattutto, alla disinvoltura con cui maneggia gli aurei d'oro, per acquisti o rischiose speculazioni finanziarie. Lui ricorda l'oculatezza dei proprietari pompeiani di una volta, legati alla terra, che avevano ben chiaro il valore dei soldi. Ma, come si dice, *business is business*, e questo banchiere non è certo tra i più scrupolosi, anzi non è raro vederlo, come faremo tra poco, coinvolto in operazioni "corsare".

La donna se ne va così come era arrivata. Non riuscirà mai a fare quell'investimento. Durante l'eruzione terminerà la sua vita dopo una lunga fuga disperata, nel portico della Caserma dei gladiatori, con tanti monili preziosi addosso, inutili ormai…

Ma adesso non lo sa ancora e, alzandosi davanti a Lucio Cecilio Giocondo, lancia uno sguardo languido ai presenti e poi si avvia all'uscio, scortata dagli schiavi. Il suo ancheggiare sinuoso ipnotizza il giovane segretario. Uno scappellotto sulla nuca lo riporta alla realtà.

MANI SULLA CITTÀ

Foro di Pompei,
23 ottobre 79 d.C., ore 12,00
mancano 25 ore all'eruzione

ABOMINO PAUPERO(S) QUISQUI(S) QUID GRATIS
ROGAT FATUS EST AES DET ET ACCIPIAT REM
Odio i poveri! Chiunque chieda qualcosa gratis è uno
sciocco. Prima paghi, poi riceverà ciò che chiede.

È ora di chiudere. Lucio Cecilio Giocondo saluta il segretario. È sull'uscio. Ha già una sciarpa attorno al collo e sta per mettersi un buffo berretto di lana, quando della polvere d'intonaco gli cade all'improvviso sulla testa. D'istinto alza gli occhi verso il soffitto a cassettoni, che sembra intatto, ma in realtà è il pavimento ad aver tremato lievemente. I due si guardano. Il giovane è preoccupato. Il banchiere alza le spalle, si pulisce la testa con la mano, sorride e se ne va mettendosi il berretto.

Fuori però deve subito arrestarsi. Un gatto impaurito gli taglia la strada infilandosi in un vicolo. Il nitrito di un cavallo imbizzarrito riecheggia nel portico: la bestia è sfuggita al suo padrone e galoppa alla disperata lungo il colonnato. La gente si nasconde tra le colonne. Un cavallo nero come la notte che corre terrorizzato nel bianco del Foro… "Chissà se ha un significato, se è un segno degli dèi" pensa il banchiere. Il tremore del terreno riprende e la gente nei "bar", visibilmente scocciata, tiene fermi gli oggetti sui tavoli perché non cadano. Lucio Cecilio Giocondo alza gli occhi al cielo. Tre piccioni sorvolano veloci la piazza dirigendosi verso gli Appennini. «Buon segno» mormora tra sé e sé, «vanno verso oriente, verso l'alba, è un messaggio beneaugurante da parte degli dèi…» Le scosse cessano all'improvviso e tutti ricominciano a chiacchierare come se nulla fosse.

Nel Foro la gente inizia a defluire. In effetti a Pompei, come

195

in tutte le città romane, i negozi chiudono all'ora di pranzo, a orari diversi, alcuni a mezzogiorno, altri alle due, per riaprire… solo il giorno dopo! È una consuetudine. Nel pomeriggio tutto è chiuso, anche perché si è cominciato a lavorare all'alba.

Da questo momento in poi, insomma, c'è solo il pranzo e… le terme, sempre che funzionino…

Il banchiere è una figura ben nota in città. Mentre cammina sotto i portici appare come un uomo piccolo, magro, anziano e indifeso, però tutti sanno quanto sia potente e lo salutano con molto rispetto. A sua volta, lui non nasconde una certa soddisfazione per il successo che si sta godendo a fine carriera. Ma chi sono le persone che incrociamo? Purtroppo, come in un film o un romanzo di cui conosciamo già la fine, sappiamo che cosa ne sarà di loro.

Quell'uomo alto e magro che attraversa la piazza del Foro assieme a un ragazzo, per esempio. Moriranno nella Villa dei Misteri. Li vedete ora esposti in bacheche di vetro. Così come quell'altro uomo dal naso lungo che ride assieme ad alcuni amici. Lo troveranno dopo quasi duemila anni poco fuori Porta Nocera, soffocato dall'eruzione assieme ad altre tre persone.

Quella coppia diretta verso l'Arco Onorario accanto al Capitolium, al contrario, ce la farà. Avranno l'istinto di fuggire subito, in direzione della penisola sorrentina, dove lei ha dei parenti.

Non avrà scampo invece quella donna incinta con il marito e due figli che vediamo là in fondo. Verranno ritrovati dal professor Antonio De Simone durante gli scavi e fatti ritornare alle loro antiche sembianze grazie alla tecnica della colatura del cemento. Liberandoli dai sedimenti vulcanici, davanti agli archeologi si svelerà una scena particolarmente toccante: muoiono assieme, e lui, in un ultimo disperato tentativo di proteggerla, cerca di coprirle il volto con un lembo della sua tunica o del suo mantello.

Un'altra famiglia, invece, ora ferma a comprare ciambelle da un venditore ambulante, si salverà perché domani di buon'ora lascerà Pompei per andare a trovare dei conoscenti a Napoli.

Anche quei due che ora stanno imboccando con noi via del-l'Abbondanza saranno tra le vittime. Curioso il destino: non si conoscono e moriranno in luoghi diversi ma si ritroveranno as-sieme, non distante da qui, negli attuali depositi archeologici del Foro, tra anfore, statue e tavoli di marmo che i turisti possono vedere al di là di spesse grate. Oggi lei è in una bacheca: la si riconosce perché ha uno chignon in testa ed è sdraiata sul ventre mentre si copre il viso. Lui invece le è seduto poco distante, ran-nicchiato con le mani sul volto: in realtà, gli archeologi lo hanno ritrovato in una posizione simile a quella di chi bacia il terreno, ma poi è stato esposto orientandolo in modo diverso e un po' curioso (vedi *Inserto 2*, p. 13). Se i turisti li avessero visti prima dell'eruzione, sorridenti e pieni di voglia di vivere, non oserebbero fotografarli con morbosità, anzi forse non accetterebbero nemmeno di vederli esposti così…

L'eruzione, una spietata roulette russa del destino, lascerà vive-re o farà morire le persone in un modo che nessuna logica ora può prevedere. Ma che scopriremo strada facendo.

Stiamo ripercorrendo Via dell'Abbondanza a ritroso rispetto a que-sta mattina.

Lucio Cecilio Giocondo passa davanti a una bottega ancora aperta. È quella di Clodio, il *sagarius*, cioè il fabbricante di man-telli (*saga*). Il suo negozio si trova accanto all'entrata principale delle Terme.

È sorridente, e saluta il banchiere con il suo forte accento irpi-no. In effetti, Clodio ha buone ragioni per essere contento: con i primi freddi gli affari hanno nuovamente ripreso ad andare bene; la sua bottega, infatti, è affollata di persone che comprano man-telli. Il *sagum* in fondo è semplicissimo. In origine era un man-tello indossato dalle popolazioni della Gallia, costituito da un semplice quadrato di stoffa. Pratico e caldo, ha avuto molto suc-cesso tra i legionari – che lo portano di colore diverso a seconda del grado – e tra coloro che lavorano nelle campagne, soprattutto gli schiavi.

Clodio è uno di quei negozianti che vivono nella propria bottega: una scala porta a un piccolo ambiente soppalcato dove l'uomo dorme assieme a sua moglie e suo figlio. Si possono sentire fin dalla strada i passi del ragazzino che corre avanti e indietro…

Affari a Pompei: un po' Wall Street, un po' Chinatown, e un po' Chicago

Lucio Cecilio Giocondo, procedendo lentamente per l'età e per i saluti dei molti che gli si fanno incontro, ha guadagnato l'incrocio dove poco fa si sono salutati Tito Suedio Clemente e il "Quintiliano" di Pompei. La sua casa, lo abbiamo accennato, si trova però da tutt'altra parte. Dal Foro il banchiere, per raggiungerla, sarebbe dovuto passare a nord, per via della Fortuna. Che cosa ci fa qui? Deve pranzare con un uomo molto potente, che qualcuno ha definito l'"Al Capone" di Pompei.

Superando questo incrocio, si entra in un mondo particolare, il tratto più orientale di via dell'Abbondanza. Un luogo dove, lo vedremo, si fanno, sì, soldi grazie a botteghe poste sulla strada, ma anche a "livelli" ben più alti. È un luogo dove imprenditoria, politica, lobby (e malaffare) vanno spesso a braccetto.

A introdurre questo nostro percorso è un grande arco a quattro pilastri che con la sua ombra copre l'ultimo tratto di via dell'Abbondanza prima dell'incrocio. Se non fosse ricoperto di lastre bianchissime sembrerebbe un immenso ragno con le zampe saldamente distese da una parte all'altra della strada. Chi lo ha voluto? È un simbolo di quell'affarismo legato all'ambiente della politica che stiamo per conoscere.

È stato realizzato dalla famiglia Holconia, di origine etrusca e tra le più illustri e nobili di Pompei. Si è arricchita a dismisura grazie al commercio del vino, alla fabbricazione delle anfore e allo sfruttamento delle cave d'argilla. In pratica possiedono tutta la catena di produzione: è un po' come se oggi un'azienda che produce birra possedesse anche le cave di bauxite in Africa dove si estrae l'alluminio necessario per fabbricare le lattine.

Ieri sera, al banchetto di Rectina, abbiamo avuto modo di conoscere un componente della terza generazione di questa potente famiglia, Marco Olconio Prisco. Eletto duoviro in città grazie, guarda caso, all'appoggio del nostro potente banchiere…

Ma quest'arco è opera di suo nonno Rufo e di suo padre Celere, le cui statue troneggiano alla base di due pilastri.

Come ha potuto l'amministrazione di Pompei permettere loro di edificare un immenso edificio nel cuore della città, addirittura a cavallo della via principale per ricordare a tutti la propria potenza? Ricopre qualcosa come cento metri quadrati! Provate a immaginare l'equivalente, oggi, nelle vostre città.

La risposta è semplice. I due "milionari" romani, nonno e padre, erano così ricchi che hanno ricostruito a proprie spese il Teatro Grande di Pompei, semidistrutto dal terremoto del 62 d.C., e la cittadinanza, riconoscente, ha concesso loro di innalzare questo arco a quattro fronti (*tetrapylon*) nel luogo più trafficato di Pompei, riservando al nonno un posto "a vita" all'interno del Teatro Grande.

Non stupitevi, siamo di fronte a un "classico" nel mondo romano, soprattutto nelle province. Le famiglie ricche – spesso in cerca di visibilità e prestigio perché di origini umili – fanno a gara nel "regalare" alla popolazione grandi edifici pubblici, come teatri, mercati, ecc. In altre parole, con queste opere ci si "compra" il favore della cittadinanza.

Poi, nel caso dei membri della *gens Holconia*, che hanno inutilmente cercato di ottenere il rango di senatori e hanno conosciuto un periodo buio per aver appoggiato l'imperatore Caligola – che a suo tempo non aveva certo mostrato un atteggiamento morbido nei confronti del Senato –, l'elezione di Marco Olconio Prisco alla carica di duoviro della città costituisce una forma di riscatto.

In questa sua elezione, come abbiamo detto, c'è stato lo zampino del banchiere. Perché? Perché quest'ultimo è un vecchio amico di famiglia! Lo testimoniano le tavolette scoperte dagli archeologi: il famoso nonno, Rufo, è presente tra i suoi clienti!

Insomma, quest'arco a quattro aperture, sormontato probabilmente da una statua equestre, è un vero biglietto da visita dell'affarismo a Pompei, in cui le banche (Lucio Cecilio Giocondo), la politica (Marco Olconio Prisco) e l'imprenditoria (la famiglia Holconia in generale) vanno a braccetto. Ma non è un caso isolato, come vedremo.

Il banchiere entra nell'ombra del monumento e i suoi occhi si devono abituare alla semioscurità. Gli sembra che una delle statue dei capostipiti della *gens Holconia* si stia muovendo e gli venga incontro. Possibile? Sgrana gli occhi, non più affidabili come una volta. Alla fine quella statua si rivela essere una persona che conosce molto bene: è proprio il giovane politico Marco Olconio Prisco... Non solo la sua silhouette è identica a quella della statua del nonno, ma anche la somiglianza è davvero impressionante. In realtà, ora che ci ripensa, si erano dati appuntamento proprio sotto l'arco per andare assieme a questo importante pranzo di lavoro.

Dopo un breve saluto, i due proseguono ma, prima di uscire dall'arco, lo sguardo del banchiere incrocia quello di un uomo seduto sul bordo del marciapiede, con i capelli ricci e gli occhi vivi. È vestito umilmente e ha la barba non fatta. È un venditore ambulante, come ce ne sono tanti a Pompei, e ha esposto alcune statuette sacre su un semplice panno disteso sul marciapiede. Con un sorriso freddo il banchiere gliene chiede una e gli allunga alcune monete. Lo fa d'istinto, quasi volesse invocare un po' di fortuna per l'incontro a cui sta andando. È un uomo molto superstizioso. Ghermisce la statuetta con le sue mani ossute e poi se ne va. Il venditore osserva i due che si allontanano e, quando sono un po' più distanti, sputa sul selciato verso di loro. Ma i due potenti non se ne accorgono ed entrano a passo sicuro come leoni nella "savana" di via dell'Abbondanza.

Anche se può sembrare incredibile, a quasi duemila anni di distanza sappiamo chi è questo umile venditore ambulante. È Marco Calidio Nasta. Il suo sigillo verrà trovato proprio in questo luogo dai ricercatori, assieme alle statuette, offrendoci un fotogramma della tragedia dell'eruzione che racconteremo.

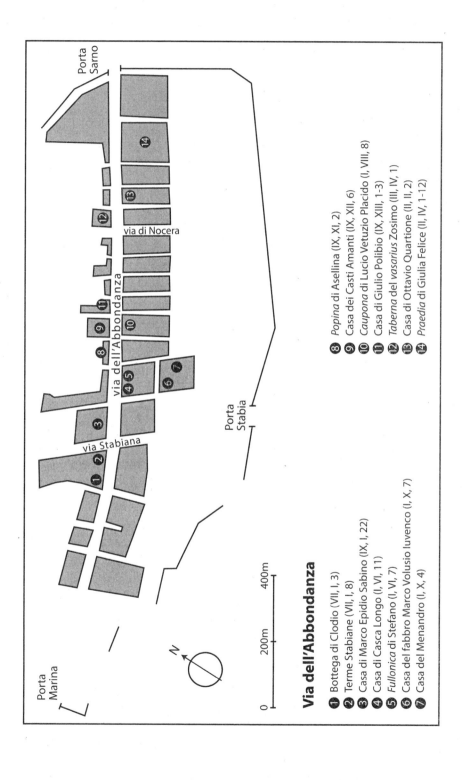

Via dell'Abbondanza

1. Bottega di Clodio (VII, I, 3)
2. Terme Stabiane (VII, I, 8)
3. Casa di Marco Epidio Sabino (IX, I, 22)
4. Casa di Casca Longo (I, VI, 11)
5. *Fullonica* di Stefano (I, VI, 7)
6. Casa del fabbro Marco Volusio Iuvenco (I, X, 7)
7. Casa del Menandro (I, X, 4)
8. *Popina* di Asellina (IX, XI, 2)
9. Casa dei Casti Amanti (IX, XII, 6)
10. *Caupona* di Lucio Vetuzio Placido (I, VIII, 8)
11. Casa di Giulio Polibio (IX, XIII, 1-3)
12. *Taberna* del *vasarius* Zosimo (III, IV, 1)
13. Casa di Ottavio Quartione (II, II, 2)
14. *Praedia* di Giulia Felice (II, IV, 1-12)

Porta Sarno

Porta Stabia

Porta Marina

via di Nocera

via dell'Abbondanza

via Stabiana

N

0   200m   400m

Entriamo in via dell'Abbondanza. È una strada che colpisce per quanto sia dritta e lunga. Gli edifici costituiscono una massa compatta su ambo i lati, interrotta a intervalli regolari dalle vie laterali. Questa parte della città è chiaramente frutto di un'urbanizzazione decisa a tavolino per formare una precisa scacchiera di isolati. La parte bassa delle facciate degli edifici è ricoperta da una fascia color rosso che si perde all'orizzonte creando un notevole effetto prospettico e conferendo un tocco di colore e di eleganza. In realtà questa è una caratteristica di tutte le strade di Pompei e in generale delle città romane.

I due salgono sugli alti marciapiedi. È interessante notare che mentre le strade di Pompei sono sotto la diretta responsabilità degli edili (una sorta di assessori-magistrati dell'amministrazione pubblica eletti, in origine, ogni anno), i marciapiedi invece sono appannaggio dei proprietari delle case che vi si affacciano.

Ecco perché, mentre le strade hanno sempre un'omogenea copertura di basolati, i marciapiedi spesso cambiano aspetto e colore: a volte sono in cocciopesto rossiccio, a volte grigi per il materiale lavico, a volte ci sono piccoli pezzi di marmo chiaro, ecc. Si possono poi anche vedere veri e propri "abusi", come delle rampe di accesso che ricoprono il marciapiede su cui evidentemente l'amministrazione ha chiuso un occhio o ha dato una concessione.

Gli edifici di via dell'Abbondanza hanno quasi tutti, oltre al piano terra, anche un piano superiore da cui si vedono spuntare finestrelle o piccole serie di colonne (cioè porticati superiori). In alcuni rari casi sporgono dei balconi con vasi e rampicanti. A volte invece si vedono dei balconcini completamente chiusi, un po' come nelle nostre città moderne: sembrano armadi di legno appesi alle facciate e dotati di "veneziane" per consentire alle donne pompeiane di guardare la gente per la strada senza essere osservate.

Quando non ci sono balconcini, al loro posto ci sono delle lunghe tettoie, in aggetto per circa un metro (se ne possono vedere alcune ripristinate dagli archeologi lungo la via), che formano su ambo i lati del marciapiede una lunga copertura che dà ombra alle entrate dei negozi, dei bar e li protegge dalla pioggia nelle brutte giornate.

Via dell'Abbondanza è una delle arterie più trafficate di Pompei. Una specie di Chinatown. C'è un confuso brulicare di attività. Il banchiere e il politico si fanno strada in quello che sembra un vero formicaio umano.

Attorno a loro ruota un mondo fatto di persone che camminano in fila sui marciapiedi, schiavi che attraversano la strada con ceste sulle spalle, donne che entrano nei negozi con un bimbo in braccio e tenendo per mano un altro che piange, bottegai che gesticolano platealmente nel mercanteggiare un prezzo con un cliente, cavalli legati davanti a taverne intenti a defecare in mezzo alla strada, ragazzi che ridono camminando a passo spedito, gestori che richiamano all'ordine degli schiavi...

Questa è Pompei.

Non si riesce a pensare che tra poche ore saranno quasi tutti morti e che l'intera città sarà solo un inferno fumante...

Per il momento tutto questo sembra molto lontano. Continuiamo la nostra visita.

Si può anche scoprire Pompei in modo non convenzionale... con il naso. Il percorso "olfattivo", non meno sorprendente di quello visivo, vi fa capire quanto il mondo romano sia a tinte forti non solo nei colori, ma anche negli odori. In effetti, se chiudete gli occhi mentre avanzate nella via, potete addirittura indovinare semplicemente dall'odore davanti a quale esercizio state passando. E allora ecco i delicati profumi di sostanze emollienti che fuoriescono dalla bottega di un barbiere, accompagnati dalle risate dei suoi clienti per una battuta. Dopo pochi passi si è investiti dalla fragranza del pane appena sfornato. Già, è il forno dove siamo stati questa mattina all'alba. Segue l'odore acre dell'urina unito a quello disgustoso delle sostanze usate per conciare le pelli: in effetti ci troviamo davanti a una tintoria. Poco oltre viene sostituito dall'aroma di un pesce messo sulla brace con delle spezie: stiamo passando davanti a una sorta di trattoria. Ma subito dopo si è raggiunti dal profumo di resine esotiche che bruciano sull'altarino di una divinità all'angolo di un crocicchio con un vicolo sporchissimo, dal quale proviene un lezzo indescrivibile. Poco oltre il forte odore di vino ci segnala che siamo di fronte a un bar. Accanto c'è una bottega di essenze. Infine un intenso profumo femminile indica che è appena passata una matrona...

Questa esperienza olfattiva di Pompei è particolarmente varia e intensa in via dell'Abbondanza che, rispetto ad altre strade, ha una vera "esplosione" di esercizi commerciali. Nei seicento metri che vanno da qui a Porta Sarno, gli studiosi hanno identificato più di venti bar e locali dove si può mangiare, cioè in media uno ogni trenta metri. Una concentrazione sorprendente, se considerate che in altre vie è difficile persino trovarne uno.

Il motivo di ciò non è chiaro. Forse le autorità impediscono che proliferino, con tutto il loro portato di folla, schiamazzi e gli inevitabili ubriachi, nei quartieri residenziali o nelle vicinanze di luoghi amministrativi o di culto.

A Pompei le botteghe di artigiani, i negozi e le *popinae* segnalano spesso la propria attività con insegne sulle facciate. E, a proposito di scritte, sui muri appaiono chiarissimi anche i "poster" elettorali che non presentano il ritratto del candidato, ma solo il suo nome e qualche frase. Di solito questi manifesti si trovano su facciate di case appartenenti a famiglie che appoggiano apertamente il candidato. A volte è l'intero "staff" di un negozio a sostenerlo.

Via dell'Abbondanza non è una strada esclusivamente commerciale: ogni tanto si incontrano i portoni delle case private che, come si può vedere ancora oggi, sono alti e stretti con borchie e maniglie. Proprio da uno di questi vediamo allontanarsi il tribuno imperiale Tito Suedio Clemente: sta uscendo dall'abitazione del "Quintiliano" di Pompei. Questa dimora ha uno strano ingresso – un podio rialzato con delle scalette di lato – ed è di un tipo molto raro a Pompei, cosiddetto ad atrio corinzio. Non rispetta affatto la tipica struttura della *domus* romana, ma si ispira addirittura... ai palazzi reali ellenistici e presenta un atrio dotato di ben sedici colonne in tufo, attorno al quale si organizza tutto l'edificio.

Il tribuno imperiale è scortato da due schiavi di casa, Italico e Diadumeno (i cui nomi verranno effettivamente trovati incisi sulle pareti), che lo aiutano a portare dei rotoli e altri documenti presso gli uffici del Foro dove, malgrado l'orario di chiusura, ha convocato una riunione straordinaria per organizzare i lavori di ripristino della rete idrica.

Lo sguardo sornione di Lucio Cecilio Giocondo incrocia quello deciso del tribuno imperiale. Si salutano con un breve cenno del capo e poi proseguono in direzioni opposte. C'è rispetto reciproco, ma nulla di più. Operano, infatti, in due modi radicalmente opposti: uno tende a cavalcare gli intrallazzi, l'altro a scoprirli e debellarli…

L'"Al Capone" di Pompei

Lucio Cecilio Giocondo e Marco Olconio Prisco, il banchiere e il giovane politico eletto grazie al suo supporto, entrano in una casa poco distante da quella del tribuno imperiale. Ci abita il vero dominatore degli affari a Pompei: Gaio Giulio Polibio. Qualcuno lo ha definito – per i suoi business in aree borderline della legalità e per i suoi metodi spregiudicati – l'"Al Capone" di Pompei. Una definizione forse un po' esagerata, ma che vi fa capire con che tipo abbiamo a che fare.

La porta a due battenti attraverso la quale i due passano verrà ritrovata dagli archeologi, che ne faranno un bel calco, andato però distrutto nel 1943 nell'assurdo bombardamento chirurgico della città da parte degli inglesi.

Dopo una brevissima anticamera vengono ricevuti nel settore più intimo della casa, passano in ambienti splendidamente affrescati, arredati con armadi, cassepanche e tendaggi di lino. Ci sono anche finestre realizzate con lastre di vetro (non proprio perfettamente trasparente come oggi), poste all'interno di intelaiature in olmo e con infissi in abete.

In pochi istanti giungono in uno splendido giardino circondato su tre lati da colonne per metà gialle e per metà bianche: sulle pareti di questo peristilio i due scorgono un'iscrizione di propaganda politica per eleggere il candidato C.I.P. (che stanno per Caius Iulius Polybius) alla carica di duoviro. È proprio lui che si avvicina agli ospiti con le braccia aperte: ha delle mani enormi, è alto e massiccio, con il viso paffuto e gli occhi chiari. La sua guancia è deturpata da una lunga cicatrice che lui dice essere conseguenza di un combattimento contro popolazioni lontane, ma che tutti sanno invece derivare da qualche coltellata nei vicoli quando era ancora un giovane schiavo. In effetti, Gaio Giulio Polibio è un uomo di origini greche molto umili: stando al *nomen* (*Iulius*) doveva essere stato uno schiavo, e successivamente un liberto imperiale, quando era al potere la dinastia Giulio-Claudia.

Nel triclinio, già sdraiato a mangiare accanto a una straordinaria statua di Apollo in bronzo (poi rinvenuta in quel preciso punto dagli archeologi), c'è un altro politico, anch'esso già presente al banchetto di Rectina: è il giovanissimo Gaio Cuspio Pansa, sì, proprio quello con l'acne e gli occhi viperini. La sua risata stridula riecheggia anche qui e innervosisce una scimmietta, un giovane macaco che va su e giù lungo la testiera di uno dei letti tricliniari ai quali è legato con un lungo laccio al collo.

La presenza di una scimmia a Pompei non deve stupire: importate dall'Africa, queste bestie vengono tenute dalle famiglie agiate come animali da compagnia. È un uso che continuerà nel tempo: negli affreschi cinquecenteschi dello straordinario Palazzo Schifanoia a Ferrara si vede proprio una scimmietta simile a questa.

Al momento dell'eruzione la scimmietta di Gaio Giulio Polibio scapperà dalla casa. Secoli dopo verrà trovata in un altro punto della città dagli studiosi. Le sue ossa, ora, si trovano in una cassetta nei depositi archeologici.

I quattro potenti di Pompei iniziano a mangiare e proseguono il discorso cominciato la sera prima da Rectina.

È Gaio Giulio Polibio a tenere banco. I suoi discorsi sono costellati di pause, un "vezzo" per far capire quanto sia potente. In effetti è un vero squalo negli affari. L'origine della sua fortuna ci è ancora oscura, ma sappiamo che, una volta liberato dalla sua condizione di schiavo, ha perseguito un'ascesa inarrestabile nella società pompeiana utilizzando ogni mezzo, anche il più bieco. Gli studi degli archeologi hanno rivelato che, oltre a essere testimone di contratti, con una formidabile rete di relazioni economico-finanziarie, è diventato proprietario di diversi panifici in città e di alcune stalle con muli e mulattieri da affittare vicino a Porta Ercolano (dove Rectina ha fatto "parcheggiare" il suo calesse). Queste stalle sono cruciali per la rete di piccoli trasporti a Pompei e nei dintorni: è come se oggi fosse proprietario di più aziende di trasporti con un ampio parco di Tir. Infine, alcuni studiosi hanno concluso che sarebbe anche il tenutario diretto o indiretto di alcuni bordelli, per i collegamenti che ha con delle prostitute di via dell'Abbondanza, per esempio. Cosa che scopriremo tra poco…

Insomma, un curriculum non del tutto… nobile. Certo, magari rievocare la figura di Al Capone può sembrare eccessivo. Non abbiamo infatti notizie di intimidazioni né di uccisioni che abbiano segnato la scalata al potere di Gaio Giulio Polibio. Tuttavia, considerando le dovute differenze tra Pompei e Chicago, possiamo supporre che i suoi metodi siano stati in linea con quelli aggressivi e spregiudicati del boss americano.

Grazie alla sua posizione finanziaria – e soprattutto grazie alla sua fittissima rete di conoscenze e connivenze –, Polibio è riuscito a ricoprire persino due ruoli chiave del potere a Pompei: prima edile e poi duoviro. Insomma, ha gestito il proprio business "anche" nella piena legalità… sedendo nell'amministrazione della città e prendendo decisioni su lavori pubblici e progetti, immaginiamo, nel modo a lui più conveniente.

Sulla facciata di casa sua è ancora evidente la scritta elettorale che invita tutti i passanti a votare per lui che «fa buon pane».

Nel triclinio di Polibio, i quattro uomini cercano di capire come accaparrarsi una cospicua fetta dei lavori per la ricostruzione dopo i fenomeni sismici degli ultimi tempi. Il rifacimento della rete idrica potrebbe essere un buon appalto sia per avere ottimi margini di guadagno sia per conquistarsi la benevolenza della cittadinanza. L'unico ostacolo è il tribuno imperiale, Tito Suedio Clemente. Da quando c'è lui, tutto è diventato più difficile…

Un servo arriva con un vassoio di portate. Troneggia la testa di una giraffa con tanti delicati bocconcini ai suoi lati. Pur offrendo un pranzo leggero, Polibio non rinuncia infatti a colpire i suoi ospiti e ha fatto realizzare un piatto d'eccezione con un tipo di carne assolutamente inusuale.

In effetti, al porto di Pompei sono state scaricate di recente alcune giraffe dopo un viaggio estenuante dall'Africa. Forse erano destinate ai giardini di alcune ville faraoniche lungo la costa, ma qualcuna, immaginiamo, non ce l'ha fatta e i proprietari hanno deciso di venderne la carne a carissimo prezzo per rifarsi almeno in parte dei costi dell'acquisto "esotico".

Quasi certamente i tagli di carne più pregiati sono dunque finiti sulle tavole di chi voleva sorprendere i propri ospiti, mentre i resti meno nobili, quali gli zoccoli e le parti finali delle zampe, sono stati serviti in alcune taverne, com'è testimoniato in un caso dai ritrovamenti archeologici.

Lo schiavo di Gaio Giulio Polibio, dopo aver servito la prelibata portata, ritorna nella cucina, ricavata in una sorta di gabbiotto posto su un lato del piccolo cortile interno. All'interno di essa, sopra al bancone dove cuociono le pietanze sulle braci, c'è uno splendido affresco, a tutt'oggi visibile, che ha la funzione di larario.

Lo schiavo ha appena il tempo di riempire un nuovo vassoio: deve portarlo subito in una stanza attigua a quella in cui stanno mangiando i quattro uomini. Al centro, sdraiata su un letto tricliniare con una spalliera molto alta, c'è la moglie di Polibio intenta a suonare una sorta di chitarra. Ad ascoltarla c'è la figlia, incinta, distesa su un altro letto. L'abbiamo incontrata questa mattina nella Casa del Chirurgo.

Di fianco c'è anche una serva di casa che tiene fra le braccia una cesta di frutta: ha tratti africani e infatti proviene molto probabilmente dal Senegal o dall'area subsahariana. Chissà com'è giunta fino a qui. Sradicata dalla sua gente, deve avere alle spalle una storia molto triste di schiavitù.

Completano il quadro un uccello esotico legato per una zampa alla spalliera del letto e un cagnolino accucciato sul letto accanto alla padrona che suona. Il cane da compagnia non deve stupire. Dai mosaici, dalle statue e dai bassorilievi che sono giunti fino a noi, si può desumere che in epoca romana erano già diffuse molte varietà diverse di cani: da caccia, veloci o possenti, capaci di stanare lepri o circondare cinghiali; ma anche piccoli da salotto, simili a degli Yorkshire (un bellissimo esempio in questo senso si trova in una piccola scultura in terracotta esposta nel Gabinetto Segreto del Museo Archeologico Nazionale a Napoli).

Ritorniamo per un attimo al banchetto dei quattro uomini che, come abbiamo detto, sono espressione del nuovo corso della società romana. Questi ex schiavi, ambiziosi e dediti a perseguire in ogni modo i guadagni, costituiscono di fatto anche un bel volano economico creando una ricchezza di cui in definitiva godono poi tutti.

Perché i romani non sono stati, fin dall'inizio della loro storia, altrettanto spregiudicati, cinici e senza moralità nel fare soldi? Nell'età arcaica i valori sociali, quali per esempio la *dignitas* familiare, li hanno spesso frenati nella spregiudicatezza perché i principi etici e morali (alla romana, beninteso) erano alla base dell'ammirazione da parte della collettività. I liberti, che spesso non sono di origini italiche ma provengono da regioni conquistate dalle legioni imperiali, hanno invece stravolto questa impostazione: a loro non importa da dove arrivino i soldi, se da prostitute o da speculazioni. Quello che conta è essere ricchi.

Augusto aveva cercato, a dire il vero, di riaffermare l'antica moralità, ma era già tardi: la società aveva ormai cambiato rotta. Con Nerone poi si è persa ogni speranza di un ritorno ai valori.

Dei rampanti ex schiavi, un romano di età repubblicana vi sussurrerebbe: «Sono davvero barbari senza dignità».

Mentre i quattro potenti pompeiani parlano, ci allontaniamo per tornare in strada. Chi sono le persone che lavorano in via dell'Abbondanza e che cosa fanno? Le scoperte degli archeologi ci hanno svelato un mondo affascinante.

La tintoria che incassa mille sesterzi al giorno

Uscendo dalla villa di Polibio veniamo avvolti da un forte odore di fieno. Nel vicolo accanto infatti c'è una stalla con cinque asini o muli. Servono per il trasporto della farina o per le consegne del pane in città. Non è il solo odore: nello stesso vicolo stanno rimettendo in funzione una fossa biologica devastata dal recentissimo terremoto.

È curioso che la casa di un uomo potente come Gaio Giulio Polibio sia "appestata" da afrori così forti e sgradevoli. Però in passato nessuno se ne preoccupava più di tanto. I cattivi odori erano molto presenti nella vita di ogni giorno, soprattutto in una città.

Ma quello acre delle tintorie (*fullonicae*) era percepito come sgradevole anche duemila anni fa.

Nel nostro percorso lungo via dell'Abbondanza una tappa obbligata è la *fullonica* di Stefano. È facile trovarla: ha tanti panni colorati stesi e – grazie a una delle concessioni date dall'amministrazione a tutte le lavanderie per un uso "privato" del suolo pubblico – messi a seccare sul marciapiede. Dal fatto che ha i portoni aperti e che c'è movimento di gente che entra ed esce, notiamo che è in funzione, un'osservazione non "scontata" vista la penuria d'acqua in città. Questa *fullonica* è una delle poche che riescono ancora a lavorare: le condotte sono infatti vuote, ma i rifornimenti di acqua dal fiume e le riserve della cisterna fanno andare avanti gli affari.

Ci affacciamo. La struttura sembra quella classica di una *domus*, con ingresso-atrio-peristilio. Ma è stata trasformata in una lavanderia!

La storia di questa casa è emblematica. Elegante, è stata a lungo abitata da una famiglia sicuramente benestante. Con il terremoto del 62, i proprietari non se ne andarono: ripararono i danni e ridipinsero le pareti con splendidi affreschi in Quarto Stile (cfr. p. 124). Poi però, qualche anno prima dell'eruzione, decisero di andarsene: a "cacciarli" furono i continui tremori e quelle nuove scosse di cui non si parla mai abbastanza ma che, come abbiamo detto, furono la vera tragedia prima della tragedia, causando l'emigrazione di una parte della società pompeiana e aprendo la strada a liberti in cerca di guadagno.

Qui ne abbiamo un perfetto esempio. L'elegante casa romana è stata venduta a un ex schiavo che senza scrupoli l'ha trasformata in lavanderia. E così accanto a bellissimi affreschi ci sono vasche maleodoranti, panni messi a stendere… Immaginiamo lo sgomento degli ex proprietari nelle occasionali visite a Pompei! Oppure no: forse sono rimasti comunque i padroni dell'edificio e lo hanno affittato a un loro ex liberto che l'ha trasformato – per tutti – in una lucrosa fonte di guadagni. Non lo sapremo mai.

Quello che possiamo dire è che dalle scritte elettorali sulle pareti apprendiamo che tutti i lavoratori della *fullonica* si schieravano per un candidato e poco più in là, in un'altra scritta, persino Stefano lo faceva.

Seguiamo uno dei clienti: è appena entrato. S'infila subito in una stanza sulla destra dove c'è il bancone della cassa. Una ragazza prende la sua tessera in osso con un numero inciso, la sua "contromarca", e consulta una tavola cerata per vedere a quale capo si riferisce. Tutto è pronto, tra poco ci sarà la consegna. Il cliente paga e poi, in attesa dei panni, entra nella casa e va a sedersi in un'ampia sala che si apre sull'atrio. Così facciamo anche noi: da qui possiamo scoprire tutto il ciclo di lavoro di una *fullonica*.

I panni sporchi vengono portati nell'ex giardino della casa: le piante ci sono ancora, e così il colonnato del peristilio, ma la parete di fondo è stata sventrata e si è ricavato un piano rialzato dove ci sono in fila cinque piccole "tinozze" ovali (*lacunae fullonicae*), dei veri e propri pestatoi. Qui alcuni ragazzi, poggiando i gomiti sui muretti divisori, pigiano con i piedi i panni sporchi in un cocktail di acqua e sostanze alcaline come la soda e... l'urina (il sapone era ancora sconosciuto). L'odore è nauseabondo e questi schiavi giovanissimi devono pestare con i piedi per ore e ore, ogni giorno, anche quando sopraggiunge l'inverno. È un lavoro massacrante. La pelle si screpola subito e si aprono delle piaghe che s'infettano facilmente. Come abbiamo visto questa mattina seguendo il ragazzo delle consegne di una *fullonica* che zoppicava vistosamente, le articolazioni prima si infiammano, poi si deformano rendendo difficile e dolorosissimo anche il semplice camminare.

Vicino ai resti di un'enorme *fullonica* scoperta a Roma durante i lavori di ampliamento delle linee ferroviarie, si è rinvenuto infatti anche un cimitero, dove verosimilmente venivano sepolti gli schiavi che vi lavoravano: erano tutti morti giovanissimi e avevano le articolazioni devastate.

Un aspetto oggi sconcertante è che l'urina rappresenti per le tintorie romane un "carburante" essenziale per il lavoro. Ce ne vogliono cospicue quantità ogni giorno: umana o animale; molto richiesta, pare, era quella di dromedario fatta importare apposta dall'Oriente.

Come ce la si procura? Lungo la strada, nei vicoli, spesso si vedono delle anfore con un'apertura laterale. Chiunque può usarle per... liberarsi. Regolarmente passa poi uno schiavo delle *fullonicae* a prelevarne il contenuto. Le anfore sono insomma degli orinatoi pubblici a sfruttamento... privato.

È proprio per questo che, qualche tempo prima, l'imperatore Vespasiano aveva deciso di tassare anche l'urina usata dalle tintorie. Di fronte ad alcune rimostranze rispose utilizzando una frase poi passata alla storia – *Pecunia non olet* (I soldi non puzzano) – e facendoci anche intuire gli odori che regnavano in questi luoghi.

Accanto a queste piccole vasche ce ne sono altre tre molto grandi, messe su livelli diversi e comunicanti fra loro "a cascata".

È qui che successivamente vengono sciacquati con cura i panni pigiati dai ragazzi per eliminare ogni traccia delle sostanze usate.

Questa lavorazione prevede anche l'uso di argilla smectica importata dal Marocco, successivi lavaggi e la battitura per rendere la trama più compatta. Gli indumenti più delicati, invece, secondo alcuni studiosi, verrebbero lavati vicino all'ingresso nell'atrio dentro a quella che una volta era la vasca piovana della casa, a cui sono stati rialzati i bordi. E poi?

I panni vengono portati sull'ampio terrazzo piatto della casa, usato come grande stenditoio. Lì avviene anche il procedimento della zolfatura, con la quale i tessuti bianchi vengono resi più luminosi: lo zolfo viene messo ad ardere in un piccolo braciere ricoperto da una cupola di canne di vimini intrecciate (simile a una gabbia) e sopra vi si stendono i panni.

Le *fullonicae* in realtà non servono solo a lavare i panni vecchi, ma anche quelli nuovi, appena intessuti o importati, che bisogna poi esporre puliti sulle bancarelle del mercato. Molte *fullonicae*, inoltre, tingono i tessuti appena realizzati.

E infine, come si stirano i panni? Li si piega e li si passa sotto grandi presse a vite, del tutto simili a quelle di Gutenberg.

Probabilmente, piccoli bracieri contenenti resine ed essenze orientali, posti sotto il bucato steso, conferiscono un gradevole profumo ai panni in modo che, come si dice, "sappiano di pulito". Così si fa tradizionalmente ancora oggi in alcuni paesi orientali.

Stiamo per uscire. Vediamo alcuni lavoranti della *fullonica* dirigersi verso una stanza da dove proviene odore di cibo. Come in un'azienda attuale, infatti, gli operai qui dispongono di una propria "mensa".

Poniamoci ancora una domanda prima di congedarci da loro: che fine faranno tutti quanti? La risposta l'hanno data gli archeologi. Scavando nei sedimenti vulcanici hanno trovato alcuni corpi. In una stanza, forse proprio quella della cassa, uno di loro aveva vicino a sé il possibile incasso della giornata: un gruzzoletto di 1089,5 sesterzi, più o meno seimila euro.

Potrebbe anche trattarsi, in realtà, di un estraneo che portava con sé una sacca contenente tutti i suoi averi, accolto nella *fullonica* durante la tragedia. In effetti le tavole che richiudevano l'ingresso erano serrate, tranne una, che fungeva da porta. È lì che si è infilato questo pompeiano in fuga, ritrovandosi con gli operai di Stefano? Non lo sapremo mai.

ASSASSINI DI CESARE,
DIVINITÀ INDIANE ED ENTRENEUSE

Pompei,
23 ottobre 79 d.C., ore 13,00
mancano 24 ore all'eruzione

PRISCUS CAELATOR CAMPANO GEMMARIO FELICITER
Prisco il cesellatore fa tanti auguri a Campano il gioielliere.

Siamo di nuovo per la strada, ogni portone che si apre rivela qualche piccolo segreto. Per esempio, in un'elegante *domus* un tavolo di marmo bianco a tre zampe con teste di leone (oggi visibile al centro della sala, sul bordo dell'*impluvium*) reca una strana incisione, rimasta a lungo tempo coperta da un piano di marmo: *P Casca Long.* Si tratta chiaramente di un nome. Ma non del proprietario della casa, quanto di uno degli assassini di Cesare: Publio Servilio Casca Longo.

Secondo i racconti di allora fu lui a sferrare – da dietro e mirando al collo – il primo colpo di pugnale rivolto contro Giulio Cesare.

Diventato tribuno della plebe, in seguito proscritto, dovette cedere la carica, fuggì assieme a Bruto e Cassio con le loro truppe e venne sconfitto da Marco Antonio e Augusto nella famosa battaglia di Filippi, nel 42 a.C., dove si suicidò.

In una *damnatio memoriae* voluta da Augusto – la cancellazione della "memoria" di una persona tramite la distruzione di tutte le sue immagini e l'abrasione del suo nome dalle iscrizioni – le sue proprietà vennero messe all'asta e questo tavolo, evidentemente, fu acquistato dai proprietari della casa di Pompei, che lo esponevano nel giardino. Facile immaginare i commenti e le lunghe discussioni che avrà suscitato quella scritta incisa.

Nella Casa dei Quattro Stili, gli archeologi hanno rinvenuto una statuetta in avorio molto particolare: rappresenta una ragazza nuda, prosperosa, con il sesso in bella mostra. Indossa collane di perle, bracciali e cavigliere con tante spire. C'è un solo dettaglio singolare: non è romana. Viene dall'India! Si tratta infatti di Lakshmi, la dea della fertilità e della bellezza.

Perché è in questa casa e come è giunta a Pompei?

La sensuale statuetta di Lakshmi ci dice due cose. Gli antichi romani, come noi, amano i capolavori di altre culture. Molti hanno in casa vasi greci ed etruschi o anche reperti egizi: già in quest'epoca si apprezza l'antiquariato.

Naturalmente si tratta di oggetti di civiltà alle quali i romani si sentono comunque legati: nel caso dei greci e degli etruschi, la prossimità è evidente; quanto agli antichi egizi, basta pensare che a Pompei c'è persino un tempio dedicato a Iside, con tanto di culto e sacerdoti.

La statuetta indiana in avorio, però, sembra intesa come status-symbol. In effetti, possedere un oggetto così bello, prezioso e proveniente dalla lontanissima India, la terra della seta e delle spezie, doveva colpire qualunque ospite.

Questa statuetta infine ci racconta che l'Impero romano aveva rapporti commerciali costanti con il subcontinente indiano. Si è calcolato addirittura che ogni due giorni partisse una nave commerciale da uno dei porti romani del Mar Rosso per poi ritornare carica di seta, pepe, altre spezie e anche statuette in avorio. E non è da escludere che per le vie di Pompei, di tanto in tanto, passeggiasse anche qualche indiano in carne e ossa, marinaio, mercante o ospite che fosse.

Proseguiamo. È ora di pranzo.

Un gruppo di artigiani, con tracce di calce su braccia, gambe e persino sul volto, attraversa la strada. Sono usciti dalla casa a fianco a quella di Polibio. È la stessa dove questa mattina presto abbiamo comprato del pane, oggi chiamata Casa dei Casti Amanti. Si tratta di affreschisti. È chiaro che stanno realizzando nuovi affreschi alle pareti di questa *domus* che, come effettivamente scopriranno gli archeologi, è stata lesionata dal recente terremoto.

Chiacchierando, salgono sul marciapiede ed entrano in un "bar". Questi locali, molto diffusi in tutte le città romane, sono definiti anche *thermopolia* in molti libri, ma si tratta di un termine dotto di origine greca praticamente assente dal linguaggio comune. Qui a Pompei nessuno vi capirebbe se chiedeste di indicarvi un *thermopolium*. Probabilmente ve la cavereste se domandaste dove si trova una *popina* (se è piccola) o una *caupona*, se ricorda più una trattoria con tavoli, così come le chiamano più comunemente i romani.

Il locale nel quale stiamo per entrare seguendo gli affreschisti è forse il più famoso di Pompei e del mondo romano, visto quanto è citato nei libri e nelle riviste. È di proprietà di Lucio Vetuzio Placido.

Al suo interno ci sono un bancone a "L" e, sulla parete di fondo, un lararo con un bellissimo affresco che rappresenta un tempio (vedi *Inserto 1*, p. 7). Al centro è dipinto un genio "custode" della famiglia, ai suoi fianchi danzano due lari protettori della casa, più in là ancora Bacco e Mercurio. In basso due serpenti agatodemoni, posti a tutela del focolare domestico, strisciano verso l'altare sacrificale.

I banconi di tanti "bar" di Pompei sono spesso ricoperti di porzioni di lastre di marmi di diverse tonalità e varietà che conferiscono un aspetto in stile "arlecchino". Saltano poi subito all'occhio i fori sul bancone: in realtà si tratta di aperture attraverso le quali fuoriuscivano le imboccature delle giare di terracotta (*dolia*), che venivano quasi certamente chiuse con dei coperchi.

Si è discusso molto sul reale uso di questi *dolia*. La comune interpretazione è che contenessero del vino che veniva poi allungato con acqua calda o fredda a seconda delle stagioni. Nei "bar" si teneva poi un contenitore con acqua costantemente calda.

Ma non tutti sono d'accordo. In effetti i ricercatori hanno identificato ottantanove *thermopolia* e centoventi *cauponae*. In tutto fanno più di duecento locali per mangiare e bere. Su una popolazione stimata tra sei e ventimila abitanti, ma più probabilmente intorno a otto-dodicimila, significherebbe che c'era un locale ogni venticinque, massimo sessanta abitanti circa. Se perciò i *dolia* avessero contenuto solo vino, bisognerebbe considerare Pompei una città di straordinari bevitori a tutte le ore!

In realtà le cose stanno probabilmente in modo diverso. La superficie interna dei *dolia* era porosa, quindi poco pratica per il vino o per altri liquidi che poi avrebbero reso necessarie pulizie molto complicate, tanto più che le giare erano murate nel bancone.

Nel corso di diversi scavi, anfore da vino sono state effettivamente rinvenute appoggiate ai lati del bancone, mentre si è visto che i bicchieri venivano ordinati su una piccola struttura in cemento "a scaletta".

A Ercolano ci sono inoltre i resti di vere e proprie "rastrelliere" su cui infilare le anfore (vedi *Inserto 1*, p. 16), mentre dentro i "fori" dei banconi dei "bar" sono stati rinvenuti cibi secchi: ceci, fagioli, frutta secca da servire nei pasti volanti di mezzogiorno. Da qui l'ipotesi, avanzata per esempio dalla studiosa britannica Mary Beard, che alcuni di questi locali in realtà fossero anche drogherie e rivendite alimentari.

Naturalmente un gran numero di locali in una città significa anche un'altra cosa: che gli avventori erano tantissimi. Pompei era un centro commerciale dotato di un porto e fungeva da punto di contatto fra l'interno della regione e il mare. Era quindi "invasa" ogni giorno da mercanti, carrettieri, marinai, viaggiatori… Esattamente come lo sono oggi le città d'arte in Italia con i turisti (e infatti i bar non mancano!).

Il gestore di questo locale, Lucio Vetuzio Placido, sta servendo i clienti muovendosi senza sosta dietro il bancone. Dal retrobottega arriva ogni tipo di pietanze cotte su piccoli fornelletti o estratte dai *dolia* murati nel bancone. È aiutato dalla moglie Ascula e da due schiavi. Sa far molto bene il suo mestiere: non solo

218

perché il locale è grande, ben avviato e rifinito in modo elegante, segno che il lavoro rende, ma anche perché sa scegliersi con cura anche le coperture altolocate. Dalle scritte elettorali sui muri, sappiamo che sia lui che sua moglie hanno infatti fortemente sostenuto l'elezione del ragazzo con l'acne e lo sguardo viperino, Gaio Cuspio Pansa. Probabilmente lo hanno fatto rispondendo alle non troppo velate pressioni di Giulio Polibio che abita proprio qui davanti...

Malgrado la spietata concorrenza tra locali che c'è in questa via (almeno venti, come abbiamo detto), gli affari vanno comunque a gonfie vele, forse grazie anche a questi appoggi: nascosti in fondo a uno dei sei *dolia* del bancone, sotto uno strato di ceci, fagioli o frutta secca, gli archeologi riporteranno alla luce ben 1385 sesterzi (l'equivalente di oltre ottomila euro). Nei momenti concitati della fuga durante l'eruzione, i due coniugi non hanno trovato un posto migliore dove nascondere i soldi, nell'evidente speranza di tornare a riprenderseli, cosa che non hanno mai fatto...

Che cosa mangiano i pompeiani a pranzo? Un pasto frugale, come chi nelle nostre città moderne esce dall'ufficio e prende un tramezzino al bar. I ricchi si nutrono nelle proprie abitazioni, mentre gli schiavi più umili si sfamano con poche cose nei luoghi dove lavorano. Tutti gli altri pompeiani, invece, si riversano in questi locali per le strade consumando pasti frugali. A questi poi bisogna aggiungere i forestieri e chi è di passaggio per lavoro a Pompei.

Nelle *popinae* e nelle *cauponae*, sempre piene all'ora di pranzo, si mangia in piedi o seduti a piccoli tavoli. In una *popina* vicino alla Casa dei Casti Amanti, alcuni avventori hanno persino inciso sui muri dei commenti sulla cameriera e questo la dice lunga sull'atmosfera che ricorda un po' quella dei saloon dei film western...

A pranzo qui si mangiano ricotta, olive, legumi e ortaggi, piccoli pesci alla brace e pane. Se dopo duemila anni pensate agli ingredienti di un tramezzino al bar, vi accorgete che le cose non sono poi così cambiate.

I pompeiani consumano prevalentemente cereali, legumi, verdure, uova, formaggi e pesce. La carne è rara. È una dieta molto equilibrata: altrove, in Europa, non è certo così varia.

Ciò che i pompeiani ricchi e poveri trovano nel piatto o nei mercati proviene essenzialmente dai dintorni. Il mare offre pesci, molluschi (cozze, ostriche, patelle, cannolicchi), crostacei, ricci di mare. I campi, invece, producono frumento, fave, farro, lenticchie. Nei boschi si cacciano cinghiali e diverse varietà di uccelli.

Molti cibi che oggi sono comunissimi in cucina, soprattutto nel vesuviano, sono del tutto sconosciuti ai pompeiani di allora, come per esempio il pomodoro, le patate, il peperoncino, che arriveranno dopo la scoperta dell'America. Nemmeno la mozzarella esiste ancora: bisognerà aspettare la fine dell'Impero romano in Occidente, quattrocento anni più tardi, per vedere le prime bufale portate dai longobardi nelle aree di Benevento e dintorni.

È quindi davvero incredibile pensare che a Pompei nessuno vi sappia preparare una pizza margherita, che risulta del tutto sconosciuta! Così come il caffè, simbolo di Napoli: cresce ancora selvatico sugli altopiani etiopici. Arriverà in Italia solo tra milleseicento anni... più o meno quando Pompei verrà riscoperta...

Neppure lo zucchero è conosciuto: il miele è l'unico dolcificante. Viene usato anche per conservare la frutta, mentre per le verdure si utilizzano l'aceto e il sale. Per la carne il solo sale, che abbonda nelle saline lungo la costa e che è all'origine del famoso *garum* di Pompei, noto in tutto l'Impero.

Una giovane donna cammina davanti al locale, con passo lento e movimenti sinuosi. Lucio Vetuzio Placido la nota e smette di lavare i bicchieri per seguirla con lo sguardo. Lei lo contraccambia con una lunga occhiata.

Ascula, appena uscita dalla cucina con due piatti di triglie cotte alla brace, vede quello che sta accadendo e urla alla donna una pesante invettiva: questa non batte ciglio e continua la sua passeggiata sensuale richiamando altri sguardi maschili per la via. Sembra una scena di gelosia da vicolo, in realtà c'è ben altro dietro questo scontro verbale tra le due donne.

A osservare c'è anche un uomo seduto su uno sgabello: avrà venticinque anni, è alto, in carne, con un naso prominente e gli occhi celesti. Ricorda l'attore Adolfo Celi. Sorride intuendo al volo la situazione e guarda divertito. È un uomo alla mano, che suscita simpatia. Lo ritroveremo fra una trentina d'anni, sotto Traiano, ricco e affermato, in una *domus* di Roma e poi anche seduto accanto a noi nel Circo Massimo. È uno dei romani che ho descritto nei miei due precedenti libri su Roma. Sembra quasi uno scherzo del destino che ci reincontriamo a ogni viaggio nell'Impero... È qui in visita a Pompei. Anzi, ora si alza, lascia due sesterzi ed esce dal locale. Si guarda a destra e a sinistra per orientarsi, poi si dirige verso nord, in direzione di Porta Ercolano, dove prenderà un carro coperto che lo porterà a Napoli. Rappresenta quella folla silenziosa di sopravvissuti, dei quali non sappiamo nulla, che scamperanno alla tragedia per motivi casuali.

Ma noi ora ricominciamo a seguire la giovane dal passo sinuoso. Non fa molta strada, in realtà la sua meta è molto vicina al locale di Lucio Vetuzio Placido. Ed è questo che preoccupa Ascula, la moglie. Abbiamo già incontrato questa ragazza, poche ore fa dal medico. Si chiama Smyrina ed è la cameriera-entraîneuse di un'altra *popina* che fa concorrenza al locale che abbiamo appena visto. Comprendiamo così la preoccupazione di Ascula, convinta che le lusinghe della ragazza possano costituire un reale pericolo per il loro locale.

In realtà la *popina* dove lavora Smyrina è più modesta e si sviluppa su due piani. Ma la sua padrona ha molto fiuto per gli affari e non si fa scrupoli. Si chiama Asellina, come indicano alcune iscrizioni, ha fra i trentacinque e i quarant'anni e ha pensato bene di mettere come cameriere tre ragazze avvenenti: Smyrina, Egle e Maria.

Quando gli studiosi hanno scoperto i loro nomi tra le iscrizioni, hanno capito che si trattava quasi certamente di tre straniere. Smyrina (*Zmyrina*) doveva provenire dall'attuale Turchia, forse da una delle città greche della costa egea, ed è quindi facile che sia transitata da Delo, il più grande mercato di schiavi dell'Impero. Il nome Maria indica invece un'origine diversa: la Giudea/Palestina, la provincia dove è appena stata sedata una feroce rivolta dalle legioni di Vespasiano e Tito. Verosimilmente è giunta a Pompei assieme alle migliaia di schiavi di origine giudaica, portati a Roma per celebrare il Trionfo dell'imperatore. Egle (*Aegle*) è invece un nome di origine greca.

L'idea di mettere a servizio nel locale tre cameriere di provenienze diverse è molto astuta in un regime di concorrenza: questa zona della città è tra le più frequentate da chi viene a Pompei per affari. Avere un locale dove il personale parla più lingue, conoscendo anche costumi e usanze di terre lontane, può fare la differenza.

Naturalmente può anche darsi che si tratti in realtà di "nomi d'arte". In effetti, agli schiavi e soprattutto alle prostitute dei lupanari si danno abitualmente nomi orientali, di solito greci, per aumentare il loro *appeal* erotico, essendo le orientali considerate più lascive e sensuali.

Il locale di Asellina è aperto anche di notte e in questa fascia oraria le giovani cameriere si prostituiscono.

Questo può accadere anche di giorno, ovviamente. Nelle usanze romane, come abbiamo già detto, a qualsiasi donna che lavora in un pubblico esercizio (anche alla stessa Asellina, che lo gestisce) può essere chiesta una prestazione sessuale. A questo serve, immaginiamo, il piano superiore. La grande lucerna a forma di fallo, appesa sull'architrave centrale della *popina*, e un graffito in cui si vede Mercurio dotato di un enorme organo sessuale lasciano pochi dubbi su quello che accade all'interno del locale. Per il resto, il "bar" di Asellina è molto simile a tutti gli altri di Pompei: ci sono molte anfore di vino (due portano disegnati un gallo e una volpe, rispettivamente) e a un'estremità del banco di vendita c'è una caldaia di bronzo murata per riscaldare le pietanze. L'equivalente di un forno a microonde in epoca moderna…

Che cosa sappiamo della proprietaria, Asellina? Ben poco: è certamente una liberta, e il suo protettore probabilmente è lo stesso... "Al Capone" del quartiere, Gaio Giulio Polibio. Forse Asellina è stata sua schiava. Come sappiamo tutto ciò? Basta guardare la facciata del locale. C'è ancora una scritta in cui lei e le tre ragazze, definite le *Asellinae*, invitano tutti a votare per lui... A dire il vero il nome di Smyrina è stato fatto cancellare con una pennellata di calce dallo stesso Polibio. Forse perché, essendo molto sfacciata nel suo secondo lavoro, aveva una reputazione compromessa.

Come finiamo le nostre considerazioni, una mano enorme si poggia sulla spalla di Asellina, e poi scende lungo la schiena fino a stringerle il gluteo con desiderio. Lei si gira, ma sa benissimo chi è: Polibio è entrato nel locale assieme ai suoi tre ospiti. Scambia poche parole con le ragazze, ma non si lascia sfuggire l'occasione per mettere le mani sulle loro forme. Si informa sugli incassi e poi, dopo un'ultima carezza, esce dal locale continuando sulla via.

L'obiettivo dei quattro potenti pompeiani, dopo il pranzo, è un bagno alle terme dove proseguire i loro discorsi tra abluzioni e massaggi. Essendo le uniche aperte certamente affollate, si dirigono verso una bella *domus* dotata di terme private: la Casa del Menandro.

Prima, però, passeranno a casa di Ottavio Quartio, in fondo alla via, per coinvolgere il proprietario nei loro progetti. È una dimora stupenda, dotata di un immenso giardino con vasche e canali che ricreano simbolicamente, e in modo artificiale, le inondazioni del Nilo.

Un salto nei quartieri popolari... e nell'arena dei gladiatori

Un commerciante di via dell'Abbondanza, appoggiato all'uscio della sua bottega, li guarda passare. È Zosimo, il *vasarius*: vende anfore e vasi. Ha una lunga barba nera e dei tratti marcatamente mediorientali. Forse è anche lui originario della provincia della

Giudea. Squadrandoli, sussurra una frase: «*Senatores boni viri, senatus mala bestia*».

È qualcosa che ha detto Cicerone più di un secolo prima. Il senso è chiaro: le persone che fanno politica possono singolarmente anche avere dei sani principi, ma messe assieme (come nel Senato o nell'amministrazione di Pompei, in questo caso) li perdono rapidamente e si abbandonano alla corruzione e al malaffare. Il riferimento è rivolto ai due politici eletti che se ne vanno a braccetto con "il gatto e la volpe" di Pompei: Polibio e il banchiere.

Zosimo rientra in bottega. Lo seguiamo: tutto è molto polveroso e disordinato, come può essere la bottega di un suq mediorientale. Ci sono pile di lucerne, contenitori di terracotta per gli scarti della lavorazione del *garum*, che vengono consumati dagli strati medio-bassi della società. Questi residui, chiamati *faex* o *hallex*, danno il nome ai recipienti stessi: *vasa faecaria*, una definizione che è tutta un programma… Per evitare che si rompano durante il trasporto, sono avvolti in uno strato di paglia. È un sistema diffuso per proteggere i contenitori di terracotta e vetro: è da questa tecnica che derivano i fiaschi di vino con un "abito" di paglia che si vedevano una volta sulle nostre tavole.

Zosimo fissa dei graffiti su una parete. Si accarezza la barba pensieroso. Cosa può esserci di così importante sul muro? È un *index nundinarius*, l'elenco dei mercati che si tengono settimanalmente in Campania e a Roma. Da questa iscrizione scopriamo che Zosimo non vende i suoi prodotti solo a Pompei, ma spesso sale su un carro e si sposta in varie piazze. Questa lista-calendario, riscoperta venti secoli più tardi dagli archeologi (che ritengono sia proprio quella del 79 d.C.), gli serve per organizzare i suoi viaggi. Così, noi sappiamo che a Pompei e Nocera il mercato si tiene il sabato; la domenica invece è ad Atella e Nola; il lunedì a Cuma; martedì a Pozzuoli; mercoledì a Roma; giovedì a Capua. Il venerdì invece non è giorno di mercato…

Zosimo è un uomo molto preciso e come tutti i commercianti tiene una contabilità costantemente aggiornata. Solo che non usa sempre delle tavolette. A volte i "fogli" su cui scrive sono le pareti della bottega. Così, in età moderna sappiamo che un certo Floro al quale ha venduto delle anfore ancora non lo ha pagato. Deve riscuotere dei sesterzi anche da una tale Ascula, quasi certamente la locandiera che abbiamo appena incontrato.

Gli affari di Zosimo vanno bene: gli archeologi troveranno nella sua abitazione, situata nel retro della bottega, diversi gioielli probabilmente appartenuti alla moglie, tra i quali degli orecchini d'oro e due anelli con pietre d'agata cesellata.

In realtà gli anelli erano tre, ma il terzo si è scheggiato. Ora è avvolto in un piccolo panno in mano a Zosimo, che ha chiuso la sua bottega ed è uscito per andare a far sostituire il castone con uno nuovo. È diretto alla bottega di un *gemmarius*, che si trova nel quartiere più meridionale della città.

Zosimo scende in quella che oggi è nota come via di Nocera e nel suo percorso decide di fare una deviazione per andare a vedere qualche gladiatore in allenamento. L'anfiteatro è la sua passione. Dopo pochi minuti attraversa il grande spiazzo della Palestra Grande. È davvero impressionante. Immaginate un campo di calcio circondato per tutto il suo perimetro da un lunghissimo porticato. Al centro del prato verde, costellato da alti platani (le cui radici verranno riscoperte e sono oggi visibili *in situ* grazie alla tecnica della colatura del gesso), c'è una piscina. Dei ragazzi si stanno allenando. Fanno parte di un'associazione giovanile chiamata "Iuventus" (nessun riferimento a squadre moderne: il calcio è ancora sconosciuto).

Ma questo non è solo un luogo dedicato allo sport. Sotto i porticati ci si dà appuntamento, si chiacchiera e… si studia. Un'intera scolaresca recita ad alta voce i versi di una poesia, con il maestro pronto a dare un terribile colpo della sua lunga canna agli studenti disattenti…

Zosimo prosegue. Ora si trova di fronte all'immensa mole dell'anfiteatro di Pompei. È più basso e più piccolo del Colosseo (che ancora nessuno ha mai visto "dentro", perché come abbiamo detto non è ancora stato inaugurato), ma può contenere ben ventimila spettatori.

Zosimo sale su una delle due rampe di scale esterne. In pochi secondi compare lo scenario delle sue vaste gradinate, con in cima tante travi protese verso il centro dell'arena come cannoni: su di esse vanno distesi dei tendoni per fare ombra sugli spalti.

Dal centro della struttura provengono delle urla. Sull'arena alcuni gladiatori si stanno allenando. Combattono con armi di legno e scudi di vimini, più pesanti di quelli che useranno negli scontri, in modo da potenziare muscoli e gesti. Zosimo riconosce Celado, uno dei gladiatori più famosi, un vero idolo nei vicoli di Pompei. Soprattutto tra le donne. Combatte con la *sica* (una spada corta e ricurva), mentre non lontano c'è Crescente, un reziario che combatte con rete e tridente.

Questo anfiteatro è entrato nella "cronaca" più che nella storia per fatti di sangue che hanno scioccato tutto l'Impero. Durante dei combattimenti fra gladiatori, in epoca neroniana, sono volati degli insulti e poi si è passati alle mani, anzi, alle armi tra i tifosi pompeiani e quelli di Nocera. Ne è derivata una vera caccia all'uomo con uccisioni e ferimenti.

Un affresco fatto mettere in casa da un pompeiano (chissà perché...) illustra questa guerriglia cittadina con tanto di gente buttata dalle mura o accoltellata. La conseguenza è stata che l'anfiteatro ha avuto una pesante squalifica. Il Senato di Roma ha deciso che per ben dieci anni non vi si sarebbero potuti tenere giochi gladiatorii. Una pena poi ridotta grazie ai buoni uffici di Poppea, la seconda moglie di Nerone, che aveva degli agganci e, forse, una villa poco distante da qui, a Oplontis.

Zosimo, dopo essersi goduto lo spettacolo degli allenamenti assieme ad altri tifosi (esattamente come accade in età moderna nei centri di allenamento di squadre famose), alza lo sguardo al cielo. Non essendoci orologi da polso, è l'inclinazione del sole a segnare l'ora, un po' come la lancetta di un orologio. È meglio che si sbrighi, o non troverà più il *gemmarius* per far riparare l'anello.

Nell'area che sta attraversando domina un'edilizia assai meno lussuosa, concepita, come abbiamo detto nei capitoli precedenti, alcune generazioni prima per accogliere gli abitanti di Nocera, sopravvissuti alla devastazione della loro città da parte di Annibale. Oggi lo definiremmo un quartiere popolare. Le case sono tutte uguali, come se fossero costruite "in serie". Ciò nondimeno si nota una caratteristica di Pompei e di tutte le città romane in generale: c'è molto verde intorno. Lo abbiamo appena visto con la Palestra Grande, in fondo una struttura degna di un *campus* americano. Il verde poi è anche dentro le case. Ogni abitazione infatti ha uno spazio usato come orto dal quale si ottengono cavoli, aglio, cipolle, asparagi, lattuga e via dicendo, oppure ci sono alberi da frutta (meli, peri, fichi, noccioli, peschi...), per non parlare dei fiori, come narcisi, rose o viole. Non di rado c'è persino qualche filare di vite...

Zosimo percorre una strada che conosce bene, ma non sente, come al solito, il familiare richiamo di alcuni piccioni. Alza lo sguardo. In cima alla parete di una casa c'è infatti una piccionaia. È facile – anche oggi, tra i ruderi – individuarla. Sul muro delle case si nota sempre una "finestra" di terracotta contenente tante piccole arcate su più livelli, come la facciata di un Colosseo.

A ogni apertura, ricorda Zosimo, in genere c'è un piccione che tuba. Ma oggi la piccionaia è stranamente silenziosa. E soprattutto vuota. Dove sono andati tutti i piccioni?

Zosimo è turbato. Conosce i piccioni, ne ha allevati anche lui. Se ne vanno via solo se spaventati...

Bussa alla porta per chiedere spiegazioni. La casa infatti è di un suo amico, Berillo. È un cristiano. Ce ne sono a Pompei: un po' come gli ebrei, formano una piccolissima comunità.

Neanche lui si spiega che fine abbiano fatto i piccioni. Sono svaniti questa mattina, all'improvviso...

La piccola "Hong Kong" di Pompei

Zosimo percorre un tratto delle mura della città per poter vedere il fiume Sarno e il porto fluviale. Sono tante le barche a vela che ormeggiano, mentre altre aspettano in fila il loro turno. Si sentono le voci dei marinai intenti nelle manovre, i fischi per far partire i carri pieni di mercanzie... È uno spettacolo che colpisce sempre il venditore di vasi, soprattutto se pensa al suo carretto e ai mercati di paese. Dall'alto delle mura medita su come ingrandire il proprio business, sfruttando il porto.

Il nitrito di un cavallo gli fa voltare la testa. Due cavalieri gli passano accanto chiacchierando. La cosa che ci impressiona di più è la statura dei cavalli. Nell'antichità si cavalcano cavalli poco più alti di un pony. Nei bassorilievi la testa di un uomo in piedi supera spesso la loro in altezza.

Zosimo prosegue e, ormai ci siamo, penetra nel cuore del quartiere commerciale. Per la sua vicinanza al porto fluviale, è una parte molto viva di Pompei: si ha davvero l'impressione di trovarsi in una Hong Kong cittadina, tanto è febbrile l'attività, con merci che incessantemente arrivano, vengono stoccate, ripartono...

Al porto è inoltre molto evidente la migrazione dei vecchi proprietari a favore della classe emergente dei liberti: è un luogo ricchissimo di botteghe di artigiani, non a caso è qui che abita il *gemmarius*.

Salendo per l'attuale via di Nocera, Zosimo passa davanti alla bottega di un bronzista: alcuni falli in bronzo dondolano sul suo ingresso. Sono dei *tintinnabula*, portafortuna dotati di campanellini da far risuonare quando si entra nell'ambiente dove sono appesi, il più delle volte negozi, per scacciare spiriti nefasti e sfortuna. Uno di questi *tintinnabula* si ritroverà esposto tra duemila anni nel Museo Nazionale di Archeologia di Napoli. Ma ora nessuno lo sa, ovviamente...

Poco oltre c'è la bottega di un vetraio. È davvero interessante vedere come lavorano gli operai: non producono il vetro, lo fanno arrivare già pronto, in blocchi grezzi, che rifondono. Poi, esattamente come i mastri vetrai di Murano, lo soffiano dentro una "scatola" di legno che al suo interno ha la forma, in negativo, di un grosso flacone. Il vetro, espandendosi al suo interno grazie al soffio del vetraio, ne ricrea perfettamente le fattezze. Quando si apre la "scatola", come fosse un libro, ne fuoriesce un flacone pronto. E il vetraio può ripetere l'operazione. Alla fine, come mostrano molti di questi contenitori gemelli rinvenuti a Pompei, le vetrerie riescono a produrre oggetti in serie, con un approccio preindustriale.

Poco oltre c'è la Casa del Giardino di Ercole. Il nuovo proprietario, un liberto, ha abbattuto addirittura tre case, con relativi affreschi, per farci un giardino e coltivare fiori. Lo scopo è quello di ricavarne dei profumi.

Proseguendo ancora c'è qualcuno che ha avuto un'idea simile: un vivaista. Come ricorda il professor De Simone, al momento dello scavo di questo luogo non si capiva come mai nel giardino si rinvenissero cocci di vaso sepolti. In realtà erano dei piccoli "vasi" per proteggere le radici e far crescere le piantine. Andando a leggere gli antichi "manuali di giardinaggio", gli studiosi hanno potuto riconoscere l'applicazione di molti dei consigli scritti nei testi. Per esempio, questa casa sembra proprio rispondere al suggerimento che è meglio coltivare le piante in città in un appezzamento piccolo ma custodito piuttosto che in campagna, dove non le si possono proteggere. Inoltre, esattamente come consigliavano gli scritti antichi, le radici non dovevano essere spesse quanto un braccio ma piuttosto sottili, come due dita unite: i buchi lasciati nel terreno dalle pianticelle scomparse per via dell'eruzione avevano esattamente questo diametro.

Infine, non si capiva come mai ci fossero scritte elettorali anche negli ambienti interni della casa, in teoria privati. Poi, pensando che si trattasse di un esercizio commerciale, si è ipotizzato che i clienti entrassero nella dimora per comprare le pianticelle e pertanto questa casa fosse anche un luogo pubblico, quasi come una piazza: quindi gli slogan elettorali avevano un senso.

Zosimo prosegue. Supera la casa-bottega di un artigiano specializzato nel confezionamento di stuoie. Questi, acquistando la casa, ha allargato le canaline di scolo ai lati del giardino interno per trasformarle in vasche dove far ammorbidire la paglia in acqua.

Come appare evidente in questo nostro viaggio a Pompei, i liberti stravolgevano le case che acquistavano. Nessuno di loro si preoccupava veramente di preservarne la bellezza. Era più importante la loro nuova "funzionalità".

Una considerazione viene spontanea a questo punto. Chi ha comprato queste case non sono certo liberti del calibro di Gaio Giulio Polibio, ricco sfondato, ma artigiani e piccoli imprenditori molto più modesti che si sono comunque potuti permettere grandi case in una zona molto dinamica dal punto di vista commerciale. Come hanno fatto? L'unica spiegazione è che i prezzi di vendita dovevano essere stracciati a causa dei continui terremoti che avevano impaurito la popolazione: tanti volevano andare via e questo, probabilmente, ha contribuito ad abbassare i prezzi. Forse poi lo sciame sismico si è affievolito consentendo a questi liberti di subentrare senza essere a loro volta spaventati. Non lo sappiamo. Ma, ribadiamo, la conferma che un terremoto si sia verificato da poco, forse solo qualche giorno prima dell'eruzione, si trova nella casa del *gemmarius* dove ora è entrato Zosimo.

Al suo interno c'è un'atmosfera simile a quella che trovereste dopo una battaglia. La ricostruzione della casa è in atto. In un angolo sono ammassate le tegole rotte, in un altro quelle integre, mentre i blocchi di pietra sono suddivisi per essere riutilizzati nel restauro.

Il *gemmarius* è piegato su un tavolo, intento a lavorare, e alza lo sguardo sentendo che Zosimo si avvicina. Ha uno strano monocolo legato attorno alla testa con un laccio: al suo interno un quarzo gli fa da lente. Zosimo rimane a bocca aperta: ha scoperto il segreto di un lavoro così minuto e di precisione, lui che la vista la sta perdendo sempre più e che, quando vuole leggere i graffiti sul suo muro, deve allontanarsi quasi di tre spanne…

Lasciamo Zosimo e il *gemmarius*. E usciamo da questa casa. È ora di allontanarci da Pompei per andare a scoprire cosa succede nei dintorni in questo ultimo giorno prima dell'eruzione. Ma la porta dalla quale passeremo si trova dalla parte opposta dell'abitato rispetto a dove siamo noi ora. Attraverseremo quindi la città, ma lo faremo in un modo insolito, seguendo le parole dei pompeiani. Quelle scritte sui muri…

LE PAROLE CHE NON TI HO DETTO...

I diecimila graffiti di Pompei

NUGAE NUGAE
Sciocchezze, cose da nulla...

Chiunque percorra le strade di Pompei, oggi, lo fa immerso nel silenzio. Eppure è circondato da migliaia di voci che bisbigliano, urlano, si prendono in giro, ridono: è il vociare allegro, pieno di vita, che riempiva queste vie, esattamente come accadeva in tutte le città romane.

I pompeiani sono scomparsi da quasi duemila anni, però l'eco delle loro parole è ancora chiaro e cristallino. È come se ognuna di esse si fosse impressa sui muri, trasformandosi in graffito. Insomma, per "ascoltare" queste antiche parole non bisogna usare le orecchie, ma gli occhi.

Fino a oggi sono riemerse, solo a Pompei, circa diecimila scritte di vario tipo – alcune dipinte (come quelle elettorali), altre incise dalla gente comune – che rivelano il mondo quotidiano, e spesso molto intimo, dei romani di allora.

Per questo vi do un consiglio: quando entrate in una casa di Pompei, siete nelle sue terme o anche in mezzo alla strada, date sempre un'occhiata alle pareti intonacate (il modo migliore è sfruttare il sole radente al pomeriggio, ma potete anche utilizzare la luce del telefonino...), e scoprirete esili graffiti. Sono molto frequenti, ma nessuno li nota. Uno dei luoghi più ricchi di graffiti è la stretta via dei Teatri, che collega il Foro triangolare all'incrocio tra via dell'Abbondanza e il vicolo del Lupanare. Ogni giorno, da qui, passano migliaia di persone, ignare del fatto che le pareti scolorite ospitino un'incredibile quantità di disegni e scritte: si va dalle navi ai cavalli coperti di armature, ai gladiatori che combattono, al teatro visto dall'alto con l'arco delle gradinate (probabilmente per indicare dei posti a sedere), alla caricatura di un uomo superdotato, a liste di nomi comuni di pompeiani... Il tutto nel giro di pochi metri.

Allora, dal momento che nel nostro racconto dobbiamo riattraversare la città, facciamolo in modo insolito, passando da un graffito all'altro, senza un ordine preciso: vedrete che, come per magia, davanti ai vostri occhi torneranno ad animarsi volti e situazioni della quotidianità di Pompei. Sono momenti di vita reale, che impreziosiscono vicoli e case della città con un tocco di umanità spesso sorprendente.

Quella che segue è, ovviamente, solo una piccolissima selezione dei graffiti raccolti e tradotti da vari studiosi, tra i quali meritano di essere citati Antonio Varone e Vincent Hunink. Come si vedrà, non è raro in queste iscrizioni verificare differenze di grafia rispetto al latino "classico" che si studia a scuola, dovute alla diffusione di forme volgari e regionali che mancano quasi assolutamente nelle grandi epigrafi ufficiali.

Un lieto evento

IUVENILLA NATA DIE SATURNI (H)ORA SECUNDA
VESPERTINA IIII NONAS AUGUSTAS
«Iuvenilla, nata di sabato, alla seconda ora della sera,
il due agosto.»

Questo graffito è stato scritto con carbone vegetale, una sostanza facilmente deperibile. Perciò possiamo desumere che risalga proprio all'agosto del 79 d.C., ossia appena due mesi e mezzo prima dell'eruzione.

Il mondo degli schiavi

BALNEUS LAVATUR

«Il bagno è lavato.»

È stato inciso su una colonna del peristilio della Casa dei Casti Amanti, ed evidentemente ha a che fare con le mansioni degli schiavi, ma c'è… un errore: sarebbe stato infatti più corretto scrivere *balneum* (vedi *Inserto 1*, p. 6). L'autore del graffito ha trasformato il nome neutro in un maschile. Non è casuale. Il latino parlato "in strada" sta già eliminando i sostantivi neutri per essere costituito solo da maschili e femminili, come l'italiano moderno e le altre lingue neolatine. Basandosi sui testi antichi, si riteneva che questa trasformazione fosse avvenuta assai più tardi, ma le iscrizioni attestano che la lingua parlata tutti i giorni l'aveva anticipata.

OFFICIOSUS FUGIT

«Lo schiavo scappa.»

È lo stesso fuggitivo ad averlo scritto, come messaggio d'addio. Per una volta, ha scelto lui. In quelle due parole c'è una sorta di rivincita sui padroni. Sarà una vita molto difficile, chiunque potrà ucciderlo come un cane. Ma ha scelto la libertà…

Le atmosfere delle bettole

TALIA TE FALLANT UTINAM MEDACIA COPO TU VEDES ACUAM ET BIBES IPSE MERUM

«Simili balle, oste, possono costarti caro.
Vendi l'acqua e ti bevi il vino puro…»

Già allora il vino veniva annacquato, mandando su tutte le furie questo cliente dell'osteria.

SUCCESSUS TEXTOR AMAT COPONIAES ANCILLA(M)
NOMINE HIDEREM QUAE QUIDEM ILLUM NON
CURAT SED ILLE ROGAT ILLA COM(M)ISERETUR
SCRIBIT RIVALIS VALE
INVIDIOSE QUIA RUMPERES SE(C)ARE NOLI
FORMONSIOREM ET QUI EST HOMO
PRAVESSIMUS ET BELLUS
DIXI SCRIPSI AMAS HIREDEM QUAE TE NON CURAT

«Successo, il tessitore, è innamorato della cameriera
della locandiera, di nome Iris. Lei in realtà non se lo fila affatto.
Lui però la implora e le fa solo pena.
Ecco cosa scrive un rivale.
Stai morendo d'invidia. Ma non serve a nulla essere geloso
di uno più bello, abile in qualsiasi impresa,
e di aspetto gradevole.
L'ho detto e l'ho scritto: ami Iris, che non ti fila.»

(RUCTA) QUOM BIBERIS FELICITER AC QUOQUE
CRUDE LUSUM CLUM(IA)RIS AUDE VOCILLA
(M)A(G)IS

«Rutta bene quando bevi e azzarda bene, a stomaco pieno,
un crepitio di natiche. Fallo risuonare più forte.»

Qui riemerge in tutta la sua materialità l'atmosfera delle bettole
dei vicoli di Pompei.

FUTUI COPONAM

«Mi sono fatto l'ostessa.»

Qualsiasi donna in una *popina* o in una *caupona* era in teoria una
donna con cui poter fare sesso. Esattamente come accade per le
donne dei saloon dei film western.

Vittorie memorabili dei campioni "sportivi"

OCEANUS L(IBERTUS) XIII V(ICIT) ARACINTUS
L(IBERTUS) (VICIT) IIII (PERIIT)

«Oceanus, ex schiavo, ha vinto tredici volte. Aracintus,
ex schiavo, ha vinto quattro volte ed è morto.»

Sono i risultati di una giornata di combattimenti tra gladiatori nell'anfiteatro di Pompei, una sorta di "notiziario sportivo" inciso sul muro. Queste scritte si trovano sotto le figure di due gladiatori, un mirmillone (*murmillo*) e un trace (*Thrax*). Il primo, massiccio e forte, si nasconde dietro un grande scudo a forma di tegola, ha uno schiniere sulla gamba sinistra e un grande elmo con grata protettiva e una criniera di piume colorate: si muove poco, ma se l'avversario si avvicina è implacabile con il suo gladio. Il secondo, invece, porta un piccolo scudo rettangolare, schinieri alti, fasciature in cuoio sulle cosce e un grande elmo con grata e cresta di piume: in genere basso e magro, è molto più agile.

Vanti sessuali di donne

I muri di Pompei sono letteralmente "tappezzati" di scritte spinte o addirittura oscene, che però non sempre sono di scherno. Il sesso era vissuto in modo libero e aperto. Non di rado, sia gli uomini sia le donne si vantavano delle proprie conquiste o prodezze sessuali.

PRIMA CUM SUO HAC

«Prima lo ha fatto qui con il suo uomo.»

PITHIA PRIMA CUM SPARITUNDIOLO HAC MODO

«Pizia Prima lo ha fatto proprio qui ora con Sparitundiolo.»

PIRAMO COTTIDIE LINGUO

«A Piramo lo succhio ogni giorno.»

IUCUDUS MALE CALA
«Giocondo scopa male.»

VITALIO BENE FUTUES
«Vitalio, sei un gran scopatore.»

FUTUTA SUM HIC
«Sono stata chiavata qui.»

EUPLIA HIC CUM HOMINIBUS BELLIS MM
«Qui Euplia lo ha fatto con duemila uomini belli.»

MULA FELLAT ANTONI(UM)
FORTUNATA A(ERIS) A(SSIBUS) II
«Mula lo succhia ad Antonio.
Fortunata lo fa per due assi.»

Vanti sessuali di uomini

NY(M)PHE FUTUTA AMONUS FUTUTA
PERENNIS FUTUTU
«Ninfa [una donna], fottuta; Amono [un uomo, ma declinato
al femminile], fottuta; Perenne [un uomo], fottuto.»

Non si può dire che l'autore del graffito facesse differenze… di
genere.

HIC EGO NUNC FUTUI FORMOSA(M) FORMA
PUELLA(M) LAUDATA(M) A MULTIS SET LUTUS
INTUS ERAT
«Qui ho fatto sesso con una bella donna lodata da molti,
ma dentro era fango.»

Si tratta probabilmente della più antica prova dell'uso di un anticoncezionale da parte di una donna (una crema interna che l'amante ha

scambiato per… fango). Essendo stato inciso nella Casa degli Eruditi, accanto alla porta, è probabile che il graffito faccia riferimento a una "escort" molto apprezzata, che un uomo ha voluto ricevere a casa propria. Questo spiegherebbe anche l'uso di una crema anticoncezionale da parte della donna (come abbiamo già avuto modo di vedere, in epoca romana non esistevano profilattici).

DAPHNICUS CUM FELICULA SUA HAC
«Dafnico lo ha fatto qui assieme alla sua Felicola.»

CRESCE(N)S RETIA(RIUS) PUPARUM NOCTURNARUM MAT(UTIN)AR(UM) ALIARUM SER. ATINUS … MEDICUS
«Crescenzio, il reziario, medico delle fanciulle insonni, di quelle mattiniere e delle altre.»

ARPHOCRAS HIC CUM DRAUCA BENE FUTUIT DENARIO
«Arfocrate, insieme a Drauca, ha fatto bene l'amore per un denario.»

PEDICAVI VI
«Ne ho sodomizzati sei.»

HIC EGO PUELLAS MULTAS FUTUI
«Qui mi sono fatto molte ragazze.»

Sesso a pagamento offresi

EUTYCHIS GRAECA A(SSIBUS) II MORIBUS BELLI(S)
«Eutichide, greca, di buone maniere, si dona per due assi.»

Questa schiava, pur vivendo nella casa di ricchissimi liberti (i Vettii), arrotondava le entrate con rapporti equivalenti a circa… tre euro.

MENANDER BELLIS MORIBUS AERIS ASSIBUS II

«Menandro, di buone maniere, [si concede] per due assi.»

Qui, a offrire servizi sessuali *low cost*, è un uomo, più probabilmente un ragazzo.

Quanto si scrive sui muri!

ADMIROR TE PARIES NON CECIDISSE QUI TOT
SCRIPTORUM TAEDIA SUSTINEAS

«Mi meraviglio di te, parete, che non sei ancora crollata, perché devi sostenere le cretinate scritte da tutti.»

Post-it di duemila anni fa

FELIX AERIS AS IV FLORUS X

«Felice: 4 assi; Florus: 10 assi.»

I muri funzionavano anche da Post-it dell'antichità. Si tratta di piccoli debiti, oppure di soldi prestati ai due per spese di poco conto. È una contabilità spicciola incisa sull'intonaco per essere formalizzata e non scordata.

Minacce

SPORUS OMO MORTUS

«Sporus, sei un uomo morto.»

Apprezzamenti pesanti

MATRENA CULIBONIA

«Matrena ha un bel culo.»

PAMHIRA SIIFERA

«Palmira attizza.»

MIDUSE FUTUTRIX
«Medusa grande scopatrice.»

Insulti

REGULUS FELLAT
«Regolo fa pompini.»

Nel mondo romano l'omosessualità maschile era molto diffusa e accettata, ma a un patto: che il *civis Romanus* avesse una parte attiva nei rapporti sessuali e passiva in quelli orali.

IMANIS METULA ES
«Sei un minchione di proporzioni colossali.»

M TITINIUS CINAEDUS LX
«Marco Titinio checca sessanta volte.»

AEGROTA AEGROTA AEGROTA
«Che ti venga un accidente!!!»

I romani non conoscevano il punto esclamativo. Al suo posto ripetevano più volte le parole: in questo caso, l'equivalente di tre punti esclamativi… Gli insulti spesso non sono altro che le proprie paure riversate sugli altri, e le malattie costituivano all'epoca uno dei timori più diffusi.

Una "settimana enigmistica" ante litteram

R O M A
O L I M
M I L O
A M O R

«Roma – un tempo – *Milo* [nome proprio] – amore»

```
R  O  T  A  S
O  P  E  R  A
T  E  N  E  T
A  R  E  P  O
S  A  T  O  R
```

«Ruote – opera – tiene – Arepo – seminatore»

Sono giochi di parole, due quadrati "magici", composti da termini che possono essere letti in più direzioni (a partire da sinistra, da destra, dall'alto o dal basso).

Pene d'amore

AMANTES UT APES VITA(M) MELLITA(M) EXIGUNT
VELLE(M)

«Gli innamorati, come le api, hanno una vita dolcissima.»

E qualcun altro ha aggiunto: *Magari…*

MARCELLUS PRAENESTINAM AMAT ET NON CURATUR

«Marcello ama Prenestina, ma lei non se lo fila.»

CAVE USORIBUS

«Stai attento alle mogli.»

Felicità

(H)IC SUMUS FELICES VALIAMUS RECTE

«Qui siamo felici… andiamo avanti così!»

Citazioni

FULLONES ULULAM(QUE) CANO NON ARMA
VIRUMQUE

«Canto i lavandai e la civetta, non le armi e l'eroe…»

È una citazione parodistica del primo verso dell'*Eneide* di Virgilio.

240

AENEADUM GENETRIX
«Madre degli Eneadi.»

Citazione di Lucrezio (*De rerum natura* I, 1).

SEVERUS
MILLE MEAE SICULIS ERRANT IN MONTIBUS
AG(NAE)
«Severo dice: "Mille pecore mie errano sui monti in Sicilia".»

Altra citazione, questa volta dalle *Bucoliche* di Virgilio (II, 21).

CONTICUERE OMNES
«Tutti tacquero.»

E chiudiamo tornando all'*Eneide* (II, 1).

Le citazioni dotte sono molto frequenti sui muri di Pompei. Perché? Può sorprendere, ma la cosa è spiegabile con il fatto che non c'erano blocchetti di carta e "quaderni" a portata di mano, e i materiali su cui poter scrivere o scarabocchiare erano comunque rari e piuttosto costosi. Quindi, per lasciare un messaggio alla posterità, si usavano i muri.

Virgilio è uno degli autori più citati e questo fa capire che, accanto all'inevitabile ignoranza di schiavi e contadini, nelle città la cultura era piuttosto diffusa. Sarebbe però un errore considerare questi graffiti come l'espressione di uno studio accademico. Bisogna semmai paragonarli alle citazioni di testi di canzoni famose.

Filosofia da strada

QUI MEMINIT VITAE SCIT QUOD MORTI SIT
HABENDUM
«Chi riflette sulla vita sa quello che ha in serbo la morte.»

Ancora un po' di sesso

CANDIDA ME DOCUIT NIGRAS ODISSE PUELLAS
ODERO SI POTERO SI NON INVITUS AMABO

«Una ragazza dalla pelle chiara mi ha insegnato a odiare quelle con la pelle scura. Le odierò se potrò. Altrimenti (ahimè)… dovrò amarle.»

Questa scritta scherzosa denota la ricchezza etnica di Pompei.

SABINA FELAS NO BELLE FACES

«Sabina lo succhi, ma non sai farlo bene.»

Scioglilingua

BARBARA BARBARIBUS BARBABANT
BARBARA BARBIS

«Balbettavano cose barbare sotto le barbare barbe.»

Galateo per i banchetti
(scritto dal padrone della Casa del Moralista nel triclinio)

LASCIVOS VOLTUS ET BLANDOS AUFER OCELLOS
CONIUGE AB ALTERIUS SIT TIBI IN ORE PUDOR

«Non guardare con occhio lascivo e seduttore le donne degli altri, sulle tue labbra alberghi sempre il pudore.»

In altre parole: non flirtare con la moglie del padrone.

(UTERE BLANDIT)IIS ODIOSAQUE IURGIA
DIFFER SI POTES AUT GRESSUS AD TUA TECTA REFER

«Sii gentile e risparmiaci possibilmente insulti e male parole. Se no, fa' dietrofront e tornatene a casa.»

Modi di dire

(VENIMUS H)UC CUPIDI MULTO MAGIS
IRE CUPIMUS

«Pieni di desiderio siamo venuti qui e assai più volentieri
vorremmo andarcene…»

È un graffito ricorrente sulle mura di Pompei, tracciato dalla mano
di avventori, clienti o spettatori delusi. Evidentemente riprende
un modo di dire o una cantilena molto diffusa.

Non è mai troppo tardi

ABCDEFIGHIKLMNOPQRSTVX

Lista di lettere dell'alfabeto, forse scritte da uno schiavo che sta
imparando, o forse perché qui c'era una scuola "di strada".

Il difficile mestiere di maestro

QUI MIHI DOCENDI DEDERIT MERCEDEM
(H)ABEAT QUOD PETIT A SUPERIS

«Chi mi pagherà per la mia lezione possa ricevere dagli dèi
tutto ciò che chiede.»

I maestri erano pagati poco e male, e la loro condizione rasenta-
va spesso la miseria.

Presagio della fine

NIHIL DURARE POTEST TEMPORE PERPETUO
CUM BENE SOL NITUIT REDDITUR OCEANO
DECRESCIT PHOEBE QUAE MODO PLENA FUIT
VEN(TO)RUM FERITAS SAEPE FIT AURA L(E)VIS

«Nulla può durare in eterno.
Il sole dopo aver brillato si rituffa nell'Oceano,
decresce la luna che poco fa era piena.
La furia dei venti sovente si tramuta in brezza leggera.»

La nostra scelta si conclude con quattro pentametri incisi da un anonimo poeta sull'intonaco di una bottega, proprio accanto alla porta: sono versi pieni di grazia, che racchiudono simbolicamente tutto il senso di fragilità e le gracili speranze di una città palpitante di vita che aveva imparato a convivere con le alterne vicende della propria storia.

ERCOLANO: LA PERLA DEL GOLFO

Ercolano
23 ottobre 79 d.C., ore 14,00
mancano 23 ore all'eruzione

VIVAT VIVAT
Evviva!

Lo scafo gratta il fondale. Felix sente distintamente la ruvida carezza della sabbia sulla chiglia: salta agilmente in acqua e con
l'aiuto di un'onda spinge l'imbarcazione sulla battigia.

La sua non è la sola barca. Ce ne sono molte altre, da pesca,
tirate a secco lì accanto. Sono quasi tutte di color rosso, con un
occhio dipinto sulla prua allungata come il muso di un delfino.
Barche più grandi, da trasporto, sono invece ormeggiate al lungo molo di legno che dalla spiaggia si protende nel mare.

Abbiamo già incontrato questo pescatore: ieri salutava i marinai della barca di Rectina quando si sono incrociati al largo di
Ercolano.

La sabbia è calda sotto i piedi, l'uomo si guarda intorno in
cerca del ragazzo che dovrebbe aiutarlo. I suoi occhi scrutano le
tante aperture ad arco che conferiscono al lungomare una vaga
somiglianza con un acquedotto. Si tratta di altrettanti "garage"
per le barche, chiamati "fornici", dove vengono messe a riposo le
imbarcazioni o viene depositato il materiale da pesca come reti,
lenze, remi, alberi, velature. Lui non può saperlo, ma saranno un
luogo molto affollato durante le concitate ore dell'eruzione. Del
ragazzo, però, non c'è traccia.

Una voce lo chiama da lontano. Ed eccolo arrivare: sta correndo giù per la rampa di scale che porta in spiaggia. Con il
suo sorriso solare riesce a farsi perdonare ogni volta… I due si
abbracciano. Hanno lo stesso sorriso bianchissimo, segno che

sono padre e figlio. La loro famiglia è tutta qui. La madre è morta di parto pochi mesi prima, portando via con sé una sorellina. Rimasti in due, cercano come possono di ricostruirsi una nuova vita. E sono molto più legati di prima.

Il ragazzo sbircia dentro la barca e il suo volto s'illumina di stupore. Il pesce è così abbondante che una cesta non basta! Ma com'è possibile? Il padre parla del favore di Venere e di Nettuno, forse anche di Mercurio, divinità benevole che vogliono aiutarli dopo la scomparsa della mamma. Ma la spiegazione è un'altra. Le tante fumarole sottomarine hanno modificato le acque vicino alla costa. In certe aree i pesci sono scomparsi, in altre invece sono aumentati, forse per l'innalzamento della temperatura o per le sostanze immesse nel mare. Chissà. Stamattina Felix ha visto tanti pesci galleggiare mentre si avvicinava alla riva. Qualcosa sta accadendo sotto l'acqua. Ma non è chiaro che cosa.

Padre e figlio si avviano: il primo porta il piccolo albero con la vela legata, le lenze e altre attrezzature della barca; il secondo tiene a due mani la pesante cesta e una bisaccia dalla quale fuoriescono tante code di pesci. Passano accanto a un gruppo di schiavi intenti a far girare un grosso argano di legno, necessario per tirare in secco un pesante barcone a remi, sospinto da alcuni uomini che sono nell'acqua fino alla cintola. Non sanno che questa imbarcazione, dall'elegante prua a forma di testa di cigno color rosso vivo, non navigherà mai più... Gli archeologi la ritroveranno rovesciata sulla spiaggia dalla violenza del mare e dell'eruzione.

I due notano un capannello di pescatori che discutono preoccupati. Posano cesta, lenze e vela, e si fermano ad ascoltare.

Al centro del gruppo di persone c'è un uomo seduto sulla sabbia. Ha orrende ustioni su un braccio e su una parte della schiena. Un medico gli sta passando degli unguenti sulle lesioni. Si tratta di un *urinator*, un "sommozzatore" di epoca romana. Ovviamente non esistono ancora le bombole e quest'uomo compie immersioni in apnea molto lunghe e pericolose, come facevano, fino a pochi decenni fa, i pescatori di spugne in Grecia o quelli di perle nel Golfo Persico.

246

Il lavoro degli *urinatores* consisteva nel recuperare i carichi di navi affondate a profondità non eccessive, liberare ancore aggrovigliate nei porti, riprendere anfore cadute fuori bordo, ecc. Ma nel Golfo di Napoli alcuni di loro si erano specializzati nella pesca di un altro genere di tesoro sommerso, il corallo rosso, che nei secoli a venire darà origine a un commercio redditizio che avrà come capitale Torre del Greco. Già in età romana, i "corallari" strappavano i preziosi rametti rossi, forse trascinando sul fondo marino, dalla barca, grandi croci di legno alle quali erano attaccate reti di canapa (come avrebbero fatto da queste parti nei secoli seguenti con la cosiddetta "Croce di Santandrea" o "*'ngegno*"), sicuramente con brevi immersioni in apnea nei luoghi più propizi.

Questa mattina l'*urinator* ha avuto un grave incidente. Mentre raccoglieva il corallo con dei "colleghi", è stato investito da un getto improvviso di gas ustionante. Non è stato un fatto isolato: in quest'ultimo periodo, sulla superficie del mare si notano improvvisi e violenti ribollii. Segue sempre un diffuso odore di uova marce a cui si aggiungono, immancabili, i corpi di pesci morti che nel giro di pochi minuti affiorano in superficie.

A sentire i pescatori, sono troppi gli episodi anomali accaduti nelle ultime settimane. Sono sparite delle boe di segnalazione davanti al porto, come se la grossa cima che le teneva fissate al fondo fosse stata recisa di netto. Le reti a volte s'impigliano su rocce e rilievi del fondale che prima, parola di pescatore, non c'erano. Lungo la costa, un gruppo di scogli un tempo appena affioranti ora spicca decisamente fuori dalle acque…

Su una cosa sono tutti d'accordo: bisogna fare al più presto un rito che invochi la protezione di Nettuno, Venere ed Ercole. Perciò, preoccupati, corrono a chiamare i sacerdoti.

«Perché a Ercole?» chiede il figlio di Felix.

Il padre risponde, riprendendo l'origine mitologica della città e rifacendosi alla stessa versione che ci ha trasmesso, nei suoi scritti, lo storico Dionigi di Alicarnasso.

Ercolano, lo dice il nome, è legata a Ercole: la città sarebbe stata fondata dall'eroe greco "in persona" al termine della sua decima fatica, che lo aveva visto sottrarre a Gerione, un re crudele e dall'aspetto terrificante – con tre teste e sei braccia –, le sue mandrie di buoi. Nel viaggio di ritorno, poco prima del rientro in Grecia, Ercole si sarebbe fermato lungo le coste campane per far pascolare i buoi, vista la proverbiale fertilità di queste terre.

In effetti, Ercolano si trova in un punto strategico e di straordinaria attrattiva, al centro del Golfo di Napoli, su uno sperone che scende a picco verso il mare.

Quando i romani conquistarono questa regione furono anch'essi, proprio come i greci, rapiti dalla sua bellezza. E costruirono sulla costa un gran numero di ville, come abbiamo visto, una attaccata all'altra. Questo tratto della Campania che va da Pozzuoli a Castellammare di Stabia divenne ben presto il *buen retiro* dell'aristocrazia romana: lo stesso Cicerone aveva una dimora poco fuori Pompei.

Ercolano fu edificata a immagine di Napoli, seguendo cioè il modello di una coltissima città greca. Napoli, infatti, per via dei continui rapporti con Atene, mantenne sempre un'impronta greca, a tal punto che neppure gli invasori sanniti (che dominarono quest'area prima dei romani) riuscirono a cancellarla. Anzi, furono così ammaliati dalla sua raffinata cultura che da conquistatori diventarono "conquistati" e iniziarono persino a grecizzare i loro nomi.

Al fascino della cultura partenopea non si sarebbero sottratti in seguito neppure gli stessi romani. Fu così che Napoli, dove si parlava il greco (e non solo il latino), rimase per secoli un lembo di Grecia in Italia.

Ercolano era in un certo senso figlia di questa città, vi si respirava la stessa atmosfera. Non solo perché aveva una planimetria molto simile, ma anche per lo stile di vita raffinato, con case "moderne" e arredate con gusto.

Mentre Pompei era una città votata prevalentemente al commercio e alle attività produttive, soprattutto artigianali, Ercolano era assai più proiettata verso la pesca e la ricezione di viaggiatori e mercanti. I visitatori vi venivano infatti attratti dalla mitezza del clima e dalla bellezza del paesaggio, come testimoniano le numerose stanze da affittare ai piani superiori delle case, spesso con un ingresso indipendente e una scala che scende direttamente sulla strada.

Proprio su una di queste vie in salita si incamminano i due pescatori: il padre getta un braccio attorno al collo del figlio che lo sta interrogando con domande di ogni tipo.

Mentre si allontanano, dalla spiaggia riecheggia il cupo richiamo proveniente da una grande imbarcazione al largo: un marinaio sta soffiando nella conchiglia di un tritone, il gasteropode (*Charonia nodifera*) più grande del Mediterraneo, simile a un grosso "corno": è il segnale della partenza, proprio come lo fanno risuonare ancora oggi molte navi.

Le fa eco un'altra imbarcazione, giunta invece da pochi minuti, che ha appena calato le due ancore. È troppo grande per arrivare fino al molo: il suo richiamo segnala la richiesta di assistenza di piccole barche per il trasbordo del prezioso carico di tessuti pregiati.

Lentamente la prima, grande, nave oneraria sfila vicino alla seconda appena arrivata, guadagnando acque sempre più blu e profonde. Nessuno a bordo lo sa, ma questo passaggio separa due mondi: quello di chi parte, di chi si salverà dalla tragedia imminente, e quello di chi rimane, di chi è destinato a morire in modo atroce. È una scelta fatta dal caso, come in tanti momenti della vita di ognuno di noi.

Una città all'ottanta per cento abitata da ex schiavi

Ercolano è davvero piccola: il suo fronte rivolto al mare misura solo trecentoventi metri e l'intera città copre appena venti ettari. Non deve superare i tre-quattromila abitanti, circa un terzo di Pompei. Potrebbe essere un suo (grande) quartiere.

Il pianoro vulcanico sul quale è stata edificata cala a picco sul mare. A destra e a sinistra, la città è delimitata da due corsi d'acqua che hanno scavato la falesia, dando l'impressione che il centro abitato riposi su una piccola penisola.

Anche se in età moderna Ercolano appare affondata nel terreno (tanto che per visitarla i turisti devono scendere per oltre venti metri), in epoca romana invece si presenta quindi leggermente "rialzata" sulla costa, offrendo un bellissimo panorama del Golfo, ovunque ci si affacci. A cominciare dalle sue terme, a picco sul mare.

Padre e figlio continuano a salire lungo il Cardo IV, una delle numerose strade in pendenza di Ercolano. Come in tante altre vie, il primo piano delle case "sporge" sulla strada, creando un tetto sopra il marciapiede (vedi *Inserto 1*, p. 5). In alcuni casi, questi vani in aggetto dalla facciata sono sorretti da colonnine bianche e rosse e formano così strettissimi porticati che danno un look particolare alla città.

Ogni volta che i due passano davanti all'uscio aperto di una casa o di una bottega sentono un gradevole tepore sulla loro pelle, dovuto ai bracieri accesi al loro interno. Vengono di solito messi negli angoli, così come spesso li ritroveranno gli archeologi, un ulteriore elemento a favore della tesi autunnale.

I due continuano a salire, incrociando passanti frettolosi, fino a giungere a una rivendita situata quasi in cima alla via. Si trova inglobata nell'attuale Casa di Nettuno e Anfitrite. Sull'uscio c'è un uomo grasso dagli occhi chiari, che vedendoli arrivare non può fare a meno di sorridere. È il proprietario. Aiuta il ragazzo a deporre la cesta con il pesce all'interno dell'esercizio. Gli dà una rapida occhiata e senza battere ciglio decide di comprare tutto: sa delle loro difficoltà economiche e inoltre quel pesce è ideale per gli spuntini dei suoi clienti. Ha anche la certezza di rivenderne una parte ai produttori di *garum*, in un "domino" commerciale che fa girare l'economia della costa.

Mentre attende il pagamento, il ragazzo dà un'occhiata alla

bottega. È un tipico "alimentari" di epoca romana. Non è immenso, anzi. Occuperà appena una ventina di metri quadrati, ma c'è tutto in questo unico ambiente, che svolge tre ruoli: è un negozio, un magazzino e un'abitazione. Un romano vi direbbe che è un perfetto esempio di quello che Vitruvio intende con il suo *"vivere in pergulis"*, cioè abitare in spazi sopraelevati come per esempio le balconate. Per capire il concetto, basta pensare a come si arreda in un piccolo appartamento la camera dei ragazzi, con l'uso di soppalchi e letti a castello.

In basso c'è un bancone di vendita a forma di "L" in cui sono stati inseriti due *dolia* dei quali spuntano i classici "fori" dove si trovano granaglie, frutta o legumi. Su un lato ci sono delle anfore messe in fila. Quelle con il collo lungo e stretto contengono sempre liquidi (vino o olio). Altre con l'imboccatura larga, invece, servono per il cibo secco, come fave, ceci o anche datteri. Sopra di esse, inchiodata sulla parete, c'è una rastrelliera di legno con alcune anfore allineate come i cannoni che fuoriescono dalla fiancata di un galeone. Da esse, il gestore fa spillare il vino che serve poi agli avventori.

Quella rastrelliera, dotata anche di una carrucola per il sollevamento delle anfore (gli archeologi ritroveranno persino la corda, intatta), è un ingegnoso sistema per sfruttare lo spazio a mezz'aria, che così diventa anche una sorta di magazzino "volante". Un magazzino che continua, sempre a metà altezza, con un ballatoio che corre sulla parete di fondo. Ha una ringhiera e tante anfore in fila, che uno schiavo sta riordinando anche se sbuffa perché il basso soffitto lo costringe a stare accovacciato.

Sotto questo balcone c'è l'abitazione del gestore, costituita da una cucina (o, meglio, da un angolo cottura) e da un elegante séparé in legno con una grata finissima dietro al quale si trovano il suo giaciglio e i suoi vestiti appesi a pochi chiodi. Il bagno non è necessario: per lavarsi ci sono le terme dietro l'angolo e per i bisogni le latrine pubbliche. Insomma, lo avete capito, lo sfruttamento degli spazi di questo monolocale è sorprendentemente... moderno.

Proprio dietro il séparé, sono scomparsi Felix e il gestore per il pagamento. Mentre aspetta, il ragazzo sente dei passi al piano di sopra. Oltre il soffitto c'è un elegantissimo appartamento: fa parte, del resto, della Casa di Nettuno e Anfitrite. Si sente chiaramente che un letto viene spostato, forse per fare le pulizie. E poi c'è una pentola che cade, a indicare la presenza di una cucina sul lato destro.

È interessante notare una differenza con Pompei. Se le case dei ricchi laggiù sono sempre molto grandi – sinonimo di agiatezza –, a Ercolano, invece, manca lo spazio: così si punta più sulla qualità che sulle dimensioni. Di conseguenza, la casa di un ricco, come questa, è piccola ma è ricoperta di affreschi, mosaici e arredi di altissimo livello.

Tutto quello che vi abbiamo descritto verrà ritrovato dagli archeologi intatto "fossilizzato" dall'eruzione. In effetti le colate di fango vulcanico sigilleranno come cemento non solo le anfore e il bancone, ma anche il soppalco in legno e la rastrelliera, impedendo all'aria di penetrare e di dissolverle (come invece è accaduto a Pompei, dove gli strati di lapilli, permeabili, hanno portato alla scomparsa di legno, tessuti e dei materiali organici in genere). Perciò, qui tutto è ancora visibile e a chiunque entri nel locale si presenta un commovente fotogramma della vita di Ercolano.

Il pescatore e il ragazzo, visibilmente soddisfatti, escono dalla rivendita: il padre con il guadagno di più giorni, vista la "pesca miracolosa", e il figlio con una forma di pane tutta per sé che il gestore gli ha regalato dandogli una carezza sulla testa. Sul pane, preparato stamani, si legge molto bene il sigillo del fornaio.

I due proseguono verso casa, un'umile abitazione situata fuori dalle mura di Ercolano. La città è abitata da gente benestante, non più da pescatori, come invece una volta. E noi perdiamo di vista i nostri due personaggi, uniti più di prima da un destino malvagio, mentre si mescolano alla folla di queste vie.

In effetti, rispetto a Pompei, qui si respira un'altra atmosfera. È una città portuale, ma più colta, più raffinata e soprattutto… più ricca. È la sede di un'élite. Anche a Ercolano ci sono liberti in carriera, certo, come ovunque nell'Impero. Però qui i nuovi ricchi hanno molto più stile, ostentano sì il loro nuovo status, ma senza volgarità.

Sono molti i liberti. Scorrendo i nomi sulle "pagine gialle" della città, cioè gli elenchi dei cittadini di Ercolano, incisi su grandi lastre di marmo, si scopre che l'ottanta per cento degli uomini sono… ex schiavi.

Dal momento che uno schiavo liberato nella nuova condizione portava con sé il *praenomen* e il *nomen* del padrone, è facile individuare chi fossero i liberti nelle scritte e nelle insegne. Un certo Marco Nonio Dama ci riporta alla Siria (*Dama* richiama Damasco), quindi è molto probabile che si trattasse di un uomo con origini e tratti mediorientali. Doveva essere anche molto determinato nel suo tentativo di scalata sociale una volta liberato: il suo nome è inciso su una lastra – che riporta due iscrizioni, una per lato, sicuramente il risultato di una lite tra vicini – che attesta la sua proprietà di un… muro nelle strade di Ercolano. Da una parte si legge «Questa è la proprietà di Marco Nonio Dama» e dall'altra «Questo è il muro di Giulia». Anche lei ex schiava… Una lite tra un uomo e una donna proiettati verso una nuova vita. Non erano i soli.

Una curiosità: almeno una cinquantina di persone che vivevano a Ercolano in questi anni erano schiavi (o discendenti di schiavi) di uno stesso padrone: Marco Nonio Balbo. Insomma, una sorta di "inseminatore" della società ercolanese. Ex governatore in province lontane dove accumulò ingenti ricchezze, tornò in seguito nella città e ne fu forse il più grande benefattore. I concittadini, riconoscenti, gli dedicarono una statua a cavallo ben visibile davanti all'entrata delle Terme a picco sulla spiaggia.

Altri due liberti, che passeggiano ora in due vie diverse di Ercolano, hanno storie che ci mostrano quanto, una volta liberati, agognassero la cittadinanza romana.

Lei si chiama Petronia Giusta. Nella Casa del Bicentenario è stata trovata una serie di tavolette che ci raccontano un'aspra battaglia legale per stabilire se, al momento della sua nascita, la madre fosse ancora una schiava o già una liberta. Nel primo caso il destino di Petronia sarebbe stato quello di una schiava, nel secondo di una donna libera, di una cittadina romana, con tutti i benefici di questo status. Una questione molto delicata, e in effetti dalle tavolette si è capito che furono necessarie le testimonianze di parenti e di vicini di casa. Tra poco scoprirete come è andata a finire...

Lui invece si chiama Lucio Venidio Ennico. La sua storia è davvero istruttiva. Uno schiavo liberato poteva acquisire lo status di cittadino romano solo se aveva compiuto trent'anni. Ma Venidio non li aveva ancora. Come fare? Trovò il modo di risolvere il problema "all'italiana"... La legge infatti diceva che se ci si sposava con una donna cittadina romana e si aveva un figlio, denunciando il fatto alle autorità, queste erano tenute a conferire la cittadinanza. Ed è proprio quello che fece Venidio... In una delle tavolette di cera riemerse a casa sua, tavolette che doveva custodire gelosamente, è attestata la nascita di una bambina da una certa Livia: «*L. Venidius Ennychus [testatus est sibi] filiam natam esse ex Livia Acte uxore sua*».

Sappiamo – sempre da tavolette cerate rinvenute a Ercolano – che il sistema funzionò, come anche per Petronia Giusta. Entrambi, dopo tanti anni di schiavitù, raggiunsero quindi lo status di cittadini romani.

Prima di proseguire il nostro percorso va chiarito un meccanismo della società romana a cui il professor Andrew Wallace-Hadrill della Cambridge University ha dedicato particolare attenzione. A parte la situazione drammatica degli schiavi nelle campagne o nelle cave, "usati" fino allo sfinimento, tutti gli altri, per esempio quelli che lavoravano presso le famiglie, sapevano che la prospettiva di essere liberati, a un certo punto, era più che concreta. Questo faceva sì che mantenessero un basso profilo in casa e si comportassero come servi modello, sempre disponibili, efficienti e scattanti. Una volta liberati, in questa loro gara al riscatto sociale, tentavano instancabilmente di arricchirsi con commerci, dedicandosi all'agricoltura, ecc., portando così un beneficio che alla fine ricadeva su tutta la comunità sotto forma di prodotti, mercanzie, beni di ogni genere e persino edifici donati alla città. Insomma diventavano un vero e proprio "volano" economico e finanziario per l'Impero. Ciò non sarebbe mai accaduto se non avessero avuto una prospettiva di liberazione. E non solo: ogni schiavo liberato era nuova linfa da immettere in una società che di figli ne faceva sempre meno.

Questo ovviamente suggerisce un nuovo modo di considerare la schiavitù in epoca romana: atroce, certo, spietata e disumana in molti casi, ma anche sorprendentemente aperta in altri. Nella zona vesuviana, a Murecine, è stato rinvenuto un bracciale in oro con la scritta *dominus ancillae suae*. Probabilmente il regalo di un ex padrone alla sua schiava liberata e, forse, sposata.

Saturnino

Seguendo la folla siamo arrivati nella strada principale di Ercolano, il Decumano massimo, nella parte alta della città (finora scoperta) (vedi *Inserto 1*, p. 12). È una strada ampia, parallela alla costa, larga più di dodici metri, in terra battuta. Alcuni cippi impediscono il passaggio dei carri, rendendola un'isola pedonale.

Tra le persone che camminano scorgiamo dei pali conficcati nel terreno: consentono l'allestimento di banchi e tendoni quando si tiene il mercato, una volta alla settimana. Ai lati della strada, sotto i portici e i davanzali delle case, si trovano diverse botteghe, che fanno di questa via il cuore dello shopping e dello "struscio" della città.

Tra esse c'è quella di un piccolo artigiano, un bronzista al quale un ricco ercolanese ha appena consegnato una bellissima statua in bronzo di Ercole con una pelle di leone ageminata, cioè lavorata con una particolare tecnica metallurgica orientale che

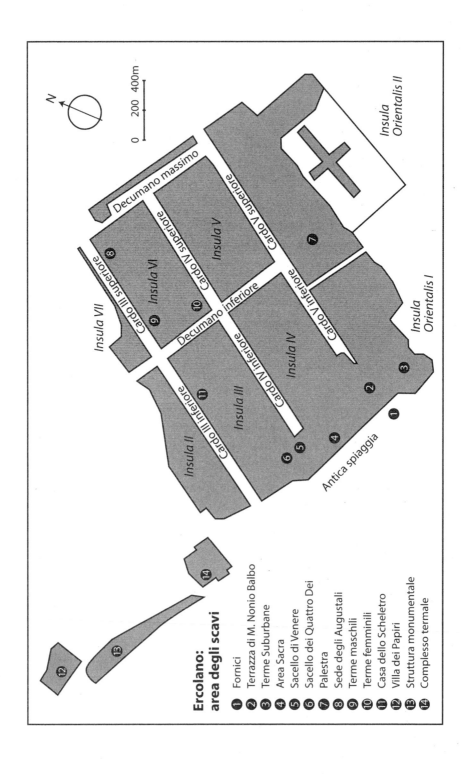

Ercolano:
area degli scavi

1. Fornici
2. Terrazza di M. Nonio Balbo
3. Terme Suburbane
4. Area Sacra
5. Sacello di Venere
6. Sacello dei Quattro Dei
7. Palestra
8. Sede degli Augustali
9. Terme maschili
10. Terme femminili
11. Casa dello Scheletro
12. Villa dei Papiri
13. Struttura monumentale
14. Complesso termale

N

0   200   400m

Decumano massimo

Insula VII

Insula VI

Insula V

Cardo III superiore

Cardo IV superiore

Cardo V superiore

Insula Orientalis II

Insula Orientalis I

Decumano inferiore

Insula II

Insula III

Insula IV

Cardo III inferiore

Cardo IV inferiore

Cardo V inferiore

Antica spiaggia

unisce diversi metalli. Non avrà mai il tempo di ripararla. Gli archeologi la troveranno ancora all'interno della bottega.

Così come rinverranno altre statue, ben più grandi e straordinarie, in varie parti della città. Nell'ampia spianata della Palestra riemergeranno per esempio una scultura egizia del dio Atum della XVIII dinastia (proprio quella di Tutankhamon) e una fontana a forma di albero con, arrotolato, un incredibile serpente a tre teste dalle cui fauci fuoriescono zampilli d'acqua. A Ercolano l'amore per le opere d'arte appare evidente un po' ovunque...

Poco distante dalla bottega del bronzista, in mezzo alla folla si nota una *popina* che sul muro esterno presenta alcune scritte interessanti. In alto è raffigurato Semo Sancus, una divinità protettrice dei giuramenti, di origine sabina, e in basso l'annuncio di uno spettacolo a Nola: il nome della città è scritto a caratteri cubitali e la descrizione dello spettacolo molto più in piccolo, fra le lettere, secondo una modernissima strategia di grafica pubblicitaria per far giungere più efficacemente il messaggio. Ma la decorazione più interessante è ad altezza d'uomo e rappresenta vari fiaschi di vino con il relativo prezzo. Scopriamo così che un litro di vino ordinario costa un sesterzio, cioè l'equivalente di sei euro, mentre per un litro di vino selezionato bisogna sborsare il doppio: due sesterzi, che corrispondono a dodici euro. Se poi qualcuno vuole godersi un litro di vino Falerno, deve essere disposto a pagare ben quattro sesterzi ossia – oggi – ventiquattro euro.

Le scritte e i graffiti abbondano sui muri della città, però notiamo l'assenza di messaggi elettorali. Questo indica un fatto significativo: a Ercolano non c'era alcuna concorrenza tra le varie corporazioni di artigiani, l'esatto contrario che a Pompei. Ogni cosa veniva decisa dalle alte sfere. La città (con il suo ottanta per cento di ex schiavi) e la sua amministrazione "dovevano" avere un equilibrio costante. Il motivo? Ercolano era soprattutto una città di servizi per le ville faraoniche che le sorgevano attorno. E i ricchi e gli aristocratici che le abitavano si occupavano in prima persona di pilotare ogni elezione, stroncando sul nascere ogni tentativo di competizione tra le corporazioni. Come? Tenendo "tranquilla" la comunità con ripetute donazioni e opere pubbliche che abbelliscono la città.

Tra questi benefattori c'è la famiglia del ragazzo che sta uscendo dalla *popina* con i prezzi dei vini esposti sulla facciata. Lo abbiamo conosciuto ieri sera al banchetto di Rectina. È Aulo Furio Saturnino. La sua è una famiglia, molto riverita, di… liberti (c'è da chiederlo?): sua nonna Vibidia e suo padre hanno restaurato a proprie spese un sacello importante, quello di Venere, che si trova proprio sopra la spiaggia e che il terremoto del 62 d.C. aveva semidistrutto. Sappiamo che hanno speso ben duecentomila sesterzi. Una fortuna. Qualcosa come un milione e duecentomila euro… Inoltre hanno finanziato la costruzione di due statue dedicate a Tito e Domiziano e il restauro di certi edifici nel Foro, per un'ulteriore spesa di cinquantaquattromila sesterzi. Questo dà l'idea delle somme che le famiglie di ex schiavi investivano nella comunità e anche di quanto fossero diventate ricche. In tutto hanno "regalato" alla città oltre trecentomila euro…

Ma cosa ricavavano da queste donazioni? Un'affermazione sociale e la protezione degli dèi… La nonna Vibidia infatti era stata liberata dalla schiavitù quand'era ancora abbastanza giovane e in seguito si era sposata. Morto il marito, era riuscita a emanciparsi a livello economico, diventando un'imprenditrice affermata grazie al commercio via mare (ciò spiegherebbe la scelta di restaurare il sacello di Venere, protettrice di questo tipo di attività). La scritta che ha fatto porre come epigrafe ci dice non solo quanto ha speso ma anche che in questo modo celebrava l'ascesa del figlio al rango equestre (cioè di "cavaliere").

Aulo Furio Saturnino ha solo diciassette anni, ma è sicuro e determinato nelle sue scelte. Anche lui è destinato a fare carriera in città. Ma il Vesuvius infrangerà i suoi sogni…

Dopo una breve camminata rientra a casa, una delle più belle di Ercolano. Siamo stupiti dai dettagli. Il soffitto è a cassettoni. Con riquadri e minute tarsie, lavoro di abilissimi ebanisti. Si vedono "stelle" o eleganti figure geometriche all'interno di poligoni, a loro volta incorniciati da greche a rilievo. Oppure tre quadrati uno dentro l'altro con al centro un fiore scolpito. Tutte queste elaborate lavorazioni in legno del soffitto sono dipinte con tonalità vive: rosso, azzurro, verde, bianco. E, ovviamente, oro. Grandi porte scorrevoli di legno finemente lavorato consentono di isolare lo studio di casa (*tablinum*) per una maggiore privacy quando si tengono importanti riunioni e danno un tocco un po' orientale a queste case. Soprattutto, la grande quantità di boiserie pregiate diffonde in casa un aroma particolarmente gradevole di legno al quale oggi nessuno pensa entrando nelle rovine di Ercolano o Pompei. Saturnino potrebbe riconoscere a occhi chiusi casa sua camminando al buio in città...

In casa compare la nonna, ormai anziana, aiutata da due schiave. Al collo porta una bellissima collana di sfere di cristallo di rocca grandi come biglie. La fanno delicatamente sedere su un letto ricoperto di cuscini e tempestato di placche di avorio scolpito. Accanto a lei uno schiavo monta un alto candelabro in bronzo, su cui verrà messa una lucerna per consentirle di leggere meglio. Questo candelabro è un vero capolavoro: è in bronzo ageminato. Quello che colpisce sono i vari segmenti: ognuno termina con una punta finemente filettata, e lo schiavo li unisce avvitandoli. Se non fossimo a Ercolano nel 79 d.C. penseremmo di essere in un moderno negozio di arredamento... La precisione degli incastri delle aste e la decorazione del bronzo sono davvero incredibili.

Dopo aver preso con sé un po' di sesterzi di bronzo e denari in argento, Saturnino saluta la nonna che ha già cominciato la lettura ad alta voce, come comunemente si fa nel mondo antico (la lettura silenziosa si diffonderà infatti nei monasteri medievali per non disturbare la meditazione). Tra le sue mani che tremano c'è un rotolo di papiro con un testo di Virgilio e accanto un altro del filosofo epicureo Filodemo da Gadara.

Saturnino esce di casa e si dirige con passo veloce verso le terme suburbane, quelle a picco sulla spiaggia. Arrivato a un incrocio il suo sguardo è attirato da un piatto di datteri esposto da un commerciante. Sono messi lì in bella vista, appena arrivati dal Nord Africa. Si ferma: è tentato di acquistarli per gustare il loro intenso sapore. Ci pensa un po' su, poi decide di andare, e questo lo salva. Non ha il tempo di sentire le urla della gente. Con la coda dell'occhio vede solo una massa scura piombargli addosso. È un carro che viene giù per la strada. Riesce a evitarlo per un soffio. Se non si fosse fermato quell'istante a riflettere, sarebbe stato travolto... Il carro, senza cavallo e con nessuno a bordo, prosegue la sua folle corsa fino a fracassarsi contro una colonna. Il suo proprietario arriva trafelato pochi secondi dopo. La gente si accalca. Per fortuna nessuno è stato ferito. Ma cosa è successo? Il proprietario è incredulo. Aveva appena sciolto l'asino dal carro, quando questo si è letteralmente mosso da solo... E non riesce a capire come. Tante volte ha ripetuto la stessa operazione in quel punto e il carro non si è mai mosso. Lui non lo sa, ma questa notte alcune pendenze sono cambiate in città. Impercettibilmente. Il vulcano si sta preparando.

Saturnino fissa il carro, stringe le labbra, fa un lungo respiro e poi riprende il cammino. Eccolo arrivato alle terme.

Ad aspettarlo c'è suo padre. Si chiama come lui, e il suo rango di cavaliere lo rende una persona rispettata da tutti: è inoltre decurione e anche *flamen Dialis*, sacerdote preposto al culto di Giove.

Entrambi entrano nelle terme assieme al liberto che dovrà sovrintendere al delicato cantiere che verrà allestito per riparare l'edificio danneggiato dalle violente scosse degli ultimi giorni. Il freddo e l'umidità avvolgono Saturnino, che ha un sussulto. La prima sala è uno degli ambienti più belli che si possano vedere a Ercolano. È un atrio buio, con la luce che scende verticalmente da un'apertura del tetto. Al centro c'è la vasca dell'*impluvium* circondata da quattro colonne rosse, unite tra loro da due arcate sovrapposte. Di lato c'è un'erma, cioè un cippo squadrato sormontato da un busto di Apollo in marmo greco di straordinaria bellezza.

Sgorgando da questa scultura, uno zampillo d'acqua dovrebbe riempire un ampio bacile di marmo (*labrum*) e da qui, tracimando, cadere nell'*impluvium* e creare un gradevole rumore cristallino che di solito riecheggia in tutta la sala. Dovrebbe… ma non lo fa, perché anche queste terme, come quelle di Pompei, non sono in funzione. La causa è la stessa, un terremoto avvenuto pochi giorni prima (gli esperti moderni ritengono che le scosse siano avvenute da sei a quindici giorni prima, non di più).

Saturnino e il padre sono qui proprio per seguire l'andamento dei lavori di restauro delle terme che la loro famiglia ha deciso di sovvenzionare in favore della città. Una spesa ragionevole, visto che si tratta solo di una riparazione e di un ripristino – non della costruzione *ex novo* di un impianto termale –, ma di grande impatto per l'immagine della famiglia a Ercolano.

Certo, il costo degli operai specializzati e dei tecnici nelle strutture termali è elevato, così come quello della ristrutturazione di ambienti impermeabili, di vasche stagne e di efficienti intercapedini per il passaggio dell'aria calda. In effetti ci si pensa poco oggi, ma in fondo le terme erano come degli enormi "camini" le cui canne fumarie, passando attraverso le pareti, riscaldavano i vari ambienti: il tiraggio doveva essere perfetto.

I lavori sono ancora in una fase iniziale, come ci ricorda uno schiavo che passa tenendo una lunga tavola di legno da usare per le future impalcature. La appoggia contro una parete laterale del *praefurnium*, la caldaia che costituisce il cuore delle terme. Ancora oggi sono visibili queste tavole addossate nel corridoio, pronte all'uso e mai utilizzate. Così come le pile di mattoni forati ammassati al piano superiore: sono pronti a sostituire quelli danneggiati del *calidarium* ma… rimarranno lì, dimenticati, per venti secoli, assieme a un curioso graffito su una parete, che mostra la caricatura di una donna di profilo. La scritta sotto farebbe capire che si tratta proprio di Novella Primigenia. Di lei, come abbiamo detto, non possediamo ritratti, ma da questa caricatura possiamo immaginare che avesse gli occhi chiari, un naso lungo e labbra prominenti. Una bellezza "forte", forse simile a quella di Sophia Loren che, fra l'altro, è originaria di queste parti.

Il blocco delle terme ha privato Ercolano dell'odore di legna che brucia, sinonimo immediato, per tutti gli abitanti dell'Impero, di bagni caldi, chiacchierate e momenti di relax.

Spingendo le porte che cigolano sui pesanti cardini, padre e figlio passano nel *tepidarium*, dove li attendono eroi guerrieri e atleti realizzati con bellissimi altorilievi in stucco. Poi entrano nel *calidarium* con la vasca dal rubinetto piatto così moderno... Osservano un ampio e pesante bacile sotto una vetrata, usato per le abluzioni. È di un bel marmo cipollino. E il padre fa rotolare al suo interno una moneta che compie quasi un giro completo prima di fermarsi. È un vecchio trucco che un anziano ercolanese gli ha insegnato, quando era ragazzo, per fargli vedere quanto fosse perfetta quest'opera frutto di abilissimi marmisti greci. Il bacile segnerà, lo vedremo, un momento drammatico nell'eruzione qui a Ercolano.

I due proseguono nel loro tour e arrivano nella *natatio*, la piscina delle terme. È forse l'ambiente più suggestivo con le sue scalette per entrare gradualmente in acqua. Un'acqua molto calda... e questo grazie allo strano e grande cilindro di bronzo posto al centro: da sotto, grazie a un cunicolo, uno schiavo accende un fuoco, che rende rovente il bronzo in modo che riscaldi l'acqua della piscina. È un sistema detto "a samovar". È un po' come se le persone entrassero in un'enorme pentola di acqua messa a riscaldare su un fornello acceso...

Ovviamente ora la piscina è vuota. Hanno portato via anche le statue poste sui bordi, che abitualmente fungono da fontane. Rimangono solo i contorti tubi di piombo, esattamente come li troveranno gli archeologi.

Saturnino osserva il bordo della vasca. Non lo aveva mai veramente notato, forse per via della confusione quando ci sono le persone in acqua. Tutt'attorno al suo perimetro c'è un piccolo rialzo che corre a trenta centimetri di distanza dal bordo: serve a impedire che l'acqua si riversi fuori dalla vasca, contenendo così il rischio di tremende scivolate. Anche alcune lastre usurate dal calpestio e ripicchiettate per renderle meno scivolose testimoniano che questo era uno dei grandi pericoli delle terme.

Dalle eleganti vetrate si vede tutto il Golfo, con Capri e Ischia sullo sfondo. Ma lo scenario è ancora più spettacolare nel *calidarium*, dove le finestre creano due ordini di archi. Con vista sul mare…

Fino a oggi solo un quarto di Ercolano è stato riportato alla luce, eppure in quel poco che possiamo visitare ci sono tre strutture termali, ottanta latrine e un sistema fognario molto ben organizzato. Insomma, la si può definire senza esitazione una città pulita. L'acqua è un prezioso alleato e sia l'igiene sia il decoro della città sembrano essere stati in cima agli obiettivi dell'amministrazione. Una scritta incisa accanto a una fontana pubblica recita che chiunque insudici la fontana con dell'immondizia verrà multato (se cittadino romano) o frustato (se schiavo). La differenza di trattamento è eloquente…

Un omicidio a Ercolano

Mentre Saturnino e il padre continuano a esaminare i danni e i restauri da compiere per dare nuovo splendore alle terme, altrove una vita si spegne con una violenza inaudita. È un fatto di sangue che per la sua efferatezza avrebbe animato per giorni i discorsi del Foro di Ercolano, ma anche di quello di Pompei, Pozzuoli, Napoli giungendo fino a Roma. Se fosse balzato alle cronache, se solo qualcuno lo avesse scoperto… Ma l'omicidio è rimasto segreto e impunito. È riemerso solo durante gli scavi, nell'Ottocento.

Tutto è accaduto a poche decine di metri dalle terme, in una bottega anonima.

Per la strada nessuno fa molto caso alle urla e al litigio in atto nel retrobottega, le voci giungono attutite e poi non sono una novità: ovunque, per le vie e nelle case, c'è sempre qualcuno che striglia e rimprovera uno schiavo o un liberto per un lavoro fatto male, una consegna effettuata in ritardo… In questa bottega negli ultimi tempi è successo spesso di sentire delle grida.

Chissà se la donna che si è allontanata da poco, a passo veloce e coprendosi il volto, è in qualche modo collegata alle urla o se si tratta solo di una cliente uscita casualmente poco prima del litigio...

Il liberto che gestisce la bottega ultimamente è molto teso, tanto che saluta a fatica i vicini. Ha un grosso problema che lo preoccupa, è chiaro. Eppure gli affari vanno bene. Proviamo a entrare.

Nella bottega ora c'è solo silenzio. Superiamo delle merci esposte all'entrata per accogliere i clienti, tra cui deliziosi datteri appena arrivati dal Nord Africa e piccole anfore contenenti olive o fichi secchi. In bella mostra ci sono anche cassette di alici sotto sale e altri generi alimentari. A ogni passo aumenta l'odore acre di mare e soprattutto di pescato: qui si vendono soprattutto pesce e *garum*, come indicano le tante lische ritrovate dagli archeologi.

Tutto sembra immobile, persino l'aria, attraversata solo da qualche mosca. Lo sguardo cade sul pavimento. C'è un borsello, di quelli usati per le spese quotidiane, con i lacci strappati: tutt'attorno ci sono alcuni sesterzi. Non può esserci stata una rapina. Ma qualcosa di più grave...

A separarci dal retrobottega c'è solo una tenda leggera; attraverso di essa distinguiamo una figura maschile, appoggiata a una giara. Ha le mani nei capelli, è come paralizzato. Poi gira lo sguardo verso di noi, ma sembra non averci visto. Sta pensando... deve pensare velocemente... a una soluzione.

Già, ma a quale problema? La risposta alla nostra domanda è sul pavimento.

Riverso al suolo c'è il corpo senza vita di un altro uomo. La posizione delle braccia ricorda chi è serenamente avvolto nel sonno. In realtà, le sue ultime cellule cerebrali – ancora vive, ma per poco – trattengono forse ancora il ricordo di una scena di inaudita ferocia.

L'uomo appoggiato alla grande anfora si è trasformato in una belva. Ogni pugnalata portava con sé la forza della disperazione e della rabbia. Le ultime due, concentrate alla gola, sono state letali, hanno reciso di netto le arterie, provocando in pochi secondi la perdita di coscienza della vittima e la sua inesorabile morte, che ora si sta diffondendo nel corpo, come la notte che cala su un paesaggio: una notte perenne.

Nella penombra del retrobottega la pozza di sangue si sta allargando attorno a quel corpo ormai senza vita. Durante la lotta tra i due, sono finiti a terra alcuni sacchi di castagne e noci che vengono ora inondate da una marea di sangue, dalla quale emergono quasi fossero isole... Il sangue raggiunge i sandali dell'assassino, che ritrae d'istinto il piede, come se non volesse far parte di questo dramma.

Stranamente il suo respiro, anziché calmarsi, si fa sempre più affannoso. Qualcuno potrebbe entrare nella bottega e scoprirlo. Deve fare qualcosa. Copre il corpo con alcuni sacchi vuoti. Poi si dirige verso l'entrata. Una signora anziana ferma sul marciapiede è intenta a osservare, dentro una cassettina di legno, un'elegante fiaschetta di vino posata su un letto di paglia. Un bel ricordo da riportare a casa, quando domattina partirà da Ercolano. In effetti già in quest'epoca esistono dei "souvenir" in vendita nelle botteghe. Questa fiaschetta realizzata soffiando del vetro in una matrice ha la raffigurazione in rilievo del porto di Baia con i principali edifici, terme, allevamenti di ostriche, ecc. Il bottegaio avvolge la cassettina in un panno con fare frettoloso, quasi si scorda di dover prendere i soldi, e sbaglia anche nel dare il resto. La donna se ne va con il suo regalo, scuotendo la testa.

Qualche minuto dopo, serrata la bottega con delle assi, approfittando della chiusura pomeridiana, ritorna a far visita al corpo nel retrobottega. Ha in mano una scure...

Non c'è altra soluzione. Bisogna far sparire il cadavere prima che qualcuno se ne accorga. Uccidere una persona proprio nel centro di una città, in uno dei luoghi più popolati dell'Impero, rende le cose difficilissime. L'unico modo è fare a pezzi il corpo e portarlo via all'interno di un sacco, in modo da potersene sbarazzare di notte, magari gettandolo in mare.

Sa che la sua bottega lo potrà aiutare in questo progetto. Spesso nel retro deve sezionare e pulire grossi pesci portati dai pescatori o anche lavorare dei quarti di animali da salare. C'è persino un bancone per questo. È abituato a lavori del genere. Sa anche quali strumenti usare: ci sono coltelli affilati infilati in una feritoia di fianco al bancone, bacinelle, ecc. Una volta fatta pulizia, nessuno farà caso alle poche tracce di sangue. Sembrerà normale. Inoltre le cassette e le giare di pesce sparse nel negozio copriranno gli odori...

E così procede nel suo atroce disegno, "lavorando" come un macellaio per tutto il pomeriggio e parte della sera. I suoi gesti al bagliore delle lucerne appaiono freddi, meccanici. È concentrato, ha la mente vuota, non pensa ad altro. Qualcuno vedrà, nel cuore della notte, un uomo allontanarsi nella via, verso le barche sulla spiaggia, con uno strano fardello...

A un certo punto l'uomo adocchia un grande *dolium* sepolto fino al collo nel pavimento: sul fondo mette prima gli strumenti utilizzati durante il lavoro di "macelleria" (tre scuri e una martellina a due tagli spezzata), poi i resti della vittima, ricoprendo il tutto con qualcosa, forse uno spesso strato di pesce. Dopo, nel cuore della notte, esce dalla bottega come se nulla fosse, con un sacco che contiene la testa della vittima. Per liberarsene...

Riuscirà nel suo intento. Non verrà mai scoperto. L'eruzione coprirà tutto.

Ma l'omicidio invece verrà svelato... il 10 luglio 1869, quasi diciotto secoli dopo. Scavando in una bottega d'angolo sul Cardo III, sono stati rinvenuti alcuni *dolia* interrati. Sono alti poco più di un metro, con un'apertura di quaranta-cinquanta centimetri. E all'interno di uno di essi sono state rinvenute le ossa della vittima... Non tutte, però.

A mancare sono proprio quelle del cranio...

Che cosa possiamo dire oggi su quell'omicidio? Chi era la vittima e chi l'assassino?

Possiamo fare solo alcune ipotesi, tutte plausibili.

In effetti il nostro racconto ha lasciato aperti molti possibili scenari. Sarebbe interessante sentire il parere di chi, per mestiere, ha esperienza di questi tremendi fatti di cronaca, come investigatori, poliziotti, carabinieri, giudici o criminologi…

Voi che idea vi siete fatti?

Dalle circostanze possiamo supporre che sia stato un omicidio d'impeto, dettato dal precipitare delle circostanze, non premeditato. Altrimenti sarebbe stato più facile eseguirlo in campagna, non certo nel cuore di una città popolosa, per giunta piccola, dove tutti mormorano, e con altri negozianti e famiglie appena al di là di una parete.

Potrebbe trattarsi di una rapina finita male. Oppure di una lite tra schiavi di bottega (o tra un padrone e uno dei suoi sottoposti) degenerata nel sangue. Forse la vittima è un cliente venuto da fuori.

Spesso omicidi di questo tipo sono dettati dalla gelosia che scatena un'esplosione d'ira in un marito tradito. Dai testi antichi sappiamo di molti casi simili, alcuni famosi, come quello di un pretore che scaraventò la moglie dalla finestra, uccidendola, dicendo poi che la donna si era sporta troppo ed era scivolata. Lo scalpore fu immenso, il caso divenne di scottante attualità a Roma e in tutto l'Impero, e persino l'imperatore dovette occuparsene, compiendo un sopralluogo nell'abitazione nel cuore della Città Eterna e verificando di persona la presenza di tracce di una colluttazione. Così il pretore venne giudicato colpevole.

Nel mondo romano (e non solo) gli omicidi passionali tendevano a essere commessi con impeto e ira se compiuti da uomini; al contrario, sembra che le donne ordissero piani premeditati e spesso ben architettati, soprattutto con l'uso di veleno.

E in questo caso? Siamo di fronte a una lite tra coniugi avvenuta per motivi di gelosia? Il corpo della vittima, per quanto se ne sa, è quello di un uomo e questo (in teoria, ovviamente) potrebbe aprire degli scenari "classici". Il primo che viene in mente è lo scontro diretto tra un marito tradito e l'amante di sua moglie… Forse li ha colti sul fatto? Oppure l'omicidio è il frutto di un violento faccia a faccia avvenuto in bottega? L'amante era un cliente abituale o un vicino di casa attirato con una scusa nel luogo del delitto? Oppure era uno schiavo che lavorava lì, ucciso sul posto di lavoro (nelle fonti latine abbiamo molte testimonianze di processi a carico di donne romane che avevano uno schiavo per amante)…

C'è, per finire, un'ultima ipotesi sull'omicidio, interessante perché mostra un altro aspetto che caratterizzava le gerarchie della società romana. Forse il bottegaio era innocente. La vittima potrebbe essere stata uccisa altrove, in una casa nelle vicinanze, e il corpo senza vita portato in bottega per essere fatto a pezzi ed eliminato. Una specie di "lupara bianca" compiuta per conto di qualcuno ben più potente. Come facciamo ad avanzare questa ipotesi? Basandoci su un fatto: il bottegaio era quasi certamente un liberto, un ex schiavo, sempre e comunque dipendente dal *patronus*, il padrone che lo aveva liberato. Spesso i ricchi romani aiutavano i loro ex schiavi dandogli una bottega e un lavoro, assicurandosi così i ricavi delle vendite e ogni tipo di sudditanza. Si può quindi supporre che il padrone abbia ucciso o fatto uccidere qualcuno, per esempio un amante della moglie, e abbia chiesto poi al suo ex schiavo di liberarsi del corpo.

Comunque sia, un elemento di questo omicidio rimane sconcertante: secondo le descrizioni fatte al momento del ritrovamento, allo scheletro manca la testa… Perché?

Probabilmente per impedire il riconoscimento del cadavere. Forse la vittima era qualcuno che molti avrebbero potuto identificare, perché abitava a Ercolano o perché si trattava di un personaggio noto. Proprio per questo motivo, la testa era stata fatta probabilmente sparire, magari buttata in mare, prima dell'eruzione. Pezzo dopo pezzo, nei giorni seguenti il resto del cadavere avrebbe dovuto fare la stessa fine. Ma il vulcano lo ha impedito.

Gioielli, monili e credenze nelle strade di Ercolano

Saturnino ha ripreso il suo cammino per le vie di Ercolano. Rispetto a Pompei, come abbiamo detto, qui il livello sociale è nettamente più alto e si vedono molte più persone con addosso vestiti eleganti e gioielli. Da buon osservatore, Saturnino nota tanti piccoli dettagli sugli abiti e sui monili delle persone che incrocia: per lui sono dettagli banali, ma a noi rivelano altre piccole curiosità sulla vita di tutti i giorni, sulle credenze e anche sull'ambiente naturale circostante.

Ecco ad esempio una ragazza con degli splendidi orecchini strutturati come cestini. Questi preziosi canestri fanno in realtà solo da "scheletro": attraverso i vari fili d'oro che li compongono passano infatti tante piccole perle di fiume. Il risultato è che dai lobi della ragazza pendono due bianchissimi grappoli tondeggianti.

In epoca romana nei fiumi era ancora possibile trovare le anodonte (*Anodonta cygnea*), una specie di ostriche d'acqua dolce che occasionalmente possono produrre piccole perle irregolari, tesori molto ricercati dall'oreficeria antica. Nei fiumi e nei corsi d'acqua non era quindi raro incontrare veri e propri "cacciatori" di questi lamellibranchi, oggi quasi del tutto scomparsi.

A Ercolano sono molte le donne che hanno addosso autentici "tesori sommersi". Basta guardare le due matrone che avanzano placidamente sul marciapiede, scortate dai propri schiavi, e che si fermano di tanto in tanto a osservare le merci esposte dalle botteghe. Una di loro indossa un monile con una ciprea incastonata. Questa conchiglia bianca e lucida, la cui forma ricorda vagamente un chicco di caffè, è un amuleto contro la sterilità e le malattie veneree (in effetti, a ben vedere, assomiglia all'organo sessuale femminile).

La frequenza dei ritrovamenti negli scavi archeologici ha fatto capire quanto queste conchiglie fossero comuni tra gli abitanti, con un'importante differenza tra le classi sociali: le donne ricche esibivano bellissimi e costosi esemplari di specie dei mari africani (*Cypraea pantherina*), quelle dei ceti medio-bassi invece indossavano esemplari dozzinali provenienti dai fondali italiani (*Cypraea lurida*).

Fino a tutto l'Ottocento, le donne continuarono a portare al collo conchiglie di questo tipo, esattamente con lo stesso scopo: un'abitudine diffusa in tante altre regioni del Mediterraneo, del Medioriente e persino dell'Africa nera (le donne Himba, in Namibia, portano appesa al collo un'enorme conchiglia attribuendole gli stessi poteri protettivi).

L'altra matrona, chiacchierando del suo nuovo incontro con un affascinante decurione di un distaccamento legionario, rigira nervosamente un rametto di corallo rosso (*Corallium rubrum*) appeso al collo con una catenina d'oro. È stato pescato un secolo prima in queste acque ed è passato dalla bisnonna alla nonna, alla madre e infine a lei: è un gioiello portafortuna di famiglia.

La credenza che il corallo protegga dalla sfortuna e dal malocchio trova riscontro nella mitologia. Medusa pietrificava chiunque con il suo sguardo. Quando Perseo la decapitò, salì su Pegaso, il cavallo alato, tenendo in mano la testa del mostro appena ucciso. Alcune gocce di sangue dalla testa mozzata di Medusa caddero in mare durante il volo e si pietrificarono, trasformandosi in corallo rosso. Il sangue della terribile Medusa è diventato così un'arma da usare a proprio favore, contro la malasorte e le cattiverie altrui...

Le due donne ora entrano nella bottega di un *gemmarius*, per degli acquisti o un semplice "window shopping" ravvicinato. È forse la gioielleria più fornita di Ercolano. Gli archeologi troveranno all'interno del negozio (*Insula Orientalis* II, 10) la merce che non ha avuto il tempo di vendere a causa dell'eruzione: ben duecento gioielli tra gemme, cammei e pendenti di ogni tipo.

Saturnino svolta l'angolo e il suo sguardo è attratto dagli orecchini con zaffiri e soprattutto dalla collana che una giovane ragazza porta al collo. È composta da tanti piccoli pendenti, proprio come i braccialetti oggi così di moda. Solo che questi pendenti sono in ambra, pietre dure e cristalli di rocca... Sono raffigurati un amorino, un gambero, una goccia, un topolino, e un... fallo, come ben sappiamo simbolo di vita e fertilità. Curiosa è una mosca in cristallo di rocca: quasi certamente proviene dall'Egitto, dove pendenti di questo tipo servono per la protezione dagli insetti e dalle loro punture.

Se aggiungiamo la seta della sua *palla*, questa ragazza porta addosso oggetti e materie prime provenienti da tutto il mondo allora conosciuto: l'ambra dal Baltico, la "mosca" in cristallo di rocca dall'Egitto, la seta dalla Cina, gli zaffiri dallo Sri Lanka…

Ovunque a Pompei ed Ercolano gli archeologi hanno rinvenuto nelle case esempi di questo commercio "globalizzato" *ante litteram*: pepe e altre spezie dall'India; valve di Tridacna dalle barriere coralline tropicali; conchiglie del genere *Conus* (*Conus textile*) dall'Oceano Indiano; ampie valve di ostriche perlifere (*Pinctada margaritifera*) provenienti da mari lontanissimi, forse addirittura dall'Indo-Pacifico, accuratamente levigate per far risaltare le loro straordinarie iridescenze.

Saturnino fa un ultimo "avvistamento" significativo – per noi – tra le persone che incrocia. Il bracciale in oro di quella donna anziana ha una forma originale. A noi può ricordare un po' un orologio. Il "cinturino" è formato da due spessi fili d'oro intrecciati a maglie larghe e al posto del quadrante c'è una mezzaluna (la *lunula* è un altro amuleto portafortuna legato alla fertilità femminile): il ciclo lunare di ventotto giorni secondo i romani è connesso con quello mestruale. Al centro ci sono due medagliette consunte, con i profili di due bambini. È un bracciale poco consono ai canoni artistici romani, chiaramente realizzato con elementi diversi secondo il volere di una "nonna". Le due medagliette raffigurano forse dei nipotini, forse dei figli diventati adulti, che la donna porta sempre con sé. È uno dei reperti più curiosi che mi sia capitato di vedere fra i tanti gioielli contenuti nel caveau del Museo Nazionale Archeologico di Napoli.

Saturnino prosegue a passo spedito. Lo attendono alla splendida Villa dei Papiri, lungo la costa, appena oltre il corso d'acqua che la separa dalla città. Qui ha un appuntamento con il proprietario e… con Rectina.

Già, ma dov'è ora Rectina?

APPUNTAMENTO ALLA VILLA DEI PAPIRI

Villa dei Papiri, Baia
23 ottobre 79 d.C., ore 16,00
mancano 21 ore all'eruzione

RES AUSIM INIRE
Vorrei incominciare...

Rectina è tornata alla sua villa, dopo la visita medica. Si è rinfrescata, ha risolto alcuni problemi di gestione delle sue proprietà e fatto nuovi piani per le prossime coltivazioni. È una persona energica, di polso, indipendente, capace di tenere testa agli imprenditori più abili di Pompei. Ma è pur sempre una donna, e nella sua mente c'è ancora il desiderio di un figlio che non ha potuto soddisfare con il primo matrimonio. In fondo basta incontrare l'uomo giusto... Forse è proprio Tito Suedio Clemente, che frequenta da qualche tempo e con il quale si sente stranamente così a suo agio.

Ora è in viaggio verso la Villa dei Papiri, a bordo di una lettiga, ma, come si era ripromessa, la prima tappa del suo viaggio sarà una visita a un piccolo santuario della fertilità. Si trova a poca distanza dalla sua villa, verso l'interno. È una semplice fonte naturale, con acqua purissima che sgorga da una parete rocciosa, formando un laghetto. Da tempi immemorabili, ben prima dell'arrivo dei romani, le donne del luogo si recano qui perché attribuiscono a questa fonte poteri curativi contro la sterilità o la difficoltà ad avere figli. Ai margini del piccolo specchio d'acqua è stato edificato un tempietto, con una statua in argento di Giunone Lucina.

Rectina stringe in una mano una statuetta in bronzo che offrirà per propiziarsi la gravidanza. Mentre è assorta nei suoi pensieri, seminascosta dalle tendine della lettiga, si accorge che il passo dei portatori è cambiato. Stanno rallentando, e parlottano. C'è un ostacolo. Lo schiavo personale di Rectina, incaricato di aprire la strada, si avvicina alla padrona. Chiede di poterle parlare. Lei scosta la tendina e si accorge subito del problema: anche qui c'è stato un cedimento della parete lungo la via. Alcuni blocchi di pietra lavica sono rotolati lungo la strada e grossi cumuli di terriccio impediscono il passaggio ai carri. Deve essere successo da pochissimo perché sono i primi a scoprirlo.

Un rumore sordo richiama l'attenzione dello schiavo, di Rectina e dei portatori. Un crepitio crescente: viene dalle loro spalle. Qualcosa si muove nel piccolo bosco che fiancheggia la via. Un pino marittimo altissimo s'inclina sempre più, per poi abbattersi sul terreno come una scure. Lo schianto sulla strada è violentissimo e proietta rami e schegge ovunque. Tutti si guardano negli occhi. Rectina stringe la statuetta al petto e, istintivamente, si rannicchia. Poi non accade più nulla... Solo silenzio. Anche la Natura sembra ammutolita.

«Tutto bene» rassicura lo schiavo, «ma ora è meglio andare...» Sì, è meglio allontanarsi prima che succeda qualcos'altro. In silenzio il gruppo, con Rectina dentro la lettiga, si fa strada tra le rocce e i cumuli di terra. La donna osserva con attenzione la parete messa a nudo dal cedimento: le radici del pino fuoriescono dalla terra fresca come braccia protese e spezzate. La sensazione che lei prova è di trovarsi di fronte a una profonda ferita. Anzi, di più, le sembra quasi di sentire distintamente la sofferenza della Terra, quasi stesse urlando. Ma cosa diavolo sta succedendo sotto la superficie?

Lo smottamento che stiamo superando, come abbiamo già avuto modo di dire, è il frutto delle trasformazioni interne al vulcano, che si avvicina all'eruzione ormai imminente. Ma c'è un'altra sorpresa in serbo per il piccolo gruppo.

Giunti alla fonte sacra, i portatori si fermano e posano la lettiga, ammutoliti. Rectina scende, si copre la testa con lo scialle e fa qualche passo. Davanti a lei lo scenario è inquietante. Di solito

274

l'atmosfera è allietata dal canto degli uccelli: ma anche qui regna il silenzio, rotto soltanto da un gorgoglio. Il laghetto infatti… ribolle. Una leggera nebbiolina aleggia sulla superficie. Ovunque c'è un insopportabile odore di zolfo e uova marce.

Rectina si copre il viso e avanza. Dappertutto ci sono uccelli morti. Quando i suoi piedi giungono quasi a lambire il laghetto, la donna si china per raccoglierne uno: sembra un batuffolo arancione. È un pettirosso. Gli occhi spenti e inespressivi confermano i suoi timori: questo laghetto, considerato da tutti un simbolo di speranza per una nuova vita, ora genera solo morte.

Rectina continua a camminare sul margine dello specchio d'acqua, stringendo al cuore la statuetta e coprendosi la bocca con lo scialle. Lo schiavo le si avvicina, pronto a proteggerla. Arriva al piccolo tempio in muratura. È grande quanto un armadio, e sembra intatto. Ma Rectina sgrana gli occhi. La statua in argento della divinità non risplende: si è completamente annerita. Quella che doveva essere una lucente divinità ora sembra un pezzo di carbone… È come avvolta dal colore della morte. Rectina la sfiora e le rimane una patina scura tra le dita.

Chiude per un attimo gli occhi, fa un grande respiro e poi posa la statuetta votiva all'interno del tempietto recitando alcune formule sacre. Alle sue spalle, sulla superficie del laghetto il ribollio aumenta. La preoccupazione si diffonde tra i portatori che cominciano ad avere paura. Alcuni mormorano, altri invocano gli dèi. Il suo schiavo di fiducia Eutico si avvicina e insiste per andare via. Questo luogo non è più sicuro.

Rectina si alza, lancia un ultimo sguardo velato di lacrime alla divinità e poi si allontana rapidamente.

Mentre il gruppo, abbandonato il sentiero che porta al santuario, riprende la via principale in direzione della Villa dei Papiri, si fa avanti un pastore. Sembra stordito, cammina in mezzo alla strada con lo sguardo perso. Lo schiavo si fa avanti, lo ferma. L'uomo, frastornato, alza gli occhi verso di lui e mormora con un filo di voce, ripetendo in modo meccanico: «Seicento pecore… tutte morte». Poco distante da qui, all'interno di una proprietà, un intero gregge è stato ucciso dalle esalazioni provenienti dal terreno. Erano state portate in un grande avvallamento dove avrebbero passato la notte all'interno di alcune grotte che offrono un riparo naturale per il bestiame. Ieri, all'imbrunire, erano tutte vive. Questa mattina solo una distesa di corpi senza vita.

Il pastore riprende il cammino, ancora sotto shock. In una notte ha perso tutto. Ma almeno lui si è salvato.

Rectina e lo schiavo lo osservano mentre si allontana. Si scambiano una lunga occhiata carica di apprensione, poi il gruppo riprende la marcia verso la Villa dei Papiri.

Lo stesso Seneca ha descritto un episodio del genere, accaduto proprio in questa zona in concomitanza con il terremoto del 62 d.C. Ma sono noti casi simili in varie altre parti del mondo e in varie epoche: nel marzo 2001, per esempio, sui Colli Albani, vicino a Roma, diverse pecore furono ritrovate morte nelle medesime condizioni.

Secondo gli esperti, nelle zone vulcaniche spesso si verificano emissioni di gas che risalgono in superficie. Si tratta di esalazioni sprigionate dal magma in risalita, composte principalmente da vapore acqueo miscelato ad anidride carbonica e a vari tipi di gas. Emissioni di questo tipo possono essere letali, ma solo in determinate condizioni: è infatti necessario che il gas sia a basse temperature in modo che rimanga concentrato vicino al suolo (altrimenti tende a salire e a disperdersi); inoltre, deve addensarsi in conche o depressioni o in ambienti con scarsa circolazione d'aria dove appunto si possono creare le condizioni per queste morti di massa, altrimenti molto rare.

Il laghetto che ribolle e gli oggetti in argento richiamano invece fenomeni che si ripresenteranno molti secoli più tardi in occasione di un'altra eruzione famosa, quella del monte Pelée, in Martinica, che nel 1902 con le sue "nubi ardenti" uccise ben trentamila abitanti della cittadina di Saint-Pierre: proprio in questa occasione fu coniato il termine "nubi ardenti", per descrivere le caratteristiche valanghe ustionanti di cenere e gas, le stesse che fecero strage a Ercolano e Pompei. Tutto avvenne in qualche minuto: quando la nube si dissipò, la bella cittadina si trasformò in uno scheletro di mattoni. Degli abitanti rimanevano solo cadaveri, carbonizzati e senza vestiti se si trovavano per le strade, ustionati, rigonfi e dal colorito rosato – ma con ancora indosso i loro indumenti – se erano stati sorpresi dalla nube killer all'interno delle abitazioni. Si salvarono solo in quattro: un detenuto in una cella-bunker, un calzolaio, e poi una bambinaia con la piccola che le era stata affidata su un'imbarcazione ancorata nella rada. Quattro su trentamila. Questo vi fa capire quali siano le reali probabilità di sopravvivenza in caso di nube ardente.

È un dramma generalmente poco considerato nell'analisi dell'eruzione del 79 d.C. Eppure i paralleli sono impressionanti: le descrizioni, le fotografie e le testimonianze relative a quell'eruzione possono fornire spiegazioni e interpretazioni utili anche per la tragedia di Pompei e di Ercolano. Persino la collocazione della cittadina tropicale – simile per quanto riguarda le dimensioni a Pompei e per la sua posizione a Ercolano: in riva al mare, all'interno di un'ampia baia e ai piedi del vulcano – presenta singolari coincidenze. Nell'analisi di alcuni aspetti del dramma a cui stiamo per assistere mi è sembrato pertanto opportuno tener conto anche di questa incredibile mole di informazioni.

Nei giorni precedenti, sul monte Pelée che dominava la città di Saint-Pierre, in un piccolo laghetto, abituale meta di escursioni turistiche, erano comparse delle fumarole e in altre località alle pendici del vulcano delle emissioni gassose solforose avevano ucciso uccelli e annerito oggetti d'argento... Anche le invasioni di formiche e serpenti che si riversarono in città sono state attestate nei giorni precedenti come segni premonitori, per quanto sia necessario essere cauti perché potrebbe trattarsi di fenomeni indipendenti dall'azione vulcanica.

La Villa dei Papiri

Saturnino giunge alla Villa dei Papiri attraverso la strada che collega Ercolano al suburbio, la periferia della città. Al suo arrivo nota la lettiga di Rectina e gli schiavi della donna che parlano animatamente. Vedendo arrivare il giovane, questi ultimi ammutoliscono e chinano la testa come soldati semplici di fronte a un generale. Poi, quando è passato, riprendono la loro vivace discussione.

Il giovane viene accolto dal liberto che sovrintende alla casa. È già stato in questa straordinaria dimora altre volte. Ma non riesce a non provare meraviglia davanti a tanto splendore. È una delle più belle ville che abbia mai visto.

E noi non possiamo fare altro che confermare. La villa è a picco sul mare ed è lunga duecentocinquanta metri, quasi quanto il fronte della città di Ercolano...

In effetti la Villa dei Papiri è uno dei più grandi tesori dell'archeologia (vedi *Inserto 1*, pp. 14-15). Dopo la sua scoperta, avvenuta per caso nel 1750 durante la costruzione di un pozzo, il re Carlo di Borbone fece allestire un grande cantiere di scavo. Poiché non era possibile far tornare alla luce la villa, sepolta in profondità sotto trenta metri di ceneri vulcaniche pietrificate, l'architetto svizzero Karl Weber, responsabile del cantiere e degli scavi, decise di esplorarla attraverso la costruzione di gallerie, creando una rete di cunicoli degni di una miniera. E, proprio come in una miniera, trovò un'immensa quantità di tesori... Grazie ai suoi scavi oggi disponiamo di una planimetria perfetta della villa, ricostruita al Paul Getty Museum di Malibu a grandezza naturale.

In realtà una piccola porzione dell'edificio, l'atrio, è stata portata alla luce con un titanico progetto di scavo condotto dal maggio 1996 al maggio 1998 e poi fermato perché i fondi del Ministero sono terminati, lasciando il resto della villa ancora sepolto... E tutto è ormai da anni in questa condizione...

Saturnino attraversa il grande atrio con la vasca dell'*impluvium*. Gli ambienti di questa villa sono immensi, e ovunque ci sono mosaici, affreschi di pregevole fattura e ottantuno fra le più belle statue in marmo e bronzo di epoca romana, che compongono addirittura interi cicli (oggi visibili in buona parte al Museo Nazionale Archeologico di Napoli). Al confronto di questa villa marittima, le dimore dei ricchi in età moderna impallidiscono.

Il giovane supera l'atrio con il suo elegante pavimento ricco di finissimi mosaici a decorazioni geometriche. Questa porzione della villa è talmente grande da costituire un quartiere a sé stante.

Seguendo il liberto, Saturnino giunge in un giardino interno (il peristilio minore) circondato da un porticato. Al centro c'è una vasca rettangolare circondata da cinque grandi statue di bronzo, dall'aspetto rigido e austero: rappresentano altrettante Danaidi che, secondo la mitologia, erano le cinquanta figlie del re Danao, colpevoli (tutte tranne Ipermestra) di aver ucciso i mariti su istigazione del padre. Per questo agli Inferi furono condannate a versare in eterno acqua in un vaso bucato.

Una voce chiama Saturnino: è il proprietario. Il giovane lo raggiunge ed entra così nella parte orientale della villa, dove c'è, oltre a un impianto termale domestico, una grande biblioteca (vedi *Inserto 1*, p. 15). È proprio quanto si trova qui a dare il nome alla villa: gli archeologi scopriranno infatti più di mille papiri arrotolati, miracolosamente conservati malgrado l'eruzione e quasi duemila anni trascorsi sotto terra. A vederli oggi, hanno l'aspetto di rami carbonizzati, ma quando si prova a srotolarli ci si accorge che il papiro è estremamente friabile, come un foglio di carta bruciato.

Si è comunque riusciti a srotolarne piccole porzioni. Si tratta di testi che riguardano temi molto vari: amore, musica, morte, poetica, pazzia, economia, eloquenza. Per decenni sono stati studiati dal professor Marcello Gigante, grandissimo studioso purtroppo scomparso nel 2001, che ha fondato addirittura un istituto specifico per il loro studio: il Centro Internazionale per lo Studio dei Papiri Ercolanesi.

Fino a oggi gli archeologi hanno scoperto e letto cinquantasette papiri in latino (sono stati identificati scritti di Lucrezio, Ennio e probabilmente di Vario Rufo, un poeta dell'epoca di Augusto).

Gli altri papiri sono in greco e trattano argomenti filosofici, quasi tutti relativi alla scuola epicurea.

Saturnino si trova di fronte a una scena molto curiosa. Il proprietario è seduto su una sedia e vicino a sé ha un segretario con delle tavolette cerate. Davanti a loro un altro segretario sta delicatamente estraendo dalle scaffalature alcuni rotoli con dei nastri rossi. Ogni rotolo costituisce un *volumen* (da cui il nostro termine "volume"), un "libro" contenente un'opera di un autore dell'antichità, che può essere letto srotolandolo lentamente. Ogni volta che ne estrae uno legge il titolo ad alta voce e il suo collega lo trascrive sulla tavoletta di cera. A questo punto il rotolo viene consegnato a un altro schiavo che lo depone in una cassa di legno. Che cosa sta accadendo?

Il proprietario sta spostando, volume per volume, l'intera biblioteca in un'altra stanza della casa. Più sicura per via dei terremoti recenti e anche per consentire di effettuare urgenti lavori di restauro nella villa, come testimoniano alcuni pezzi di intonaco colorato caduti sul pavimento.

Dai titoli che legge ad alta voce lo schiavo ci facciamo un'idea dell'immenso patrimonio di questa villa, un vero tesoro che l'eruzione ci ha "regalato". Sentite: *Sulla Natura*, di Epicuro (un'opera fondamentale in trentasette libri, a noi del tutto sconosciuta prima della scoperta della villa); *Sulla ricchezza*, di Metrodoro; *Contro il Liside di Platone* e *Contro l'Eutidemo di Platone*, di Colote; *Sulla filosofia* (in due libri) e *Sul disprezzo irrazionale delle opinioni popolari*, di Polistrato; *Sulla poesia*, *Sulla geometria*, *Sulle sentenze di Epicuro*, di Demetrio Lacone; *Sulla Provvidenza*, di Crisippo...

La villa ha una biblioteca straordinaria, a dimostrazione che è stata un centro molto importante della filosofia epicurea. Anzi, i tanti scritti di Filodemo da Gadara, esponente di primo piano di questa scuola filosofica, fanno supporre che potesse trattarsi proprio della sua biblioteca personale.

Fino a oggi si sono trovati perlopiù papiri greci. Manca la quasi totalità della sezione latina. Molto probabilmente è ancora là sotto, pronta a essere scoperta, con opere sconosciute di grandi del passato. Un tesoro unico al mondo, irripetibile, utile per le nostre conoscenze e soprattutto una delle più grandi raccolte di scritti dell'antichità... è là sotto che aspetta solo di essere scoperto! Ma, come abbiamo detto, gli scavi si sono fermati e non sono più ripresi.

Il padrone si alza dalla sedia e fa cenno ai segretari di continuare senza di lui. Attraversa la biblioteca facendo attenzione a non calpestare i rotoli sparsi qua e là sul pavimento. Poi prende sotto braccio Saturnino e insieme proseguono chiacchierando nell'immenso giardino della villa. È qualcosa che vi fa capire il livello di queste dimore: il giardino interno (grande peristilio) è lungo cento metri e largo trentasette, con venticinque colonne sul lato maggiore e dieci sul lato minore. Al centro, tra eleganti aiuole, ha una vasca lunga sessantasei metri, cioè più di una piscina olimpionica. Attorno ci sono statue di atleti, divinità, animali. E tutto questo è a picco sul mare, a pochi metri dalle onde...

Immaginate la fresca brezza marina che diffondeva ovunque il profumo delle essenze mediterranee che crescevano in giardino.

Ma chi ha voluto che questa villa diventasse un centro di filosofia epicurea? Esistono varie ipotesi. La più accreditata indica il suocero di Giulio Cesare, il ricchissimo Lucio Calpurnio Pisone – console nel 58 a.C. e proprietario della villa più di un secolo prima dell'eruzione –, che forse fu il *patronus* di Filodemo da Gadara. Oppure fu suo figlio, anche lui console, morto nel 32 a.C. O ancora un certo Appio Claudio Pulcro, amico di Cicerone... o forse tutti e tre, ognuno fornendo il proprio contributo, visto che la villa ha avuto certamente più proprietari... Nessuno lo sa. Come nessuno sa chi fosse il padrone di casa al momento dell'eruzione.

In ogni caso, in questo giardino potrebbero aver passeggiato filosofi greci e nobili romani amanti della filosofia conversando sotto i porticati sui temi più diversi e ricreando le atmosfere delle scuole filosofiche di Atene.

Mentre Saturnino e il proprietario camminano lungo la vasca, è facile immaginare qui anche Virgilio! In effetti, secondo il professor Antonio De Simone, essendo la villa un centro della filosofia epicurea (forse addirittura fondato dal maestro di Virgilio, Filodemo), ed essendo attestato che il poeta sia venuto a Napoli, è più che naturale pensare che abbia soggiornato proprio qui.

I due sono arrivati alla fine del giardino. Il mare accoglie i loro sguardi e i loro pensieri con il suo respiro profondo.

La struttura della villa prosegue con un lungo camminamento di marmi, sorretto da eleganti arcate, fino a quella che sembra una grande lanterna. È un elegante belvedere tondeggiante, un gazebo dal vago sapore orientale, tutto rivestito di marmi bianchissimi e sormontato da una cupola. Il pavimento ha un mosaico che mostra uno stupendo gioco di geometrie concentriche. Tra le sue colonne, Rectina è comodamente sdraiata su un letto tricliniare. Accanto c'è Giulia Felice, una donna di Pompei, intraprendente come lei, proprietaria di un interessante complesso di edifici – in parte in affitto – ottenuto fondendo due intere *insulae* e cancellando la via che le separava, verso la fine di via dell'Abbondanza. All'interno Giulia Felice ha realizzato una piccola "città nella città" con quartieri connessi tra loro in cui si offrono vari servizi: c'è una locanda per mangiare, e annesso un "bar". Poco oltre c'è un impianto termale, con tanto di rampa di accesso direttamente costruita sul marciapiede (immaginiamo che abbia avuto una concessione).

In questo periodo in cui le terme di Pompei sono quasi tutte chiuse le entrate di Giulia Felice sono aumentate vistosamente. La gente fa la fila, entra e si siede su lunghi balconi di pietra in un quadriportico, per poi iniziare il classico percorso termale. Nell'elegante complesso gli archeologi hanno rinvenuto un'iscrizione che fa capire quanto fosse lanciata nel business questa donna romana: «Nella proprietà di Giulia, figlia di Spurio Felice, si affittano una sala bagno elegante per gente perbene, appartamenti al primo superiore e botteghe con alloggio soprastante, dal prossimo 1° agosto al 1° agosto dell'anno sesto, per cinque anni.

Passato il quinquennio scadrà il contratto». Giulia è una donna con le idee molto chiare, non c'è che dire.

Le due donne e i due uomini si sono dati appuntamento per definire un'"alleanza" commerciale per fronteggiare il calo delle richieste del vino pompeiano, minacciato da quello proveniente dalle Gallie. Rectina e Giulia non sono un'eccezione, rappresentano un orizzonte poco studiato di donne imprenditrici dell'élite romana, che, forse per la prima volta nella storia dell'Occidente, hanno svolto un ruolo così significativo nello scenario economico e finanziario abitualmente occupato dagli uomini. Con la crisi dell'Impero e la fine dell'età romana bisognerà aspettare l'età contemporanea per incontrare nuovamente delle donne manager...

La Baia dei ricchi

Mentre Rectina, Saturnino, Giulia e il proprietario della Villa dei Papiri sono impegnati nella discussione, lo schiavo di fiducia di Rectina è in viaggio a cavallo verso nord, in direzione di Baia, non distante da Miseno, dove ha sede la flotta comandata da Plinio il Vecchio.

Nel suo percorso di oltre trenta chilometri incontra numerosi altri "segnali" che lo convincono sempre più che qualcosa sta per accadere. Lungo la strada, una delle torreggianti tombe monumentali che da sempre costituiscono un riferimento familiare ora pende pericolosamente. Come se un gigante l'avesse spinta. Ha persino timore a passarle accanto.

Non è il solo indizio. Una meridiana, posta accanto a una stazione per il cambio dei cavalli, sempre precisa, adesso è avanti di due ore. È come se qualcuno avesse modificato la sua angolazione... Ma la meridiana è fissata a un muro! Lo schiavo ha la mente sempre più confusa. In realtà la spiegazione, da un punto di vista scientifico, è semplice. La pressione del magma in risalita provoca la deformazione del complesso vulcanico, alterando la normale pendenza del terreno.

Arrivati a Baia, famosa località del jet-set romano, sembra di entrare in un altro mondo, ben lontano dalle preoccupazioni di Ercolano e Pompei. Qui la gente pensa solo a divertirsi e a rilassarsi. Ci sono grandi impianti termali, allevamenti di ostriche, ville marittime, dove ogni sera si danno feste... e festini. Le gite in barca sono spesso un semplice pretesto per delle orge, e la sera sulle spiagge succede di tutto. Così ci è stata tramandata l'atmosfera di questi luoghi.

Lo schiavo se ne accorge subito camminando per le vie della città. Lettighe in fila una dietro l'altra con giovani ragazze coperte di gioielli, locali da cui giungono le urla di chi ha alzato troppo il gomito, uomini anziani che stringono la mano di ragazzini... Cose che solo raramente si vedono a Ercolano. Questa è decisamente la terra della lussuria.

Ma Baia è anche la patria delle terme. Nell'antichità ci si veniva a curare entrando in grotte nelle quali scaturivano vapori caldi e sorgenti d'acqua calda ricche di minerali. Al loro interno si sudava abbondantemente e si usciva con la pelle che sapeva di zolfo. La bellezza del luogo e la presenza di tante sorgenti termali devono aver richiamato fin da subito un gran numero di malati e di amanti delle terme persino dai luoghi più lontani. Non è difficile immaginare l'affollamento. Fino a quando a qualcuno venne un'idea: creare questo stesso effetto in modo artificiale, all'inizio con bracieri e poi con veri e propri forni che facevano passare il fumo attraverso le pareti di una stanza, riscaldandola. Un sistema esportabile in tutto l'Impero e ancor oggi presente negli hammam e nei bagni turchi, termini "esotici" che indicano però le famose terme romane.

Questa idea sembra sia venuta a Gaio Sergio Orata, lo stesso al quale dobbiamo, sempre secondo alcune testimonianze, la trovata di creare allevamenti di ostriche per averne sempre sulla tavola... anche perché erano considerate afrodisiache!

In realtà, non sappiamo con certezza se sia stato proprio lui ad avere tutte queste idee che ebbero, assieme all'allevamento di pesci in vasche scavate nella roccia e alimentate dalle correnti marine, un successo strepitoso. Un mito è comunque da sfatare: i romani non allevavano murene dando loro in pasto gli schiavi. Le scene che leggete nei romanzi o vedete nei film sono puramente inventate e non fanno del bene alla storia. Erano piuttosto le murene a finire come pasto nei banchetti…

Lo schiavo di fiducia di Rectina ha già svolto la commissione per conto della padrona e sta per tornare, ma entra in una *popina* per un ultimo bicchiere di vino prima della lunga cavalcata. La vista che questo locale offre è magnifica: si vede la baia con i velieri e il lungo pontile con statue di bronzo dorato e un grande arco trionfale, vero simbolo del luogo. Ma ben presto l'uomo si concentra sui discorsi dei clienti seduti attorno a lui. Parlano di fatti gravi che si stanno ripetendo da qualche tempo. Nelle grotte curative non si può più entrare: non si riesce a stare al loro interno per più di qualche decina di secondi, perché poi gli occhi bruciano e bisogna uscire. In altre grotte o camere sotterranee alcune persone sono state investite da improvvisi getti di calore e hanno perso la vista oppure hanno avuto la pelle orrendamente ustionata. Qualcuno parla della vendetta degli dèi: secondo un detto locale, qui le donne "arrivano caste come Penelope e ripartono lascive come Elena". Le divinità non possono certo essere contente di queste dicerie… C'è poi chi parla invece di una caldaia sotterranea che sta per esplodere, e chi minimizza dicendo che sono solo malelingue messe in giro da qualche impianto termale in crisi per la penuria di clienti…

Una spiegazione scientifica c'è, ed è abbastanza semplice. Un vulcanologo avrebbe immediatamente capito. Il magma che risale in superficie provoca variazioni della composizione e della temperatura delle acque che alimentano le fumarole e i sistemi geotermali. Questo provoca bruciori agli occhi, in alcuni casi gravi ustioni. Tutto ciò ha come ricaduta la comparsa di nuove fumarole (secondo qualche cliente della *popina* alcuni contadini cuociono cibi su fumarole che si sono originate all'improvviso), e la variazione della composizione chimica e della temperatura della falda acquifera.

Lo schiavo non finisce il vino. Ha capito. Paga e monta immediatamente a cavallo. Meta: la sua padrona.

LA FATTORIA CHE NASCONDE
UN TESORO FAVOLOSO

Villa della Pisanella
23 ottobre 79 d.C., ore 17,00
mancano 20 ore all'eruzione

DUACI CAPEL(L)A DONATA NOMINE ABER(R)AVIT
Una capretta di Duaco, chiamata Donata, si è smarrita.

Il carretto scricchiola, ripetendo uno stridio a ogni giro di ruota. La donna a bordo è assorta nei suoi pensieri, cullata da questo rumore, simile a una nenia, che le ricorda le melodie che le cantavano da piccola. È passato molto tempo da allora. Adesso è nell'autunno della vita, ha due figli già grandi ed è in attesa di nipotini. Questa signora dal viso stanco, con i capelli raccolti in una crocchia sulla testa, indossa vestiti ricavati da tessuti costosi, ha mani ben curate – altro segno di nobiltà –, ed è conosciuta e riverita dalla maggior parte dei pompeiani... soprattutto per il rispetto che suscita il marito. È, infatti, la moglie del banchiere, Lucio Cecilio Giocondo. È diretta verso una fattoria di loro proprietà, una *villa rustica* come la chiamano i romani: un'abitazione e al tempo stesso un'azienda agricola.

Il carro esce dalle mura della città attraverso Porta Ercolano. La robusta cinta muraria, che risale all'epoca sannitica, ricorda ancora a tutti la strenua resistenza delle truppe di pompeiani – che parlavano ancora per lo più l'osco – che fu opposta a Silla e alle sue temibili macchine da guerra. In alcuni tratti, infatti, si trovano ancora oggi le scritte in lingua osca dei soldati di ronda.

Porta Ercolano era una delle sette porte di Pompei e permetteva di raggiungere Ercolano, Oplontis (considerato un sobborgo della città, oggi diventato Torre Annunziata) e le saline, per poi immettersi nell'asse viario costiero che portava fino a Napoli.

287

A nord c'era Porta Vesuvio, che conduceva al Vesuvius, il vulcano nascosto e camuffato da "monte", Terzigno e Ottaviano; a est Porta di Nola e Porta di Sarno (verso Sarno e l'interno); a sud Porta Stabia e Porta Nocera, che permettevano di raggiungere appunto Nocera e le ville di Stabia; a ovest Porta Marina: da qui si raggiungevano il porto di Pompei, la litoranea per Stabia e Sorrento.

Pompei insomma aveva delle "uscite di sicurezza" in tutte le direzioni e durante l'eruzione cinque (quelle che portavano lontano dal vulcano, a sud, est e ovest) saranno affollate dalla gente in fuga dalla città, mentre Porta Ercolano e Porta Vesuvio, di fronte al Vesuvius, saranno al contrario invase da tutti quelli che fuggiranno dalle campagne per trovare rifugio in città. Ma ora tutto sembra ancora così lontano…

Il carretto continua il suo viaggio, lasciandosi alle spalle Pompei e alcune *villae*, come la famosa Villa dei Misteri, e si inoltra nelle campagne. Siamo nel *pagus*, una circoscrizione rurale al di fuori delle città, con un *vicus* come "capoluogo", il più delle volte un gruppetto di case, un borgo.

Da *pagus* deriva anche il termine "pagano", in quanto proprio nelle campagne i culti precristiani rimasero a lungo saldamente presenti, malgrado nelle città si fosse affermato da tempo il cristianesimo: questo fenomeno si è protratto fino a tempi moderni, anche se in modo sporadico.

Il paesaggio attraversato dal carretto è per noi pieno di curiosità e informazioni su come si viveva a Pompei e in generale sull'epoca romana.

Non descriveremo la complicata suddivisione dei terreni, in cui spesso si vede attuata la centuriazione, cioè la suddivisione dei possedimenti agricoli secondo le linee incrociate del *cardo* e del *decumanus* (le strade sull'asse nord-sud ed est-ovest) che generava una sorta di scacchiera, un reticolo dalle maglie più compatte a sud ed est, verso Nocera, e meno serrate a nord, verso il Vesuvius.

La cosa che colpisce di più è la varietà degli ambienti che circondavano Pompei, ecosistemi locali diversissimi in grado di fornire cibi e materie prime di ogni genere: a occidente il mare, a nord un vulcano (per tutti un monte dalle pendici fertili), a sud i Monti Lattari e infine, a oriente, un'ampia pianura attraversata da un fiume e sullo sfondo i Monti di Sarno.

Mentre il carro della moglie del banchiere procede, noi proviamo a dare un'occhiata ai dintorni di Pompei, dalla costa ai monti, alla scoperta del perché sia stata sempre considerata una città "fortunata" (ovviamente, prima dei terremoti e dell'eruzione…).

Il mare era pescoso e basta soffermarsi su mosaici come quelli della Casa del Fauno per capirlo: aragoste, spigole, triglie, polpi, dentici, murene, gamberi, orate, cefali, saraghi. Per non parlare dei molluschi: dai datteri di mare alle gustose patelle, dalle cozze allevate in vivai costieri ai ricci di mare, alle capesante, ai *Glycymeris*, un genere di lamellibranchi che costituivano un piatto comune per le classi meno abbienti dell'area vesuviana, che infatti ancora oggi viene chiamato "cozze 'e schiave".

Una curiosità. Nessun pompeiano andava al mare con l'ombrellone né a prendere la tintarella. Pochi, infatti, sapevano nuotare. Il Mediterraneo, con le sue acque infide, era considerato un ambiente *off limits*: si facevano invece passeggiate sull'arenile, come in epoca moderna sul lungomare di tante città. I ragazzini si tuffavano dai moli, qualcuno pescava con la lenza.

Di tanto in tanto si vedevano dei carretti che si avvicinavano alla battigia e degli schiavi che caricavano acqua di mare. Perché? L'acqua salata serviva per lavare le anfore di vino.

Le spiagge di Ercolano e Pompei erano molto scure perché la sabbia aveva una forte componente di origine vulcanica. Alle loro spalle, oltre alle saline (ne parleremo più avanti), c'erano dune e una tipica vegetazione costiera in cui, insieme al rosmarino e ad altre essenze, crescevano alcune varietà di pini: quello marittimo è il più "famoso", immortalato nella classica "cartolina da Napoli". Da queste piante si ottenevano pinoli, molto utilizzati in cucina, ma anche resine da cui si estraeva trementina e pece, fondamentali per il calafataggio delle barche, così come per l'impermeabilizzazione delle anfore e la loro chiusura. Le pigne poi erano ottime per accendere il fuoco, mentre con gli aghi si facevano spazzole e scopette.

Ed ecco un altro ambiente: il corso del fiume Sarno, con i suoi acquitrini nella zona della foce. Qui si trovavano uccelli acquatici da cacciare ma anche giunchi per intrecciare canestri e canne per costruire steccati nei giardini o nelle campagne e pareti o soffitti nelle case ("incannucciate").

Dai ritrovamenti di pollini effettuati nel corso di alcuni scavi sappiamo che lungo il fiume crescevano anche salici, utilizzati dai contadini per realizzare canestri e per legare le viti.

Purtroppo questi ambienti ospitavano anche un tormento per i pompeiani che l'eruzione non ha conservato: le zanzare... (ignoriamo se fossero presenti forme di malaria). Sappiamo però che gli abitanti di Pompei provarono a bonificare queste rive paludose piantando filari di cipressi e utilizzando le loro fronde per costruire una base stratificata in grado di trattenere terriccio e foglie, in modo da ricoprire le aree stagnanti.

Al di là del fiume, verso sud s'innalzano i Monti Lattari: qui erano coltivati gli ulivi che fornivano una parte dell'olio usato in città. Ma si stendevano anche numerosi pascoli di capre e pecore, che significavano per Pompei latte, formaggi, lana, pelli, tendini e ovviamente carne (rinomati sono i capretti "alla partica", farciti con *garum*, olio e prugne di Damasco).

A nord, invece, rilievi come il Vesuvius fornivano "risorse" ancora differenti. Il clima allora, rispetto all'epoca moderna, era più fresco e piovoso. Sul Vesuvius c'erano boschi di faggio in cui abbondavano caprioli e... cervi! Più in alto ancora era facile trovare l'abete bianco. Non mancavano poi le foreste di querce dove i pompeiani cacciavano i cinghiali, da appendere nelle macellerie della città.

Ma non è ancora finita.

Il carretto della matrona continua il suo tragitto nelle campagne nei dintorni di Pompei. Ha appena superato un boschetto di olmi e ontani. Ce ne sono molti di più in pianura, andando verso Nocera. Il legno dell'olmo era usato per la costruzione delle barche, e vista la sua resistenza anche per i ponti.

Come si vede, Pompei era dunque circondata da un vero e proprio "supermarket" naturale che disponeva di numerosi reparti: alimentari, artigianato, costruzioni, ecc.

Non manca molto a raggiungere la destinazione e la campagna attraversata dal carretto ora è costellata di *villae rusticae* e intensamente coltivata a cereali, legumi e soprattutto vigneti che producono un vino che ha reso celebre Pompei in tutto l'Impero. Le viti vengono coltivate su alte strutture di legno, in modo che i grappoli crescano in posizione elevata, esposti alla luce del sole e lontani dall'umidità del terreno.

All'improvviso il carro si ferma. La stradina di campagna appare "tagliata" di netto. Si è formato uno scalino, come se fosse avvenuto un lungo smottamento trasversale del terreno. La signora scende accompagnata da due schiavi. I suoi occhi chiari seguono in tutta la sua lunghezza la frana, una lacerazione del terreno che si estende per oltre cento metri. Alcuni massi sono rotolati abbattendo due filari di un vigneto (del vicino, fortunatamente...).

Questi smottamenti con rotolamento di massi sono considerati dai vulcanologi, insieme ai terremoti, uno dei più allarmanti segnali di quel tipo di eruzioni in cui la lava non fuoriesce lentamente da un cratere ma, poiché è bloccata da un "tappo", causa una vera e propria esplosione del vulcano. Tali frane sono il frutto diretto o indiretto delle deformazioni del suolo provocate dalla pressione del magma in risalita, che solleva, inarca e frattura ampi banconi di roccia profonda: avvengono localmente su piccole estensioni (dell'ordine di qualche centinaio di metri) e di solito sono inferiori al chilometro.

In quell'ottobre del 79 d.C. non è da escludere che proprio questi fenomeni siano la causa dell'interruzione della rete idrica dell'area.

La donna deve proseguire a piedi. Fortunatamente la Villa della Pisanella, come oggi è chiamata, è a poca distanza.

Una fattoria di Pompei…

La signora arriva nella dimora di sua proprietà con passo sostenuto, malgrado l'età. Viene subito accolta dagli schiavi della villa, compreso il liberto il cui incarico principale è controllarne il buon funzionamento e la gestione. La villa è davvero imponente. Da fuori appare come una costruzione bassa, rettangolare, ma al suo interno nasconde, lo vedremo, un ampio cortile. La donna supera il grande portone a due ante e subito si sente "a casa": ama venire qui, lontano dalla confusione, la folla e il gossip di Pompei. Qui trova valori veri, il ritmo dei lavori nei campi, tanto silenzio e, soprattutto, serenità.

La Villa della Pisanella è un perfetto esempio di *villa rustica*, ossia una piccola azienda agricola. Per i romani, infatti, una villa in campagna o al mare deve produrre un guadagno, sotto forma di coltivazioni agricole o di allevamenti ittici: non è concepibile che sia solo fonte di costi per brevi soggiorni di riposo.

Per comprendere meglio lo scopo di una *villa rustica* si deve pensare alle grandi ville del Sud secessionista americano, con piantagioni e schiavi nei campi. In altre parole, alle atmosfere e alle sontuose dimore di *Via col vento*.

La villa è divisa in due parti: una dedicata alla produzione agricola e l'altra al soggiorno dei proprietari.

Nella cosiddetta *pars urbana*, riservata ai padroni, ci sono stanze da letto, cucine e sale da pranzo decorate con affreschi in Terzo Stile. Alcune dispongono addirittura di terme private. Nella *pars rustica* si trova, invece, tutto ciò che è legato alla produzione agricola: un frantoio per le olive, un fienile (*nubilarium*), un granaio, locali per pigiare l'uva, due torchi per la produzione del vino (*torcularia*), una stalla, un'aia, lo spazio per la vagliatura, ecc. E in più un'area per la conservazione di vino, olio, cereali.

A ciò vanno aggiunti tutti gli ambienti in cui vivono gli schiavi, e ai piani superiori altri magazzini e stanze. Si tratta, a conti fatti, di una piccola "città" indipendente: c'è persino un panificio dotato di macina per avere ogni giorno pane fresco.

La Villa della Pisanella è il cuore di un'ampia proprietà che gli studiosi, sulla base delle capacità dei magazzini e dei vari ambienti, stimano si estendesse per circa ventiquattro ettari. Una tenuta enorme, più grande di Ercolano (venti ettari).

Un romano però avrebbe usato altri termini per indicare la sua estensione, avrebbe parlato di… cento iugeri. Uno iugero era la superficie di suolo arata in una giornata da una coppia di buoi. Quindi la sua estensione cambiava a seconda della facilità di lavorazione dei terreni: in pianura erano più estesi, in montagna, dove c'è più difficoltà, meno.

La signora, dopo essersi riposata e rinfrescata nella *pars urbana*, attraversa la corte per dirigersi verso il cuore dell'azienda agricola, quello che potremmo definire il suo *caveau*, da cui dipende parte delle ricchezze della famiglia. È la cella vinaria. Mentre cammina è circondata da richiami diversi: il muggito di una mucca, lo starnazzare delle galline e persino il pigolio dei pulcini, che ora le attraversano la strada strappandole un sorriso. Una visione "sentimentale" non appartiene però ai romani: quei pulcini sono considerati piuttosto come futuri pranzi e produttori di uova. Analoghi ragionamenti valgono per i ghiri, allevati in piccole giare di terracotta. Ce ne sono alcune in fila lungo il percorso. Lungo la parete interna corre una sorta di "grondaia" a spirale, dove i ghiri possono andare su e giù. Non vengono allevati come animali da compagnia, ma ingrassati al buio per essere poi serviti fumanti, secondo un'antica ricetta etrusca, durante i banchetti.

Infine, ecco la cella vinaria. Ben centoventi *dolia*, di oltre un metro di altezza, sono interrati fino al collo: un vero patrimonio di oltre novantamila litri di vino (vedi *Inserto 1*, p. 16).

Una vista molto simile dovette apparire agli archeologi al momento della scoperta di un'altra *villa rustica*, quella famosissima di Boscoreale, poco distante da qui, con i *dolia* già sigillati e poi ricoperti con uno "scudo" protettivo. Il vino ha già cominciato il processo di fermentazione che lo porterà a essere uno dei più pregiati della regione.

La signora osserva soddisfatta e domanda che fine abbia fatto la coppa d'acqua che aveva chiesto. Il liberto che l'accompagna si scusa. Lo schiavo è dovuto uscire dalla fattoria: il pozzo principale, infatti, da stamattina è inspiegabilmente asciutto. Il livello dell'acqua è man mano diminuito in questi giorni. Fino a oggi, quando si è scoperto che non ce n'è più.

Loro non lo sanno, ma tutto questo è opera del vulcano, che sta "aspirando" le acque della falda. Sintomo di un'imminente eruzione...

«Anche le mucche da qualche giorno fanno molto meno latte» gli fa eco un altro liberto. E non è un segnale isolato. In certe aree della tenuta alcune piante si sono seccate all'improvviso a causa di emissioni di gas dal suolo, forse anche dell'innalzamento della temperatura del terreno. Ma ovviamente loro non lo possono sapere.

Inoltre le piante coltivate attorno alla *villa rustica* sono davvero tante, e averne persa qualcuna non genera poi una così grande preoccupazione. In effetti, fino a ridosso delle mura della proprietà ci sono alberi da frutta e vigneti. Nella Villa Regina di Boscoreale, molto simile a questa nella quale ci troviamo, è stato persino possibile colare il gesso nelle "buche" lasciate dalle piante scomparse e individuare chiaramente le radici che componevano il vigneto e il perfetto allineamento delle viti, oltre ai solchi lasciati nel terreno da un *plaustrum*, un tipico carro di campagna.

Dai campi sta tornando uno schiavo che guida un bue verso la stalla. L'animale ha qualcosa attorno agli zoccoli, veri e propri "ferri di cavallo" che gli consentono di muoversi meglio nei campi: appena rientrato nella tenuta, lo schiavo glieli toglierà. Non è la sola curiosità legata agli animali da fattoria. Alcuni dei maiali hanno un aspetto un po' diverso dai nostri. Sono infatti frutto dell'incrocio con cinghiali selvatici. I pastori romani hanno l'abitudine di lasciarli pascolare in aree vicino ai boschi, spesso acquitrinose: innanzi tutto non è necessario nutrirli perché qui trovano ghiande e tuberi in gran quantità; inoltre è più facile che attirino e si accoppino con cinghiali selvatici, dando origine a una discendenza dalle carni delicate e molto saporite.

La donna torna all'interno della Villa della Pisanella per controllare un'importante e complessa operazione che il marito ha richiesto. A causa dei continui terremoti, Lucio Cecilio Giocondo ha fatto trasferire in segreto proprio qui, in questa sua proprietà, uno straordinario "tesoro" di famiglia: un servizio con ben 108 pezzi di argenteria finemente lavorati. Ci sono brocche, coppe, specchi, cucchiai, ecc. Tra questi spiccano delle coppe con volti a rilievo sul fondo che emergono come isole dalla pietanza man mano che la si consuma, un curioso "effetto speciale" da sfoderare durante i banchetti. Oggi gran parte di questi oggetti di rara bellezza si trova raccolta in modo anonimo in un'unica vetrina mal illuminata del Museo del Louvre, a Parigi.

A completare il tesoro ci sono anche mille monete d'oro e alcuni gioielli, il tutto racchiuso all'interno di casse in legno. Nessuno sa esattamente cosa contengano. È stato dato l'ordine di nasconderle in una cisterna del *torcularium*, cioè proprio nell'ambiente dove avviene la lavorazione dell'uva.

Questo dettaglio fornisce due informazioni importanti, che nessuno ha mai messo in relazione con la data dell'eruzione. La prima è che nascondere delle casse con un tesoro in una sala che viene usata durante la vendemmia significa molto probabilmente che questa è già avvenuta, che la sala verrà riutilizzata tra un anno e che ora può essere chiusa ed eventualmente sigillata con maggiore sicurezza. Nessuno nasconderebbe qui un ingombrante "tesoro" sapendo di doverlo poi nuovamente spostare quando avrà inizio la vendemmia. Inoltre si può aggiungere che il continuo passaggio di schiavi per la pulizia della sala e la preparazione dei torchi nei giorni precedenti alla premitura dell'uva avrebbe comunque reso poco sicuro questo *caveau* agricolo.

La seconda informazione riguarda la data delle ultime scosse di terremoto che hanno colpito le case, l'acquedotto e le terme di Pompei e di Ercolano, obbligando tutti a lavori di restauro visibili ancora oggi, perché interrotti dall'eruzione.

Dal momento che la vendemmia autunnale era finita da un mese (come indica la sigillatura dei *dolia*), ciò significa che la sala era disponibile per ricevere e occultare il tesoro da non più di quattro settimane, o anche meno, viste le pulizie da fare dopo la lavorazione dell'uva. Quindi è plausibile che l'ultimo terremoto di forte intensità sia avvenuto all'interno di questo arco di tempo (da qualche giorno a tre-quattro settimane al massimo), non prima, altrimenti l'argenteria sarebbe stata nascosta altrove.

Comunque, per tutto il tempo della sua permanenza sotto terra, il tesoro è stato sorvegliato da un uomo di fiducia del banchiere, Lucio Cecilio Afrodisio, che ha persino posto il proprio letto sopra il nascondiglio della cisterna, insieme con un candelabro, un comodino di bronzo e una cassa con i suoi effetti personali.

È proprio lui ad aprire alla padrona la porta della sala del *torcularium*, dove si è rinchiuso in una sorta di eremitaggio assieme al tesoro, per rassicurarla che è tutto a posto.

Rimane ancora una cosa da fare. La donna si gira verso i due liberti che l'hanno fin qui accompagnata. Dai loro nomi si capisce che facevano parte dell'"arredo" della villa quando lei e il marito hanno acquistato la fattoria. Non sono più giovanissimi, anzi, uno ha già i capelli bianchi. Il più anziano, Tiberio Claudio Anfio, gestisce per conto del banchiere il buon funzionamento dell'azienda agricola.

Nel suo nome troviamo quello di un imperatore. Come abbiamo detto, gli schiavi, una volta liberati, portavano sempre il *nomen* e il *praenomen* del padrone. Quindi si trattava di uno schiavo "imperiale": era stato, cioè, al servizio dell'amministrazione imperiale sotto Tiberio o Nerone, in altre parole sotto la dinastia giulio-claudia. Quando il nuovo imperatore, Vespasiano, salito al potere, trovò le casse vuote per gli sperperi di Nerone, per riappianare i conti mise all'asta molte proprietà della famiglia, tra le quali anche questa fattoria. Molto probabilmente il banchiere aveva fiutato l'affare e l'aveva acquistata investendo una parte delle sue ricchezze: non capita certo tutti i giorni di trovare un'azienda così redditizia in vendita! E nei beni erano compresi anche gli schiavi e i liberti, l'"equipaggio" della fattoria, che sono passati di mano in blocco, compreso Tiberio Claudio Anfio, forse il più importante, il *procurator*, l'addetto alla gestione della villa. È un po' come se acquistando una barca a vela vi vendessero anche skipper e marinai.

Conosciamo il suo nome da un anello rinvenuto dagli archeologi, così come quello di un altro liberto, Lucio Brittio Eros.

I due tendono alla padrona delle tavolette in argilla per un'ultima verifica e chiedono la sua approvazione. La donna legge con attenzione accarezzando delicatamente uno dei suoi splendidi orecchini in oro con tre topazi incastonati.

Poi osserva per un attimo il suo anello con uno splendido scarabeo di pietra che rigira delicatamente con due dita esponendo il lato con il sigillo. Con un movimento deciso, a pugno, imprime la sua "firma" sulla cera della tavoletta, assentendo con il capo. È il via libera: il liberto si allontana e dopo pochi passi sale agilmente su un carretto riempito di anfore, dove lo attende uno schiavo dall'aspetto imponente. Un urlo secco, un colpo di frusta e il carretto si muove cigolando. Direzione Oplontis, sulla costa…

VINO PER TUTTO L'IMPERO

Oplontis
23 ottobre 79 d.C., ore 17,30
mancano 19 ore e 30 minuti all'eruzione

AVETE UTRES SUMUS COT ESTIS ERE VOLUIMUS QUANDO
VENISTIS ERE EXIMUS

Ciao, siamo otri di vino. Ciò che siete lo abbiamo voluto noi per
i soldi. Quando siete venuti, siamo andati via con i soldi.

La meta è ormai vicina, i profumi della campagna si sono gradualmente stemperati per lasciare il posto agli aromi dei cespugli
mediterranei e a quello acre del mare. È aumentato il vento, che
scompiglia i capelli di Lucio Brittio Eros, ma non quelli cortissimi del muscoloso schiavo germanico che gli è accanto, silenzioso
e con lo sguardo fisso davanti a sé.

Finora hanno attraversato una campagna costellata di piccoli
boschi e coltivazioni, ma ora le fattorie hanno lasciato gradualmente il posto a ville sfarzose e immense. Come quella che sta
sfilando loro accanto. Ai giorni nostri è chiamata in tutte le guide "Villa di Oplontis", affrescata in modo straordinario e appartenuta forse a Poppea, la seconda moglie di Nerone. Se così fosse, stiamo fiancheggiando uno dei luoghi più rappresentativi di
quel potere, dissoluto secondo il pensiero di tanti, caratteristico
di una fase della politica e della vita romana. Pensare che Nerone
sia venuto proprio qui e che il suo sguardo abbia contemplato
quegli affreschi, i suoi piedi abbiano camminato su quei mosaici, le sue richieste (anche quelle più anomale) siano riecheggiate
per le sale che oggi sono mute mette quasi i brividi.

Chissà come sono andate veramente le cose. Noi oggi disponiamo essenzialmente degli scritti dei suoi detrattori, animati
dalla feroce determinazione di condannare Nerone alla *damnatio
memoriae*. Però sappiamo anche che l'imperatore, prima di sci-

volare in un delirio di distruttiva onnipotenza, era dalla parte del popolo e apertamente schierato contro l'arrogante influenza di quel ristretto gruppo di famiglie senatorie, poco più di una ventina, che dominava Roma. Come abbiamo detto, durante il suo regno la società si modifica e si apre a una nuova classe di "ricchi", i liberti, accendendo un nuovo motore (di "liberi professionisti e nuovi imprenditori", diremmo oggi) nella società.

E il risultato lo possiamo constatare proprio nella cosiddetta Villa "B" di Oplontis, meno nota dell'altra, ma altrettanto importante e interessante.

Sembra che il nome Oplontis derivi da *ob fontis*, a indicare una fonte sorgiva in zona, e questo spiegherebbe anche la presenza nell'area di strutture termali. Quello che è certo è che Oplontis continuerà a rappresentare, anche dopo l'eruzione, una tappa importante per chi viaggia lungo la grande strada che costeggia da nord a sud il Golfo, portando da Napoli a Sorrento. Persino trecento anni dopo l'eruzione è menzionata (non a caso come stazione termale) sulla famosa mappa dell'Impero romano, la Tabula Peutingeriana.

In effetti, a giudicare da quello che vediamo, le due ville (più alcune piccole abitazioni con alcune botteghe annesse) costituiscono un minuscolo borgo a sé stante.

Il carretto lascia la strada, passa sotto una grande arcata ed entra nella Villa "B".

Si apre ai nostri occhi un mondo nuovo, sorprendente, che non abbiamo ancora visto nell'area pompeiana.

Il complesso è immenso, ma non ha come scopo l'ozio dei ricchi e non è neppure una *villa rustica*. Questa grande struttura è qualcos'altro ancora. Qualcosa che avvicina molto la società romana all'epoca moderna, caratterizzata dalla globalizzazione dei commerci: si tratta infatti di un centro di smistamento dei prodotti delle campagne pompeiane; l'atmosfera e le attività che respiriamo e che possiamo vedere con i nostri occhi ricordano quelle dei mercati generali. Qui infatti arrivano i prodotti agricoli delle *villae rusticae* per essere acquistati all'ingrosso e spediti altrove, verso altri mercati o luoghi di vendita lontanissimi.

Questo luogo è lo specchio fedele della mente imprenditoriale e "moderna" del suo proprietario, un ex schiavo. Un vero grossista, che collega Pompei al resto dell'Impero, piazzando per così dire all'estero i prodotti "made in Pompei".

Il suo nome è Lucio Crassio Terzo, lo abbiamo conosciuto al banchetto di Rectina ieri pomeriggio: un uomo massiccio, dalle sopracciglia folte, le dita grosse e gli atteggiamenti un po' campagnoli che ieri era in compagnia di una splendida ragazza, l'attrice Novella Primigenia. A tutti è evidente che sono più i soldi che l'aspetto fisico o il latino sgrammaticato ad aver permesso a questo imprenditore di conquistare la ragazza. Ma è un vecchissimo *cliché*, che dura da millenni e che andrà avanti per tutta la storia dell'umanità, un meccanismo che del resto anche oggi alimenta le vendite di quasi tutte le riviste di gossip.

Certo, ci vuole un bel pelo sullo stomaco per accompagnarsi a questo individuo. Ma lo stesso può dirsi di lei. Al di là del suo aspetto avvenente, l'unico interesse che coltiva è scalare quanti più gradini possibili nella società di Pompei, costi quel che costi: sorridendo a tutti, belli e brutti, basta che siano di volta in volta sempre più potenti…

Eccolo, Lucio Crassio Terzo, mentre cammina sotto i porticati urlando e gesticolando, circondato da liberti che fanno fatica a tenere il suo passo. Da dove siamo noi non riusciamo a sentire distintamente di cosa stanno parlando, ma sembra che il problema riguardi una spedizione partita troppo tardi e andata perduta per il naufragio di una nave causato da una burrasca autunnale.

In effetti, non avendo praticamente concorrenti, sono le condizioni climatiche i principali nemici di quest'uomo: una cattiva stagione può compromettere il raccolto e quindi far crollare i guadagni sulla vendita ai mercati, e una tempesta inattesa può affondare le sue navi, i "Tir" che usa per piazzare la merce.

Proprio per questo, in epoca romana c'è l'abitudine a non prendersi mai tutto il rischio di una spedizione via mare o via terra. È meglio suddividere prudentemente i costi e i rischi tra più mercanti (è il sistema della caratura): se si è in più persone a finanziare il viaggio, si ammortizzano i costi e in caso di naufragio i danni economici riportati saranno minori. Ma certo lo sono anche i guadagni in caso di arrivo a destinazione sani e salvi. È un po' come se decideste di giocare al lotto: preferireste farlo da soli o in gruppo?

Lucio Crassio Terzo, in questo, è un vero leone: paga tutto, la nave è "interamente" sua, riempita all'inverosimile solo con le sue merci. Un *gambler*, vi direbbero oggi, uno che scommette sulla buona sorte. A volte va bene e i guadagni sono ingentissimi, altre volte perde tutto, proprio come al gioco d'azzardo. Ma ha fiuto e fortuna, ed è riuscito a costruire un vero impero, che noi ora possiamo ammirare mentre il carro si avvicina al punto di scarico delle anfore.

Lucio Crassio Terzo acquista le anfore di vino del banchiere e le rivende a prezzo maggiorato su altri mercati. A volte, invece, lui e il produttore di vino si suddividono i ricavi. In altri casi ancora, lui compra all'ingrosso il vino, lo travasa in anfore che portano il suo nome e lo vende al dettaglio lungo la costa, a Roma o al di là del Mediterraneo, quasi fosse un vino di sua produzione.

Sono tanti i modi per fare commercio. E qui vediamo all'opera un centro nevralgico dell'economia romana, molto legata alla distribuzione dei prodotti della terra.

Il liberto scende dal carretto e si dirige in un ufficio per le pratiche di vendita e il relativo pagamento. Sul carro rimane, di guardia, il possente germano dallo sguardo imperturbabile. Per andare all'"ufficio vendite", Lucio Brittio Eros passa attraverso vari ambienti, svelandoci cosa accade nella villa.

Che questa struttura sia destinata prevalentemente ad attività commerciali lo si capisce all'istante: rispetto ad esempio alla "villa di Poppea" è molto meno lussuosa e ha assai meno decorazioni e ambienti dedicati all'*otium*. Oltre a essere il punto di partenza di commerci che si realizzeranno in tutto l'Impero, qui è possibile fare anche acquisti diretti, e quindi questa struttura funziona anche come un mercato. Quando Lucio Brittio Eros attraversa il grande porticato e passa davanti ad alcune stanze scorgiamo dei grandi pesi da bilancia, in marmo e piombo, e poco oltre, in un lato del porticato, troviamo un'enorme quantità di anfore: sono più di quattrocento! Servono per il trasporto del vino e dell'olio: alcune hanno un marchio, altre eleganti iscrizioni dipinte, vere e proprie etichette. Le prime indicano chi ha realizzato le anfore, le seconde chi ha prodotto il vino, e spesso non c'è alcuna differenza perché fanno capo allo stesso ricchissimo proprietario terriero o alla medesima "azienda". Il fatto interessante è che sono quasi tutte vuote e capovolte, già pulite e pronte per essere riempite.

Questo è un altro indizio che siamo in autunno: la vendemmia è finita e si aspetta che il vino, passata la fermentazione, venga travasato o nei *dolia* interrati, come abbiamo visto, oppure direttamente nelle anfore, così che potrà invecchiare durante il trasporto e lo stoccaggio nei luoghi di arrivo.

In epoca romana l'invecchiamento può durare da uno a parecchi anni, anche se non si disdegna affatto il vino novello. Pur avendo a disposizione moltissime varietà di questa bevanda, a volte davvero simili alle nostre, la sua consistenza spesso è densa, vicina a quella del miele, e ha una gradazione altissima. Il vino deve essere allungato con acqua calda d'inverno (ottenendo qualcosa che ricorda un po' il nostro "vin brulé") oppure acqua gelida d'estate, e spesso lo si versa attraverso un colino riempito di ghiaccio.

L'aggiunta di spezie è molto frequente e questo vi fa intuire il *bouquet* e in generale la ricchezza di sapori, aromi e gusti che i vini erano in grado di offrire nei banchetti dell'antichità.

In questa villa sembra non mancare niente per quanto riguarda la preparazione del vino. Le anfore sono state lavate con acqua di mare, e sono pronte per l'imbottigliamento. Una pentola contenente resine di pino per la manutenzione delle anfore sta cuocendo su un fornello in pietra diffondendo nell'aria un intenso aroma. Piccole ollette di bronzo sono poggiate qua e là, in attesa di essere usate per il travaso del vino.

Questa scena che vi ho descritto verrà trovata "congelata" dall'eruzione dagli archeologi quasi duemila anni dopo.

Tra gli strumenti legati al trasporto del vino ce n'è uno alquanto enigmatico riemerso in molti siti di età romana, un oggetto davvero curioso, che potremmo definire un "cavatappi" per anfore: si chiama appunto anforisco. È di terracotta e assomiglia a un'anfora in miniatura con un'imboccatura sproporzionatamente grande. Sul reale utilizzo di questo utensile sono state formulate varie ipotesi, una delle quali, davvero sorprendente, richiama un principio analogo a quello delle ventose usate per il trasporto dei vetri. Come suggerisce lo studioso Emilio Rodríguez Almeida, è assai probabile che questi oggetti venissero appoggiati al tappo (in sughero o in terracotta) delle anfore, su cui in precedenza era stato depositato uno strato di pece bollente. Il "bicchiere" di terracotta affondava quindi nella pece, che in breve tempo si seccava, sigillandolo al tappo. L'aria intrappolata nel "bicchiere", raffreddandosi, si contraeva, creando un "effetto ventosa" che consentiva di estrarre il tappo sfaldando la malta o il gesso che la fissavano al collo dell'anfora con uno sforzo molto ridotto, mantenendolo nel contempo integro e riutilizzabile. A conferma che quest'ipotesi sia corretta c'è un ritrovamento a Castrum Novum (Santa Severa) di anforischi con tracce di pece.

Torniamo a seguire il liberto Lucio Brittio Eros all'interno della villa. Ha appena sbrigato la parte burocratica della vendita e ora si avvia al carretto: in un piccolo borsello che tiene sotto la tunica custodisce le monete d'oro ricevute in pagamento. Mentre cammina verso il carretto, dove lo scarico delle anfore è già iniziato, passa davanti a sacchi di noci e nocciole. Distrattamente, il suo occhio cade su delle melegrane, messe a seccare su giacigli di foglie. Sono piccole e acerbe, probabilmente saranno destinate alla concia delle pelli o all'uso medico.

Ci sono molti altri luoghi che non vediamo, come quattordici magazzini seminterrati, oppure i piani superiori dove vive Lucio Crassio Terzo, che letteralmente "riposa" sulla sua ricchezza...

In questa villa le attività fervono come in un formicaio. Passano anfore, schiavi con imballaggi ingombranti sulla testa e ceste piene di formaggi. Mentre il carretto del liberto del banchiere riparte in direzione della *villa rustica*, alle sue spalle un altro, anch'esso carico di anfore, si rimette in viaggio. All'arco di entrata si dividono. Il primo va verso la campagna, il secondo verso le saline di Pompei.

Ed è lì che andremo ora.

L'oro bianco di Pompei

Il carro avanza su una strada che gradualmente comincia a scendere: stiamo chiaramente entrando in una depressione del territorio. Le piante sembrano aver timore di crescere in quest'area, ci sono solo cespugli bassi e qualche alberello dalla forma contorta. Qui il tratto costiero si apre in una distesa piatta, il cielo appare ancora più vasto sopra le nostre teste. Compiuta un'ultima curva e superato un muretto a secco, si presenta ai nostri occhi un paesaggio inaspettato, che rende ancora più incredibile la varietà di ambienti naturali che possiamo trovare nei dintorni di Pompei, e che spiega la ricchezza dei suoi prodotti. A perdita d'occhio ci sono specchi d'acqua rettangolari inframmezzati da piccole piramidi bianchissime... Eccoci arrivati alle saline.

Il sale, lo sappiamo, ha un'importanza fondamentale per il nostro organismo, e fin dall'antichità è stato sempre tenuto in gran conto, quasi quanto l'oro. Con il sale si pagavano i soldati – da qui il termine "salario" –, e il sale che veniva estratto a Ostia Antica veniva trasportato lungo una strada chiamata non a caso "Salaria".

Anche la superstizione, diffusa ancora ai nostri giorni, secondo la quale versare il sale sulla tavola "porta male", che obbliga chi ci crede a posare la saliera sul tavolo e non direttamente nella mano del commensale più vicino, deriva da un'usanza romana finalizzata a non sprecare questo preziosissimo dono (un gesto, oggi, francamente anacronistico).

305

Si capisce quindi quanto questi laghetti artificiali siano ben più che la fonte di un ingrediente fondamentale in cucina: in realtà si tratta di una riserva strategica per la sopravvivenza dei pompeiani, una risorsa economica di altissimo profilo, una specie di petrolio bianco… Con il sale si dà nutrimento agli animali, si conservano prodotti alimentari e soprattutto si realizza il *garum*, uno dei migliori di tutto l'Impero romano. Di cosa si tratta? Lo abbiamo già descritto per sommi capi, ma visto che, come dicevano i nostri antenati, *repetita iuvant…* È una salsa prelibata (almeno per i romani) con cui accompagnare molti piatti serviti durante i banchetti. In buona sostanza, si mettono a macerare per settimane degli strati alternati di pesci (con le loro interiora, o meno, a seconda delle dimensioni), erbe aromatiche e sale, all'interno di speciali barili: in pratica, vengono messi in salamoia. Poi il tutto viene filtrato separando la parte più corposa da quella più liquida: questa operazione consentirà di ottenere varietà di *garum* più o meno pregiate. Il sapore ricorda quello della pasta di acciughe, ma molto più salato. In effetti sulle tavole romane non esistevano saliere e il *garum* era usato come un sale aromatico per insaporire i cibi.

Può far storcere il naso ma, se pensate a quanto successo riscuote ancora oggi un piatto semplicissimo come la verza ripassata in padella con un po' di olio e pasta di acciughe, avrete un'idea sia del sapore di questa salsa che della sua diffusione.

Il *garum* di Pompei, di altissima qualità, è venduto in tutto l'Impero: è molto caro, e per la sua fama e il suo costo potremmo paragonarlo a quello che è oggi l'aceto balsamico di Modena. E tutto nasce qui, da queste saline.

Grazie all'alta marea, l'acqua entra in alcuni canali che la veicolano in grandi "piscine" poco profonde. Poi, con il calore del sole, comincia l'evaporazione e aumenta la concentrazione salina dell'acqua. A questo punto, attraverso alcune chiuse, viene fatta passare in altre vasche, dove, sempre per effetto dell'evaporazione, si depositano sul fondo alcune sostanze nocive per il nostro organismo, come per esempio il carbonato di calcio: nelle vasche finali, ormai a densità altissima, precipita il sale che tutti conosciamo. Schiavi in fila, armati di strumenti simili a vanghe e perfettamente sincronizzati, con bruschi movimenti spezzano e tagliano la durissima superficie di cloruro di sodio. Altri raccolgono con delle pale i blocchetti, che finiscono in ceste che poi si caricano in testa. Comincia così un lungo e faticoso cammino, in precario equilibrio, lungo i rilievi di terra che separano le varie vasche.

Da lontano questi schiavi sembrano formiche. Giunti alla fine del loro lungo percorso, rovesciano tutto in un unico punto, creando delle montagnole bianchissime, che vengono ricoperte con delle tegole per proteggerle dalle piogge. È un lavoro massacrante, sia per il riverbero del sole, sia per i pesi da trasportare. E bisogna stare molto attenti a non ferirsi o sfregarsi gli occhi: il sale concentrato è irritante.

Di tanto in tanto, in questi luoghi si fanno vedere dei fenicotteri, che vengono qui per catturare le artemie saline, piccoli gamberetti che a conti fatti sono le uniche creature in grado di vivere in queste acque ad alta concentrazione salina.

Una nota a margine: se durante l'eruzione qualcuno è morto nelle saline, per poi essere coperto da lapilli e strati di ceneri, è probabile che il suo corpo sia ancora là, intatto e disidratato.

Il porto di Pompei

Il carretto, appesantito dai sacchi di sale purissimo appena caricati, lascia solchi profondi nella fanghiglia delle saline. Ripreso il suo pellegrinare, giunge finalmente alla meta: il porto. Pompei non cessa mai di stupire. In effetti ci troviamo in quello che potrebbe essere l'equivalente nel mondo antico di un moderno aeroporto internazionale: da qui si può salpare per raggiungere i principali approdi e le città di mare del Mediterraneo. E non solo. Il porto è anche il punto di raccolta di tutte le merci che provengono dall'entroterra. Il fiume Sarno infatti nel suo ultimo tratto verso il mare si allarga, creando di fatto un'ampia baia. Un approdo naturale, protetto dai venti e dalle correnti. E proprio sulle sue rive di fronte a Pompei è stato edificato il porto, di fatto un doppio porto (fluviale e marittimo).

Sul fiume, alcune chiatte stanno percorrendo l'ultimo tratto e si preparano ad attraccare cariche di prodotti agricoli e legname dell'entroterra. Le imbarcazioni più piccole e leggere, se il vento lo consente, riescono a risalire il Sarno grazie all'uso delle vele, altrimenti si ricorre all'alaggio, cioè a buoi o a schiavi che con delle cime trascinano le chiatte controcorrente, camminando lungo sentieri che costeggiano la riva.

Il porto è costituito da alcune banchine di pietra con ormeggiate delle navi onerarie (come detto, i cargo a vela dell'epoca romana). Una lunga fila di magazzini custodisce tutto ciò che è necessario alla vita del porto e ai suoi commerci. Sui moli ci sono file di anfore, perfettamente allineate come tanti legionari, pronte a essere imbarcate.

In effetti, ferve una grande attività, anche a quest'ora del giorno. È un frenetico alternarsi di schiavi, merci imballate e assicurate da pesanti reti, casse impilate come tanti piccoli container di legno, sacchi accatastati alla rinfusa... Si vedono anche dei bambini che giocano a rincorrersi tra le merci, un vecchio che pesca dal molo con una lenza e alcuni liberti che contano le mercanzie annotando tutto su tavolette di cera.

Si caricano e si scaricano merci di ogni genere. Davanti a noi una piccola fila di schiavi incatenati scende da una nave: sono probabilmente diretti a qualche *villa rustica*, una delle circa centocinquanta costruzioni di vario tipo innalzate attorno a Pompei. Più in là, altri schiavi caricano anfore di vino su un'imbarcazione. Ognuna è trasportata in questo modo: una corda viene fatta passare attraverso le anse e viene legata a un bastone che due schiavi in fila indiana portano sulla spalla.

I romani non avevano lasciato al caso nemmeno la forma delle anfore: sono strette e lunghe, in modo da poter essere messe appaiate nella stiva, una incastrata nell'altra. Il loro puntale non solo ne irrobustisce il fondo, rendendole più resistenti quando poggiano sulla terraferma, ma è utile anche a bordo delle navi:

consente alla fila più bassa di "piantarsi" nello strato di sabbia sul fondo della stiva e alle file superiori di infilarsi tra le prime. Le anse sono in alto, in modo che si possano estrarre o infilare nelle stive (o sui carri) con facilità. In questo modo una nave oneraria può caricare fino a diecimila anfore, un'ottimizzazione del trasporto decisamente moderna…

Ma questi moli hanno visto tempi migliori. Il vino prodotto nella regione sta conoscendo da qualche anno una crisi senza precedenti. Dopo generazioni di dominio sui mercati, sta subendo l'aggressiva concorrenza del vino che proviene dalle Gallie, inoltre il terremoto di diciassette anni prima ha peggiorato la crisi, bloccandone di fatto la produzione per qualche tempo.

Rectina, Saturnino, Giulia Felice e il proprietario della Villa dei Papiri in questo momento stanno ancora cercando una soluzione a questo problema.

Sulla banchina, accanto al carro che ci ha portato fin qui, passa un uomo robusto, piuttosto basso e con il volto paffuto. Ha appena assistito allo stivaggio del carico e si avvia verso la sua imbarcazione personale, molto elegante, che si trova in cima a una banchina, dove gli schiavi lo attendono.

È Pomponiano, un altro degli invitati nella villa di Rectina. Gesticola in modo buffo mentre parla ai liberti che lo accompagnano, esattamente come faceva ieri al banchetto. Ma al di là del suo aspetto che strappa un sorriso, in realtà è un uomo potente e molto ben introdotto. È un amico personale di Plinio il Vecchio, ammiraglio della flotta romana. Ed è anche molto ricco. Possiede una grande villa a Stabia, al di là del fiume.

Saliamo a bordo con lui. Si sdraia al centro della barca, sotto una tenda color rosso vivo, dove si trova una specie di letto tricliniare con tanti cuscini. A un suo segnale, i rematori si mettono al lavoro, la barca dai grandi occhi blu inizia a muoversi e, anziché prendere il mare, vira e comincia a risalire il fiume.

Non passa molto tempo prima che la sua bella imbarcazione a remi si accosti a un altro approdo, questa volta di dimensioni ridotte, ma molto elegante. Due schiavi si avvicinano per facilitare l'ormeggio. A dispetto della sua corporatura, Pomponiano scende a terra molto agilmente e si dirige da solo verso l'edificio situato in fondo al molo, un ambiente che sembra trasudare un lusso sfrenato.

In effetti questa struttura ha sorpreso non poco gli archeologi al momento della scoperta. Innanzi tutto ha una forma molto insolita, in quanto si sviluppa attorno a un giardino quadrato. Tre lati contengono esclusivamente ambienti per banchetti, mentre il quarto è inesistente: c'è solo un bellissimo affaccio sul fiume Sarno, che si trova a qualche metro. La quiete e la riservatezza sono assicurate.

Al piano superiore ci sono stanze per dormire o intrattenersi con qualche ragazza. Al piano di sotto, attorno al giardino, si aprono ben otto triclini. A cosa possono servire tante sale da banchetto messe una in fila all'altra?

Il sito – scoperto negli anni Cinquanta, superficialmente esaminato per poi essere subito reinterrato – è stato studiato alla fine degli anni Novanta dal professor Antonio De Simone, che lo ha riportato definitivamente alla luce, a seguito dei lavori di ampliamento dell'autostrada Napoli-Salerno.

Lo scavo di De Simone ha restituito, in tutta la sua bellezza, quello che lui ritiene sia un *hospitium* per *negotiatores*, cioè un motel fluviale di lusso frequentato da "businessmen" in viaggio sul Sarno o in visita a Pompei.

Le varie sale da banchetto ospitano pranzi di lavoro oppure tranquille cene per rilassarsi dopo giornate faticose.

Pomponiano sembra di casa, gli schiavi lo salutano con deferenza, e quando si affaccia in uno dei triclini i volti delle persone sdraiate s'illuminano di piacere. È un *habitué* di questo luogo, noto oggi con il nome di Murecine, dove è solito incontrarsi e concludere affari con proprietari terrieri, mercanti di alto rango di passaggio o inviati delle famiglie dell'élite romana. Il luogo sembra davvero all'altezza di questi incontri, in effetti occupa ben 950 metri quadrati e il lusso è ovunque (vedi *Inserto 1*, p. 10).

Ogni triclinio ha alcuni degli affreschi più belli che siano mai stati scoperti in quest'area dell'Impero. Nella stanza dove è entrato Pomponiano, il rosso domina ovunque le pareti su cui sono state dipinte le muse e Apollo con la cetra. Le figure sembrano aleggiare alle spalle degli invitati che banchettano.

Gli invitati sono sdraiati su letti disposti a forma di ferro di cavallo, a un'estremità del quale zampillano alcune fontanelle. L'acqua cade in una sorta di grondaia di marmo che passa davanti a ogni singolo letto. Questo fa sì che gli invitati, sdraiati, possano lavarsi le mani senza bisogno di alzarsi. Al centro della stanza c'è un cilindro di marmo da cui l'acqua sprizza come da una fontanella.

Malgrado l'intera struttura stia attraversando un'importante fase di ristrutturazione per un ampliamento, dietro le insistenze di Pomponiano i due fratelli proprietari dell'edificio, Gaio Sulpicio Fausto e Gaio Sulpicio Oniro, membri di una potente famiglia di Pozzuoli, lo hanno accontentato creando una piccola "oasi" in uno dei vari triclini, attualmente ingombri di tegole e lastre di marmo, come scopriranno gli archeologi.

Gli studiosi troveranno in uno dei triclini addirittura una barca con ancora in ferro, probabilmente tirata a secco durante l'eruzione, per evitare che affondasse nel Sarno, sia per la pioggia dei lapilli sia per tutto il materiale che le acque trascinavano, a testimonianza che tutti aspettavano la fine della "grandine vulcanica" per mettersi in salvo, non sapendo che proprio rimanendo in quel luogo sarebbero stati condannati a morte certa.

La discussione è delicata e richiede tutta la privacy del caso. Così Pomponiano, a cui gli schiavi hanno già tolto le calzature e lavato piedi e mani, fa schioccare le dita: discretamente, gli schiavi chiudono la sala grazie alle grate scorrevoli. E la discussione inizia.

Il menu del banchetto, preparato in un'enorme cucina sul retro, prevede, tra le varie portate, uova di lumache servite in speciali piatti in bronzo muniti di coppette, *gateau* di pesce presentato in una forma che lo fa sembrare una lepre distesa, pernici, aragoste, murene, capretto partico, e poi melegrane, fichi secchi serviti in coppe di vetro finissimo e, tra i vari dolci, anche quella che sembra una cassata... il cui nome moderno deriva dal latino *caseus*, cioè "formaggio", proprio perché fatta a partire dalla ricotta di pecora zuccherata.

Solo uno degli invitati nota il tintinnio di due brocche di vetro posate sopra un tavolino tondo. Il suo sguardo rimane a fissare le ondine concentriche che non smettono di formarsi sulla superficie del vino. Poi, richiamato dalle voci dei commensali, volta la testa e scoppia a ridere all'ennesima battuta.

"CASINÒ", SESSO E LUPANARI

Pompei
23 ottobre 79 d.C., ore 18,00
mancano 19 ore all'eruzione

SUM TUA AERE
Sono tua per una piccola moneta.

Flavio Cresto, un altro degli invitati al banchetto di Rectina, è in marcia ormai già da quasi un'ora.

Questo liberto di origine greca si è fatto un nome nella gestione delle esportazioni marittime. È partito da una delle sfarzose ville da ventimila metri quadrati di Stabia, sette chilometri a sud di Pompei, dove vive e lavora. È riuscito a ritagliarsi poche ore di svago alla fine di questa giornata e vuole passarle a Pompei, che di notte offre molte "occasioni" per divertirsi. La città è separata da Stabia dal fiume Sarno. Ma fortunatamente ci sono due ponti. Uno, in muratura, più a monte e l'altro, di legno, più a valle non distante dal porto di Pompei. Flavio Cresto è passato su quel ponte di legno senza sapere che domani rappresenterà la differenza tra la vita e la morte per migliaia di persone. Ha dovuto poi deviare verso il porto, per un'ultima commissione, e ora è "lanciato" verso la sua serata di svago…

Affretta il passo, non vuole arrivare dopo il tramonto, quando tutto diventa buio. Le luci infatti stanno calando e presto sarà notte. Camminando verso Porta Marina, l'entrata della città rivolta al porto, osserva la sua ombra che lo precede, sembra quasi voler arrivare prima di lui. Con il sole basso è lunghissima, e copre gran parte delle lastre della strada. È un aspetto che lo ha sempre incuriosito, fin da piccolo, nelle giornate invernali: quell'ombra lo trasforma in un gigante dalle gambe lunghissime.

La sua ombra sta già oltrepassando le arcate della grande porta, mentre lui è ancora a metà salita...

Raggiunto l'ingresso alla città, prima di scomparire nella semioscurità del breve tunnel che ricopre i primi metri in salita dentro Pompei, si volta verso il mare. Il sole è una sfera arancione che sembra adagiarsi sull'orizzonte, pronta a sprofondare negli abissi.

In questo preciso istante, altri occhi stanno fissando il globo infuocato che saluta la Pompei romana. È Rectina, appoggiata alla balaustra di una terrazza della sua splendida villa. Un refolo di vento le scompiglia i capelli. I loro volti sono illuminati dalla carezza calda di questa stella, che sembra aver intuito il destino che li aspetta e regala loro un ultimo sorriso.

Osservano il sole scivolare nel mare e aspettano che sparisca l'ultimo bagliore all'orizzonte. Un brivido corre lungo le loro schiene, si stringono nelle spalle e si voltano: Rectina rientra nel tepore delle sale affrescate della villa, l'uomo si tuffa nell'oscurità del tunnel...

Non possono immaginare che, domani, quello stesso colore, quello stesso calore oggi così gradevole, porterà la morte su tutta la città...

Flavio incrocia tante persone che escono alla spicciolata dal Foro. Sono gli spettatori che fino a poco prima erano a teatro. Lo spettacolo avrebbe dovuto essere finito da un po', ma si è protratto più a lungo del previsto a causa della "star" che ha infiammato le gradinate... sempre lei: Novella Primigenia!

È una *mima* (cioè un'attrice) di Nocera: lavora con una compagnia di attori e si esibisce in tutti i principali centri dell'area vesuviana. E, come accade a tutte le *mimae*, lo fa anche nelle case di uomini facoltosi: superfluo aggiungere che sia molto desiderata dal pubblico maschile. Un uomo, nei pressi di Porta Nocera, ha persino scritto su un muro qualcosa di simile ai versi di una famosa canzone, *Un'ora sola ti vorrei*... O, meglio, ha scritto che avrebbe voluto essere solo per un'ora la gemma dell'anello che lei inumidisce con le labbra prima di imprimere il proprio sigillo:

«*Primigeniae Nucer(inae) sal(utem). Vellem essem gemma hora non amplius una, ut tibi signanti oscula pressa darem*». Un graffito che trasuda passione, per una donna che, forse, non la merita; ma eccola ora davanti ai nostri occhi.

Novella Primigenia è seduta su una lettiga al fianco di un uomo grasso e pelato. Entrambi ridono a ogni scossone e a ogni curva nei vicoli. È un importante rappresentante della classe equestre di Roma in visita a Pompei. Non è ancora un senatore, ma Novella ci è andata molto vicino... Si è già scordata di Lucio Crassio Terzo, e di tutti quelli prima di lui. Ora è avvinghiata a questo uomo dall'aspetto anonimo, ma di sicuro molto potente.

Non bisogna biasimare Novella più di tanto. Lei, in quanto attrice, è una delle ultime ruote del carro all'interno della società romana, al punto da essere spesso equiparata alle meretrici. Persone come lei, schiave o ex schiave, hanno un solo sistema per uscire dalla loro terribile situazione: fare colpo, durante gli spettacoli, su uomini ricchi che le strappino da un destino già segnato, e che prevede solo povertà e miseria.

Ora sta baciando sensualmente l'uomo seduto accanto a lei: in quel bacio però non c'è passione, ma pura e semplice disperazione.

La lettiga, "scortata" da un piccolo drappello di fan e liberti che proteggono il loro padrone e la sua nuova fiamma, sparisce nei vicoli, diretta chissà dove.

Si salverà, Novella Primigenia? Il nostro istinto ci dice di sì. È in grado di cavarsela in qualsiasi situazione...

Flavio Cresto l'ha riconosciuta, ma lei ha fatto finta di non vederlo. L'uomo sorride, scuote la testa e prosegue.

Ormai le vie di Pompei cominciano a essere silenziose e deserte. Si sentono rumori provenire dall'interno delle abitazioni, ma in strada i passanti sembrano solo "ombre" irraggiungibili lungo i muri. Flavio viene attratto da una luce in fondo alla strada: lì si trova una *taberna lusoria*, una delle "case da gioco" di Pompei.

Per arrivarci bisogna risalire via Stabiana, che a un certo punto cambia nome, diventa via Vesuvio, e conduce, appunto, all'omonima porta. Ormai possiamo dire di conoscere questa città: la *taberna lusoria* si trova nei pressi del *Castellum aquae*, il punto di arrivo dell'acquedotto, quello che stamattina abbiamo visitato con Tito Suedio Clemente e il "Quintiliano" di Pompei.

Stiamo risalendo la stessa via già percorsa in senso contrario per esaminare lo stato delle condutture. Ecco: a un certo punto, sulla destra c'è l'abitazione del banchiere, Lucio Cecilio Giocondo... il mondo è piccolo. Passiamo davanti alla sua *domus*. A quest'ora, il banchiere sarà certamente sveglio, intento a esaminare qualche contratto o alle prese con i conti di qualche suo affare. La moglie, invece, la signora dagli orecchini d'oro con topazi incastonati che abbiamo seguito in campagna, dormirà nella *villa rustica*. I due non sanno che non si rivedranno mai più...

Flavio Cresto arriva alla *taberna lusoria*, che potremmo definire l'equivalente di un nostro attuale piccolo casinò.

Purtroppo di questa *taberna*, che verrà parzialmente distrutta dalle bombe inglesi nel 1943, non conosciamo il proprietario. Ma siamo sicuri sulla destinazione d'uso dell'edificio grazie a una serie di scritte elettorali nelle quali si fa riferimento ai giocatori di dadi (*alearii*), e anche all'insegna: un piccolo riquadro di tufo nel quale è raffigurato un vasetto usato per il gioco dei dadi affiancato da quattro falli portafortuna.

Flavio osserva l'insegna, sorride ed entra. All'interno c'è odore di vino e di sudore. Niente fumo: il tabacco arriverà in Europa solo con Cristoforo Colombo. E, almeno a un primo sguardo superficiale, niente donne: solo uomini che urlano e giocano a dadi su dei tavolini. Sulle pareti della sala principale spiccano alcuni quadretti, due dei quali rappresentano Bacco e Mercurio, divinità protettrice del commercio e dei buoni affari, ma anche dei ladri e dei giocatori d'azzardo.

Al piano superiore vive il proprietario, mentre a quello inferiore ci sono diversi ambienti che si aprono sul retro, forse anche per dare la possibilità ai giocatori di dileguarsi in caso di visite "inattese" di qualche edile troppo scrupoloso nell'applicare la legge: giocare a dadi, infatti, è vietato. Ma qui, da sempre, si chiude un occhio. Ormai è una vera e propria mania, diffusa in tutti gli strati della società: persino Augusto era un giocatore incallito…

Flavio si affaccia a un tavolo: si gioca solitamente con due dadi. Il colpo più fortunato è quello di Venere (doppio sei), quello più sfortunato quello del cane (doppio uno). Purtroppo, spesso i dadi sono truccati: viene fatto un foro e, sulla parte interna di una delle facce, viene fissato con del mastice un disco di piombo, in modo che, rotolando, il dado tenda a fermarsi di più su quel lato. Ovviamente il foro viene poi abilmente richiuso. Nelle bische male illuminate, e sotto gli effetti del vino, questa "lavorazione" risultava poco visibile.

Gli uomini lanciano i dadi, urlano, scommettono. Flavio si guarda attorno con più attenzione, e scorge una donna. Vicino alla stanza principale, infatti, c'è uno "stanzino per il sesso", la *cella meretricia*, con tanto di quadretto erotico che rappresenta una fanciulla distesa su un letto. Ma c'è anche una seconda donna che si muove nella penombra: è temuta, ma anche desiderata, da molti giocatori…

Si chiama Faustilla e fa l'usuraia (*foeneratrix*): presta soldi a strozzo, con interessi altissimi. Come lo sappiamo? Grazie a dei graffiti sul muro. Su una parete di questo casinò Faustilla ha lasciato un promemoria del suo lucroso giro d'affari: «*Nonis Februariis (Vettia accepit) a Faustilla (denarios) XV: usura asses VIII*». Ovvero: «Il giorno cinque febbraio Vettia ha ricevuto da Faustilla quindici denari: con un interesse usuraio di otto assi mensili». Un tasso di interesse del quaranta per cento annuo!

È interessante considerare che aveva prestato dei soldi a un'altra donna, Vettia, anche lei frequentatrice della *taberna*: forse, però, come prostituta. Del resto, anche Faustilla probabilmente lo era.

Il suo nome ritorna in un'altra iscrizione, ritrovata nella *taberna* di un certo A. Granio Romano, nella quale si legge: *Idibus Iuli(i)s inaures postas ad Faustilla(m) pro (denariis) (duobus) usura(m) deduxit aeris a(ssem) ex sum(ma) XXX*, «Il quindici luglio ho dato in pegno gli orecchini a Faustilla per due denari. Ne ha dedotto l'usura di un asse di bronzo come trentesimo di questa somma».

A scriverlo deve essere stato lo stesso A. Granio Romano (o la moglie), che per far fronte a un periodo di difficoltà economiche era stato costretto a lasciare in pegno alcuni averi.

Un urlo e il rumore di sgabelli rovesciati riecheggiano all'improvviso nella bisca. Un baro è stato scoperto e ora sta scoppiando una rissa. Flavio esce di corsa e si infila nel dedalo delle vie di Pompei. All'improvviso, è circondato dal silenzio.

Sesso a Pompei

Passeggiando lentamente, dopo qualche minuto l'uomo scorge un'altra insegna. È quella del lupanare più famoso di Pompei anche se non è il solo bordello della città. Se ne conoscono più di una trentina. A volte, come si può intravedere pochi metri più avanti, i "bordelli" sono costituiti da un'unica camera in cui lavora una sola prostituta, come la *cella meretricia* che abbiamo appena visto nella *taberna lusoria*. Il tutto avviene tirando una semplice tenda, che nasconderà i due agli sguardi dei passanti. In altri casi, le stanze per il sesso a pagamento si trovano al piano superiore di "bar" o trattorie.

A volte, però, le prostitute non hanno neppure un luogo "fisso" in cui fare sesso: aspettano e adescano i clienti per strada e poi fanno quello per cui sono pagate dietro ripari improvvisati. In un certo senso ricordano le "professioniste" che si possono vedere lungo le strade periferiche delle nostre città moderne. Anche a Pompei alcune di loro aspettano i clienti immediatamente fuori città, e spesso si appartano tra i monumenti funebri dei cimiteri, come per esempio quello di Porta Nocera.

Questo luogo è anche un ritrovo di qualche sporadica coppia clandestina. Sotto un'arcata di un monumento funebre si può ancora oggi leggere una scritta che un uomo ha tracciato con un carboncino, forse il "resto" di un fuoco, come sfregio a un marito tradito: (*H*)*ygino s*(*alutem*). *Edone Piladi fellat*. Ovvero: «Caro Igino, sappi che la tua Hedoné sta facendo un servizietto orale a Pilade». In realtà ha usato un altro termine, ma il messaggio è chiaro...

Ma torniamo da Flavio, che si trova ora davanti al più famoso lupanare di Pompei. Situato all'angolo di due vie, ha un duplice ingresso: un classico di tutti i bordelli, per consentire un deflusso migliore e, forse, un po' di privacy al momento dell'uscita. All'interno c'è una saletta simile a un corridoio, su cui si aprono cinque stanzette (vedi *Inserto 1*, p. 6). I letti su cui si fa l'amore sono dei banconi di muratura, con un bordo rialzato, ricoperti con un pagliericcio. Per dare l'impressione di avere un barlume di intimità, una tenda viene tirata sull'uscio delle stanzette, ma nulla più: tutti sentono, e a volte intravedono, quel che sta accadendo. Sembra anche che ci sia la possibilità, dietro pagamento, di spiare una coppia che fa sesso. Sui muri diversi graffiti, ma anche le tracce lasciate da suole chiodate, segno che i clienti spesso facevano sesso senza togliersi le scarpe... Nelle iscrizioni possiamo leggere l'orgoglio di chi si vanta: *Hic ego puellas multas futui* («Qui mi sono fatto molte fanciulle») e intuiamo anche la possibilità di richiedere adolescenti per rapporti omosessuali (uno di loro piange la morte del suo amico, "prostituto" come lui).

Ma chi sono le meretrici di questi bordelli? Schiave, a cui sono stati dati nomi "esotici", quasi sempre greci. Ragazze che vengono "usate" fin quando è possibile. All'ingresso delle stanze, piccoli affreschi mostrano la varietà delle posizioni erotiche (vedi *Inserto 1*, pp. 8-9). Spesso le guide turistiche li descrivono come "cataloghi" delle prestazioni che si possono richiedere, ma la cosa non ha alcun senso, anche perché non ci sono tariffari specifici per le singole posizioni. Chi si reca in questi luoghi sa benissimo quello che vi si può fare...

Si tratta in realtà di rappresentazioni erotiche atte a creare la giusta atmosfera: si rifanno alle *figurae Veneris*, immagini tipiche dei manuali in stile "Kamasutra" che circolavano già duemila anni fa tra i romani, spesso scritti da sedicenti ex escort che rivelavano i segreti del piacere. Anche le dimore dei ricchi le hanno, in piccole stanze concepite per gli incontri amorosi.

Una domanda che si pongono in molti è se gli uomini usassero precauzioni che possano in qualche modo ricordare l'odierno preservativo. La risposta è no. Nel mondo romano i preservativi non esistevano. Per un romano "fermare" la propria capacità di generare vita equivale a negare la sua virilità. Come fanno quindi queste ragazze a non rimanere incinte? I rapporti orali (molto richiesti allora) o di "altro tipo" possono solo limitare il problema. La realtà è un'altra: le donne romane conoscevano, come già anticipato, l'uso della pillola contraccettiva, anche di quella cosiddetta "del giorno dopo". Ma per le schiave dei bordelli questi metodi erano certamente troppo costosi. Da alcuni scritti antichi sappiamo che si servivano di batuffoli imbevuti di varie sostanze, soprattutto succo di limone. Un graffito, però, a riguardo è molto eloquente. È stato scritto da un uomo e recita: «Ho fatto l'amore con questa ragazza lodata da molti, ma dentro era fango». Questa frase è sempre stata vista come la prova della mancanza di igiene delle prostitute. Secondo il mio parere, in realtà, la donna stava usando una "crema spermicida", e sempre grazie ad alcuni testi antichi ne conosciamo persino gli ingredienti, come l'olio d'oliva vecchio, la resina di cedro o l'olio di mirto. A mio avviso, quindi, siamo di fronte alla più antica testimonianza dell'uso "effettivo" di un anticoncezionale da parte di una donna.

Si potrebbe continuare a descrivere le preferenze dei romani in fatto di sesso, citando l'uso di specchi, dildo, libri erotici e persino degli antenati dei film porno, che era possibile "vedere" grazie a uno schiavo chiamato a infilare in una finestrella che si affacciava su una "camera a luci rosse" dei riquadri con posizioni erotiche sempre diverse, che i due amanti dovevano "imitare". Quest'ultima pratica troverebbe riscontro proprio qui a Pompei, nella Casa del Centenario.

L'atmosfera che regnava nei lupanari era tutt'altro che gaudente. Le ragazze erano schiave usate per il sesso, e i clienti non erano affatto ricchi romani che venivano qui dopo le terme o i banchetti. Stiamo parlando, con ogni probabilità, di schiavi e, più raramente, di liberti poveri. Gente umile, insomma, appartenente al ceto più basso della società. I ricchi e i benestanti non venivano qui. Erano le prostitute a recarsi nelle loro case, e si trattava di professioniste di livello più alto rispetto a quelle che lavoravano in lupanari come questo.

Gli esponenti delle classi superiori, del resto, oltre che con le proprie mogli facevano sesso anche con concubine e schiave di casa. Senza considerare i rapporti omosessuali, liberi e piuttosto diffusi in età romana.

C'erano però "regole non scritte" da rispettare, valide nei rapporti sia etero sia omo: l'uomo romano doveva fare sesso con un individuo di rango inferiore, essere parte attiva nei rapporti intimi, e sempre parte passiva in quelli orali. Queste erano le "regole" che guidavano i comportamenti sessuali dei romani. Quello che accadeva in realtà sotto le lenzuola, poi, era un'altra cosa…

Nonostante i richiami suadenti delle prostitute affacciate all'uscio del lupanare, allettate dalla prospettiva di ottenere laute mance da un liberto affermato, Flavio decide di non entrare e prosegue oltre.

È cominciata l'ultima notte. Pompei non ne vedrà un'altra. Le stelle che ora brillano lo fanno per l'ultima volta sulle sue vie, sui giardini interni, sui tetti, e sui suoi magnifici affreschi.

Nel cielo stellato di questo 23 ottobre del 79 d.C. c'è la costellazione dello Scorpione, con la sua gigante rossa, Antares. Qualcuno le ha dato un'occhiata distratta, rimanendo come sempre meravigliato dal brillare delle stelle nella notte. Non immagina minimamente che non ne vedrà mai più su Pompei. Come un mare nero che sale inesorabile, il destino inghiottirà la città, cancellandola dalla Storia e dal tempo. Migliaia di pompeiani si stanno addormentando, sereni, forse facendo progetti per il domani, per un futuro che non verrà mai.

Una statua di Venere, staccata dal piedistallo per essere restaurata, è stata appoggiata sul bordo di una terrazza e lì sbadatamente dimenticata dagli operai. Al chiarore della luna l'ombra che proietta sul selciato sembra abbracciare i blocchi di basalto.

Ma qualcosa sta accadendo. L'ombra trema impercettibilmente e dopo istanti che sembrano infiniti all'improvviso svanisce: in un fragore violento la statua si è appena schiantata sulla strada, esplodendo in mille frammenti. Il rumore sinistro della sua fine rieccheggia nel silenzio delle vie...

L'INIZIO DELLA FINE

24 ottobre 79 d.C., dalle 6,57 alle 12,59
da –6 ore e 3 minuti a –1 minuto all'eruzione

VENIT SUMMA
È arrivato l'ultimo giorno.

Il sole è spuntato per l'ultima volta tra le cime delle montagne a est di Pompei. Il primo raggio, come ogni mattina, ha mostrato le rocce nude e bruciate della cima del monte Somma, plasmate dal fuoco di antichissime eruzioni. Sembra quasi che il sole voglia segnalare il rischio mortale che incombe sui pompeiani. Come un muto che indica il pericolo in arrivo... Ma il monito e questo consiglio – lo scongiurare di salvarsi quanto prima da un destino atroce – rimangono fatalmente inascoltati. Nessuno capisce, nessuno sa... E tutto si rimette in moto, come sempre. Anche questa mattina Pompei si è svegliata con le sue mille attività e i suoi mille sogni, progetti e speranze destinati a spegnersi tra pochissime ore.

Di quella mattina, di quelle ultimissime ore, gli scavi ci hanno restituito un'istantanea. Il fornaio Modesto è già al lavoro nella sua panetteria in via degli Augustali, non distante dal lupanare visitato ieri sera. Tutti conoscono la tavoletta con un fallo benaugurante posta all'ingresso della sua bottega. In questo momento, Modesto sta impastando le pagnotte per poi infilarle nel forno con una lunga pala di legno. Terminata l'operazione, richiude lo sportello di ferro. Non sa che a riaprirlo saranno gli archeologi, tra quasi duemila anni. All'interno troveranno ancora quelle ottantuno forme di pane incredibilmente intatte, anche se carbonizzate. Modesto non ha fatto in tempo a tirarle fuori, e questo rende l'idea di quanto sia stata improvvisa la catastrofe. E, a ben vedere, in questa panetteria si nasconde anche un interessante indizio.

Se – come riportato dai racconti antichi – l'eruzione inizia alle tredici, questo può sembrare un orario un po' strano per sfornare il pane. Il numero di forme ritrovate, inoltre, ci suggerisce che queste non fossero destinate alla vendita al dettaglio, ma che rappresentassero una produzione all'ingrosso destinata a *popinae*, *cauponae*, case private, venditori ambulanti... per essere consumate all'ora di pranzo.

Consegnare il pane, ovviamente, è un'operazione che richiede tempo, ed è quindi logico pensare che le pagnotte siano state infornate a metà mattinata. Questo suggerirebbe che qualcosa sia accaduto proprio mentre erano nel forno, qualcosa di così grave da far dimenticare a Modesto e ai suoi schiavi le pagnotte e i relativi guadagni. Già, ma cosa?

Molti vulcanologi, archeologi e studiosi ritengono che già in mattinata si siano udite le primissime esplosioni, che nel giro di qualche ora hanno poi aperto la via alla grande eruzione. Le pagnotte di Modesto sembrerebbero una conferma indiretta di questa ipotesi, anche se, a onor del vero, si può anche pensare che il pane fosse destinato a qualche grande banchetto in programma per quella sera.

In effetti, come ha osservato lo studioso Ernesto De Carolis, la descrizione dell'eruzione che ci ha fornito Plinio il Giovane – una grande colonna vulcanica che si alza altissima nel cielo (vedi *Inserto 2*, p. 3) – poté essere fatta da un punto d'osservazione situato molto lontano, come appunto era Miseno, distante circa trenta chilometri dal Vesuvio. E questo ha impedito di scorgere le prime fasi esplosive del fenomeno.

Che cosa può essere successo? A innescare la terribile eruzione che ha ucciso migliaia di persone è stata l'interazione tra il magma in risalita nel condotto vulcanico e le acque contenute negli strati superficiali del terreno. Avete presente quello che accade se lanciate il contenuto di un bicchiere d'acqua su un fuoco? La reazione esplosiva di vapori e gas è violentissima. Ora, immaginate il cataclisma che si è generato tra il magma e le acque delle falde. Anche senza un contatto diretto, il magma, risalendo, ha provocato un fortissimo riscaldamento dello strato d'acqua sotterranea. E di acqua nel sottosuolo ce n'è tanta, basti pensare a quella accumulata nel tempo dalle nevi e dalla pioggia e raccolta nel bacino idrogeografico disegnato dall'orlo del Vesuvius. Quest'ultima, dunque, si è riscaldata, si è trasformata in vapore e ha premuto ancora di più sulle rocce, portandole al punto di rottura.

Nel "Ground Zero" del Vesuvius, la mattina del 24 ottobre del 79 d.C., probabilmente tutto è cominciato così.

È da poco passata l'alba e ancora non si è sentito un uccello cantare. È strano: quasi tutti se ne sono andati via ieri. Un cacciatore, camminando nei boschi, avanza sospettoso. «Dove sono finiti?» si domanda sorpreso. Non c'è traccia neppure di cervi e caprioli, che normalmente a quest'ora si avvistano tra la vegetazione. Sembra che tutto sia fermo, immobile, muto. Il cacciatore verifica alcune trappole piazzate un paio di giorni prima: intatte… Sembra che l'intera fauna del Vesuvius sia scomparsa. Che cosa sta succedendo? L'impressione è quella di camminare in un incantesimo. Il cacciatore sente solo il rumore dei propri passi e gradualmente si avvicina al centro dell'antica caldera del vulcano. L'odore di zolfo e di uova marce è sempre più intenso. Ormai cammina tra alberi e cespugli secchi. Perfino l'erba, qui, scricchiola sotto i suoi piedi. Deve coprirsi il viso con una ruvida sciarpa. L'odore si fa insopportabile, l'aria irrita la gola a ogni respiro. C'è anche uno strano rumore, continuo, come un soffio fortissimo. Cosa sarà? Gli alberi ora hanno un aspetto spettrale. Sono rinsecchiti, senza aghi né foglie, e con i rami ricoperti da una sottilissima crosta di colore chiaro.

Nell'aria aleggia un vapore caldo che brucia gli occhi. Il cacciatore impugna l'arco e stringe i denti. Mancano solo pochi passi… Immersa nelle nebbie corrosive, ecco apparire la distesa lunare di rocce e massi contorti nel cuore dell'antica caldera del Vesuvius. Il cacciatore è stato spesso in questa zona, ma oggi tutto è diverso: la visibilità è ridotta, ovunque ci sono vapori e fumarole. Alcuni getti di vapore hanno dimensioni gigantesche, sono alti come geyser e producono quel soffio costante. I massi sono gialli, incrostati di zolfo: davanti agli occhi del cacciatore si apre uno scenario infernale, apocalittico. Il terreno sotto i suoi piedi trema e, con frequenza sempre maggiore, si avvertono violentissime scosse provenire dal profondo: le loro vibrazioni si propagano in tutta l'area, quasi fosse la pelle tesa di un tamburo. Una, in particolare, gli fa quasi perdere l'equilibrio. L'ultima cosa che ricorda di quel momento è che si è messo a correre a perdifiato per cercare di allontanarsi il più possibile. Non lo ha dovuto decidere: è l'istinto che ha preso il sopravvento.

Poco tempo dopo, a metà mattina, nelle *villae rusticae* e nelle case più vicine al Vesuvius molti interrompono le proprie attività per guardare in direzione del monte, da dove provengono brontolii e botti sordi, mentre la terra ha ricominciato a tremare.

Segue una serie di piccole esplosioni, alcune prolungate con un rumore simile a quello di un lenzuolo che viene strappato. Gli abitanti delle fattorie e delle ville più vicine hanno l'impressione che la montagna si stia squarciando, e qualcuno di loro scappa in preda al panico. Anche a Ercolano, che dista solo una manciata di chilometri, si diffonde la paura.

Ore 11: mancano 2 ore all'eruzione

A Pompei sono in migliaia a notare una strana nuvola grigia posata al centro del Vesuvius: è diversa dalle altre, sembra quasi che sia stata la terra a crearla. Con il moltiplicarsi dei rumori sinistri e delle esplosioni aumenta di dimensioni, si contorce e ribolle, poi comincia a calare stancamente lungo i pendii del monte depositando un sottilissimo strato di ceneri che i vulcanologi ritroveranno quasi duemila anni dopo fra Terzigno e Palma

Campania. È il primo strato di una lunga e mortale sequenza che ucciderà tutti. Questo flusso iniziale di cenere è a una temperatura bassa e ha un alto contenuto di vapore; perciò forma tante piccole sferette umide chiamate pisoliti.

Da lontano, più che una nube sembra un fronte di polvere che ricopre di una tonalità grigiastra tutta la parte superiore del pendio, ricoprendo al suo passaggio fattorie, ville e coltivazioni. In città c'è paura e allarme. Ma non quanto a Ercolano, su cui tutto questo incombe.

A Pompei il pericolo appare vicino, ma non imminente: la nuvola di detriti ricade infatti a una certa distanza. I pompeiani non lo sanno, ma queste deflagrazioni innescate dall'interazione tra magma e acqua sono solo l'inizio: stanno infatti frantumando il tappo che ostruisce l'antico condotto pietrificato del Vesuvius.

Ore 12

Sempre più violente e frequenti, le esplosioni a Pompei risuonano con il fragore sordo di cannonate in lontananza. La città è in allarme. Tutti hanno ormai compreso che la situazione sta precipitando.

Per capire cosa sia meglio fare, in molti si sono recati al Foro, in cerca di notizie. Qui si diffondono i primissimi racconti dei fuggiaschi giunti a cavallo dalle ville nell'entroterra, e sono racconti che mettono i brividi. Ci vuole poco perché il passaparola li porti nelle strade e nei vicoli. C'è chi si affretta a tornare a casa dai propri cari. Chi acquista una scorta di pane, molti negozi chiudono in anticipo. Alcuni montano a cavallo ed escono al galoppo dalla città nel tentativo di mettere in salvo parenti o conoscenti che si trovano nelle *villae* situate nei pressi del Vesuvius.

Ormai la potenza dei boati fa tremare i vetri delle *domus*. Quello che sta accadendo è molto semplice: le esplosioni stanno aprendo progressivamente il condotto vulcanico ed espellendo le rocce che lo ostruivano da secoli (è la fase di apertura freatomagmatica, direbbero i vulcanologi). Il magma ora ha via libera...

La prima fase dell'eruzione è stata fragorosa, ma ha costituito una minaccia concreta solo per chi era nelle immediate vicinanze. Ora, però, le cose stanno per cambiare. Per sempre. Le spaccature e le esplosioni hanno allentato il peso degli strati di roccia sul magma, che adesso risale più velocemente, come un predatore, incontra l'acqua e interagisce con lei, polverizzandosi: il risultato è una micidiale miscela di gas, vapore acqueo, cenere e piccoli frammenti di magma pronta a esplodere con violenza inaudita.

Un secondo all'ora zero...

Fermiamoci un attimo, solo un ultimo istante. Davanti a noi Pompei è ancora intatta, come le sue campagne, il suo porto, e lo stesso vale per Ercolano, Oplontis, Stabia, Boscoreale, Terzigno, con i loro affreschi, le bellissime fontane e le straordinarie statue.

Qui migliaia di persone parlano, ridono, scherzano, lavorano; alcuni stanno pranzando, altri scendono le scale o firmano contratti, qualcuno starà facendo l'amore... Tra un secondo tutto questo sarà bruscamente interrotto, e nel giro di poche ore verrà distrutto, cancellato, e ogni essere vivente bruciato vivo o soffocato.

Si calcola che in termini di quantità di energia meccanica e termica sprigionata l'eruzione del Vesuvius equivarrà a cinquantamila bombe atomiche di Hiroshima. Con la differenza che mentre l'esplosione atomica rilascia la sua energia in una frazione di secondo il Vesuvius l'ha fatto in un arco di tempo molto più ampio.

In meno di venti ore il vulcano proietterà in aria dieci miliardi di tonnellate di magma! E ricoprirà tutto il territorio in direzione di Pompei, in un raggio di dodici-quindici chilometri, con uno spessore di pomici di circa tre metri.

Produrrà "valanghe" ustionanti di ceneri, particelle e gas, surges e flussi piroclastici (in questo libro abbiamo scelto di usare termini diversi come nube ardente, generalizzando volutamente a fini divulgativi un fenomeno complesso, con dinamiche interne ancora tutte da capire...) in grado di viaggiare a oltre cento chilometri all'ora, con temperature oscillanti tra i quattrocento e i seicento gradi. Cambierà la conformazione della costa, seppellirà Ercolano sotto venti metri di fanghi vulcanici compatti e Pompei sotto quasi sei metri di pomici e cenere.

Migliaia di persone scapperanno, cercheranno rifugio, invocheranno gli dèi, pregheranno, ma moriranno in modo orribile. Alcuni di loro verranno ritrovati dagli archeologi, altri saranno cancellati per sempre dalla furia del vulcano.

È opinione di numerosi studiosi che a salvarsi sarà un numero molto ridotto di abitanti, essenzialmente quelli che sono fuggiti subito. Chi è rimasto è morto: bruciato vivo, schiacciato dai crolli delle case o soffocato in poche decine di secondi dai gas e dalla cenere.

Tutto questo sta per accadere. Tra un secondo. Il tempo di un ultimo sguardo a Pompei, dinamica città romana, ed Ercolano, perla della costa vesuviana. Il tempo di un ultimo respiro...

ORA ZERO: SCOPPIA L'ERUZIONE

Pompei, Ercolano e dintorni
24 ottobre 79 d.C., ore 13,00
il conto alla rovescia è giunto al termine

FELICES OMNES VA(LETE) FELICES
Gente felice addio, felice!

Chi sopravviverà racconterà il silenzio con cui tutto è avvenuto. E lo farà fissando il vuoto, come se ancora cercasse un perché.

All'improvviso, dal cuore della pianura del Vesuvius s'innalza un'enorme colonna scura di fumo. Sale in cielo con la velocità di una vampata: nessuno ha mai visto qualcosa di così immenso muoversi con tanta velocità. Una quantità impressionante di tonnellate di gas, vapore e magma frammentato sale alla velocità di centinaia di metri al secondo.

La colonna s'innalza come una lancia che trafigge il cielo. Molti scorgono un improvviso "colletto" bianco di vapore poco sotto la testa della colonna. Svanisce quasi subito. Che cos'è?

Non c'è il tempo per cercare una risposta. Poco dopo la sua scomparsa, nel cielo sopra la colonna si forma uno straordinario anello bianco, una specie di nuvola circolare. Sembra comparsa dal nulla: si allarga maestosamente nel blu diventando persino più ampia del Vesuvius, per poi svanire, lasciando esterrefatti i pompeiani.

La colonna non cessa di salire, diventa più chiara e voluminosa: nella sua progressione verso l'alto si contorce e "ribolle" come una valanga che sale verso il sole. Dopo qualche secondo tutti i pompeiani sentono un fragore sordo e potente. Non c'è tregua.

All'improvviso urla e clamori scuotono la folla radunata al Foro e la gente per la strada. Molti indicano il cielo: si vedono distintamente enormi macigni scuri schizzare dai fianchi della colonna e iniziare la loro parabola discendente verso terra. Sono enormi. Malgrado i chilometri di distanza, si riescono a vedere molto bene, e se ne intuiscono perfino le dimensioni. Alcuni sembrano avere la mole di un'intera *domus,* altri quella di un carro... I più pesanti ricadono quasi in verticale lungo i pendii del Vesuvius, impattando fragorosamente con il terreno. Altri, meno grandi ma comunque letali, vengono proiettati a ombrello attorno al vulcano, lontanissimo, addirittura fino al mare, dove si inabissano sollevando immense colonne d'acqua. Sembra una muta di cani feroci lanciati all'assalto di qualunque cosa sia viva. Non è finita.

Contemporaneamente, dall'intero versante della montagna, scosso dall'onda d'urto e dalle correnti d'aria, si alzano colonne di polvere e nubi di pulviscolo. La cosa più impressionante è il silenzio che avvolge ogni cosa. Non c'è alcun "ruggito" del vulcano, come spesso invece si sente dire. C'è stato solo un gran botto iniziale, a cui ne sono seguiti altri minori di tanto in tanto, ed esplosioni freatiche causate dall'interazione tra il magma in risalita e l'acqua del sottosuolo. Ma cosa sono gli strani fenomeni che abbiamo appena descritto?

Molti pompeiani interpretano questi fenomeni come la prova che una presenza divina sia all'opera durante l'eruzione. In realtà, com'è ovvio, si tratta di effetti perfettamente spiegabili in termini scientifici. Nell'agosto 2014, un turista ha filmato in modo del tutto casuale l'improvvisa eruzione del vulcano Tavurvur, in Papua Nuova Guinea: la dinamica del fenomeno ricalca da vicino quella dell'eruzione vesuviana. Nonostante la differenza di dimensioni, assai ridotte rispetto al Vesuvius, i primi istanti dell'eruzione del Tavurvur catturati in questo prezioso filmato rivelano numerosi dettagli che probabilmente furono avvistati anche a Pompei nel 79 d.C. Sono soprattutto dei dettagli visivi e sonori che nessuno ha mai descritto.

Cosa può essere quel "colletto" bianco di vapore attorno alla colonna che sale dal vulcano? Possiamo vedere qualcosa di simile attorno ai caccia militari ogni volta che rompono il muro del suono. La colonna di vapori, gas e magma polverizzato del Vesuvius, iniziando la sua corsa con ogni probabilità a una velocità superiore ai 341 metri al secondo, ha rotto il muro del suono, dando vita quasi certamente allo stesso fenomeno.

L'anello bianco, simile a una sottile nuvola circolare che si allarga rapidamente nel cielo azzurro, è creato dall'onda d'urto che si propaga "sfericamente" attorno al Vesuvius: i suoi effetti sono visibili sia sulle pendici del vulcano (appare a occhio nudo la polvere che si alza seguendo un "fronte" che scende sui pendii) sia in cielo.

Per farsi un'idea del fenomeno, basta pensare a un pallone immerso in uno stagno che crea un'onda concentrica che si allarga. Lo stesso fa l'onda d'urto penetrando in uno strato d'aria ricco di vapore.

Possiamo anche affermare che se la colonna, salendo, ha abbattuto il muro del suono, allora a Pompei si è sentito un "bang" dopo circa ventiquattro secondi, mentre a Ercolano dopo diciotto. È stato l'unico "grande" rumore dell'eruzione.

In effetti, quella colonna eruttiva che sale non produce alcun fragore, come a volte si legge nei romanzi o si vede nei film. Ed è questo silenzio, unito alle dimensioni colossali dell'eruzione, a sconcertare di più i pompeiani.

Ma quel "bang" del muro del suono infranto è stato comunque potentissimo e sufficiente a far accorrere tutti fuori dalle case.

Anche Dione Cassio, basandosi su testimonianze e scritti oggi perduti, sembra confermare, indirettamente, che la colonna eruttiva ruppe il muro del suono: «Si udì un grande e repentino fragore, come se i monti gli uni sopra gli altri si rovesciassero. Allora, pure, cominciarono a saltar fuori pietre di immensa mole, e a toccare perfino le cime più elevate. Uscì quindi una grandissima quantità di fuoco e di fumo...» (*Storia romana* LXVI, 21-23).

Ma cosa sta succedendo in questi drammatici momenti per le strade di Pompei?

IMPIETRITI DAL TERRORE

Pompei
24 ottobre 79 d.C., ore 13,02
due minuti dopo l'eruzione

OPTIME MAXIME IUPITER DOM(IN)US OMNIPOTES
Giove Ottimo Massimo, signore onnipotente!

Tutti i pompeiani sono immobili, pietrificati: la città sembra popolata da statue. L'idraulico Stalliano è in piedi in una trincea, con un martello in mano. Il panettiere Modesto è sull'uscio del suo forno, la bocca spalancata, attorniato dagli schiavi. Pensa solo a sua moglie e al figlioletto appena nato.

Gaio Giulio Polibio si è precipitato fuori dal triclinio. Ora è al centro del cortile, tra gli alberelli profumati, e osserva quell'immensa nube salire. Stringe ancora in mano un cucchiaio in argento e ha l'angolo della bocca sporco di salsa. È il boccone più amaro di tutta la sua vita. Sua moglie, terrorizzata, si appoggia a una colonna.

Il banchiere Lucio Cecilio Giocondo, dopo aver gettato una rapida occhiata al cielo, sta già raccogliendo le tavolette più importanti da portare in salvo.

I fratelli Vettii non si sono neppure accorti della colonna in cielo: sono troppo attenti a esaminare in un cubicolo alcune sete e stoffe orientali valutandone l'acquisto per cambiare il look del loro triclinio.

In via dell'Abbondanza molti sono rimasti immobili in mezzo alla strada: Zosimo, il venditore di anfore, è in piedi accanto a Giulia Felice, che si sta coprendo il volto con uno scialle di seta.

Poco oltre c'è Smyrina, una delle *Asellinae*, schiacciata dalla paura contro uno dei muri del negozio. Anche il "concorrente" Lucio Vetuzio Placido osserva quel mostro che sale verso il cielo, mentre la moglie si stringe al suo braccio con le lacrime agli occhi.

Per la via c'è anche il gruppo di affreschisti della Casa dei Casti Amanti impegnati nella decorazione di una sala. Hanno mollato tutto: gli archeologi troveranno ancora per terra i vasetti con i colori e molti dei loro strumenti. Possiamo immaginare la scena. Sono scappati fuori per capire cosa stesse succedendo, ma prima di fuggire uno di loro, che aveva già disteso l'intonaco e tracciato i contorni delle figure, ha lanciato d'impeto della calce fresca sulla sua opera per mantenerla umida, convinto di tornare al più presto per completarla. Altro indizio che nessuno ancora percepisce la gravità assoluta dell'eruzione…

Ma neanche quell'operaio così scrupoloso tornerà nella *domus*. Il cantiere, che riemergerà tra duemila anni, fornirà preziosissime informazioni sul modo di lavorare degli affreschisti romani.

Clodio, il venditore di mantelli, ha appena chiuso la bottega: anche lui è in mezzo alla strada a bocca aperta, paralizzato da paura e stupore. Non si accorge nemmeno che Faustilla gli sta passando accanto mentre corre a riscuotere uno dei suoi crediti prima che tutti abbiano lasciato la città.

Tito Suedio Clemente è già lontano da Pompei. Diretto a Roma, in questo momento si trova nelle vicinanze di Napoli. Ordina al carro di fermarsi e scende a terra per fissare l'immane colonna che sale verso il cielo: ora ha capito. Terremoti, scosse, strani fenomeni, il livello dell'acqua che si abbassa nei pozzi… Tutto ha una risposta. Dà ordine di tornare indietro: infatti si sente da anni coinvolto nella gestione della città, a maggior ragione durante questa straordinaria emergenza.

Lo stesso pensiero attraversa la testa di Sabino, il "Quintiliano" di Pompei, in piedi assieme a tanti altri nel Foro. In un istante esplode in lui l'amara consapevolezza che per il suo mondo, la "sua Pompei", sia arrivata la parola fine.

Ma che cosa sta accadendo altrove?

Nube e macigni su Terzigno

A Terzigno la situazione è drammatica. Stamattina la prima nube dell'eruzione è scesa sui pendii e ha avvolto tutto in una strana nebbia che ha come cancellato il paesaggio: non solo non si vede più lo splendido panorama con Pompei, la linea argentata del Sarno e la penisola sorrentina, anche le coltivazioni sembrano scomparse... Ovunque aleggia una caligine calda e spessa, accompagnata da un forte odore di zolfo.

Gli schiavi sono rientrati dai campi domandando da bere, tossendo e senza respiro. Qualcuno ha provato a raggiungere Pompei a cavallo per chiedere aiuto, ma non è più tornato. Si rimane in attesa. Non si vede più nulla, neanche dentro i cortili delle fattorie e delle ville. Schiavi e padroni si sono rifugiati in varie stanze al lume di lucerne. A mettere paura sono soprattutto i cupi brontolii accompagnati da scosse e tremori del suolo e gli improvvisi fragori delle esplosioni. Qui, al contrario che a Pompei, sono nitide e fortissime.

Poi è scoppiato il cataclisma: un boato immenso, una deflagrazione apocalittica – il "bang" descritto in precedenza –, come un pugno sui timpani che ha lasciato un lunghissimo fischio nelle orecchie. Un mucchietto di farina è schizzato via da un piatto. Una frazione di secondo dopo, all'improvviso, l'onda d'urto ha spalancato porte, frantumato i pochi vetri presenti, rovesciato tavoli e sgabelli, strappato tende elegantemente annodate tra le colonne. Molti sono stati scaraventati al suolo. Quando si sono rialzati e guardati attorno, tutto era caos: sul pavimento piatti e ceramiche ridotti in mille pezzi, vasi rovesciati e frantumati con granaglie sparse ovunque, principi di incendi causati dalla caduta delle lucerne e, poi, tra i gemiti e le urla, i volti dei propri cari, irriconoscibili. I visi sono sporchi di polvere, i capelli delle donne scomposti e completamente disordinati.

Non c'è stato neanche il tempo di capire che cosa stesse accadendo: il suolo ha cominciato a tremare con violenza sempre maggiore, gli affreschi si sono crepati, l'intonaco si è staccato dal soffitto. Contemporaneamente si è alzato un vento fortissimo, quello "di risucchio" prodotto dalla colonna che ha iniziato la sua risalita verso il cielo. Una vera tempesta che sembrava aspirare qualsiasi cosa verso la bocca del vulcano, verso l'inferno (un fenomeno analogo si verifica con un fungo nucleare). Tutti si sono accorti, tra una scossa e l'altra, di quel rumore continuo; alcuni l'hanno descritto come il respiro affannato di un uomo che sta soffocando, altri l'hanno paragonato a quello di un'enorme cascata.

Chiunque si sia trovato nelle vicinanze di bocche eruttive conosce i loro "respiri", simili a soffi e sbuffi ripetuti. Ma qui si tratta di una colonna di gas e magma in piena espansione e innalzamento, in una delle più devastanti eruzioni della storia. Forse il sibilo cupo del reattore di un jet è quello che ai nostri giorni può rendere meglio l'idea del suo fragore.

Proprio mentre ci si aiutava, si cercava di capire se i propri cari stavano bene e si spegnevano nella penombra i fuochi di lucerne andate in mille pezzi, tutti si sono irrigiditi per un altro terribile fenomeno. Oltre ai tremori del pavimento e alle scosse, oltre al forte rumore della colonna che sale in cielo, oltre all'aria che brucia i polmoni, si sono cominciati a sentire rumori violentissimi e sordi. Come i passi di un gigante...

Così è cominciata la pioggia di massi. Prima un leggero ticchettio sulle tegole dei tetti, una lieve grandine, poi macigni immensi sono piovuti dal cielo creando enormi crateri e generando spostamenti d'aria che fanno sbattere le ante delle finestre. È stato un inferno. Tra le urla, le invocazioni agli dèi e i gemiti, si sperava solo che non centrassero la casa. A volte si percepiva distintamente il rumore di una tettoia devastata all'improvviso da un masso. Altre volte si sentiva rimbalzare e rotolare qualcosa sul pavimento del porticato: socchiudendo la porta per capire cosa fosse, appariva un sasso nero e fumante... Altre volte ancora c'era la certezza che un gigantesco macigno avesse centrato la vigna...

Boscoreale, Villa della Pisanella, Ercolano: *più distanti, ma non al sicuro*

Nei dintorni di Pompei sono stati identificati all'incirca centocinquanta edifici e strutture, si tratti di ville, fattorie, ecc. Ognuna ha una particolare storia da raccontare.

Da Villa Regina di Boscoreale, per esempio, sono scappati tutti. Dopo la caduta di due enormi macigni a poca distanza dalla struttura è stato lo stesso proprietario a decidere che era meglio trasferirsi in luoghi più sicuri in attesa che il peggio passasse. All'interno della fattoria è rimasto solo il custode, a guardia dei preziosi diciotto *dolia* ricolmi di vino interrati e sigillati, come un vero capitano che non abbandona la nave. Ma, in realtà, il fatto che tutti si siano prudentemente messi in salvo tranne lui è indice che qui tutti pensano che le cose debbano migliorare dopo questo sfogo iniziale e che poi si tornerà a lavorare come prima.

Poco distante, nella Villa della Pisanella, l'atmosfera è ben diversa. La proprietaria ha fatto un'altra scelta. È qui infatti che ha passato la notte la moglie del banchiere Lucio Cecilio Giocondo. La sua decisione le sarà fatale: ora si trova distante dall'apparente sicurezza di Pompei e più vicina all'epicentro del cataclisma...

Le scene a cui possiamo assistere nella fattoria ricordano quelle delle ville di Terzigno, ma hanno contorni meno drammatici. La nube bassa che là ha avvolto l'orizzonte qui non è arrivata: si riesce a respirare senza fatica e la visuale è nitida, ma questo consente di rendersi conto della vicinanza della colonna eruttiva, cosa che alimenta la paura. La moglie del banchiere, però, è stata inflessibile. Da qui nessuno esce o scappa: l'eruzione passerà. E ha obbligato tutti a continuare le normali mansioni giornaliere, come se nulla fosse. Certo, è difficile lavorare con animo sereno, ma malgrado tutto sono riusciti a preparare un'altra spedizione di anfore per Oplontis. Questa volta, a salire sul carro insieme all'imperturbabile gigante germano non sarà Lucio Brittio Eros ma un altro liberto della fattoria, che ha colto al volo questo insperato "biglietto per la salvezza".

Spostiamoci a Ercolano. Qui la situazione è totalmente diversa. Sarebbe impossibile obbligare qualcuno a lavorare. Il panico si è impadronito della città. Quando si è verificata l'eruzione, tutti hanno visto la colonna salire verso il cielo e sentito il grande "bang". Ercolano infatti si trova a soli sei chilometri dalla colonna eruttiva. Fin dal primo istante la gente si è riversata nelle strade urlando, e la fuga è stata vista come l'unica possibilità di salvezza.

Poco dopo, quasi fossero meteore, hanno iniziato a piovere dal cielo i macigni strappati dal condotto esploso e trascinati nell'atmosfera dalla colonna eruttiva. Qualcuno ha preparato i cavalli per scappare il più lontano possibile, e un padre si è attardato a sistemare la figlioletta su una sella: su di loro è piombato un masso enorme, e l'impatto è stato devastante. Tutto è accaduto in un attimo, proprio di fronte a Saturnino, che stava risalendo il Cardo III. Ora, a terra, davanti ai suoi occhi, giacciono i loro corpi senza vita, assieme a quelli di alcuni cavalli. Il macigno ha tranciato di netto le gambe del padre.

Gli archeologi ritroveranno questa scena agghiacciante fissata nel tempo, a testimonianza che nessuno si è fermato per rimuovere i corpi.

Ormai il panico è generale. I macigni sfondano i tetti e si schiantano sul selciato. La gente urla e cerca un rifugio, ma non può fare a meno di guardare con aria terrorizzata l'immensa colonna eruttiva che sale in cielo contorcendosi. Le scosse provocano la caduta di oggetti in ogni casa e fanno collassare i banconi delle botteghe.

In mare la situazione non è migliore: i massi che precipitano sollevano l'acqua e arrivano a sfiorare le navi onerarie ancorate a una certa distanza dalla costa.

Il pescatore che abbiamo conosciuto ieri mattina sta rientrando con la sua barca dopo l'ennesima giornata di pesca eccezionale. Due massi gli sono caduti vicino, uno lo ha addirittura ricoperto di schizzi. Di fronte a sé ha una scena apocalittica:

in cielo, la colonna sale sempre più imponente, in città si scorgono gruppi di persone che fuggono in tutte le direzioni… In molti si riversano sulla spiaggia. Istintivamente, l'uomo cerca il figlio con lo sguardo. Lo vede in piedi, impietrito, in mezzo alla gente che gli passa accanto di corsa. Ecco, ha quasi raggiunto la riva: chiama il figlio mentre con i remi rigira la barca verso il largo, e in pochi secondi il ragazzo sale a bordo. Il padre rema all'impazzata, con la forza della disperazione. La barca si allontana dalla spiaggia, e lentamente risale verso nord costeggiando la riva campana. È la decisione giusta: entrambi troveranno la salvezza.

Le scene che vedono passando lungo la costa sono le stesse dappertutto, nelle piccole case come nelle faraoniche ville marittime: persone che corrono in preda al panico.

In effetti, qui, il Vesuvius è vicinissimo…

La tranquillità di Miseno

La colonna eruttiva del Vesuvius è ormai visibile a tutti. Ma quello che sta ora accadendo nelle vie e nelle case di chi vive sotto il vulcano o nelle immediate vicinanze è del tutto ignoto al resto della popolazione che abita sulla costa. Come per esempio a Miseno, dove ha sede la flotta e dove, come sappiamo, c'è anche Plinio il Vecchio.

Il racconto che il nipote Plinio il Giovane scriverà per Tacito, oltre a essere, come abbiamo visto, una straordinaria testimonianza, ha in sé un aspetto che di solito non viene notato: ci trasmette l'assoluta tranquillità con cui furono vissuti quei terribili momenti da chi si trovava a venti-trenta chilometri di distanza, e la totale sottovalutazione del dramma che stava avendo luogo. Soprattutto se si considera che a informare il comandante in capo della flotta principale dell'Impero fu la sorella, dopo aver casualmente notato la colonna alzarsi all'orizzonte, e non, come ci si aspetterebbe, un solerte ufficiale… Sentite il racconto.

Mi chiedi di narrarti la fine di mio zio, per poterla tramandare ai posteri con maggior esattezza. […]

Era a Miseno e comandava la flotta in persona. Il nono giorno prima delle calende di settembre, verso l'ora settima, mia madre lo avverte che si scorge una nube insolita per vastità e per aspetto. Egli dopo aver preso un bagno di sole e poi d'acqua fredda, aveva fatto uno spuntino giacendo e stava studiando; chiese le calzature, salì a un luogo dal quale si poteva vedere bene quel fenomeno. Una nube si formava (a coloro che guardavano così da lontano non appariva bene da quale monte avesse origine, si seppe poi dal Vesuvius) […].

Da persona erudita qual era, gli parve che quel fenomeno dovesse essere osservato meglio e più da vicino. Ordina che si prepari un battello liburnico: mi permette, se lo voglio, di andare con lui; gli rispondo che preferisco rimanere a studiare, anzi per avventura lui stesso mi aveva assegnato un compito.

Insomma, da Miseno, Napoli e tanti altri centri la nube viene vista come un "prodigio" da ammirare, un vero spettacolo della natura… un prodigio però che, anche da così lontano, incute timore per le sue dimensioni: la scusa del nipote, che non può venire perché deve leggere e studiare testi che lo stesso zio gli ha dato, è davvero poco credibile e ha il sapore di una traballante giustificazione. La semplice vista della nube deve avergli messo paura. Ma, fifa o diligenza che fosse, quella prudenza gli salverà la vita.

Inizialmente nessuno comprende neppure da dove si sia levata la nube (a riprova che il Vesuvius doveva essere un rilievo come altri, come si è detto, senza un cono che svettasse imponente all'orizzonte).

L'ammiraglio romano, da perfetto naturalista, vuole studiare da vicino il fenomeno. E ordina che venga messa in mare una veloce liburna, forse proprio la stessa usata da Rectina due giorni fa.

Ma quando sta per imbarcarsi, giunge un accorato messaggio proprio dalla donna. Ecco la scena, sempre attraverso le parole del nipote:

Stava uscendo di casa quando riceve un biglietto di Rectina [...] spaventata dal pericolo che la minacciava (giacché la sua villa era ai piedi del monte e non vi era altro scampo che per nave): supplicava di essere strappata da una così terribile situazione. Lo zio cambiò i propri piani, e ciò che aveva intrapreso per amor di scienza condusse a termine per spirito di dovere. Mette in mare le quadriremi e si imbarca lui stesso, per recare aiuto non solo a Rectina ma a molti altri, giacché per l'amenità del lido la zona era molto abitata.

L'ammiraglio, insomma, ha trasformato il suo viaggio da sopralluogo scientifico a missione di soccorso. Qualcuno, come lo studioso Flavio Russo, l'ha definita la prima missione di protezione civile della storia. In effetti, si usano addirittura potenti mezzi militari per salvare gente comune. Le quadriremi sono enormi navi da guerra, in grado di imbarcare quattrocento soldati. È chiaro l'intento di Plinio il Vecchio: le vuole utilizzare per portare in salvo quanta più gente possibile.

Non conosciamo le parole di Rectina, ma è stata convincente, e soprattutto dev'essere una donna molto stimata, vista l'immediata reazione di Plinio.

Proprio da quel messaggio l'ammiraglio intuisce per la prima volta la reale dimensione del dramma, e agisce nel modo più rapido e "moderno" possibile. Non sappiamo che cosa stia passando nella sua mente mentre stringe quel biglietto che un addetto alle comunicazioni gli ha recapitato trafelato: è innegabile, però, che da ottimo comandante abbia valutato in brevissimo tempo la situazione e agito con decisione, esattamente come facevano i generali nell'esercito romano.

Fortunatamente, le quadriremi sono già armate per via delle esercitazioni di routine e, grazie anche alla prontezza di intervento dei militari romani, ci sono volute poche decine di minuti per radunare gli equipaggi, portare a bordo lo stretto necessario e mollare gli ormeggi. Vista l'emergenza, Plinio pensava soprattutto a non perdere tempo, tenere le navi leggere per portare al più presto i soccorsi, raccogliere quanta più gente possibile e riportarla a Miseno o in altri lidi sicuri.

E Rectina? Possiamo solo immaginare in quali condizioni abbia inviato il messaggio. Torniamo indietro di qualche ora.

La mattina era iniziata come al solito, con le abituali faccende di chi deve amministrare una grande proprietà. Ma quasi subito, come tutti i pompeiani e gli ercolanesi, ha udito i brontolii, le esplosioni sorde provenire dal Vesuvius... Ha interrotto ogni cosa.

Era ormai chiaro che questa giornata sarebbe stata diversa dalle altre. Per il timore di crolli si è fatta allestire il pranzo all'aperto, sotto una sorta di gazebo, su una delle splendide terrazze vista mare. Mentre dettava una lettera per una zia di Roma, si è udito il grande boato. La colonna si è scagliata verso l'alto con il calore di mille soli. Se a Pompei il boato del muro del suono infranto ha impiegato circa ventiquattro-ventisei secondi per coprire gli otto-nove chilometri di distanza, a Ercolano ne ha impiegati diciotto, perché i chilometri sono appena sei.

Rectina si è alzata dal letto tricliniare, gli occhi sbarrati, ipnotizzati dalla nube che più saliva più si contorceva. Ed è rimasta immobile a lungo, come pietrificata. Fino a quando il suo schiavo di fiducia Eutico è arrivato di corsa. Il terreno tremava vistosamente e tutta la villa era sottoposta a violente scosse. Poi un rumore secco ha fatto voltare di scatto i due: una porzione di balaustra in marmo era scomparsa. Era crollata o era stata abbattuta?

Un sibilo dall'alto ha attirato la loro attenzione: il cielo era costellato di punti scuri in movimento, quasi fosse uno sciame di api. Alcuni di quei punti diventavano sempre più grossi.

Un altro boato. Questa volta proveniente da una villa vicina, il cui tetto è imploso. E poi un tonfo nel terreno a cento metri di distanza... un altro più in là... un altro ancora...

Troppo pericoloso rimanere allo scoperto. Lo schiavo ha urlato a Rectina di mettersi in salvo, ma vedendola immobile, quasi inebetita, non ci ha pensato due volte, l'ha presa di peso e così hanno cominciato a scendere di corsa lungo gli scalini di una delle terrazze sulla scogliera. Più in basso, infatti, ci sono alcune nicchie scavate nella parete rocciosa, un rifugio ideale proprio perché orientate verso il mare, e quindi opposte alla direzione di caduta dei massi.

È stata una corsa a perdifiato giù per la gradinata, voltandosi di tanto in tanto per controllare la nube e i massi killer. Una volta all'interno di una nicchia, i due si sono rigirati a guardare il mare, sulla cui superficie blu si alzavano tanti sbuffi bianchi, come margherite in un prato...

Sono rimasti lì a lungo. Con i pensieri che si rincorrevano nella mente. Cosa fare, ora?

Non appena la pioggia di pietre e massi è terminata, lo schiavo Eutico si è affacciato, ha controllato che non ci fosse più alcun pericolo e ha fatto cenno a Rectina di uscire.

Lo scenario che si sono trovati davanti agli occhi era irreale. La villa sembrava in buono stato, il tetto era stato colpito solo in un paio di punti e una statua era andata in frantumi, forse più per le scosse che per le "bombe" piovute dal cielo. Tutto era stato ricoperto da cenere e da piccole pietre scure, che scricchiolavano sotto i sandali. Dall'atrio proveniva uno strano rumore, come un gorgoglio... E dall'*impluvium* si alzava un denso vapore.

Avvicinandosi con cautela alla vasca, i due hanno visto che al suo interno c'era una grossa pietra nera che "friggeva" nell'acqua, facendola ribollire.

Anche gli altri schiavi di casa sono usciti dai nascondigli di fortuna: nessun ferito, solo un giardiniere si è slogato una caviglia mentre stava tentando di mettersi in fuga. Ma poi la villa ha ripreso a tremare: tutti si sono precipitati fuori, alzando gli occhi al cielo per vedere se c'erano altre pietre in arrivo.

Per chi, come Rectina, si trovava così vicino al vulcano (letteralmente "ai suoi piedi") la situazione era drammatica. La colonna emetteva un soffio continuo, fortissimo: se a Terzigno lo abbiamo paragonato a quello di un reattore di un jet a distanza, a Ercolano ricordava quello del mare in tempesta, con continui scrosci esplosivi...

Rectina ha dato a tutti i suoi schiavi l'ordine di mettersi in salvo e ha provato a fuggire salendo su un carro allestito in fretta e furia. Impossibile però andare verso Napoli. Le strade erano ostruite da frane e crolli. C'erano già molti morti.

Si poteva scappare verso Pompei e Stabia, ma sembrava la soluzione peggiore perché significava dirigersi verso l'inferno, verso quell'ombra scura che stava calando sul paesaggio. L'unica via era il mare. Ma uno schiavo che era andato a valutare la situazione era tornato alla villa completamente fradicio: il vento contrario e il mare in tempesta impedivano di salpare, almeno alle piccole imbarcazioni che erano a loro disposizione.

Persone terrorizzate, in fuga dai dintorni, hanno bussato alla villa e sono state accolte su ordine di Rectina, che ha agito da "matrona", nel vero senso della parola, dando aiuto e un punto di riferimento ai suoi *clientes*. Sono arrivati soprattutto donne e bambini, e inizialmente sono stati sistemati nel giardino e sotto i porticati. C'era chi piangeva, chi si disperava, chi supplicava gli dèi… e chi scriveva su un muro parole d'addio. La situazione stava progressivamente peggiorando: le scosse erano aumentate facendo alzare un coro di urla e pianti e alla villa continuava ad arrivare gente. Allo stesso tempo chi veniva da Ercolano raccontava di una situazione analoga, con la disperazione di tutti gli abitanti.

Poi è ricominciato il bombardamento di massi dal vulcano e tutti si sono rifugiati di nuovo nella villa, rannicchiandosi negli angoli delle stanze con lo sguardo rivolto al soffitto, temendo il peggio…

A questo punto Rectina ha pensato all'unica cosa da fare: chiedere aiuto a Plinio il Vecchio, perché venisse a salvare quanta più gente possibile con le sue navi.

È corsa alla torre di segnalazione all'angolo della sua proprietà. Non ha bussato al portone, ha scavalcato direttamente il muro di cinta… Non è difficile immaginare lo stupore dei marinai che l'hanno vista irrompere nella sala riunioni. Tra scaffali rovesciati, vasi rotti e cartine tenute ferme con le mani sui tavoli, i militari stavano cercando di fare il punto della situazione. Con un pizzico d'orgoglio, Rectina ha constatato che nessuno era fuggito. Erano rimasti al loro posto, per mantenere attive le comunicazioni con la base di Miseno e le altre torri militari, inviando e ricevendo segnali luminosi con l'eliografo.

Non era facile mantenere il sangue freddo. Le travi del soffitto tremavano facendo cadere polvere e calcinacci, i muri erano crepati e oggetti di ogni genere rotolavano sui tavoli, ma la torre reggeva grazie alla struttura massiccia, progettata per resistere ad attacchi militari...

Con tono perentorio, Rectina ha ordinato di mandare un messaggio di richiesta di soccorsi direttamente al comandante supremo. Ha preteso che il suo nome fosse aggiunto al messaggio, in modo da avere priorità assoluta. I marinai, conoscendo la sua amicizia personale con Plinio il Vecchio, hanno subito eseguito l'ordine. Quasi certamente, l'idea che delle navi militari arrivassero a salvare anche loro dev'essere stato un motivo in più (forse quello determinante?) per inviare l'SOS.

Dopo pochi secondi, giusto il tempo di emettere la sequenza di lampi, il messaggio è arrivato a Miseno. Nel giro di qualche minuto, un marinaio trafelato era di fronte all'ammiraglio, il quale, come ci racconta Plinio il Giovane, *accipit codicillos Rectinae Casci imminenti periculo exterritae*, cioè «riceve la lettera di Rectina, moglie di Casco, atterrita dal pericolo incombente».

Ora a Miseno le quadriremi stanno mollando gli ormeggi. Sono veri gioielli della tecnica navale, possenti e affusolate, imponenti e leggere, eleganti e letali... Come mastini da guerra, una dopo l'altra, escono dal porto. Sulla prua della prima quadrireme Plinio il Vecchio non ha smesso un istante di fissare quella terribile nube: cerca con lo sguardo la villa di Rectina. Si trova laggiù, da qualche parte. Ricorda il suo sorriso così dolce e sensuale, e in cuor suo supplica gli dèi che sia ancora viva.

A miglia di distanza, Rectina sta scrutando il mare, cercando di scorgere le navi di Plinio. Stringe la balaustra di bronzo del grande terrazzo a picco sul mare. A intervalli regolari, dalla balaustra emergono teste bifronti del dio Bacco, una delle quali sarà rinvenuta dagli archeologi. Chissà, forse è proprio quella a cui Rectina si è aggrappata con tutte le sue forze durante le scosse più forti. Sente chiaramente il pavimento ondeggiare sotto i piedi, e questo fa nascere in lei una paura ancestrale, un terrore incontenibile che la pervade. Si sente in trappola. Ma non può fare nulla, se non aspettare. E sperare…

QUELLA NUBE SEMPRE PIÙ ALTA

Pompei
24 ottobre 79 d.C., ore 13,30
30 minuti dopo l'eruzione

VADE AGE NATE VOCAS ZEPIRIOS
Corri figlio! Chiama gli Zefiri!

Una nube si formava […], il cui aspetto e la cui forma nessun albero avrebbe meglio espressi di un pino. Giacché, protesasi verso l'alto come un altissimo tronco, si allargava poi a guisa di rami; perché, ritengo, sollevata dapprima sul nascere da una corrente d'aria e poi abbandonata a se stessa per il cessare di quella o cedendo al proprio peso, si allargava pigramente. A tratti bianca a tratti sporca e chiazzata, a cagione del terriccio o della cenere che trasportava.

Così Plinio il Giovane ha descritto la colonna eruttiva. Sono passati solo trenta minuti da quando il "tappo" del Vesuvius è esploso e il magma è fuoriuscito a velocità supersonica attraverso l'apertura dell'antico condotto pietrificato.

In soli trenta minuti, ha già raggiunto un'altezza di quattordici chilometri! Se vi sembra già molto "alto" il puntino di un jet di linea che vedete volare in cielo, sappiate che la nube ha superato di gran lunga quella quota, almeno di un'altra buona metà. In altre parole, il pilota di un jet l'avrebbe vista superarlo in altezza di alcuni chilometri. Questo vi dà l'idea della pressione che esercitava da tempo il magma dentro il vulcano, per arrivare di getto così in alto. Si capiscono allora tutti i tremendi terremoti degli ultimi anni. E anche quale "bomba" fosse innescata sotto i piedi dei pompeiani. Ora è esplosa.

La colonna eruttiva è una miscela densa e caldissima che contiene magma frammentato in piccole particelle, rocce, e soprattutto gas (vapore e anidride carbonica). Salendo, aspira e risucchia aria attorno a sé, dai lati e soprattutto dal suolo. Questo crea potentissimi venti radiali, che risucchiano ogni cosa verso il vulcano.

Chi si è trovato alle sue pendici è stato investito (come abbiamo detto a Terzigno) da venti di incredibile intensità, esattamente come è successo a Hiroshima, Nagasaki o ad Amburgo, incendiata da un devastante bombardamento alleato durante la Seconda guerra mondiale. Un enorme "effetto camino" che solleva nubi di polvere negli occhi, trasporta detriti e accumuli anomali contro i muri sul lato opposto al vulcano.

Questi venti non sono la sola conseguenza della nube. La colonna eruttiva, aspirando aria tutt'attorno, diventa meno densa man mano che sale. Giunta a una certa quota, i flussi d'aria interni fanno sì che la colonna si apra a ombrello, rilasciando piccole pietre, schegge di magma solidificato e leggerissimi frammenti di magma "soffiato" simili a meringhe: le pomici. Tutto questo ricade al suolo da altezze vertiginose.

A Pompei quasi tutti sono corsi dai propri cari per sincerarsi delle loro condizioni, ma molti sono rimasti nel Foro per capire il da farsi. C'è chi vorrebbe offrire dei sacrifici per placare il dio Vulcano, altri invece dicono che è solo uno sfogo passeggero e che tutto si placherà nel giro di poche ore. Molti si rivolgono a Sabino, il "Quintiliano" di Pompei, in attesa di un suo giudizio illuminante. La sua proposta è prudente, ma molto saggia. Converrebbe lasciare la città, quanto meno le donne e i bambini: è troppo vivo in lui il ricordo del terremoto di diciassette anni prima...

Poi il Foro e l'intera città ammutoliscono: la luce è calata improvvisamente, come durante un'eclisse. Migliaia di occhi si levano al cielo: la colonna eruttiva si sta espandendo sempre più, avanza verso il sole come una nuvola d'inchiostro e in pochi secondi lo oscura completamente. Nessuno dei presenti lo rivedrà mai più.

È iniziata una notte di morte. Un brivido di freddo e angoscia scorre sulla pelle di tutti. Ma anche in quella improvvisa penombra "Quintiliano" continua a rassicurare i pompeiani che gli sono attorno. Proprio mentre sta parlando un minuscolo frammento di pomice lo colpisce sulla testa. Non lo ferisce, ma gli toglie la parola. Rimbalza al suolo e si ferma ai suoi piedi. Sabino si china e lo raccoglie. È ancora caldo. Si accorge che i concittadini lo stanno fissando. Poi molti dei presenti cominciano a guardarsi attorno. Il Foro è attraversato da un leggero ticchettio, come se stesse iniziando a piovere. Ma non è pioggia: è grandine, anche se molto particolare…

Dal cielo comincia a cadere una miriade di piccole pomici. Sassolini leggeri come sugheri rimbalzano al suolo crepitando. Ma quasi subito il rumore cambia, si fa più intenso e minaccioso.

A cadere sono adesso sassi e pietre: stanno precipitando da quattordici chilometri d'altezza, immaginate con che velocità e potenza!

È il panico generale. Il Foro si svuota in pochi secondi. Rimangono a terra due corpi senza vita. Ci si nasconde sotto i portici, terrorizzati. Il pavimento del Foro, dalle lastre di marmo bianchissime, muta progressivamente colore, diventando sempre più grigio e scuro. Pompei sta affondando in un mare di pomici…

Per le strade la gente corre all'impazzata. Tra loro c'è anche Zosimo che tenta disperatamente di tornare verso la sua famiglia e la bottega in via dell'Abbondanza. Mentre rasenta i muri, passando da una tettoia all'altra per ripararsi, attorno a sé vede solo panico e delirio collettivo.

I suoi occhi colgono alcuni fotogrammi del terrore che si è impadronito della città: un corpo riverso per la via con il cranio sfondato, un uomo che si trascina sul marciapiede, i volti sconvolti di un gruppo di persone assiepato in un bar, una donna scaraventata in mezzo alla strada da qualcuno che cerca rifugio sotto le balconate, una mano che ruba al volo della merce esposta…

Tutt'intorno, più spaventoso di qualsiasi immagine incontrata nella fuga, non cessa il rumore assordante delle pomici sui tetti, così come quello sinistro e secco delle tegole che si frantumano sotto i colpi delle rocce piovute dal cielo.

Anche il semplice attraversamento della strada può essere mortale. Zosimo ne è cosciente, sa che non può correre: sarebbe troppo pericoloso. Il marciapiede e le strade incominciano a ricoprirsi di una sottile e scivolosa ghiaietta, per cui bisogna stare attenti a non fare passi troppo lunghi o veloci. Sono in molti infatti a cadere in questa corsa disperata. Inoltre la terra continua a tremare e a ogni scossa risuonano nelle orecchie di Zosimo i rumori di piatti e scodelle in terracotta che vanno in mille pezzi, scaffali che si schiantano o anfore che si frantumano.

Zosimo non lo sa – nessuno può saperlo in quel momento –, ma questa è l'ultima volta che si vedono tutti assieme. D'ora in poi si cercherà di sopravvivere da soli o a gruppetti, come naufraghi alla disperata ricerca della salvezza. Il senso di coesione e di comunità a Pompei, ininterrotto da secoli, svanisce in pochi minuti.

Ma da dove vengono le pomici che stanno cadendo? Come si sono formate?

Può sembrare banale, ma si potrebbe paragonare l'eruzione del Vesuvius all'apertura di uno spumante. Quando si fa partire il tappo, nel cuore della bottiglia il vino si trova a uno stadio liquido. Più sale lungo il collo più si forma la spuma che è una miscela di vino e bollicine. Anche dentro il Vesuvius, in un certo senso, accade una cosa simile. Nel cuore della camera magmatica la massa fluida incandescente ha una pressione altissima, è compatta e non presenta bolle. Ma già nella parte alta queste tendono a formarsi e il loro numero aumenta man mano che si sale, fino a quando avviene la frammentazione del magma, cioè quando quest'ultimo si frantuma in miliardi di particelle – le pomici, leggere perché "soffiate" – e gas. Insomma, quello che entra nel condotto vulcanico è l'equivalente della schiuma dello spumante. E, così come quest'ultima fuoriesce di getto dalla bottiglia raggiungendo anche distanze notevoli (avete in mente i festeggiamenti delle premiazioni al termine di un Gran Premio di Formula Uno?), lo stesso accade al Vesuvius.

L'affresco del Fauno danzante, ancora pieno di vita.

CAPOLAVORI SOPRAVVISSUTI

Un affresco che rappresenta l'hobby di una nobildonna: dipingere.

Uno straordinario bracciale in oro e smeraldi.

In una ricostruzione grafica, l'inizio dell'eruzione con la colonna che si alza dal Vesuvius. Come si nota, non c'era un grande cono vulcanico.

Boscoreale: tutto ciò che emergeva dallo strato di pomici ha subíto la violenza del flusso piroclastico come dimostra questo tronco rimasto piegato.

Una forma di pane, rinvenuta a Ercolano, con il sigillo del fornaio.

Fichi secchi di quasi duemila anni fa.

Noci eccezionalmente conservate. Un indizio che l'eruzione avvenne in autunno.

Una cassaforte, esposta oggi al Museo Archeologico Nazionale di Napoli.

Blocco di monete fuse assieme, rinvenuto a Ercolano.

Una bellissima testa di donna in cui si sono preservati i colori… solo che il biondo dei capelli è diventato rosso per il calore del flusso che l'ha investita.

LA TRAGEDIA DI ERCOLANO

Ercolano è stata interamente invasa dalle colate vulcaniche che l'hanno sepolta come si vede in questa porta delle terme.

I fornici in cui hanno inutilmente cercato rifugio gli abitanti di Ercolano.

Alcuni degli scheletri ritrovati dentro i fornici. La morte è stata istantanea.

Quest'uomo è morto in un ultimo disperato tentativo di rialzarsi.

Anche per questa ragazza la vita se ne è andata in pochi secondi.

Le ceneri erano talmente fini che hanno permesso di ricostruire i dettagli delle vittime in modo impressionante. Questo bambino ritrovato alla Casa del Bracciale d'Oro lo dimostra. Avrà non sarà più di que anni.

Il flusso ha sepolto vivo chiunque bloccando gli ultimi movimenti. Quest'uomo cercava di proteggere il volto della sua donna, incinta, caduta a terra. Un drammatico fotogramma d'amore.

Sembra un ragazzo seduto che si protegge il volto. In realtà, è stato ritrovato piegato a terra con il volto a contatto con il suolo.

Amore materno: una madre teneva in braccio il bambino che ha cercato disperatamente di rialzarsi. Il fratellino è accanto. Il gruppo è stato ritrovato alla Casa del Bracciale d'Oro.

Il flusso non fa distinzione: uccide anche gli animali come questo cane che ha ancora il collare.

Così hanno trovato Giulio Polibio, ancora sdraiato sotto il triclinio,

A Porta Nocera una famiglia – madre (sotto), padre e figlio (sopra) – è stata travolta e uccisa.

IL PIÙ BEL VISO DI POMPEI

Uno dei più celebri affreschi della Villa dei Misteri. Un volto incredibilmente moderno.

L'enorme colonna eruttiva non è altro che una "schiuma" supersonica: ecco perché le pomici arrivano così in alto e, soprattutto, così lontano…

Fra l'altro, il condotto e la bocca del vulcano si allargano progressivamente a causa dell'attrito e della pressione di questo getto in uscita. E questo non fa altro che aumentare la "gittata" della colonna eruttiva.

Alcuni ritrovamenti confermano che le pomici dell'eruzione di Pompei saranno scagliate lontanissimo, almeno a settantadue chilometri di distanza dal vulcano, fino ad Agropoli. Inoltre, trivellazioni sottomarine nel Mar Ionio hanno rinvenuto piccoli livelli di pomici emesse proprio dal Vesuvius nel 79 d.C.

E le ceneri arriveranno ancora più lontano, fino ai ghiacci della Groenlandia…

L'INFERNO IN CIELO

Campagne e ville nei dintorni di Pompei
24 ottobre 79 d.C., ore 14,00
un'ora dopo l'eruzione

QUI IACEO ICTUS
Io che giaccio colpito...

I minuti passano, è trascorsa anche la prima ora, ma la pioggia di pomici non accenna a diminuire. La colonna eruttiva è arrivata a ben venti chilometri di altezza e lo spettacolo che offre è spaventoso.

Lungo il suo corpo si scatenano vere e proprie tempeste di fulmini, creando improvvise ghirlande luminose attorno al tronco che ribolle e continua a salire minaccioso.

Impossibile non pensare a Giove e non rimanere atterriti. Impossibile non sentirsi alla mercé della natura e degli dèi.

Questo, nella mentalità di una popolazione antica, taglia ogni razionale volontà di contrastare gli elementi. Molti si recano ai piccoli altari nelle case, invocano l'aiuto di Giove, Vulcano, o semplicemente quello dei Lari, i protettori del focolare domestico. Non si rendono conto che stanno perdendo tempo prezioso per mettersi in salvo...

Il rombo dei tuoni si aggiunge al "soffio" costante del Vesuvius. Ma pochi lo notano. Ovunque risuona il crepitio delle pomici e delle rocce.

Nelle campagne la situazione è drammatica. Chiunque si trovasse nei campi o stesse pascolando un gregge è rientrato precipitosamente nelle fattorie e nelle ville o si è cercato un riparo di fortuna, approfittando di vecchi capanni o di qualche albero dal tronco particolarmente robusto. C'è anche chi si è nascosto sotto i carri. Per molti, quello sarà il luogo in cui riposeranno per quasi duemila anni.

Torniamo a Pompei: in una *villa* poco fuori le mura, la Villa delle Colonne a Mosaico (le cui colonne, ricoperte da un rivestimento di mosaici in pasta vitrea, sono oggi esposte nel Museo Nazionale Archeologico di Napoli), si sta consumando un dramma che verrà riscoperto solo molti secoli più tardi.

Uno schiavo è legato a dei ceppi e massicci anelli di ferro alle caviglie gli stanno martoriando le carni. La sua condizione è ben diversa da quella di molti altri schiavi: se a sceglierti è qualcuno che ti farà lavorare in una bottega, in un'abitazione, o comunque in città, esiste per te la reale possibilità, come abbiamo già detto, di poter essere un giorno liberato e cominciare una nuova vita. Ma se a sceglierti è qualcuno che vuole farti lavorare nelle campagne, il tuo destino è segnato. Sarai maltrattato e "spremuto" con lavori pesantissimi fino a che non sarai un rottame. E morirai nel giro di poco tempo…

Quest'uomo, una persona come voi e come me, ha avuto la sfortuna di essere diventato schiavo e di essere stato acquistato, appunto, per svolgere lavori nei campi. Ma la sua terza e più grande sventura deve ancora venire.

Non sappiamo quale colpa abbia commesso per trovarsi in questi ceppi ma, in ogni caso, è condannato a morire nell'eruzione. Gli archeologi ritroveranno il suo scheletro, con le tibie e i peroni cinti da spessi anelli di ferro.

L'uso di ceppi per punire gli schiavi è documentato anche in altri luoghi delle campagne pompeiane. A Villa Regina, per esempio, ne è stato rinvenuto uno che presentava più anelli in fila per tenere prigionieri più schiavi contemporaneamente. Per loro fortuna, era vuoto…

Un altro aspetto impressionante è che l'eruzione sta alterando localmente il clima. L'immensa colonna che sale in cielo con temperature elevatissime crea turbolenze e correnti devastanti. Abbiamo parlato dei forti venti di risucchio, ma questo non è il solo "effetto collaterale". Persino il mare comincia ad agitarsi, le onde iniziano ad alzarsi, le creste bianche sono sempre più numerose. Tra poco potremo parlare di vera e propria burrasca.

A queste turbolenze bisogna aggiungere i venti che abitualmente soffiano in questo particolare periodo del giorno e dell'anno. Il destino ha voluto che la colonna nella sua espansione fosse "piegata" dai venti che spiravano in alta quota in direzione sud-est, facendo ricadere il suo contenuto infernale in una direzione e un'area abbastanza precise (e non, come abitualmente si tende a pensare, tutt'attorno in modo "radiale" e omogeneo). In altre parole, Pompei si è trovata nella direzione del *fallout*, e così Stabia, Oplontis, Terzigno, Boscoreale... Lo stesso non accade altrove: a Ercolano, per esempio, non è stata ritrovata neanche una pomice. Nocera, Nola, Napoli e Pozzuoli "assistono" impotenti a un dramma che sembra averle risparmiate. Per ora...

Il sole è scomparso, fa freddo, al suolo un vento violentissimo soffia in direzione del vulcano. Ma non è tutto: bisogna aggiungere le piogge prodotte dalla grande quantità di vapore immesso nell'atmosfera, che si condensa e ricade copiosamente a quote più alte sulle pendici del Vesuvius, acquazzoni che riempiono all'improvviso gli alvei dei fiumi con un denso e violento flusso di fango composto da ceneri vulcaniche...

Queste piogge sono spesso acide, e ciò solleva un'ulteriore domanda. Le pomici che ora galleggiano nelle vasche che si trovano negli atri delle case di Pompei stanno avvelenando l'acqua?

Secondo il vulcanologo Giovanni Macedonio dell'Istituto Nazionale di Geofisica e Vulcanologia di Napoli, le pomici che stanno cadendo nelle cisterne o nel fiume Sarno non comportano significative variazioni del chimismo dell'acqua. Tuttavia, possono contenere sostanze nocive che vanno in soluzione nell'acqua stessa: grandi quantità di pomici in una vasca possono quindi aumentarne l'acidità, ma non per questo provocare la morte di chi la beve.

Un altro discorso riguarda invece la cenere emessa durante

l'eruzione, che tende a depositarsi nell'acqua: quella appena fuoriuscita dalla bocca del vulcano contiene sostanze che possono essere velenose e inquinare acquedotti e abbeveratoi.

Abbiamo parlato di ceneri, e questo ci riporta naturalmente a Pompei...

SCAPPARE O MORIRE:
I DESTINI S'INCROCIANO

Pompei
24 ottobre 79 d.C., ore 14,30
90 minuti dopo l'eruzione

AUDE OMNIA
Abbi il coraggio di provarle tutte!

In città, la pioggia di lapilli, dal colore molto chiaro, non accenna a smettere e lo strato che ricopre strade, giardini e tetti continua ad aumentare. La caduta di piroclasti, ovvero pietre e rocce di varie dimensioni, è invece diminuita.

Tutti hanno cercato un riparo: chi in casa, chi sotto un arco, chi in un negozio, chi in un "bar" o un'osteria assieme a tanti sconosciuti. Ci si aiuta, ci si dà coraggio, e proprio in questi momenti si scopre la vera indole delle persone: uomini robusti e sempre pronti a comandare rimangono muti, senza sapere cosa fare, mentre magari persone comuni, assolutamente anonime, diventano punti di riferimento, leader dotati di sangue freddo…

Le poche persone che attraversano la strada lo fanno coprendosi la testa. Usano cuscini o pentole. Esattamente come farà la popolazione campana nel 1906 durante un'altra eruzione del Vesuvio.

Ma a rendere ancora più drammatica la situazione, oltre alle scosse, le pomici e le rocce che cadono dal cielo, è un altro "cavaliere dell'apocalisse" generato da questa eruzione: la cenere, che abbiamo menzionato poco fa.

Assieme alle pomici, Pompei è stata ricoperta fin da subito da cenere finissima. È calata una nebbia terribile: la città è letteralmente scomparsa, agli occhi non solo di chi prova ad avvistarla da lontano, ma anche di chi vive al suo interno: la visibilità è ridotta a poco più di un metro.

Ma non è una semplice nebbia: gli occhi bruciano e lacrimano di continuo, si fa fatica a respirare. Chi può, si mette un panno bagnato davanti alla bocca. In effetti ogni respiro causa bruciori alla gola e ai polmoni, e questo perché la cenere è costituita da tanti microscopici e taglienti frammenti vulcanici che irritano e feriscono le vie aeree. Oltre al crepitio delle pomici e ai colpi sordi delle rocce che piovono dal cielo, in questi concitati momenti a Pompei si sentono tante persone che tossiscono.

Vedendo ciò che è avvenuto durante l'eruzione del Mount St. Helen nel 1980, che ha provocato correnti piroclastiche e ricadute di grandi quantità di ceneri simili all'eruzione del 79 d.C., possiamo anche immaginare la situazione nelle strade di Pompei.

La cenere infatti, come durante una fitta nevicata, si posa e si "appiccica" a tutto. Gli alberi ne vengono avvolti, e proprio come durante le grandi nevicate il peso comincia a spezzare i rami. Anzi, a volte sono alberi interi quelli che crollano. Sono rumori improvvisi, esplosivi, che si aggiungono a tutti gli altri.

Se la cenere del Mount St. Helen rigava i vetri delle auto quando si provava a usare i tergicristalli, potete ben immaginare che sensazione poteva provocare a Pompei ogni singolo respiro…

Zosimo è riuscito ad arrivare a casa. A causa dei lapilli che si sono infilati sotto il battente, solo con grande fatica è riuscito ad aprire la porta d'ingresso: l'ha quasi divelta. Ma una volta dentro ha pensato e agito con rapidità: ha subito chiamato a sé la moglie e i due figli, ha messo a ognuno di loro dei cuscini in testa, ha preso dell'acqua e insieme sono fuggiti dalla città uscendo da Porta di Sarno. Portare con sé gioielli o altri oggetti preziosi avrebbe solo rappresentato una perdita di tempo: ecco perché gli archeologi li troveranno ancora all'interno della sua abitazione. Sono scappati senza guardarsi indietro. Già, ma verso dove?

Da quel che è riuscito a carpire dai discorsi della gente per strada, la via più diretta per la salvezza è quella che porta verso

Nocera. Certo, Nocera dista quasi quindici chilometri da qui, ma basterà superare il ponte sul Sarno e tutto migliorerà. Bisogna allontanarsi dal Vesuvius. Però il ponte non è certo vicino, sarà una marcia durissima. Fortunatamente a volte la nebbia sembra diradarsi un po' e questo consente di vedere, a tratti, dove si sta andando e quello che c'è attorno…

Superata la Porta di Sarno, la piccola famiglia si trova davanti un deserto irriconoscibile: tutto è ricoperto da uno strato chiaro di pomici e ceneri che rende il paesaggio irreale. Le tombe lungo la via, fuori dalle mura, sembrano sculture sbozzate nella cenere che le avvolge, dei veri *Prigioni* michelangioleschi.

Ma la cosa più preoccupante è che la strada non è quasi più visibile, esattamente come quando ci si trova in una tormenta di neve. Nelle prossime ore scomparirà del tutto alla vista, e questo costituirà un ulteriore ostacolo per chi cercherà una via di fuga. Nelle località di montagna, anche ai nostri giorni, si ha l'accortezza di legare dei bastoni ai cippi posti lungo la strada, per segnalarne il tracciato anche sotto abbondanti nevicate. Qui, ovviamente, non c'è nulla del genere: bisogna andare a memoria.

Ma questo non è certo l'unico problema. Insieme a Zosimo e alla sua famiglia ci sono altri gruppetti di persone. Incontriamo Smyrina, una delle *Asellinae*, in sella a un cavallo tenuto per le briglie da un uomo, evidentemente una recente "conquista" di questa scaltra ragazza. Il cavallo avanza con difficoltà, il respiro affannoso. Poco distante, in mezzo alla gente in fuga, c'è anche Clodio, il fabbricante di mantelli, con la sua famiglia.

Avanzano con difficoltà, riparandosi occhi e bocca con tessuti e sciarpe. Sembra un esercito in rotta sotto una tempesta di sabbia… Superano un carro fermo, immobilizzato in mezzo alla strada: lo strato di pomici è troppo spesso e i muli non riescono più a trainare il carro in quella che sembra una distesa di ghiaia.

Lungo la via incontrano altri carri. Ormai sono molti, in fila, bloccati per sempre e abbandonati. Nelle prossime ore verranno gradualmente sommersi dalle pomici. È probabile che i resti di queste persone siano ancora là e potranno essere riscoperti il giorno in cui si porteranno alla luce le strade che si diramavano attorno a Pompei.

Camminando, Zosimo tiene stretti a sé la moglie e i figli. Sono sotto shock. Non riescono a capire come tutto sia potuto cambiare, e in così poco tempo. La marcia sarà lunga, sotto una pioggia incessante di pomici, e più volte, soprattutto i bambini, penseranno di non farcela e chiederanno di fermarsi.

Alcune brevi soste sotto le tettoie delle tante *villae rusticae* in fila lungo la strada consentiranno ai fuggiaschi di riprendere fiato e forze. Il mercante è inflessibile: non bisogna fermarsi, questo è l'unico modo per salvarsi. Ma non è facile camminare nella nebbia e nello strato di pomici che ora è alto almeno venti-trenta centimetri e poi sale ancora rendendo faticosa la marcia.

Zosimo conosce questa strada a memoria per via dei suoi giri con il carro nei vari mercati della zona: potrebbe percorrerla a occhi chiusi. Per questo ha l'accortezza di camminare non al centro della carreggiata ma sugli argini, leggermente più alti, dove il fondo dà l'impressione di essere più stabile…

Sembra un miracolo, ma alla fine compare il ponte sul Sarno. È lungo una cinquantina di metri e la salvezza è al di là. Tra le persone arrivate fin qui però più che il sollievo prevale la paura. Una piccola folla si è radunata, ma è come immobile, indugia… e ne ha tutti i motivi.

Le scosse di terremoto hanno indebolito le strutture del ponte. Il vero pericolo però è costituito ancora una volta dalle pomici: lo spesso strato che ora ricopre il ponte è un peso immane, che ha portato la struttura di pietra e mattoni a più arcate al limite delle sue capacità. Inoltre c'è anche lo strato di pomici cadute a monte, che la corrente del fiume sta faticosamente portando a valle e che ora si sono accumulate contro il ponte. Prima passavano sotto le sue arcate, ma adesso, anche a causa di un fitto intreccio di rami e tronchi, si sta formando una sorta di collina artificiale che preme contro quell'unico passaggio che può portare alla salvezza, ostruendone le arcate e creando una vera e propria diga. Contro il ponte, insomma, ora preme anche il fiume. I rumori sinistri che provengono dalla nebbia fitta spaventano molti, e nessuno riesce a vedere dall'altra parte: per quel che ne sanno i fuggitivi, il ponte potrebbe essere anche già in parte crollato.

Ma Zosimo è deciso. Rimanere fermi equivale a morte certa. Guarda la moglie, e le lacrime che scorrono sul suo viso, dovute più alla tragedia che alla nebbia vulcanica, lo spingono ancora una volta ad agire. Prende in braccio il figlio più piccolo, stringe l'altro con una mano e si incammina insieme alla moglie.

I fuggiaschi lo vedono scomparire nella nebbia. Anche Smyrina li segue (il suo "cavaliere" l'ha abbandonata) assieme a un altro gruppo di persone. Ogni passo è sempre più faticoso. Gli argini del fiume hanno creato una sorta di lunga "vasca" ricolma di pomici. In un punto questo ha ceduto e Zosimo con orrore vede quanto sia basso il livello del fiume a valle rispetto alla montagna di pomici sull'altro fianco del ponte, a monte. Improvvise scosse scatenano urla di panico.

Non è un terremoto, è il ponte che comincia a cedere. Ormai tutti si lanciano in una corsa disperata per la vita. Ma è così difficile avanzare anche di pochi passi…

Con un ultimo sforzo Zosimo riesce a raggiungere la sponda opposta. Lascia i bambini e torna dalla moglie, che è rimasta indietro, sfinita. La vede bene, ora che la nebbia si è un po' diradata. Uno scossone lo butta a terra, come se qualcuno gli avesse tolto un tappeto da sotto i piedi. Si rialza e percepisce chiaramente che il ponte si sta muovendo. Corre urlando verso la moglie, bloccata tra le pomici, che lo chiama disperata. Manca solo qualche passo…

Con un balzo disperato la raggiunge, l'afferra per le braccia e cerca di tirarla fuori dalle pomici: impossibile. Ci prova con tutte le forze, ma è come se qualcosa la tenesse bloccata da sotto. Il rumore, intanto, si fa sempre più intenso. Il ponte ha cominciato a spezzarsi al centro.

Zosimo stringe i denti e tira di nuovo con tutte le forze. Niente. Poi, all'improvviso, sente altre braccia che afferrano la moglie. La donna viene letteralmente trascinata verso la riva da due sconosciuti, in un ultimo, titanico sforzo. Non appena giungono alla fine del ponte, tutti si lasciano cadere a terra esausti, alla disperata ricerca di ossigeno… In quel preciso istante un fragore colossale attraversa la nebbia. Il ponte si spezza, cede alla pressione dell'acqua e viene travolto. Si sentono urla. Quelli che si erano attardati e che solo alla fine avevano deciso di tentare l'attraversata sono stati spazzati via, e stanno affogando.

La strada per la salvezza è ormai chiusa. Chi è rimasto dall'altra parte non si salverà. Zosimo riconosce solo ora i due salvatori, addossati alla base di una statua. Sono gli insegnanti dei suoi figli. Nessuno riesce a parlare, si cerca solo di respirare, ma le loro maschere di cenere si contraggono in una specie di sorriso.

Tra poco riprenderanno la marcia e l'aria si farà piano piano più respirabile. Si salveranno.

Dall'altra parte del ponte regna invece lo sgomento. E ora? La pioggia di pomici non si arresta. Attraversare il fiume a nuoto, in queste condizioni, equivale a un vero suicidio. C'è chi pensa di tornare indietro, chi si dispera, chi fa ritorno alle fattorie incontrate lungo il cammino in cerca di acqua e riparo. Alcuni propongono di tornare e di dirigersi verso il porto, dove c'è un altro ponte, di legno, che porta a Stabia. Tutti, però, sanno che quello che è successo qui, con un ponte in muratura, sarà a maggior ragione capitato a valle.

In realtà, il ponte di legno è ancora in piedi, anche se la sua sorte è segnata: minato dai terremoti e dal peso dei pomici, cederà definitivamente per la "piena" d'acqua che giungerà all'improvviso come un pugno per il crollo del ponte "a monte". Verrà spazzato via, trascinando via tutti quelli che lo stanno attraversando. Tra loro c'è anche Faustilla, l'usuraia della *taberna lusoria*: la borsa che porta a tracolla, piena di monete d'oro, ne ha certamente rallentato il passo, determinando un ritardo che le sarà fatale.

Tra le persone intrappolate al di là del fiume, a pochi passi da Zosimo e dalla salvezza, ci sono anche Lucio Vetuzio Placido e Ascula, i gestori del bar. Prima di scappare hanno nascosto gli incassi, troppo pesanti per essere trasportati, dentro uno dei *dolia* del bancone del locale, sotto uno strato di cibi secchi. Non torneranno mai più a riprenderli. Moriranno cercando rifugio in una delle fattorie situate nei pressi del ponte, travolti dalle correnti piroclastiche che domattina scenderanno dal vulcano. Gli archeologi ritroveranno questo piccolo tesoro, ben 1385 sesterzi (l'equivalente di oltre 8310 euro): una preziosa testimonianza del "giro d'affari" di un bar-trattoria dell'epoca.

Lucio Vetuzio Placido e Ascula, naturalmente, non saranno i soli a perdere la vita su questo tratto di strada. Molti, riparati sotto il telone del proprio carro, aspettano, insieme alle loro famiglie, che tutto passi. E lì dentro moriranno…

Una fuga impossibile

I ricercatori che hanno studiato le dinamiche della devastante eruzione del 79 d.C. hanno individuato il lasso di tempo che a Pompei ha costituito la differenza tra vivere e morire.

Chi ha scelto la fuga nelle prime due o tre ore dall'eruzione ha avuto la concreta possibilità di farcela. Chi invece ha esitato o ha deciso di aspettare che il Vesuvius si sfogasse rimanendo in città è destinato a morte certa. La differenza tra la vita e la morte, a volte, è questione di dettagli perfino banali. Ma se analizziamo le cose a mente fredda ci accorgeremo che sono davvero pochi quelli che non avevano motivi per aspettare, rimanere o indugiare.

È plausibile che buona parte dei pompeiani abbia perso tempo prezioso per andare a cercare i propri cari in città e discutere sul da farsi. A quel punto, è probabile fosse già passata quella "finestra utile" di tempo per scappare: la visibilità era nel frattempo diventata troppo scarsa, le pomici rendevano la marcia sempre più difficile e impedivano di vedere la strada. Molti avranno ritenuto che fosse più saggio fermarsi, per aspettare che il peggio passasse, soprattutto se nel loro nucleo familiare c'erano bambini o anziani (voi cosa avreste fatto, d'altronde?).

Un'altra categoria di persone che ha esitato o ha consapevolmente scelto di rimanere rintanata in casa è costituita da tutti quelli che non volevano separarsi dalle proprie ricchezze: per un liberto lanciato nella scalata sociale l'idea di lasciare gli averi faticosamente accumulati (monete d'oro, vasellame d'argento, opere d'arte, tavolette che attestavano proprietà e conti commerciali, per non parlare della propria lussuosa *domus*) era difficile perfino da concepire.

Infine, c'è la categoria degli schiavi: per loro, la paura di essere catturati a eruzione finita, con la prospettiva di pene molto severe, era di certo fortissima.

Un altro fattore ha avuto un peso determinante nelle scelte dei pompeiani: nessuno poteva immaginare come sarebbero andate le cose, se la pioggia di lapilli e ceneri sarebbe finita presto o si sarebbe protratta ancora per molto. Quello che è certo è che nessuno immaginava che le cose potessero addirittura peggiorare. Tutti, da chi restava (il custode della villa di Boscoreale) a chi nascondeva gli incassi nel locale, erano convinti che il cataclisma prima o poi avrebbe avuto fine e che sarebbero tornati nelle proprie case o negozi. In questo, dobbiamo dire, i pompeiani hanno dimostrato un naturale e incrollabile senso di fiducia nel futuro, un ottimismo forse temprato anche dai tanti terremoti dai quali la città si è sempre ripresa.

Ecco perché numerosi studiosi ritengono che durante l'eruzione sia morta la maggior parte degli abitanti di Pompei: nessuno aveva capito che sarebbe stata la fine. E quando lo capirono era troppo tardi: lo dimostrano i tanti scheletri rinvenuti appena fuori dalle mura, segno di un'ultima, inutile, disperata fuga da parte di chi era rimasto in città.

Oltre alle difficoltà di fuga, dopo le fatidiche due ore, c'era comunque un problema di ordine pratico per mettersi in salvo: dove fuggire?

Nessuno è scappato verso nord. Uscire da Porta Ercolano o Porta Vesuvio significava andare verso il vulcano, ovvero il suicidio. Forse solo chi aveva dei cari da salvare passò attraverso una di quelle porte.

Andare verso est, verso Nocera, era la soluzione "migliore", almeno fino a quando il ponte sul Sarno ha retto. È plausibile che a scegliere questa strada siano stati soprattutto gli abitanti dei quartieri orientali, quelli che, per esempio, vivevano nelle vicinanze di via dell'Abbondanza. Lo stesso discorso vale per un'altra porta orientale, Porta di Nola, che consentiva di scappare e, dopo un lungo cammino, di raggiungere Nola e poi Capua, "circumnavigando" in senso antiorario il Vesuvius.

Di sicuro, molti si diedero alla fuga in groppa a un cavallo. In effetti, gli scheletri di questi animali riemersi durante gli scavi sono "pochi" se rapportati a quelli di muli, asini, ecc. Ma quelli rinvenuti ci raccontano una storia drammatica: sono infatti legati a carri, il che significa che la scelta era stata tardiva, perché le ruote giravano con troppa fatica nello spesso strato di pomici nelle strade e nelle campagne.

Un'altra via di fuga che in molti devono aver tentato era quella che portava a sud, verso Stabia: da lì si sarebbe potuta raggiungere la penisola sorrentina e, soprattutto, il porto e la salvezza delle navi.

Porta Stabia, Porta Nocera e Porta Marina devono aver visto folle di disperati in fuga. E quando anche il ponte di legno sul Sarno che portava a Stabia crollò, il porto di Pompei e Murecine devono essere sembrati agli occhi di molti l'unica possibilità di salvezza. Ma è facile immaginare il loro stato d'animo quando, giunti al porto per cercare un imbarco, hanno compreso che neanche quella via di fuga era praticabile.

Il mare, come detto, era infatti estremamente mosso per via delle perturbazioni causate dall'eruzione. Inoltre i venti erano contrari, impedivano di fatto alle navi a vela di uscire dal porto, e spingevano chiunque si trovasse in mare verso Pompei, Stabia e il loro inferno…

Furono in molti ad assieparsi, ormai disperati, sotto le tettoie dei magazzini portuali o all'interno di ville situate nei pressi: li ritrovarono così gli archeologi, in attesa che il vento cambiasse, il mare si calmasse, o l'eruzione avesse termine.

In sintesi: passate le prime due o tre ore, fuggire da Pompei è virtualmente impossibile. Su un lato c'è il vulcano, sugli altri, tra il mare agitato, i venti contrari e i ponti crollati, ogni via di fuga è tagliata… Non rimane che una morte certa. Le scelte possibili sono tante.

Impietosi, gli scavi archeologici hanno rivelato le diverse "opzioni". Il *gemmarius* che abbiamo incontrato ieri è scomparso chissà dove. Ma l'altarino della sua *domus*, dove sono state ritrovate offerte bruciate, testimonia che fino all'ultimo supplicò salvezza e protezione agli dèi. Salvo poi scappare, abbandonando il suo tesoro di gemme.

Abbiamo ipotizzato la fuga di Smyrina, la più sfacciata delle tre cameriere-prostitute, ma ignoriamo cosa sia accaduto alle sue colleghe…

Ognuno provi a immedesimarsi con il dramma vissuto dai pompeiani. Voi che scelte avreste fatto?

IN TRAPPOLA: I PRIMI CROLLI

Pompei
24 ottobre 79 d.C., ore 17,00
quattro ore dopo l'eruzione

SALUTEM ROGAMUS
Cerchiamo di salvarci!

La Casa del Menandro è una bellissima *domus* con un meraviglioso giardino interno, impreziosito da piante potate secondo forme geometriche, e dotata persino di un piccolo complesso termale privato. Su una delle colonne del peristilio, una donna ha scritto una poesia d'amore dedicata a un'altra donna. Ma questa dimora custodisce un dramma di cui è tuttora possibile contemplare i resti.

Torniamo a quelle ore terrificanti…

Il giardino è completamente sommerso dai lapilli e dalle pomici. Così come l'atrio, dove l'apertura quadrata del tetto, da sempre portatrice di vita e di luce, si è trasformata in varco per la morte.

L'*impluvium* è completamente sommerso dalle pomici, che formano un cumulo piramidale che si estende come una piovra verso le stanze laterali. Lo strato di lapilli è davvero spesso, al punto che, se si prova ad aprire le porte che danno sulla strada, si viene investiti da una vera "marea" di pomici.

In questa casa si trova intrappolato un gruppo di persone. Al chiarore di alcune lucerne, uomini, donne e bambini cercano disperatamente di aprire un passaggio in una parete. Devono sbrigarsi. Da sopra le loro teste provengono scricchiolii paurosi. Il peso delle pomici sul tetto mette a dura prova la resistenza delle travi. Febbrilmente, colpo dopo colpo, la parete ha ceduto, e ora bisogna solo allargare il buco. Di tanto in tanto il bagliore delle lucerne è offuscato da un velo di polvere che cade dal soffitto, ormai prossimo al crollo, ma gli abitanti della *domus* cercano di non pensarci. Tranne una bambina che singhiozza, con il viso nascosto tra le vesti della madre.

All'improvviso, un boato riempie l'ambiente. Non c'è neppure il tempo di coprirsi la testa. Travi e tegole si abbattono sui malcapitati e uccidono tutti all'istante…

Questo è solo un esempio di ciò che sta accadendo in molte altre case di Pompei.

I primi crolli sono cominciati quando lo strato di pomici ha raggiunto i quaranta-cinquanta centimetri sulle terrazze e i tetti delle case. Ovunque in città, con la precisione di un orologio, hanno cominciato a riecheggiare rumori di crolli accompagnati dal vago suono vitreo delle tegole in mille pezzi.

In cima a una casa, immersi nella nebbia e sotto la pioggia costante di lapilli, tre schiavi con la testa fasciata da stracci stanno spalando pomici. È la terza volta che salgono per liberare il tetto e il grande terrazzo piatto. Non sono i soli: in questo momento in tanti stanno cercando di alleviare il peso delle pietre dai tetti delle proprie abitazioni, soprattutto dopo aver sentito il caos provocato dai crolli delle case adiacenti.

A urlare ai tre schiavi di continuare a spalare è una voce stridula che conosciamo bene. È quella di Gaio Cuspio Pansa, il giovane politico dagli occhi viperini. Si trova nell'atrio e li osserva per quel poco che riesce a vedere attraverso l'ampia apertura quadrata del tetto. In testa ha un elmo. È quello di legato del nonno, un soldato famoso per il suo coraggio in battaglia, coraggio che questo politico non ha certamente ereditato. Continua a urlare, ma inutilmente, perché gli schiavi da lassù non lo possono sentire. Poi, all'improvviso, il dramma: l'intero cornicione che fa da copertura all'atrio crolla pesantemente. Era un punto che gli schiavi non avevano ancora ripulito, e ora i tre si affacciano e cercano di vedere cosa sia successo all'interno della casa.

Non sentono più la voce di Gaio Cuspio Pansa. Sotto il cumulo di tegole e travi riescono a vedere una mano che ancora trema, in preda agli ultimi spasmi. Accanto, giace l'elmo dell'avo, completamente deformato e coperto da schizzi di sangue…

Scene simili si ripetono in molte *domus*, ma una in particolare ci colpisce, la Casa del Fauno. L'elegante proprietaria, che tanto ama i suoi pavoni, si è ritrovata sola. I suoi schiavi sono spariti.

Gli archeologi sono riusciti a ricostruire i suoi ultimi disperati comportamenti grazie a quello che è emerso dagli scavi. Ha raccolto in una borsa ori e gioielli ed è corsa verso la porta principale, per fuggire. Ma qualcosa deve averla spaventata.

Forse non è riuscita ad aprire la porta per via dello strato di pomici, oppure si è fatta prendere dal panico. Ha lasciato cadere nell'atrio la borsa che conteneva il suo "tesoro" ed è corsa verso il suo luogo preferito, il mosaico della battaglia di Isso, forse per cercare un riparo sotto la tettoia o il soffitto. Soffitto che però a un certo punto è crollato su di lei, uccidendola sul colpo. Le cronache degli scavi raccontano che il suo scheletro venne ritrovato con le braccia tese, in un disperato tentativo di proteggersi il capo…

Ogni *domus* di Pompei, ogni negozio o "bar", racconta una storia.

Per esempio la Casa di Romolo e Remo, chiamata così per i suoi affreschi che narrano la nascita di Roma: qui muoiono schiacciati dai crolli due adulti, un bambino e due cani. La mano di uno degli uomini stringe, oltre a sedici monete d'oro, due anelli, uno dei quali riporta le iniziali FA – H. L'uomo probabilmente si chiamava Fabius H., e questo dettaglio ci rivela che era un membro della potente famiglia dei Fabii.

In una *caupona* della Regio VI poco distante dalla Casa dei Vettii, il crollo ha travolto probabilmente l'oste, di nome Salvio, e un altro uomo.

Al piano inferiore del locale è riemersa una collana di pasta vitrea, appartenuta probabilmente a una prostituta che è riuscita a fuggire. Mentre l'oste e il suo amico hanno aspettato troppo a lungo, ovvero fino a quando lo strato di pomici era diventato così alto che, per uscire dall'edificio, bisognava utilizzare le finestre del piano superiore. Ma è proprio in quel momento che il tetto è venuto giù, schiacciandoli. In una mano Salvio teneva i propri averi, che non erano certo pochi: trecentocinque monete d'argento, sei aurei d'oro e alcuni gioielli.

Sui muri della *caupona* riecheggiano ancora oggi, sotto forma di scritte e quadretti dipinti, le scene che avremmo potuto vedere in questo locale. In un quadretto, una specie di fumetto ante litteram, è raffigurata una cameriera nel "difficile" compito di servire clienti evidentemente "alticci". Uno degli avventori le dice: «*Hoc*» («Porta qua»); l'altro però si intromette: «*Non mia est!*» («No! Questo bicchiere è mio!»); al che la donna esasperata dice: «*Qui volt sumat; Oceane, veni, bibe!*» («Chi vuole lo prenda! Oceano, bevilo tu questo boccaletto!»).

In un altro quadretto si vedono due uomini impegnati in una partita a dadi, ma sta per scatenarsi una rissa: il primo giocatore – Orto – tiene ancora in mano il bicchiere per lanciare i dadi e contando i punti ottenuti dice: «*Exsi!*» («Sono uscito! Ho vinto!»); al che l'altro risponde facendo notare che il dado si è fermato sul due, e che quindi ha vinto lui: «*Non trias, duas est!*» («Non è un tre, ma un due!»). Orto allora insiste: «*Noxia me tangat! Trias! Ego fui victor!*» («Imbroglione! Ho fatto tre! Ho vinto io!»). L'altro allora passa agli insulti: «*Orte fellator! Ego fui victor!*» («Ortus, sei un *fellator*! Io ho vinto!»). Nell'immagine seguente la situazione degenera, i due si stanno picchiando, l'oste allora interviene cacciando i due dal locale: «*Itis foras, rixatis!*» («Andate a litigare fuori!»). Questo piccolo mondo caratteristico è finito per sempre, sepolto dalle pomici.

Anche i templi si trasformano in luoghi di morte, per esempio quello di Iside. Secondo alcune ricostruzioni, al momento dell'eruzione i sacerdoti e i loro aiutanti stavano pranzando con pane, pesce e uova nell'ampia sala retrostante il tempio. Impauriti, hanno raccolto gli oggetti più sacri e preziosi, li hanno messi dentro un sacco e hanno atteso il momento più propizio per scappare dal tempio e dalla città. Ma appena usciti sulla strada il sacerdote incaricato di portare il sacco è caduto e tutto il contenuto si è riversato per terra. Aiutato dai compagni, tutti insieme hanno proseguito verso il Foro Triangolare, dove una violenta scossa di terremoto ha causato il crollo del colonnato, e la loro morte.

Gli archeologi hanno ritrovato gli oggetti sparsi al suolo. Altri sacerdoti invece non erano fuggiti e sono rimasti nel tempio, rimanendovi però intrappolati. Alcuni sono morti asfissiati vicino a una scala dietro la cucina. Uno di loro, forse il più atletico, con una scure ha tentato di uscire abbattendo alcuni tramezzi. Fino a quando non ha incontrato un muro più solido ed è morto anche lui per asfissia…

Molto impressionante è la vicenda della famiglia del fabbro Marco Volusio Iuvenco. La sua abitazione si trova a due passi dalla Casa del Menandro. È una dimora modesta ma dignitosa, impreziosita da alcuni eleganti affreschi (tra i quali spiccano un *Paride ed Elena sul monte Ida* e un *Volo d'Icaro*). Oltre a vari strumenti di lavoro, tra cui una serie di congegni per serrature per casse di legno, è riemerso anche un *carrulus* per bambini, un carrettino a quattro ruote, indizio che il fabbro era abile anche a lavorare il legno.

Sua moglie (o la sua concubina) ha lasciato su un tavolo delle boccette di profumo e vari gioielli, uno dei quali è una collana costituita da ventisette amuleti di bronzo, osso e pasta vitrea raffiguranti diverse divinità, tra cui Iside. I due si sono rifugiati nel *triclinium* ritenendolo il luogo più sicuro della casa, e qui hanno atteso, invano. Gli archeologi li hanno ritrovati così. Lo scheletro del fabbro era aggrappato alla fiancata esterna di un letto tricliniare, con ai piedi tracce di sandali (ne è stato rinvenuto un chiodino). Vicino a lui, ai piedi del letto, è riemerso lo scheletro della donna, con gli arti superiori contratti e ripiegati sotto il capo e quelli inferiori adagiati sul pavimento. C'erano anche un centinaio di sesterzi d'argento.

Tutte queste storie ci parlano di crolli, soffocamenti, speranze svanite per l'impossibilità di aprirsi una via di fuga. Ma sappiamo anche di incendi scoppiati a causa di lapilli roventi o di lucerne rovesciate: è quello che accade, per esempio, in una *domus* in via dell'Abbondanza.

E proprio qui riemerge un'altra storia commovente. Riguarda Marco Calidio Nasta, il venditore ambulante di statuette sacre, quello che ha "piazzato" una statuetta (e uno sputo) al banchiere.

Il luogo dove opera abitualmente, come sappiamo, è il gigantesco e pacchiano quadriportico della *gens Holconia*. Sotto questa grande struttura si sono riparate in queste ore parecchie persone con alcuni cavalli. Incerte sul da farsi, di sicuro hanno aspettato a lungo. Troppo...

Il quadriportico a un certo punto è crollato, uccidendo molti di loro. Gli archeologi hanno ritrovato gli scheletri di almeno tre uomini, ma hanno riportato alla luce anche qualcos'altro, ovvero cinquanta statuette di bronzo e terracotta (probabilmente racchiuse in una sacca) con il sigillo del venditore, vale a dire proprio Marco Calidio Nasta.

Ecco perché sappiamo come si chiamava e dove "operava". Il fatto che il sacco sia stato rinvenuto non a livello della strada ma a ottanta centimetri di altezza significa che il venditore ambulante è passato di qui durante la fuga (diretto verso il porto o i ponti sul Sarno) e ha abbandonato il sacco, troppo pesante e d'impaccio.

Vista l'altezza raggiunta in quel momento dallo strato di pomici, il fatto dev'essere accaduto intorno alle venti. Immaginate la scena: con una smorfia ha poggiato il suo prezioso sacco, e poi, preso un bel respiro, ha proseguito faticosamente, sullo strato di pomici, scomparendo nella nebbia e nell'oscurità. Da questo momento in poi, di lui non sappiamo più niente, e ignoriamo se sia riuscito a salvarsi.

In quella che a tutti doveva sembrare ormai, a questo punto, la fine del mondo ci sono comportamenti diversi quanto lo sono le indoli delle persone.

Il poeta Cesio Basso sarebbe potuto scappare subito. Il proprietario dell'"hotel" dove alloggiava, Cossio Libano, vedendo le prime nubi sollevarsi in cielo, ha capito subito la dimensione della catastrofe che stava per abbattersi sulla città. Mentre tutti erano ancora al Foro per cercare di capire cosa fare, ha avuto il tempo per organizzare tre carri (c'erano infatti delle stalle situate nelle immediate vicinanze dell'albergo, a Porta Ercolano) e portare via la propria famiglia, gli averi più preziosi e alcuni conoscenti, offrendo un "passaggio" anche al poeta. Ma lui ha rifiutato. Non riusciva a togliersi dalla mente l'elegante nobildonna che appena ieri aveva incontrato. E mentre l'ultimo carro si allontanava, lui si è incamminato in città.

Quando è arrivato alla villa, il Vesuvius è esploso. Ha visto con orrore l'immensa colonna alzarsi in cielo e ha bussato al portone. Ma nessuno gli ha aperto. All'interno della *domus* si era scatenato il panico, e nessuno si è preoccupato di andare ad aprire la porta. Cesio Basso si è trovato così in mezzo alla strada, immobile, attorniato dal fuggi fuggi generale. E i suoi occhi hanno incrociato quelli di un bambino, anche lui pietrificato in strada.

È subito corso verso di lui, per salvarlo da massi e lapilli. Tenendolo stretto a sé sotto una tettoia, nel crepitio infernale, gli ha chiesto dove abitava e chi erano i suoi genitori. Era ben vestito, sicuramente proveniva da una famiglia benestante. Ma non parlava, completamente sotto shock. Ha solo indicato il corpo riverso per la strada di una donna, quasi certamente la madre, colpita in pieno da una roccia piovuta dal cielo. I due, tenendosi per mano, hanno cercato un rifugio in attesa che la pioggia infernale cessasse. Hanno provato a raggiungere il porto: passando per il Foro, sotto i porticati, il poeta ha tentato di coprire gli occhi del bambino ogni volta che superavano un cadavere, ma era uno sforzo vano. A un certo punto hanno scavalcato il corpo senza vita di un signore anziano. Non sembrava ferito e aveva il volto disteso.

Cesio Basso non lo ha riconosciuto, ma il bambino sì. Ha sgranato gli occhi, aggrappandosi al poeta: quell'uomo era suo nonno, noto a tutti in città. E anche a noi. Lo abbiamo definito il "Quintiliano" di Pompei. Deve averlo ucciso un infarto, e probabilmente non si tratta di un caso isolato. In questa tragedia anche gli infarti hanno certamente mietuto numerose vittime, soprattutto tra gli anziani...

Il poeta ha continuato la sua fuga con il bambino. I due hanno trovato aiuto e rifugio in una *popina* che ha offerto loro anche del cibo. Poi hanno ripreso la marcia, nel frattempo diventata molto faticosa. Si sono fermati per un istante nel teatro, irriconoscibile sotto questa pioggia di pomici e ceneri. E proprio mentre Cesio Basso guardava sconsolato il palcoscenico, incavato e sfondato, un rumore sordo li ha investiti.

D'istinto, ha spinto il bambino fuori dalla tettoia. Non ha sofferto. Il bambino è rimasto seduto, inebetito: quella voce non gli parlava più, riusciva solo a vedere un lembo di toga verde che usciva dalle macerie. Si è allontanato dal corpo senza vita del poeta, trascinandosi sulle pomici, lo ha guardato un'ultima volta, ed è stato risucchiato dalla nebbia...

L'INUTILE ATTESA

Villa di Rectina
24 ottobre 79 d.C., ore 17,30
quattro ore e mezza dopo l'eruzione

VIDE QUE PATEOR (...) ROGO
Guarda come soffro... Ti supplico...

E Rectina? La giovane donna non si è mossa dalla terrazza. Il freddo ha cominciato a farsi sentire. Si è fatta mettere un braciere accanto e ha chiesto che le portassero in continuazione bevande calde. Ma di Plinio nessuna traccia.

Il mare è in burrasca e in altri giorni sarebbe stato uno spettacolo straordinario da ammirare, ma oggi è solo uno dei tanti nemici. Alle spalle di Rectina, il vulcano continua ad alimentare l'orrenda nube che torreggia sul paesaggio, con le sue corone di fulmini, e la fitta nebbia che ricade su Pompei. Sembra un sipario calato dal cielo. Qui, invece, l'orizzonte è sgombro e l'aria fresca, forse anche troppo. Ma soffiano venti tumultuosi.

Rectina ha la sensazione di trovarsi in trappola. Alle spalle ha il fuoco scatenato e davanti le acque sono in tempesta. Dove scappare? Può solo sperare che Plinio venga a soccorrerla, ma nessuna nave si profila all'orizzonte e Rectina non può fare altro che rimanere ancorata alla balaustra di bronzo.

D'un tratto uno schiavo indica dei flutti: «Là!». Tra le onde altissime e le creste bianche si intravedono masse nere, lunghe e basse sull'acqua... le quadriremi! Finalmente. Avanzano in formazione malgrado le difficili condizioni del mare, con tutte le vele spiegate. Uno spettacolo di bellezza e potenza, ma soprattutto una concreta prospettiva di salvezza. Dalla torre si continuano a mandare segnali luminosi alle navi.

Plinio il Vecchio, sempre in piedi sulla prua, non riesce a distogliere lo sguardo dall'immensa colonna che ormai li sovrasta. E non è il solo: anche i marinai, intimoriti e taciturni, non perdono di vista quel mostro con le sue saette, i suoi soffi, e la sua cascata di lapilli e ceneri su Pompei, così evidente da qui. Plinio il Vecchio annota con i suoi occhi ogni cosa e detta al suo segretario, che prende appunti aggrappato a una cima (lo immaginiamo più morto che vivo, non si sa se per la paura o per il mal di mare...), le proprie impressioni sul fenomeno. È lo stesso Plinio il Giovane a raccontarcelo:

> [Plinio il Vecchio] si affretta là donde gli altri fuggono, va dritto, rivolto il timone verso il luogo del pericolo, così privo di paura, da dettare e descrivere ogni fenomeno di quel terribile flagello, ogni aspetto, come si presenta ai suoi occhi.

Ma a questo punto accade qualcosa.

Le navi, ancora lontane, rallentano. Si trovano al largo di Ercolano. Rimangono a una certa distanza dalla costa e sembrano indugiare. Con il passare dei minuti, si capisce che a bordo qualcosa non va. Rectina non capisce, il suo schiavo di fiducia sì: «Padrona, non vengono, non riescono ad attraccare, il mare è troppo agitato...».

In realtà, la colpa non è del mare. Plinio il Giovane lo spiega chiaramente nella sua lettera:

> [...] poi ecco un inatteso bassofondo e la spiaggia ostruita da massi proiettati dal monte.

In pratica, il graduale svuotamento della camera magmatica ha provocato un innalzamento del fondale, che rimane sotto il pelo dell'acqua o addirittura affiora in alcuni punti. Dal mare (come afferma Plinio) l'impressione è che una frana abbia riempito il fondale, innalzandone il livello e impedendo alle quadriremi di avvicinarsi.

Chissà, forse a far scattare l'allarme è stata una chiglia che ha "grattato" il fondale, stranamente più basso del solito. Non si tratta di un fenomeno insolito: nel 1983 a Pozzuoli e nell'intera area dei Campi Flegrei si verificò un caso di bradisismo negativo, con il progressivo innalzamento del suolo, al punto che persino le barche dei pescatori non riuscivano più ad avvicinarsi alla costa, tanto si era innalzato il fondale marino.

Il dilemma per l'ammiraglio è tanto semplice quanto drammatico: ha senso rischiare di affondare le quadriremi per salvare gli abitanti di questo tratto di costa? Non conviene invece andare a salvarne altri su un tratto più sicuro?

Plinio il Vecchio, mordendosi le labbra, ha deciso di puntare più a sud. Stabia possiede un porto con un buon pescaggio, e al peggio c'è un ancoraggio sicuro appena al largo. Certo, questo significa abbandonare Rectina al suo destino, ma non può fare altrimenti. E così le quadriremi riprendono la navigazione, accompagnate dalle urla di sgomento di chi, sulla costa, aveva sperato nel soccorso. Scrive Plinio il Giovane:

> Esita un momento, se doveva rientrare, ma poi al pilota che lo esorta a far ciò esclama: «La fortuna aiuta gli audaci, punta verso Pomponiano».
> Questi era a Stabia, dall'altra parte del golfo (giacché ivi il mare si addentra seguendo la riva che va via via disegnando una curva).

Plinio non demorde. Ordina di fare rotta verso Stabia, e molti a bordo lo maledicono sottovoce.

La navigazione riprende e le quadriremi sfilano davanti agli occhi velati di lacrime di Rectina, mentre nuove scosse aggrediscono la sua villa...

IL TRAMONTO
DEL SOLE E DELLE VITE

Costa vesuviana
24 ottobre 79 d.C., ore 18,00
cinque ore dopo l'eruzione

OMNIBUS POMPEIANIS FELICITER
Felicità a tutti i pompeiani!

Rectina si riprende dallo shock. Le navi non potranno più salvarla, è ora che pensi a farlo da sola. Tra una scossa e l'altra, chiama il suo schiavo di fiducia Eutico: da qui, gli dice, bisogna andare via.

Lui, previdente, ha già fatto preparare due cavalli: sicuramente il mezzo più veloce.

Proprio mentre stanno per uscire, vedono correre loro incontro un pretoriano. Ha scavalcato il muro di cinta e chiede di aprire il portone della villa. Per quale motivo? Tito Suedio Clemente è venuto per portare via Rectina.

Nel suo precipitoso viaggio di rientro verso Pompei ha infatti compreso che non ce l'avrebbe mai fatta a tornare fino alla città, ormai condannata. Ma ha comunque proseguito, con l'intento di salvare almeno Rectina.

I due si stringono in un lungo abbraccio, nel quale la donna sfoga tutto il suo intimo bisogno di protezione. Le spalle larghe e il petto di Tito sono il rifugio sicuro per le sue paure. Una nuova scossa li fa bruscamente tornare alla realtà. In pochi secondi salgono sui cavalli, e il piccolo drappello si allontana rapidamente dalla villa. Rectina si volta e vede il suo mondo svanire dietro una curva.

Superato un ponte su un canalone secco, "lambiscono" i quartieri più alti di Ercolano. Le botteghe sono serrate, le porte sprangate: la città è ormai una terra di nessuno, tra la vita e la morte. In poco tempo superano un secondo ponte e si lasciano alle spalle anche Ercolano. Pochi istanti dopo il loro passaggio, un fragore blocca i cavalli: il ponte che hanno appena passato è stato travolto da un potente flusso di fango vulcanico che prosegue nel canalone fino a gettarsi in mare, tingendolo di un colore grigio chiaro.

Stanno accadendo cose mai viste... Normalmente, i due canaloni che abbracciano la città sono in secca. Quei ponti servono solo per assicurarne un passaggio più rapido e sicuro. Ma il Vesuvius, proiettando una quantità sproporzionata di vapore nell'atmosfera, ha creato acquazzoni locali che hanno improvvisamente riempito gli alvei dei fiumi, trascinando a valle immani quantità di cenere. Il risultato sono violente colate di fango che travolgono ogni cosa, compresi, immaginiamo, i due ponti...

Ora Ercolano è isolata. Quel cammino che in due o tre ore avrebbe portato alla salvezza verso nord è ora difficilmente praticabile.

Rectina, il suo schiavo di fiducia Eutico, Tito Suedio Clemente e i tre pretoriani di scorta attraversano un territorio che non sembra più appartenere all'Impero. Non incontrano che abbandono e distruzione. A volte sono costretti ad aggirare muri, case o monumenti crollati. Le grandi ville sono deserte, anche se più di una volta hanno visto gruppi di sciacalli uscire dai portoni con ori e gioielli. Ormai hanno perso il conto dei corpi riversi lungo la strada.

Il sole è basso sul mare, tra poco tramonterà. La sua luce obliqua fende l'aria, passa sopra il mare in burrasca e illumina la colonna eruttiva che si staglia all'orizzonte.

Quello che sulla costa appare come un altro bellissimo tramonto, a Pompei ha un effetto diverso: diffonde un'atmosfera spettrale su ogni cosa. Il sole, a chi riesce a vederlo, appare come una sfera livida e fredda, incapace di regalare il men che minimo calore...

Il panettiere Modesto si è rifugiato in una delle torri di difesa della città, la stessa che abbiamo visitato ieri mattina. È certamente un'ottima idea, visto che è stata concepita per resistere all'artiglieria degli eserciti. È attratto alla finestra dalla luce del sole. La nebbia per un attimo sembra diradarsi, e davanti ai suoi occhi appare Pompei. Con orrore si accorge che la città sta "affondando"...

Lo strato di pomici ha superato abbondantemente il metro, e sta lentamente seppellendo la città. Niente più tetti rossi, il colore dominante, ora, è il grigio chiaro. Le fontane lungo le strade sono già quasi tutte scomparse, e così i marciapiedi. Qua e là ci sono incendi provocati dai crolli di alcuni tetti che hanno frantumato le lucerne usate per vedere in questa notte artificiale creata dal Vesuvius...

Prova a vedere in quali condizioni versa il porto, dove vorrebbe scappare non appena la pioggia di pomici e ceneri calerà. Ma non sa che ormai è tutto inutile: anche se fosse possibile prendere il mare, per conquistarsi un posto a bordo dovrebbe lottare con una folla di persone che hanno avuto la sua stessa idea.

Approfittando della momentanea schiarita vede una colonna di disperati in fuga dalle campagne diretta verso Porta Ercolano. Attorno a loro il paesaggio è lunare: i campi sono irriconoscibili e sembrano ricoperti di neve. Molti alberi sono a terra. I loro rami, spezzandosi, hanno ucciso chi aveva cercato riparo sotto le loro fronde durante la caduta di pomici. Qua e là s'intravedono "dossi" sotto i quali si trovano sepolte tombe monumentali o are votive.

Tutto è ovattato, adesso, anche il cupo rombo del vento...

Le persone che entrano in città, viste dalla torre, sembrano una colonna di anime provenienti dall'inferno. Camminano in silenzio, coperte di cenere bianca, e i loro volti tesi e impauriti sono resi inespressivi dalla cenere.

Chi scivola a terra diventa praticamente indistinguibile dalle statue cadute. L'unica differenza? Il bianco degli occhi quando all'improvviso si spalancano per una nuova forte scossa di terremoto. Se si spalancano...

L'ULTIMO VIAGGIO DELL'AMMIRAGLIO

Porto di Stabia
24 ottobre 79 d.C., ore 18,30
cinque ore e mezza dopo l'eruzione

QUI MEMINIT VITAE SCIT QUOD MORTI SIT
HABENDUM
Chi riflette sulla vita sa quello che ha in serbo la
morte.

Lo stesso tramonto è stato osservato con inquietudine anche da
Plinio il Vecchio. Il suo spirito razionale vuole studiare e capire
questo colossale fenomeno: ormai è chiaro, si tratta di un'eruzione vulcanica. Il suo animo romano, al contrario, abituato a
vedere segni divini ovunque, cerca di comprendere quale sia il
messaggio che si nasconde in un evento così possente.

Ogni uccello che vola basso sull'acqua, ogni legno che galleggia, tutto a bordo viene visto e interpretato come cattivo presagio. I marinai, si sa, sono superstiziosi...

Chi si trova al largo può vedere le imbarcazioni bloccate nei
porticcioli e negli approdi delle ville private, così come le navi
onerarie ancorate davanti a Ercolano. Il mare è incredibilmente
mosso, i venti sono contrari, ed è davvero impossibile prendere
il largo e salvarsi. Quasi certamente qualcuno ha provato a uscire
in mare, ma la sorte più probabile è che sia naufragato, sparendo
tra i flutti davanti agli sguardi inorriditi di chi era a terra.

Solo navi possenti come le sue quadriremi, con equipaggi abili e di grande esperienza, possono affrontare queste condizioni:
di fatto, quelli di Plinio sono i migliori marinai dell'Impero...
L'ammiraglio comprende tutto lo sgomento della gente assiepata
sui moli, soprattutto alla vista delle sue quadriremi. Secondo il
modo di pensare dei romani, un eventuale trasbordo sarebbe dovuto avvenire privilegiando innanzi tutto i ricchi, gli aristocratici

e chi faceva parte dell'amministrazione pubblica, e solo in seguito avrebbe incluso i cittadini comuni, questo almeno in linea teorica (va detto che in realtà anche solo due di esse avrebbero ampiamente potuto salvare tutte le vittime trovate poi dagli archeologi sulle rive di Ercolano, in disperata attesa di soccorsi).

In vista di Ercolano, la squadra navale rallenta e si predispone per l'avvicinamento e l'imbarco delle persone che sono chiaramente visibili sulla spiaggia di fronte alla città. Molti sono scesi sulle rive proprio per poter salire. Alle loro spalle la colonna eruttiva con i bagliori azzurri dei fulmini e quelli rossi del suo calore interno rende la scena apocalittica. Ma come abbiamo visto con gli occhi di Rectina, il salvataggio non ci sarà per via dell'innalzamento del fondale.

Impossibile avvicinarsi oltre: i salvatori potrebbero trasformarsi in vittime. Mettiamoci ora nei panni di Plinio il Vecchio, a bordo della quadrireme: facile immaginare quanto il suo cuore sia combattuto, ma non può fare altrimenti. Ormai, con il sole basso e il mare in burrasca, il freddo comincia a penetrare con ferocia nei corpi dei marinai. Viste le condizioni del mare, è necessario trovare al più presto un approdo, prima che la notte renda le acque pericolose anche per le quadriremi.

Mentre proseguono verso Stabia lasciando Ercolano al suo destino, alcuni marinai non riescono a trattenere le lacrime: a Ercolano vivono dei loro familiari...

Sulla spiaggia della città e nella villa di Rectina, lo abbiamo visto, la delusione e lo sconforto sono immensi. Essere abbandonati quando la salvezza sembrava a portata di mano è devastante. Molti si accasciano sulla sabbia e si lasciano andare a pianti disperati.

La squadra navale ha sciolto le vele e prosegue entrando, poco dopo, nel "cono" di ricaduta dei lapilli vulcanici. Anche la visibilità diminuisce e in tutti aumenta la consapevolezza che si sta scivolando gradualmente dentro la catastrofe. I venti spingono solo in questa direzione ed è impossibile rientrare alla base. "Siamo in trappola" avrà pensato più di un marinaio.

La navigazione diventa sempre più difficile. Il mare si copre di isole di pomici galleggianti, che il timoniere cerca ogni volta di evitare. E quando passa loro vicino, tutti osservano silenziosi. A volte si vedono grosse rocce che galleggiano, nere e irte di creste, che passano fumanti accanto agli scafi e poi sono portate via dalla corrente. I marinai sono stupiti: rocce galleggiano come se fossero di sughero. In realtà, a mantenerle a galla sono la loro porosità e i gas che contengono.

Un altro aspetto, sorprendente per tutti, è l'odore. Nessuno lo ha mai sentito prima: quello tipico del mare, acre e penetrante, si mescola allo zolfo creando un "terzo" odore, che nessuno potrà dimenticare (alle Hawaii, mentre stavamo filmando della lava che cola in mare, mi è capitato di sperimentare in prima persona questo strano connubio di odori, e posso garantire che in effetti non lo si scorda più…).

Ma non ci sono solo le pomici, in mare. Ci sono anche i lapilli che cadono dal cielo:

> Ormai, quanto più si avvicinavano, la cenere cadeva sulle navi sempre più calda e più densa, vi cadevano ormai anche pomici e pietre nere, corrose e spezzate dal fuoco… [Probabile che molti elmi siano stati indossati, a questo punto, *N.d.A.*]

Viene buttata dell'acqua su queste pietre che "sfrigolano" sul ponte della nave, producendo una nuvola di vapori. Spesso con un calcio le si ributta in mare. La nebbia di cenere diventa sempre più fitta e i marinai cominciano a tossire. Quella che sembrava una "lingua di terra" che avanza nel mare, si rivela essere in realtà un enorme accumulo galleggiante di pomici. Le navi superano il porto di Pompei, o meglio il luogo dove dovrebbe sorgere, perché tutto è avvolto nella nebbia, si procede a tentoni ed è inconcepibile provare un attracco.

Le possenti quadriremi si fermano al largo. Forse proprio in prossimità dell'isolotto chiamato Scoglio di Rovigliano. Oltre non è prudente andare.

Plinio, passato il comando delle unità in mare all'ufficiale più alto in grado, a bordo di una barca a remi entra nel porto di Stabia, sotto la collina di Varano.

Nel porto la situazione è drammatica. I piccoli moli sono intasati di gente che vorrebbe essere tratta in salvo. La confusione regna sovrana. Alcuni tentano di fuggire con piccole imbarcazioni stracolme, inadatte ad affrontare il mare in quelle condizioni. Persino lo scafo di Plinio viene preso d'assalto, ma i militari a bordo respingono chiunque si avvicini. È facile immaginare la disperazione che si respira: non c'è praticamente nessuno che nella tragedia non abbia perso un familiare o una persona cara.

Plinio il Vecchio si ferma a parlare con alcuni di loro, provando a calmarli, ma alla fine chi decide per tutti è il vento. È impetuoso, e spira in senso contrario... L'ammiraglio scorge infine il suo vecchio amico Pomponiano, uno degli invitati al banchetto di Rectina. Ecco come ci racconta la scena sempre Plinio il Giovane:

> Quivi Pomponiano, benché il pericolo non fosse prossimo, ma alle viste però e col crescere potendo farsi imminente, aveva trasportato le sue cose su alcune navi, deciso a fuggire, se il vento contrario si fosse quietato. Ma questo era allora del tutto favorevole a mio zio, che arriva, abbraccia l'amico trepidante, lo rincuora, lo conforta...

Plinio è sporco di cenere e polvere, non mangia da ore, è letteralmente distrutto, e chiede all'amico di poter fare rientro a casa sua, per un bel bagno e per mettere qualcosa sotto i denti. Immaginiamo che Pomponiano abbia accettato controvoglia, ma le condizioni del mare non gli lasciano altra scelta. Poco dopo, i due sono nella sua sontuosa casa...

Il nipote continua il racconto, e lo fa sulla base di testimonianze di chi in quei momenti si trovava con l'ammiraglio, tra i quali con ogni probabilità possiamo annoverare lo stesso Pomponiano:

[...] per calmare la paura di lui [Pomponiano, *N.d.A*] con la propria sicurezza, vuole essere portato al bagno: lavatosi, cena tutto allegro o, ciò che è ancor più, fingendo allegria.

Plinio il Vecchio, in cuor suo, ha perfettamente idea della situazione di estremo pericolo nella quale si trovano. E proprio il fatto che ostenti tranquillità è un chiaro segnale di quanto a fondo l'ammiraglio abbia compreso che ormai non è possibile fare più nulla: bisogna solo aspettare e sperare che tutto si risolva per il meglio. Indirettamente, queste righe ci fanno capire cosa passi per la testa di migliaia di persone asserragliate nelle proprie case o in rifugi provvisori.

Il sole, intanto, è tramontato in un mare in burrasca. La sua luce e i suoi raggi torneranno a riscaldare Stabia e questo territorio martoriato solo fra tre giorni.

E nel vulcano? Cosa sta accadendo?

LE PRIME NUBI DELLA MORTE

Vesuvius
24 ottobre 79 d.C., ore 20,00
sette ore dopo l'eruzione

(VENIMUS H)UC CUPIDI MULTO MAGIS
IRE CUPIMUS
Pieni di desiderio siamo venuti qui e assai più
volentieri vorremmo andarcene…

La colonna eruttiva ha ormai raggiunto i ventisei chilometri di altezza, più del doppio della quota a cui viaggia un normale aereo di linea ai nostri giorni: stiamo parlando di settanta milioni di chili di magma al secondo che vengono proiettati fuori dal vulcano, numeri impressionanti.

Da molte ore l'acqua della falda acquifera (e forse anche quella del mare) non riesce più a penetrare nel condotto vulcanico. Da un punto di vista tecnico l'eruzione è dunque passata dalla fase freatica a quella puramente magmatica. In altre parole, se prima c'erano esplosioni causate dall'interazione con l'acqua, ora è solo il magma che esce violentemente a condurre l'eruzione.

Dall'inizio dell'eruzione è stato proiettato nell'aria ben un chilometro cubo di magma, cosa che ovviamente ha provocato un parziale svuotamento della camera magmatica. Per mantenere costante il suo volume, il magma compensa creando tante bolle che occupano ormai il venti per cento del suo volume.

La massa fusa incandescente si è trasformata per la maggior parte in pomici bianche, quattro chilometri cubi di pomici che piovono dal cielo coprendo il paesaggio di un'area vastissima in direzione sud-est. Si calcola che solo a Pompei lo spessore delle pomici sia di circa un metro e quaranta centimetri…

Ora, sapendo che un metro cubo di pomici pesa più di mezza tonnellata, è facile comprendere perché i tetti crollano: è come

se su ogni singolo metro quadrato di tetto stessero in piedi almeno sei uomini... Si capisce quindi perché addirittura il trentotto
per cento delle vittime sia stata uccisa dai crolli e non dai gas o
dalle nubi ardenti. Ciò significa più di una vittima su tre.

Osservando le mappe di ricaduta delle pomici stilate dai geo-
logi, si scopre che a Stabia i livelli riscontrati sono più bassi (tra i
cinquanta centimetri e il metro) e a Oplontis, che pure si trovava
più vicina al Vesuvius, ancora inferiori (venticinque-cinquanta
centimetri). Questo significa che Pompei ha avuto la sventura
di essere costruita nel luogo in cui il vulcano avrebbe un giorno
concentrato le sue emissioni.

A questo punto, nel cuore del vulcano accade qualcosa. Le bolle,
prima concentrate nella parte superiore della camera magmatica, con il suo progressivo svuotamento cominciano a formarsi
anche in quella inferiore, determinando un rimescolamento tra
materiali con temperature diverse e "ingredienti" chimici e cri-
stallini leggermente differenti che ha conseguenze fatali per chi
si trova alle pendici del vulcano.

Le pomici che escono dal condotto ora sono più scure (la differenza tra pomici chiare e pomici grigie è chiaramente visibile a
chiunque oggi visiti le rovine di Pompei). Ma soprattutto sono
più grandi, più dense, più pesanti.

Tutti noi saremmo indotti a pensare che questo porti a ulteriori crolli nelle case, ma a crollare è invece l'immensa colonna
eruttiva! In effetti, il getto che esce dal vulcano contiene sempre
più pomici e particelle pesanti e quantità di gas, vapori e sostanze volatili sempre minori: in altre parole, "pesa" di più e a un certo punto non riesce più a spingersi verso l'alto. Si ferma e scivola
lungo i pendii trasformandosi in micidiali valanghe ustionanti.

Dai sedimenti rinvenuti dagli archeologi si è stabilito che questo è accaduto due volte, generando in breve sequenza due flussi
piroclastici di centinaia di gradi che hanno travolto le ville e le
fattorie più vicine, come per esempio a Terzigno, dove hanno
ucciso all'istante chiunque si trovasse al loro interno.

Nelle cosiddette "Villa 2" e "Villa 6" verranno scoperti dagli archeologi dodici scheletri. Per quanto riguarda la "Villa 2", nello specifico, è stato possibile comprendere la dinamica degli ultimi momenti di vita degli occupanti. Due cani e cinque persone si erano rifugiati nel triclinio, uno di loro si trovava vicino all'ingresso. La corrente piroclastica li ha uccisi in un attimo, poi il soffitto è crollato loro addosso. Una donna, forse la proprietaria, insieme allo schiavo di fiducia ha tentato di scappare disperatamente, vedendo o forse sentendo l'arrivo della valanga ustionante. Aveva con sé una sacca contenente oggetti in argento. L'ha perduta nella fuga sotto il porticato su cui si apriva il *triclinium*. Una fuga inutile. La nuvola ardente li ha raggiunti pochi istanti dopo, lungo il muro d'ingresso della villa... È lì che sono stati ritrovati i loro scheletri...

Le ville di Terzigno sono distrutte: il loro atroce destino è ricordato nel nome del luogo, che deriverebbe dal latino *terra ignita*, cioè "terra bruciata", o da *ter ignis*, dalla locuzione latina *oppidium ter igne ustum*, cioè "rione tre volte bruciato dal fuoco".

E com'è la situazione altrove? A Oplontis l'accumulo delle ceneri ha provocato il crollo dei tetti e dei colonnati della cosiddetta Villa di Poppea, spingendo molte persone che vi avevano trovato rifugio a spostarsi precipitosamente nella *domus* contigua, la "Villa B", quella delle vendite all'ingrosso.

A Pompei, in questi stessi istanti si consuma la vicenda dei due fratelli Vettii, che riportiamo qui in una descrizione ipotetica ma verosimile.

I due hanno atteso troppo prima di scappare e di abbandonare i loro averi. Ora, preceduti da un liberto e circondati da schiavi con lucerne che li aiutano a superare i cumuli di pomice alti ormai un metro e mezzo, attraversano faticosamente la città. Il loro obiettivo è una barca con rematori che, assicura il liberto che fa strada, li porterà in salvo. È ormeggiata al molo privato di Fabio Rufo, il proprietario della *domus* più bella sulle mura di Pompei. Del proprietario non c'è traccia, alcuni dicono si trovi fuori città, secondo altri è morto. Ma la barca è intatta e aspetta solo di salpare, naturalmente dietro un lauto compenso...

Il liberto senza scrupoli tenta di approfittare della tragedia per arricchirsi. Nessuno si preoccuperà di una barca rubata (o "presa in prestito", come dice lui). I Vettii hanno sborsato una cifra che solo pochi possono permettersi in città. Anche questo "mercato della sopravvivenza" fa probabilmente parte della tragedia di Pompei.

Il mare è in burrasca, i venti sono contrari, ma secondo il liberto bastano i remi per allontanarsi e mettersi in salvo sulla penisola sorrentina. Ha messo su una piccola squadra di complici (peraltro impazienti anch'essi di lasciare la città), che in questo momento impedisce a chiunque, con la forza, di avvicinarsi all'elegante imbarcazione.

I Vettii, dopo una marcia nella nebbia, passando sotto portici, balconi semidistrutti e dentro case abbandonate, un vero e proprio percorso di guerra "protetto" dalla caduta delle pomici, finalmente giungono al molo. Si lasciano quasi cadere di peso dentro la barca sotto l'elegante tettoia spiovente in legno e bronzo dorato su cui "tintinnano" le pomici.

Lentamente, l'imbarcazione prende il largo. I rematori spingono con forza. In questa nebbia, la nave sembra quasi la barca di Caronte che attraversa l'Acheronte, il fiume dell'aldilà. In fondo, come le anime in transito sul fiume infernale, anche i Vettii hanno pagato un obolo per questa traversata. Sperano che sia per salvarsi la vita. Visto l'equipaggio improvvisato e le onde che li aspettano al largo (e di cui a bordo sono ancora inconsapevoli), forse sbarcheranno realmente nel mondo dei morti... Svaniscono nella nebbia. Non sentiremo più parlare di loro.

A Stabia, nessuno sa cosa stia accadendo negli altri centri. Ma da qui si vedono gli incendi scoppiati sul Vesuvius. Le fiamme, innescate dalle nubi ardenti, sono divampate tra i ruderi delle ville di Terzigno. Ecco l'interpretazione che dà del fenomeno Plinio il Vecchio, nel racconto del nipote:

Frattanto dal monte Vesuvius in parecchi punti risplendevano larghissime fiamme e vasti incendi, il cui chiarore e la cui luce erano resi più vivi dalle tenebre notturne. Lo zio andava dicendo, per calmare le paure, esser case che bruciavano abbandonate e lasciate deserte dalla fuga dei contadini. Poi si recò a riposare e dormì di un autentico sonno. Giacché la sua respirazione, resa più pesante e rumorosa dalla vasta corporatura, fu udita da coloro che passavano davanti alla soglia.

Lo stesso Plinio il Giovane ci fornisce una preziosa descrizione anche dell'atmosfera che si respirava a Miseno, a trenta chilometri di distanza. Pur essendo lontani dal Vesuvius, il dramma è palpabile anche qui.

Dopo la partenza di mio zio, spesi tutto il tempo che mi rimaneva nello studio, dato che era stato proprio questo il motivo per cui mi ero fermato; poi il bagno, la cena ed un sonno agitato e breve.

Come detto, neanche Ercolano è stata colpita dalla pioggia di pomici. Ma i suoi abitanti, a differenza di quelli di Miseno, sono terrorizzati dai boati che emette il vulcano e dal suolo che continua a tremare violentemente. La percezione diffusa è che la catastrofe sia imminente e che la città non sopravviverà. Tutti si danno alla fuga.

ERCOLANO:
DOVE SONO GLI ABITANTI?

Ercolano
25 ottobre 79 d.C., mezzanotte
11 ore dopo l'eruzione

VICINOS FUGITIVOS
I vicini se la sono data a gambe.

Siamo a soli sei chilometri dal vulcano e al terrore per la sua attività infernale si è unito l'arrivo di notizie spaventose raccontate da disperati che si sono rifugiati in città.

Ci troviamo sul viale principale di Ercolano, il Decumano massimo, il "corso" della città. Se tutti i cardi, dritti e stretti, scendono verso il mare, questa strada corre parallela alla costa ed è talmente ampia da poter ospitare il mercato. L'abituale confusione di questo luogo è in stridente contrasto con il silenzio e la desolazione di ora. C'è solo una cesta in mezzo alla strada. Tutt'attorno le finestre sono chiuse, e così le botteghe. Ancora oggi, a quasi duemila anni di distanza, si possono vedere, perfettamente conservate e allineate le une alle altre, le tavole di un negozio. Quello che si scopre è che le tavole si "sposano" una all'altra nello stesso modo di quelle di un comune parquet. Il bordo di ogni tavola è prominente e si inserisce perfettamente nella lunga scanalatura del bordo di quella accanto, scanalature presenti anche sugli stipiti per consentire alle tavole di scorrere.

Proviamo ad aggirarci per le vie. La città è davvero deserta: in alto, alle nostre spalle, riecheggia solo il mostruoso fragore del vulcano, a cui fa eco il grande respiro di un mare agitato…

Il vento fa sbattere un portello dimenticato aperto, in alto sulla parete di una casa. È una sensazione sinistra: nelle case tutto è in ordine. Non ci sono i segni di una fuga precipitosa, tutt'altro.

Entriamo nel Collegio degli Augustali, dove si riuniscono i sacerdoti che compiono i riti in favore di Augusto, morto da decenni ma "divinizzato", venerato come un dio, con tanto di cerimonie, templi e, appunto, sacerdoti. In quella che sembra una grande area sacra sulla parete di fondo ci sono due bellissimi affreschi che raffigurano Ercole. Mentre ammiriamo questi capolavori, sentiamo un respiro profondo. Il rumore ci porta a curiosare oltre una parete: è davvero possibile che qualcuno riesca a dormire in una notte come questa?

Sbirciamo al di là della porta. Ecco un uomo che dorme! Chi può essere? Probabilmente il custode, che russa fragorosamente, rimasto a guardia del Collegio degli Augustali. In effetti i romani, come abbiamo già detto, si alzano e vanno a letto presto. Quest'uomo ce lo ricorda, anche se sembra inconcepibile dormire in una notte da fine del mondo come questa. O forse c'è un'altra spiegazione: è malato. Non lo sapremo mai...

Usciamo e ci dirigiamo verso la spiaggia, scendendo lungo uno dei cardi. Ogni nostro passo riecheggia: siamo davvero in una città fantasma. Poco prima di arrivare alle scalette che conducono alla spiaggia, udiamo il pianto di un bambino: proviene da una casa sopra le Terme Suburbane, a picco sulla spiaggia e sul mare.

Ci affacciamo: la scena sembra quella di un presepe. Una donna dondola dolcemente una culla con dentro un neonato. Accanto ai due, con lo sguardo perso nel vuoto, c'è il padre. Porta un anello con uno scorpione inciso su una pietra preziosa, forse si tratta di un pretoriano in licenza o in congedo.

Avvicinandoci alla spiaggia cominciamo a sentire un vociare confuso, un brusio che aumenta con l'approssimarsi della riva. Scendiamo le scale, superiamo la piazzetta davanti all'entrata delle Terme dove si trova la grande statua equestre di Marco Nonio Balbo, grande benefattore della città.

Un'ultima rampa di scale, e poi...

La spiaggia è piena di persone: ecco dove sono finiti tutti gli ercolanesi! Sulla riva, lungo la costa, il posto più distante dal vulcano e più vicino ai soccorsi. Anche i genitori del bimbo in culla hanno fatto una scelta strategica: non sono in mezzo alla calca, ma nel caso arrivasse una nave in soccorso possono raggiungere la spiaggia in un attimo.

Di barche disponibili, però, non ce ne sono più. Tranne una, capovolta e con una fiancata distrutta dalla furia delle onde. Rimane lì sulla spiaggia, come monito per chiunque volesse provare a prendere il largo... Ci sono duecentonovantasei persone, ma ai lati della spiaggia potrebbero (e dovrebbero) essercene molte altre. Secondo il professor Antonio De Simone è plausibile che l'intera popolazione (parliamo di circa tre-quattromila persone) si trovasse sparpagliata lungo questo tratto di costa.

Camminiamo sull'arenile. Visto il freddo, l'umidità, il vento e gli schizzi delle onde, la maggior parte degli ercolanesi qui presenti si è rintanata nei fornici, i "garage" dove i pescatori "parcheggiano" abitualmente le loro barche (vedi *Inserto 2*, p. 8). Sotto le arcate scorgiamo molte persone sedute. Parlano e chiacchierano normalmente, niente isterismi o scene di panico.

Gli ercolanesi hanno provato a organizzare con cura la propria fuga. Dodici ore fa, all'inizio dell'eruzione, erano terrorizzati. Hanno certamente tentato di scappare; però, come la stessa richiesta d'aiuto di Rectina ci ha fatto capire, era difficile percorrere le vie che portavano a Napoli (intasate, coperte di macerie, forse alcuni tratti erano stati distrutti da frane e gli stessi ponti ai lati della città erano quasi certamente crollati). L'altra grande via di fuga era il mare, ma c'erano due problemi: era in burrasca e, anche una volta al largo, i venti avrebbero sospinto le imbarcazioni verso Pompei, dritte in bocca al mostro, verso una morte certa. In poche parole, sono in trappola; solo chi è partito subito ha avuto qualche chance in più di salvarsi, non certo chi ha bambini o vecchi al seguito.

La situazione è ulteriormente precipitata quando, nel primo pomeriggio, la nube ormai torreggiante sopra di loro è diventata così vasta da oscurare persino il sole (sembrava volesse estendersi anche sulla città e fagocitarla). In quel frangente, al contrario di Pompei, tutti hanno abbandonato le case: non essendoci lapilli in caduta libera, ed essendo le scosse ancora più forti che nella città vicina, era preferibile stare all'aperto: ecco perché li troviamo tutti sulla spiaggia.

La presenza di bambini, donne e anziani indica che la fuga dalle case non è avvenuta in modo caotico e disperato. Anzi, l'occupazione dei fornici è stata compiuta in modo organizzato e ordinato. In effetti, i fornici, a vedere come sono stati occupati, ricordano un po' le "scialuppe" di salvataggio del *Titanic*: al loro interno ci sono molte donne e bambini, mentre sulla spiaggia soprattutto uomini.

Tutti attendono l'alba del nuovo giorno, quando il mare forse si calmerà e qualche nave passerà a salvarli.

Poco distante, a ridosso della spiaggia, si erge l'imponente Villa dei Papiri. Anche qui ferve un'attività "ordinata", ma di ben altro tipo. Il suo proprietario sta disperatamente cercando di mettere in salvo la sua sterminata biblioteca. Un'imbarcazione lo aspetta sul molo privato, benché, come abbiamo detto, il mare sia incredibilmente agitato.

All'interno della villa la situazione è tesa. Nell'ambiente principale alcuni papiri sono a terra ed è possibile vedere anche degli armadi "portatili", delle piccole casse dotate di maniglie, contenenti certamente altri papiri.

Un po' come per i sassi di Pollicino, basta seguire il loro allineamento per notare che si dirigono verso delle scale che portano al piano inferiore. Secondo il professor Antonio De Simone, che ha condotto gli ultimi, imponenti scavi realizzati alla Villa dei Papiri, esistono addirittura altri tre piani inferiori a quello attualmente riportato alla luce, piani attraverso i quali era possibile accedere direttamente alla spiaggia.

Ed è probabilmente quello che stanno facendo il proprietario e i suoi schiavi per trasbordare sulla barca il maggior numero di opere e di armadi portatili.

Lo vediamo stringere un gran numero di rotoli di papiro al petto e scendere le scale, mentre i suoi servi trascinano le casse contenenti altri manoscritti.

A picco sulla spiaggia si affaccia una sorta di sala-gazebo, con ampie finestrature (segno di grande ricchezza), all'interno della quale ci sono quattro statue di fattura pregiata.

Al momento dello scavo eravamo presenti con le telecamere e ricordo ancora in modo vivo un lembo di tenda scuro, emerso dalle ceneri soffici e umide, un tessuto grezzo e che aveva la consistenza di un sacco di juta bagnato. Malgrado fossero passati quasi duemila anni era morbidissimo, quasi fosse stato sepolto il giorno prima...

Ma ora, per tornare a quei concitati momenti, è impossibile non notare l'angoscia che si sta impadronendo del proprietario della Villa dei Papiri: forse si è reso conto solo ora che non riuscirà a portare in salvo tutto il suo prezioso patrimonio. Non sa che qualcosa di ancora più grave sta per accadere...

UN ANGELO DELLA MORTE
SILENZIOSO E ROVENTE

Ercolano
25 ottobre 79 d.C., ore 1,00
12 ore dopo l'eruzione

CONTIQUERE OMNES
Tacquero tutti…

La colonna eruttiva ora ha raggiunto i trenta chilometri di altezza e, a ogni secondo, erutta in media duecentomila tonnellate di magma frammentato. La camera magmatica ormai è riempita per metà di bolle.

Da questo momento in poi, per ore, la colonna eruttiva oscillerà tra due condizioni: in un caso sarà piena d'aria e, poco pesante, riuscirà a mantenere un proprio equilibrio, seppur traballante (come un giornale portato in alto dal vento); nell'altro non si riempirà a sufficienza di aria e collasserà dando origine a valanghe ustionanti che uccideranno migliaia di persone.

Per molte ore il magma contenuto nel vulcano alternerà questi due stati: salirà e collasserà più volte.

Il primo collasso farà abbassare all'improvviso la colonna di ben dieci chilometri: per farsi un'idea del fenomeno si può pensare al crollo improvviso delle Torri Gemelle, che ha prodotto immensi "muri" di polveri che tutti abbiamo visto avanzare rapidamente per le vie di New York.

Dal vulcano scende quindi una "valanga killer": i vulcanologi la definiscono Surge 1 e piomba su Ercolano.

La sua velocità è di circa cento chilometri all'ora, le temperature interne di 500-600 °C. La cosa che colpisce di più è che procede, inesorabile, senza rumore. Avanza silenziosa come un angelo della morte…

403

Di notte nessuno si accorge di lei: forse qualcuno avrà visto all'ultimo momento dei bagliori rossastri, ma ormai è troppo tardi. Impiega due, massimo tre secondi per attraversare la città, e i cardi, orientati verso il mare, la proiettano direttamente sulla spiaggia...

È un soffio rovente, ma non ha capacità distruttive in quanto composto essenzialmente da ceneri e gas bollenti. Non riesce a trascinare gli oggetti che incontra o i morti che provoca lungo la sua discesa: li lascia nella posizione in cui li ha trovati.

Il flusso avanza e prima di arrivare sulla spiaggia uccide quei pochi che sono rimasti nelle case. Gli archeologi ritroveranno in tutto trentadue corpi (meno dell'uno per cento della popolazione). Tra essi c'è anche il custode del Collegio degli Augustali: sta ancora dormendo, muore all'istante, poi il soffitto in fiamme gli crolla addosso e lo carbonizza.

Quindi è la volta di alcune persone che si erano rifugiate nello spogliatoio maschile delle Terme del Foro: tre uomini, una donna, un giovane e un bambino. Uno dei corpi risulta carbonizzato solo sul lato sinistro, gli altri no: questo perché si trovava sulla porta d'ingresso quando arrivò il surge.

La vittima seguente è un uomo umile e povero, forse uno schiavo, sorpreso e ucciso dal surge, al primo piano di un edificio che verrà poi eloquentemente battezzato Casa dello Scheletro...

Nel suo progredire il flusso piroclastico continua a uccidere: il prossimo a morire è il garzone di un *gemmarius*, specializzato in corniole e sigilli per anelli. Ha circa quindici anni. Forse proprio il *gemmarius* gli ha detto di fare ritorno nel negozio per recuperare alcune gemme. Gli archeologi troveranno il suo scheletro in un piccolo disimpegno tra la bottega e la cucina, con la testa infilata sotto al letto, in un disperato tentativo di salvarsi.

Seguiranno il bimbo in culla e la sua famiglia, più altri parenti che si trovano nella Casa di Marco Pilio Primigenio Graniano: in tutto sette scheletri.

Il fatto impressionante è che nella sua corsa in città il Surge 1 non uccide solo le persone, ma anche i colori!

In molte case le pareti gialle diventano rosse! È una tipica reazione dovuta alle alte temperature. E così anche le statue (vedi *Inserto 2*, p. 7) e i capelli biondi, che diventano rossi in una frazione di secondo (un tempo da fare invidia a molti parrucchieri).

Su certe pareti si vedono ancora le "volute" rosse dell'aria incandescente sugli affreschi gialli. Senza entrare nei dettagli, diremo che la limonite (giallo) diventa ematite (rosso).

Questo fenomeno ha indotto alcuni studiosi ad affermare che il "rosso pompeiano" non sia mai esistito, in quanto prodotto del calore dell'eruzione. Una tesi a cui va dato però poco credito: il rosso c'è, eccome, anche là dove il calore non è mai arrivato (sia negli strati sepolti da pomici a Pompei, sia nell'area vesuviana, sia in molti altri luoghi dell'Impero, Roma compresa).

La nube trascina con sé frammenti di vigneti dalle campagne che si ritroveranno poi addirittura in città.

Infine la corrente piroclastica arriva in fondo a Ercolano e si abbatte sulla spiaggia, uccidendo tutti all'istante.

Cerchiamo di immaginare cosa possa aver significato trovarsi in quegli istanti sulla spiaggia. Ci immedesimiamo, per esempio, in un legionario…

I suoi occhi osservano le persone all'interno dei fornici. Malgrado il dramma e l'emergenza c'è ordine e dignità. La luce di poche lucerne illumina dei volti nel buio: vede alcuni che parlano sottovoce, altri stringono bambini al petto o cercano di infondere coraggio a un parente visibilmente preoccupato.

Il mare, nel buio, sbuffa e si contorce con onde che s'infrangono violentemente sulla riva. Sopra di lui, improvvisi fulmini attraversano il cielo illuminando per brevi istanti la colonna eruttiva. È sempre più alta. Ora sembra essersi distesa su tutta la superficie del cielo. Nella parte più bassa, a contatto con la massa scura del Vesuvius, si scorgono delle venature rosse: appena visibili di giorno, ora evidentissime. Sembra davvero la fucina di un gigantesco fabbro avvolta dal fumo…

All'improvviso, il legionario sente qualcosa. Si gira verso il Vesuvius. È scomparso! E così la colonna eruttiva. Al loro posto c'è solo il nero della notte, nella quale però distingue dei bagliori rossastri: sono ovunque, e sembrano sospesi sopra la città. Il rumore di ante che sbattono e di vetri in frantumi aumenta fino a diventare un coro assordante, più potente del mare. Tutto accade in una frazione di secondo: una ventata rovente lo scaraventa a terra. Le sue ultime rapidissime sensazioni sono uno schiaffo caldo sulle tempie e sulla pelle, un calore e un dolore indicibili negli occhi e dentro il corpo. Una violenta fitta alla testa... Poi, più nulla.

Un poco al largo, un marinaio di guardia su una nave oneraria vede la stessa scena, ma da un'angolazione diversa: la città scompare come se all'improvviso qualcuno avesse versato una nuvola di inchiostro nero su un quadro. E questo nero contiene quelle che sembrano tante lucciole rosse che volteggiano nell'aria, i bagliori roventi della corrente piroclastica. Sgrana gli occhi, la città è sparita. La valanga ora sembra avanzare verso di lui, il bianco delle creste delle onde sparisce, le lucciole rosse si fanno più vicine e sembrano anzi allargarsi a ventaglio sul mare... Sente lo sfrigolio dell'acqua che evapora all'istante venirgli addosso. E un immenso calore, l'ultima sensazione che il suo corpo percepisce. Le vele prendono fuoco all'istante, il legno si carbonizza, e l'olio contenuto nelle anfore che l'imbarcazione stava trasportando s'incendia trasformando la nave oneraria in un'improvvisa palla di fuoco in mare.

La nave, in questo strano gioco di forze tra la nube rovente e le acque fredde, continua a galleggiare accesa come una torcia. Poi, fumante, s'inabissa.

E sulla spiaggia? Che scena si apre ai nostri occhi?

È davvero raccapricciante vedere oggi i fornici con gli scheletri aggrovigliati o abbracciati (vedi *Inserto 2*, p. 9). Anche se si tratta di calchi (gli originali si trovano nei depositi), mostrano tutto l'orrore di una morte atroce e istantanea.

Tra le ossa gli archeologi hanno rinvenuto una miriade di oggetti, spesso commoventi, che ci parlano dei loro proprietari. Ci sono chiavi di casa, anellini, gioielli, piccole fialette di vetro per profumi, gruzzoli di monete d'argento e bronzo saldate l'una con l'altra, i resti di un cappello di lana, un salvadanaio con le poche monete di un bambino, una cassetta con strumenti chirurgici, una piccola placca con il nome dello schiavo che la indossava (come i cani oggi).

Oltre ovviamente al lungo gladio e al pugnale del legionario... Quest'ultimo ritrovamento è interessante: su quasi trecento persone, solo una era armata. Pur trovandosi in una situazione di emergenza, non è nella mentalità di queste persone girare armate. In effetti è vietato dalla legge, dopo i massacri avvenuti durante le guerre civili.

Quella romana è comunque una società assai meno violenta di quelle, per esempio, del Medioevo o del Rinascimento (in cui i coltelli "saltavano" fuori rapidamente): pur essendo una società antica, si crede molto nella legalità. E in questo è assai "occidentale" e moderna.

Ma torniamo ai momenti appena successivi al passaggio della corrente piroclastica.

È terribile il modo in cui sono tutti morti. Chi era sulla spiaggia è stato bruciato vivo. Chi si trovava all'interno dei fornici è stato investito da un calore così elevato da trovare la morte, all'istante, per shock termico. In pochi secondi le persone si sono trasformate in scheletri. In certi casi, i cervelli sono entrati in ebollizione e i crani si sono fratturati, esplodendo. È agghiacciante pensare ai rumori sordi che si sentivano. Il fatto che le superfici ossee, sia fuori dal cranio che dentro, siano state rinvenute annerite è una conferma scientifica della "cottura" del cervello.

Le tracce sulle ossa sono compatibili con temperature di cinquecento gradi, quelle che di solito sviluppa un crematorio.

Il soldato che si trovava in piedi sulla spiaggia semplicemente si "spegne" e cade in avanti. Le persone che chiacchieravano sedute nei fornici addossate alla parete reclinano la testa e rimangono nella stessa posizione per diciannove secoli...

Osservando oggi gli scheletri, si notano mamme che tengono accanto al proprio seno la testa di un bambino rannicchiato, adolescenti che cercano un istintivo rifugio dietro la schiena di un genitore, persone in piedi che cadono in ginocchio con il tronco che si abbatte in avanti (e che verranno rinvenute proprio in questa posizione), oppure altri che letteralmente si afflosciano e spalancano la bocca.

I morti di Ercolano sono, già a una prima occhiata, "diversi" da quelli di Pompei. Nonostante sia più di vent'anni che effettuo riprese in questi siti, la cosa che mi colpisce sempre sono gli atteggiamenti di fronte alla morte degli ercolanesi e dei pompeiani. Questi ultimi sembrano mostrare un atteggiamento di lotta e di difesa per sopravvivere (ne parleremo nel prossimo capitolo). Gli ercolanesi invece, per via delle temperature molto più alte, muoiono all'istante, come se qualcuno, all'improvviso, avesse staccato loro la "corrente".

Guardando gli scheletri sembra quasi di percepire discorsi interrotti, parole rimaste a metà, respiri non completati, pensieri svaniti all'improvviso...

Non si sono resi conto di quello che stava accadendo. Come abbiamo detto, forse quelli che si trovavano sulla spiaggia avranno sentito dei rumori, potrebbero aver visto, ma solo all'ultimo, impercettibili bagliori venir loro incontro nel buio e aver avvertito l'onda di calore farsi sempre più calda ma, ricordiamolo, la valanga ha impiegato due, massimo tre secondi per attraversare l'intera città.

Per chi si trovava al riparo dentro i fornici la morte è arrivata senza preavviso. Forse, rispetto a chi era sulla spiaggia, c'è stato il tempo di un ultimo respiro, ma non di più...

Se da un lato le pareti dei fornici hanno creato un "effetto forno" concentrando il calore anziché disperderlo nell'aria, dall'altro l'umidità dei corpi ha però subito stemperato il suo effetto distruttivo: solo così si spiegano fenomeni in apparenza incomprensibili, come cervelli e tessuti corporei che vaporizzano e poi, appena accanto, il ritrovamento di frammenti appartenuti a un delicato berretto di lana… Probabilmente nei fornici l'opera distruttiva della nube ardente ha colpito "a macchia di leopardo".

Solo disastri come Hiroshima o Nagasaki possono realmente avvicinarsi a quello che è successo qui a Ercolano, soprattutto se si pensa a quanto fu rapida la morte in entrambi i casi.

Secondo molti, i morti rinvenuti nei fornici e sulla riva rappresentano solo una minima parte delle vittime di Ercolano. Gli scavi effettuati in epoca borbonica lungo la spiaggia e quelli necessari all'installazione di pozzi hanno certamente impedito il ritrovamento di molti altri scheletri. Questo farebbe pensare, secondo alcuni studiosi, che sia morta una quantità di abitanti ben superiore a quanto finora ritenuto (non il dieci per cento con i trecento corpi, ma forse il cinquanta per cento o più). Tanti potrebbero trovarsi ancora sotto gli strati vulcanici, forse in una posizione più lontana, come per esempio nei primi metri d'acqua sottostanti alla spiaggia o direttamente in mare. E secondo molti studiosi il numero delle vittime va sicuramente rivisto al rialzo, stimando che nell'eruzione siano morte almeno duemila persone, la metà degli abitanti o addirittura di più.

Immaginate la scena che si è aperta una volta che il pulviscolo di ceneri della corrente piroclastica si è dissipato…

Lo skyline della città è lugubre e impressionante, le facciate sono ancora roventi, i muri scottano, le arcate e le finestre, da lontano, sembrano le orbite nere di tanti teschi. In qualche secondo Ercolano è diventata una città abbandonata da millenni. Soprattutto si notano i bagliori di tanti piccoli incendi dentro le case e una densa coltre di fumo bianco s'innalza da tutta la città. Sembra vapore, una fitta nebbia da cui spuntano come vascelli fantasma gli edifici più imponenti della città.

Come la Villa dei Papiri. Il suo proprietario è morto abbracciando una delle casse che conteneva i papiri più preziosi. Il suo scheletro è ancora là, che aspetta da secoli di essere scoperto.

Ercolano appare come una foresta dopo un incendio, è facile immaginare gli odori di legna bruciata e dei corpi arsi. Oltre alla vita, anche i colori sono scomparsi: ovunque domina il grigio.

A rendere questa visione ancora più spettrale è il silenzio che regna sovrano: si sentono solo le onde del mare. Ercolano invece è muta, come il palcoscenico di un teatro dopo uno spettacolo, quando tutti sono andati via. Le rappresentazioni della vita quotidiana sono cessate per sempre...

Ma l'eruzione non è certo finita. Qualche minuto dopo, a Ercolano giunge una seconda corrente piroclastica. Se la prima è stata solo un soffio rovente e mortale in grado di frantumare le vetrate ma incapace di abbattere pareti e sollevare corpi (un surge di gas ad altissima temperatura, ceneri, e pochissime altre particelle), questa seconda valanga invece è molto più densa e distruttiva. Una specie di "blob" vulcanico, simile a una valanga incandescente.

Ne abbiamo una prova alle Terme Suburbane: la corrente piroclastica, passando di lato al complesso, è penetrata nel *calidarium* attraverso un finestrone mandato in frantumi dal primo flusso e ha sollevato un pesantissimo bacile di marmo, quasi fosse di polistirolo, scaraventandolo a molti metri di distanza, su un lato della sala dove ancora oggi si vede la sua "impronta" impressa nel fango vulcanico...

Si tratta di una vera e propria valanga, in grado di strappare travi, trasportare pezzi di muro, lasciando dietro di sé un deposito spesso un metro e mezzo (contro i cinquanta centimetri del precedente flusso).

Seguiranno altre colate piroclastiche che si sommeranno alle prime due. Ercolano verrà sepolta sotto ventitré metri di fanghi vulcanici! Questi fanghi faranno avanzare la linea di costa di addirittura quattrocento metri.

Questa "tomba" di fango sigillerà ogni cosa, impedendo all'aria di penetrare e ai batteri di agire per dissolvere nel tempo materiali organici delicati come il legno o i tessuti. Per questo, oggi a Ercolano è ancora possibile vedere scale di legno, letti, altarini domestici, travi, porte, ante di finestre, corde, rastrelliere per anfore, séparé di legno finissimo, soffitti a cassettoni (coloratissimi e geometrici)… e culle.

Una curiosità. Nessuno ovviamente ha potuto vedere e descrivere le scene che sono avvenute sulla spiaggia e nei fornici. Ma una parte delle ricostruzioni che avete letto, compresa la nave distrutta, si basa su quello che è avvenuto in un'altra parte del mondo in condizioni quasi identiche, l'8 maggio del 1902, nella terribile eruzione che travolse la cittadina di Saint-Pierre in Martinica.

Una devastante corrente piroclastica (il termine "nube ardente", non usato dai vulcanologi ma di grande impatto, è stato coniato in quell'occasione) ha spazzato via la città, situata lungo la costa a quasi sette chilometri dal vulcano proprio come Ercolano. Ventottomila persone sono morte all'istante. In tre minuti la città è diventata la "Pompei" dei tropici, in cui solo i muri "allineati" nel senso di marcia della nube sono rimasti in piedi… Solo quattro persone si sono salvate, di cui due morte nelle ore successive. E questo vi fa capire quanto siano devastanti queste correnti piroclastiche: le possibilità di salvarsi e di continuare la propria vita sono circa di una su quattordicimila. Persino alcune navi alla fonda nella rada sono state raggiunte dalla nube ardente e sono bruciate uccidendo chi si trovava a bordo.

Leggere i resoconti dei soccorritori e vedere le foto scattate all'epoca vi dà un'idea di cosa si accaduto a Pompei ed Ercolano: anche se va sempre tenuto presente che nessuna eruzione e nessuna città sono uguali una all'altra.

Anatomia di un killer: Oplontis e Boscoreale

Surge 1, come abbiamo detto, è la definizione che i vulcanologi hanno dato al terribile flusso killer che ha investito Ercolano. Ma cosa si nasconde dietro queste valanghe ustionanti? Innanzi tutto non sono tutte uguali: alcune sono "leggere", composte soprattutto da gas ustionanti, ceneri e pochissime particelle pesanti, altre invece contengono una parte solida più consistente e quindi colpiscono case, pareti e persone come un immenso pugno, abbattendo tutto e trascinando travi, tegole e mattoni con sé. A volte una stessa valanga si divide in due, in basso c'è uno strato ricco in particelle pesanti, a volte persino grosse rocce, che prosegue dritto come un treno (il "pugno"), in alto, invece, si distacca una porzione assai più leggera e gassosa che forma un fronte immenso. Le immagini di queste nubi colossali che s'innalzano formando un'altissima parete ribollente che investe e fagocita qualsiasi cosa incontri lungo il proprio cammino fanno spesso il giro del mondo. Si tratta di tempeste infuocate capaci di stroncare qualsiasi forma di vita; ancora oggi non si conoscono bene le dinamiche che caratterizzano con precisione il fenomeno, ma il termine di "uragano ardente" rende l'idea.

Si conoscono molto bene i loro effetti. Come sottolinea il vulcanologo Giovanni Macedonio, un surge è fatto di gas e ceneri finissime che si appiccicano alla pelle provocando un efficientissimo scambio termico. La morte, come abbiamo visto, è improvvisa e avviene per "shock termico fulminante". Nello specifico: l'acqua presente nel corpo evapora all'istante, e il sangue lascia un "alone" rossastro nella cenere tutt'attorno, per via del ferro contenuto nell'emoglobina.

Anche sulle ossa si vedono macchie causate dall'ossidazione del ferro, presente nel nostro organismo; la pelle, i muscoli e gli organi si dissolvono (ecco perché non si riescono a fare dei calchi, la cenere è a diretto contatto con le ossa); le ossa lunghe spesso si fratturano, i denti si spezzano, i crani, come abbiamo detto, esplodono. Infine, le dita si contraggono "a uncino" a causa del restringimento, dovuto all'intenso calore, di tendini e muscoli.

Anche il colore delle ossa può indicare la temperatura del flusso piroclastico: se compreso tra duecentottantacinque e quattrocento gradi conferisce alle ossa un colore marrone-rossastro. Da quattrocento a novecento gradi il colore è nero. Se supera questa soglia le ossa sono bianche, segno che la calcinazione è completa...

Proprio il Surge 1, che ha ucciso in pochi istanti tutti quelli che si trovavano a Ercolano, una manciata di secondi più tardi miete altre vittime. In effetti questa valanga è scesa dal vulcano "a ventaglio"; la città costiera è stata la prima a esserne investita perché la più vicina, ma ora tocca ad altri centri più a sud, come Oplontis e le *villae rusticae* che si trovano tra il vulcano e Pompei.

La Villa Regina di Boscoreale, a un chilometro dai sobborghi di Pompei, viene investita in pieno dalla valanga ustionante. Il vino sigillato e custodito dentro i grandi *dolia* interrati non viene neanche sfiorato dal flusso: è già sepolto sotto lo spesso strato di pomici caduto da più di dodici ore. E lì rimarrà per secoli: saranno gli archeologi a farne la scoperta. Da questo strato emerge solo la parte superiore della fattoria e gli alberi da frutta delle coltivazioni. Il calore e la pressione di questa corrente piroclastica (e di quelle successive) sono tali che i tronchi vengono piegati per sempre. Oggi tutti i turisti possono vedere il calco di un alberello curvato a "L", muto testimone della violenza di queste valanghe ardenti.

L'unico servo rimasto nella proprietà è stato ucciso dal crollo del soffitto. Era ancora vivo – sembra incredibile – un piccolo maiale, salvo perché si era rifugiato in un altro ambiente. È stato ucciso e "cotto" dal surge. Gli archeologi ne hanno fatto un calco oggi visibile nell'interessantissimo museo che si trova accanto alla villa, dedicato all'agricoltura pompeiana e a tutti i cibi e gli attrezzi riemersi dalle fattorie romane…

Il Surge 1 continua la sua spaventosa corsa nel cuore della notte. La prossima vittima è un'altra *villa rustica*, più grande. È quella della Pisanella, che abbiamo visitato ieri, dove si trova la moglie del banchiere. Amante della natura, ha passato la notte nella villa, ignorando che la sua decisione le sarebbe stata fatale: è la "Natura" ora che sta venendo a prendere la sua vita…

La donna, insieme a tre fidati liberti, ha passato ore di vera e propria angoscia e si è asserragliata nella sala dove si pigia l'uva, il *torcularium*, dove si trova anche un immenso torchio e, ma già lo sappiamo, un ricchissimo tesoro, nascosto in una delle cisterne. Nella stessa sala, a guardia del tesoro, dorme anche un altro liberto, con tanto di letto, tavolino, candelabro e cassapanca per i vestiti.

Chiaramente in queste ore è stata la padrona a usufruire del letto, ma è impossibile dormire. La polvere irrita e brucia la gola. Lo sappiamo perché gli archeologi quando hanno fatto il calco del suo busto hanno scoperto che attorno alla testa e sulla bocca aveva una spessa "sciarpa" e un panno, per respirare meglio.

Possiamo ricostruire gli ultimi istanti di tutte e quattro le vittime con la precisione di un'investigazione poliziesca.

Se a Ercolano il rumore del mare ha impedito di "sentire" la nube ardente, qui in campagna il discorso è diverso. Probabilmente la valanga ha svelato il suo arrivo, quanto meno nell'ultimo tratto, sollevando i miliardi di pomici depositate nelle ultime dodici ore. Forse quello che hanno udito è stato un rumore crescente di ghiaia, diventato in poco tempo il rombo di una cascata.

Pensate ai loro sguardi alla luce delle lucerne e del pulviscolo in sospensione. All'ultimo momento due liberti, Lucio Brittio Eros e Tiberio Claudio Anfio, si sono stretti attorno alla padrona, per proteggerla. O per proteggersi. La morte è stata istantanea. Dalla porta, dalla finestra e forse anche dal tetto è giunto un getto ustionante, che li ha avvolti uccidendoli con un abbraccio di calore immenso...

I loro corpi sono stati trovati dagli archeologi riversi uno sull'altro, completamente sepolti dentro lo strato di cenere depositato dalla colossale valanga ardente. Si è cercato di farne il calco, ma a causa della loro posizione "intrecciata" è stato possibile realizzare solo quello della testa della moglie del banchiere, talmente ben riuscito che è possibile distinguere persino dettagli della spessa trama del tessuto che la donna si è portata davanti alla bocca, o la crocchia che aveva in cima alla testa.

La scoperta dei resti del terzo liberto, Lucio Cecilio Afrodisio, è stata davvero sorprendente: aveva cercato un'impossibile salvezza infilandosi nella cisterna dove c'era il tesoro. È stato ritrovato con il corpo, metà dentro metà fuori, abbracciato ad alcuni pezzi d'argenteria. E questo inizialmente aveva fatto supporre che si trattasse di un ladro morto cercando di prendere il tesoro.

Come era logico pensare, sono stati rinvenuti i resti di cavalli, polli e cani (uno ancora legato). Strano aver ritrovato gli equini, che, come abbiamo detto, hanno contribuito a salvare la vita di molte persone in questi frangenti. Un forte incentivo a "non partire" è costituito però dai centonove pezzi d'argenteria. È per non lasciare incustodito il tesoro che i quattro sono rimasti. E non è da escludere che sia stata proprio la padrona a imporlo.

La nube ardente raggiunge anche Oplontis, dove solo ieri abbiamo seguito un carretto pieno di anfore per la consegna di vino da inviare chissà dove nell'Impero.

Anche in questo caso agli archeologi si è presentata una scena drammatica. Mentre la Villa A, detta anche di Poppea, era stata precipitosamente abbandonata a causa di crolli, la Villa B era invece piena di rifugiati.

Abbiamo già visto come era organizzata l'attività in questa villa. Il destino ha voluto che il suo proprietario, Lucio Crassio Terzo, morisse in questa eruzione, anche lui accanto al suo tesoro...

Scavando nella villa, quando si è giunti in uno dei quattordici magazzini seminterrati che si aprivano sul peristilio, sono riemersi ben cinquantaquattro scheletri! Divisi in due gruppi. Uno, più numeroso, in fondo al magazzino: doveva trattarsi degli schiavi. L'altro, vicino all'entrata rivolta verso il peristilio, era composto dai proprietari e da altri ricchi abitanti della zona; sappiamo questo perché i loro scheletri erano pieni di gioielli e monete. L'esame medico effettuato sui corpi ha rivelato un'alimentazione in generale molto equilibrata in entrambi i casi, che si trattasse di schiavi o di padroni. Colpiscono due bambini gemelli, entrambi afflitti da sifilide congenita, una conferma della presenza di questa malattia in Europa (con una sua forma meno virulenta) prima della scoperta dell'America.

Oltre a orecchini in oro a forma di "spicchio d'aglio" con gemme e pendenti di perla, sono stati portati alla luce bracciali a forma di serpente, collane con smeraldi, e un anello con incisi Venere e un amorino.

Molto interessante è stato il ritrovamento di un beauty case, con unguentari, del fondotinta di biacca mescolata a miele, ombretti, dentifrici, e... l'antenato dei deodoranti per ascelle ottenuto attraverso la lavorazione del fieno cotto.

Un'enorme cassaforte, una delle più belle mai rinvenute in epoca romana, fatta portare qui evidentemente dal proprietario all'inizio dell'eruzione, conteneva centosettanta monete, oltre a unguentari e altri oggetti. Ma il vero tesoro è stato rinvenuto accanto a quello che i ricercatori ritengono sia lo scheletro di Lucio Crassio Terzo: ben 10.952 sesterzi!

Questa ingente somma era divisa in due parti: una prima in una cassettina di legno dove si trovava l'equivalente di 2204 sesterzi, quasi certamente beni di famiglia. Una seconda parte all'interno di una borsa che l'uomo stringeva contro il torace e che ovviamente si è dissolta per il calore dell'eruzione: ottantasei monete d'oro e trentasette d'argento per un totale di 8748 sesterzi.

Ricchezze ormai inutili: il flusso piroclastico non ha fatto distinzione tra ricchi e poveri, li ha sorpresi tutti uccidendoli all'istante.

UNA NOTTE DA INCUBO

Pompei
25 ottobre 79 d.C., ore 1,00-6,00
12-17 ore dopo l'eruzione

HOMNES NEGO DEOS
Nego l'esistenza degli dèi!

La notte prosegue, un vero incubo per tutti. La colonna eruttiva si alza di nuovo, riprende vigore e all'una raggiunge la spaventosa altezza di trentadue chilometri! Praticamente tre volte l'altezza di un aereo di linea che di solito vediamo volare nel cielo... È il momento in cui la sua portata raggiunge il picco massimo (dal cratere fuoriescono duecento milioni di chili di magma al secondo).

Nell'arco di queste ore, l'immensa colonna cede e si riprende più volte, in una serie di "pulsazioni" che ogni volta generano delle colate piroclastiche, i flussi che seppelliranno Ercolano e Oplontis.

L'instabilità della colonna eruttiva, con i suoi continui cedimenti e collassi, è associata a violentissime scosse di terremoto. Sono così possenti che colpiscono tutta l'area vesuviana. Persino Plinio il Giovane, che si trova a una trentina di chilometri dal vulcano, ne è terrorizzato. Le sue parole rievocano con efficacia tutta l'angoscia del momento.

Molti giorni innanzi v'erano state, come preliminari, delle scosse di terremoto, senza però vi si facesse gran caso, perché in Campania frequenti; ma quella notte crebbero talmente, da far sembrare che ogni cosa non dico si muovesse, ma addirittura si rovesciasse.

Intanto, in questa notte d'inferno, una nuova valanga si stacca dal vulcano e investe ancora una volta le "prime vittime" del Vesuvius, ovvero le ville di Terzigno. Questo flusso, battezzato Surge 2 dai vulcanologi, infierisce solo su cadaveri e su case già devastate, ricoprendole di nuovi strati.

Ma torniamo a Pompei: cosa accade nella cittadina romana? Al contrario di Ercolano, Oplontis e Terzigno, come abbiamo visto, non ha subito l'aggressione di flussi piroclastici.

Ma la situazione è peggiorata. La caduta di pomici non è cessata, e il loro livello ha raggiunto quasi due metri e mezzo di altezza, tanto da arrivare al primo piano delle abitazioni: il pianterreno è ormai sepolto per sempre.

Se oggi riuscite a visitare la città è proprio "grazie" all'accumulo di pomici: ciò che è sopravvissuto è essenzialmente quello che è stato sepolto da questa "grandinata", cioè strade, fontane, pianterreni delle abitazioni... difficile trovare tra i resti qualcosa di più alto. Ciò che emergeva dalle pomici è stato successivamente annientato dalle correnti piroclastiche lasciando gran parte delle case solo con il pianterreno.

Immaginate quale atmosfera si respira in una città che sta naufragando sotto tre metri di piccole pietre, che hanno creato uno strato tale che è impossibile aprire le porte delle abitazioni e uscire. Si verrebbe travolti da una frana di pomici. Così i portoni delle *domus* (che si aprono sempre verso l'interno anche per una questione prettamente legale: non si può sfruttare in modo privato un'area pubblica come la strada e i marciapiedi) vengono sprangati, per evitare frane. Ma è inutile, gli immensi strati di pomici penetrano comunque nelle case con volumi immensi: dalle finestre, dalle aperture dei tetti sopra l'*impluvium*, da solai sfondati. Nei giardini e negli atrii si formano giganteschi cumuli piramidali che ai lati si espandono per tutta la casa, entrando nei corridoi e nelle stanze. Ancora oggi si vede bene il livello "diagonale" raggiunto da questi cumuli nelle case lungo le pareti dei corridoi, una linea obliqua molto alta...

Le case sono come velieri che affondano nelle pomici e continuano a "imbarcare acqua". Chi si trova al loro interno, sotto shock, sale ai piani superiori ma, come abbiamo detto, sono sempre di più i tetti che cedono e si sfondano, facendo penetrare altre nuove e letali pomici.

Il dilemma è: cosa si deve fare? Se si esce, si viene investiti da una grandine di pomici e si rischia di essere colpiti e uccisi da rocce che piovono da trentadue chilometri di altezza. È quasi impossibile respirare, e la nebbia impedisce di individuare una qualsiasi direzione di fuga. Non si capisce dove andare in una nebbia con ceneri che si appiccicano sul corpo.

Se si sale ai piani superiori c'è il rischio che il tetto crolli, ma restando a quello inferiore le pomici possono far rimanere bloccati in una stanza e c'è anche qui il rischio di essere schiacciati dal soffitto. A questo bisogna aggiungere l'aria caliginosa che è ovunque e brucia gli occhi e la gola... E i terremoti che scuotono tutta la casa.

Stanotte sembrava dovessero abbattere tutta Pompei terrorizzando la gente per possibili crolli. Che comunque avvengono in certe case, facendo cedere solai e tetti indeboliti dal peso delle pomici... Appare chiaro l'orrore al quale sono sottoposti i pompeiani. Pensateci: voi cosa fareste?

Gli archeologi hanno scoperto le varie soluzioni adottate da chi si trovava al loro interno, ma tutte hanno avuto un esito drammatico: chi è salito ai piani superiori è morto per i crolli, chi è rimasto di sotto è stato travolto anch'esso dai crolli o è rimasto intrappolato, chi è uscito per strada è stato investito da un flusso piroclastico. Già, stanno per arrivare anche quelli...

Ora capite la spaventosa sorte di Pompei, un dramma unico nel suo genere, una sventura che forse nessun'altra città ha vissuto con questa violenza.

È commovente pensare cosa hanno dovuto subire tutti gli abitanti prima di andare comunque incontro a una morte certa. Anche per questo, quando ci si trova davanti a uno dei tanti "corpi" (così vengono definiti dai turisti in modo ingiustamente distaccato), bisognerebbe avere profondo rispetto per tutto quello che hanno sofferto prima di morire.

Dopo ore di inferno, la pioggia di pomici e rocce sembra finalmente diminuire. E questo spinge molti a uscire da quelle case-trappola. Si dirigono a piccoli gruppi (si tratta di solito di nuclei familiari) verso la parte meridionale della città. Cioè il più lontano possibile dal vulcano, verso il mare o in direzione di altri centri abitati. Camminano come automi sugli strati di pomici e cenere, su una distesa informe color grigio chiaro e sotto una cappa scura. Dove sono finiti il sole, l'azzurro del cielo, il verde dei monti, il blu del mare, la serenità palpitante delle giornate che si vivevano a Pompei?

SURGE 3:
LA MORTE LAMBISCE POMPEI

Sobborghi di Pompei
25 ottobre 79 d.C., ore 6,30
17 ore e mezza dopo l'eruzione

VENTUS
Vento…

L'aspetto più terrificante di queste ultime ore sono stati certamente i terremoti. Chissà se lo strato di pomici ha in qualche modo "puntellato" muri e edifici impedendo ulteriori crolli… In ogni caso queste nuove scosse sono davvero fragorose e, come abbiamo visto, sono molti quelli che si precipitano fuori. Anche l'ammiraglio. Sentite dalle parole del nipote cosa è accaduto nella notte a Stabia.

Ma il livello del cortile, attraverso il quale si accedeva a quell'appartamento, s'era già talmente alzato perché ricoperto dalla cenere mista a lapilli che, se egli si fosse più a lungo indugiato nella camera, non avrebbe potuto più uscirne.

Svegliato, ne esce e raggiunge Pomponiano e gli altri che non avevano chiuso occhio. Si consultano fra loro, se debbono rimanere in luogo coperto o uscire all'aperto. Continue e prolungate scosse telluriche scuotevano l'abitazione e quasi l'avessero strappata dalle fondamenta sembrava che ora sbandasse da una parte all'altra, per poi riassestarsi. D'altra parte all'aperto si temeva la pioggia dei lapilli per quanto leggeri e porosi; tuttavia, confrontati i pericoli, egli scelse di uscire all'aperto. Ma se in lui prevalse ragione a ragione, negli altri timore a timore. Messi dei guanciali sulla testa li assicurano con lenzuoli; fu questo il loro riparo contro la pioggia.

Chissà quanti avranno fatto la stessa scelta. Certamente chiunque abbia osservato dalla costa le pendici del Vesuvius avrà potuto rendersi conto con sgomento di quanto la Natura sia stata sconvolta dall'eruzione. A monte di Ercolano non esistono più foreste, solo una distesa lunare grigia, con pochi alberi che si ergono completamente scorticati. Gli altri sono tutti a terra, sdraiati, come se un gigantesco pettine fosse passato sui fianchi del Vesuvius.

Il vulcano si è in parte svuotato, ma continua a eruttare alimentando la colossale colonna, la quale però cede e collassa su se stessa dando origine a un primo micidiale flusso piroclastico in direzione di Pompei, il primo "attacco" diretto alla città.

Questa valanga, battezzata dai vulcanologi Surge 3, avanza verso Pompei nella penombra dell'aurora. Molti sentono il suo arrivo poiché la pomice viene scossa e sollevata. Come uno tsunami, arriva a grande velocità su Pompei e sembra doversi ripetere il triste destino di Ercolano, ma all'ultimo rallenta e si ferma appena fuori dalle sue mura. Non riesce ad andare oltre. Quando si dissolve però lascia dietro di sé un gran numero di corpi inanimati.

Davanti all'albergo di Cossio Libano, verranno ritrovati i corpi di una ricca matrona con tanti gioielli e delle sue tre ancelle.

Appena fuori da Porta Ercolano ha inizio un viale, costeggiato sui due lati da tombe (in epoca romana è vietato seppellire i morti in città). Dentro la nicchia di un monumento funebre un uomo ha cercato, invano, un estremo rifugio. Il ritrovamento del suo scheletro darà il via a una leggenda molto diffusa nell'Ottocento che vede nei resti quelli di un legionario rimasto stoicamente al suo posto durante l'eruzione. Un aneddoto talmente popolare che verrà citato anche da Mark Twain quando in qualità di giornalista visiterà Pompei nel 1867.

Continuiamo il nostro cammino sullo strato di pomici. Davanti alla Villa di Diomede c'è il corpo senza vita di una donna che tiene stretto al proprio petto un neonato, mentre al suo fianco ci sono due bambine. Quasi certamente il gruppo proviene da una delle numerose ville fuori Pompei…

Poco oltre ecco la Villa dei Misteri. Famosissima per i suoi cicli pittorici (vedi *Inserto 2*, pp. 1 e 16), in cui si vede l'iniziazione di una donna ai culti misterici di Dioniso. I cadaveri sono nove, tra cui uno schiavo molto alto e magro, addetto alla custodia dell'ingresso del quartiere padronale. Ha con sé cinque monete di bronzo, che costituiscono il suo misero peculio. C'è anche il corpo di una ragazzina. Ma non ci sono i padroni, appartenenti alla famiglia degli Istacidi. In effetti la villa è in fase di ristrutturazione, forse si sono salvati perché altrove. A morire sono stati gli operai. Nel criptoportico, termine "elegante" per definire un corridoio o comunque un passaggio coperto, sono stati rinvenuti quattro scheletri in corrispondenza di una breccia aperta in una delle piccole arcate. Avevano accanto a sé stoviglie in terracotta con del cibo e recipienti per bevande. Aspettavano il momento giusto per uscire, ma la nube li ha colti di sorpresa.

In un'altra dimora, la Villa di Diomede, sono stati ritrovati nel 1772 venti corpi. Sotto il colonnato del giardino è riemerso lo scheletro del proprietario con milletrecento sesterzi e un anello (che fungeva anche da chiave) in argento. Accanto a lui uno schiavo, mentre in un passaggio coperto, dove si trovavano anche molte anfore di vino appoggiate alla parete, sono riemersi ben diciotto corpi. In base agli oggetti ritrovati gli studiosi hanno ipotizzato che si trattasse di un gruppo di quattordici schiavi che accompagnavano due donne (probabilmente la moglie e la figlia del proprietario della villa) e i loro due bambini. Durante gli scavi sui corpi di questi umili servitori vennero ritrovati ancora brandelli dei vestiti. Una testimonianza dell'epoca racconta che questi indossavano «calze di tela o panno tagliate come lunghi calzoni; e alcuni erano privi di scarpe». Se così fosse, non ci stanchiamo di ripeterlo, si tratterebbe di un'ulteriore prova a favore della tesi autunnale dell'eruzione. Una delle due donne, quella più anziana, indossava una ricca parure (con tanto di collana in oro e smeraldi e due anelli in oro e gemma). Fuggendo dalla villa la donna aveva cercato di prendere più oggetti possibile: al momento della morte portava con sé o indossava anche due armille e una lunga catena d'oro, oltre a svariati anelli.

È a partire da questo ritrovamento che ha preso il via il filone romantico della "città morta" che rivive attraverso la documentazione archeologica. Di particolare suggestione è stata la scoperta dell'impronta lasciata dal corpo dell'altra giovane donna morta nel criptoportico. Gli archeologi, nel tentativo di salvare almeno in parte una così drammatica testimonianza dell'eruzione, riuscirono a tagliare un blocco di cenere che recava il calco del seno e delle braccia della donna e trasferirono il reperto "hard" nel Real Gabinetto di Portici e successivamente nel Museo Archeologico Nazionale di Napoli, che diventò subito meta di curiosi di ogni genere e fonte di ispirazione per poeti e scrittori.

In breve tempo la donna, alla quale fu dato il nome evocativo di Arria Marcella, divenne l'emblema della sensualità pagana...

SURGE 4:
SEPOLTI VIVI DALLA NUBE

Stabia
25 ottobre 79 d.C., ore 7,00
18 ore dopo l'eruzione

OMNIA VOTA VALEATIS
Addio a tutti i miei desideri!

La pioggia ininterrotta di pomici ora è cessata. Quel ticchettio ovattato che ha martoriato per tutta la notte le orecchie dei pompeiani non c'è più. Ci si guarda negli occhi. Qualcuno rimuove una tegola e dà un'occhiata fuori: sì, la via è libera. Forse questo è il momento giusto per scappare.

Da più punti della città emergono forme umane. Si affacciano su un paesaggio lunare: Pompei è semisepolta. C'è quindi un altro mito da sfatare. Tutte le ricostruzioni, i romanzi e i film che vi mostrano i pompeiani travolti e uccisi mentre corrono all'impazzata per le vie della città sono sbagliate. Le "vie" infatti sono scomparse da più di dodici ore sotto una coltre di pomici che ora raggiunge i tre metri d'altezza.

Molti dei pompeiani escono di casa... ma dalle finestre e dai tetti! Altri emergono dagli *impluvia*, scalando la piramide di pomici che ha invaso la casa. Altri si sono rifugiati sotto le tettoie dei porticati che circondano i giardini: anche in quel caso la "piramide" di pomici che si è alzata nel cortile ha invaso la casa ma ha lasciato, grazie alla sua pendenza, uno "spazio vitale" sotto le tettoie dei peristilii.

Anche i tetti sfondati sono una via di fuga. Ma come abbiamo già detto, tanta gente è rimasta prigioniera all'interno delle *domus*. Da quassù non si sentono i colpi sordi per aprirsi un varco nei muri o nei tetti.

Tutti i "riemersi" sono coperti da una cenere chiara e hanno i volti sconvolti. Hanno passato ore da incubo, rinchiusi in ambienti al solo flebile bagliore di lucerne, con un pulviscolo irritante che vagava per l'aria, costretti dai continui crolli a cercare sempre nuovi rifugi. Le fortissime scosse di terremoto hanno devastato l'arredamento, ma soprattutto sfiancato le persone intrappolate nelle *domus*, convinte che ogni scossa avrebbe potuto ucciderle... Per molti è stato così: hanno visto un parente o un amico sparire in una nuvola di polvere per il crollo di un solaio o di un tetto. Per non parlare degli anziani: tanti nonni e nonne sono morti per le crescenti difficoltà respiratorie o per improvvisi infarti...

I superstiti vagano inebetiti, il paesaggio è irriconoscibile, è come se Pompei fosse sprofondata in un deserto. Dalle dune emergono tetti, colonnati, statue...

Ad aumentare questa visione apocalittica c'è il sole che albeggia: un disco sospeso a mezz'aria, di un pallido colore arancione, come in un freddo tramonto. La visibilità è ancora ridotta e questa nebbia sospesa trasforma le figure delle persone in fantasmi indistinti.

La fine della pioggia di pomici e ceneri è stato un segnale per tutti: è il momento di organizzarsi, di lasciare Pompei, hanno pensato molti. Ma tanti altri hanno invece continuato a rimanere asserragliati in casa.

A piccoli gruppi cominciano a muoversi in questo paesaggio lunare. Per andare dove? Ovunque, purché lontano dal Vesuvius.

Chi si trova sul lato occidentale della città si dirige verso la costa e il porto, chi abita nei quartieri rivolti verso la piana del Sarno ha come obiettivo Nocera e i grandi assi viari paralleli ai contrafforti appenninici.

Come naufraghi questi gruppetti s'incolonnano silenziosi, pochi lumi dondolano nel buio. L'aria è ovattata, la polvere entra negli occhi, ci si parla solo per esortare gli altri a fare in fretta.

Proviamo per un attimo a immergerci in prima persona in queste strade. La morte è imminente e ciò aumenta la tua disperazione.

Vaghi in un inferno, ti sembra di essere su un altro pianeta. Ma non è facile, tossisci, i tuoi figli cadono e piangono. Cammini su un tappeto di ceneri finissime che ha ricoperto l'immensa distesa informe di pomici che non è per niente compatta, tanto che in molti punti affondi fino al ginocchio.

Ricordo di aver marciato per alcune ore su una distesa di frammenti vulcanici eruttati da poco sulle pendici dell'Etna mentre stavo effettuando delle riprese. Lungo i pendii ogni passo ti riportava a dove eri partito. A volte ti chiedevi se ne saresti mai uscito. Ora immaginate dei bambini, degli anziani, o semplicemente delle persone sotto shock…

La direzione da prendere, poi, non è affatto chiara. In condizioni normali molti di loro avrebbero potuto muoversi nei vicoli quasi a occhi chiusi. Ma ora camminano su un piano decisamente rialzato: tutti i punti di riferimento (fontane, incroci, negozi, ecc.) si trovano tre metri sotto di loro. Quello che hanno attorno e che emerge (ma sarebbe meglio dire "ciò che è sopravvissuto ai crolli") sono pareti, finestre, tetti. Provate anche voi a immaginare di dovervi spostare nel vostro quartiere per una commissione camminando all'altezza del primo piano… Mancano tutti quegli elementi di riferimento abituale nel cammino che si seguono come i sassolini di Pollicino e i primi piani sono davvero irriconoscibili. Riuscireste a muovervi agevolmente e soprattutto con rapidità? No: questo è tra l'altro uno degli shock più comuni subiti dalle persone anziane quando dopo un terremoto si devono di nuovo muovere per le vie della loro città. Senza le edicole, con le panchine e le fontane coperte dalle macerie, non riconoscono più nulla.

La marcia prosegue tra grandi difficoltà. Tutti si coprono il volto con un panno, c'è chi ha una lucerna in mano. In effetti, c'è ancora poca luce e la cenere sospesa nell'aria riduce di molto la visibilità. Ma va bene anche così: a spingerli è la speranza di sopravvivere ai crolli in casa e ai terremoti fuggendo; una speranza purtroppo vana.

In effetti questa "pausa" corrisponde a un devastante cambiamento nelle modalità dell'eruzione. Le pomici non cadono più perché la colonna sta collassando. Ma questo significa, come abbiamo visto, che di lì a poco un altro flusso piroclastico scorrerà lungo i fianchi della montagna. Nuove valanghe vulcaniche, questa volta in direzione di Pompei!

Se ne creeranno tre, micidiali, a mezz'ora l'una dall'altra, chiamate dai vulcanologi Surge 4, Surge 5 e Surge 6.

La prima ucciderà chiunque incontrerà lungo il proprio cammino. La seconda devasterà tutto, scoperchiando case, abbattendo muri e trascinando i cadaveri per le vie. La terza sarà caratterizzata da entrambi gli aspetti, ma soprattutto si spingerà molto più lontano rispetto alle precedenti, fino a Miseno e Capri. La loro nascita viene urlata dal vulcano con impressionanti boati.

E per un perfido meccanismo, ogni valanga spiana la strada alla seguente, consentendole di arrivare più lontano…

Il Surge 4: morte silenziosa per tutti

L'arrivo di questa valanga, intorno alle sette, sarà fatale per Pompei e per i suoi abitanti. Ha l'aspetto e la consistenza di un fronte nuvoloso che scivola sul terreno: i tetti delle case, le colonne, le statue, spariscono uno dopo l'altro. Non fa rumore, è un killer micidiale.

Dovete pensare alla nube prodotta dal crollo delle Torri Gemelle, che avanza silenziosa e altissima. L'impatto di Surge 4 è simile, ma la valanga viaggia molto più veloce ed è più densa. È una nube calda (non rovente come a Ercolano, forse intorno ai duecento gradi) di cenere e gas. Possiamo paragonarla a un vento intenso, non ha la forza di abbattere pareti o trascinare via i corpi delle persone. Ma ha un'altra capacità: quella di uccidere, in modo terribile. Uno a uno i gruppetti vengono raggiunti e fagocitati dalla nube. Quando si dirada non si vede più nessuno, come se se li fosse divorati…

In realtà, i corpi ci sono, ma sepolti sotto lo strato di cinquanta-sessanta centimetri depositato da questa valanga vulcanica. Ogni pompeiano catturato da questo surge è morto perché avvolto all'improvviso da una cenere finissima come il talco, che ha occluso le vie respiratorie. Inoltre nella nube ci sono dei gas, come l'anidride solforosa, che a contatto con l'acqua presente nelle mucose, per esempio delle lacrime o anche solo della saliva, si trasformano in acido solforico.

Questa nube si è abbattuta come una caligine densissima sui pompeiani in fuga. Sono caduti cercando di coprirsi occhi e volto ma soprattutto il naso e la bocca con un panno. Evidentemente mancava ossigeno e i gas contenuti nella nube erano estremamente aggressivi. Mentre gli occhi si possono chiudere e anche la bocca, le narici rimangono esposte e sono molto sensibili: ecco perché si cercava di proteggerle. Un fatto agghiacciante è che la maggior parte di queste vittime ha i denti serrati, indicando la scelta volontaria di non spalancare la bocca per respirare.

Mentre provavano a opporre quest'ultima disperata difesa, l'immensa coltre di cenere finissima li ha sepolti vivi (o, meglio, agonizzanti). È stata una morte atroce.

Il Surge 4 ha superato i confini di Pompei giungendo fino al porto, uccidendo chi era in attesa di un imbarco (il mare era ancora agitato). Nei minuti seguenti le voci si spengono e rimane solo un silenzio tombale che avvolge Pompei. Solo poche cellule in quei corpi sono ancora vive, ma si spengono una a una.

Passeranno diciotto secoli prima che gli archeologi intuiscano il modo di far riprendere forma a quegli scheletri che di tanto in tanto emergono nello strato di cenere.

A Pompei esistono due tipi di vittime: chi è morto per i crolli dovuti al peso della "grandine vulcanica" o dei terremoti e chi è stato ucciso proprio adesso dal terribile Surge 4. Nello strato di pomici è possibile ritrovare solo scheletri; nel secondo caso, oltre alle ossa, c'è anche l'impronta lasciata dal corpo nella cenere compatta, condizione che rende possibile effettuare dei calchi.

La vittima è stata avvolta dalla cenere finissima, diventata in seguito dura e compatta. Con il tempo i tessuti molli e gli organi si sono dissolti, lasciando solo lo scheletro. Ma la cenere indurita attorno al corpo ha mantenuto perfettamente la forma: quello che rimane è una "bottiglia vuota", che si può "riempire" con gesso per recuperare le esatte fattezze della persona sepolta.

Il professor Antonio De Simone, che ha realizzato alcuni importanti calchi, mi ha spiegato nel dettaglio i procedimenti necessari per realizzarne uno. Quando gli archeologi scavano nello strato di cenere (cinerite) sanno che possono imbattersi nei resti di vittime e procedono quindi con estrema cautela. Grattando con strumenti molto delicati, non appena appare un piccolo buco, bisogna subito "riempire": in passato si versava del gesso liquido (una tecnica geniale inventata da Giuseppe Fiorelli, direttore del museo di Napoli e degli scavi di Pompei). Tuttavia il gesso agisce grazie alla gravità e quindi non può riempire aree del corpo che si trovano più in alto: è perciò necessario utilizzare una pompa per immettere del cemento liquido a pressione (due atmosfere). Dopo aver lasciato seccare per due giorni è infine possibile rimuovere la cenere compatta tutt'attorno al corpo.

È un'emozione indescrivibile rivedere il volto di un pompeiano ritornare alla luce dopo quasi duemila anni.

Alcuni di questi calchi, effettuati in tempi e luoghi diversi, sono davvero impressionanti. In un gruppo di sei persone sorprese dalla nube appena fuori Porta di Nola c'è una donna dalle forme sensuali il cui calco ha rivelato un volto incredibilmente dettagliato. Lo stesso si può dire di tre individui (un uomo, una donna e un ragazzo, forse una famiglia) "scoperti" poco fuori Porta Nocera (vedi *Inserto 2*, p. 15). Il calco ottenuto mostra un naso, delle labbra e degli occhi che sembrano appartenere a un individuo in carne e ossa. Ma forse l'esempio più incredibile è un bambino rinvenuto in un corridoio della Casa del Bracciale d'Oro (vedi *Inserto 2*, p. 11). Morto insieme ai genitori e a un fratellino, sembra addormentato. Si stenta a credere che il suo volto sia "artificiale", i suoi tratti sono perfetti. Lo sono le mani, e lo è soprattutto la tunica che presenta tante leggerissime pieghe.

Il gruppo che personalmente ritengo più stupefacente è quello della Casa di Stabiano (Regio I, *insula* 22). Si tratta di sette persone, tra cui due bambini, uccisi dal surge mentre correvano sullo strato di pomici. I calchi operati dal professor De Simone rivelano vesti, sandali ma soprattutto i loro ultimi istanti di vita. Quando sono stati travolti e sepolti dalla nube gli adulti hanno lasciato la mano dei piccoli (sono stati ritrovati infatti a una certa distanza) e sono caduti a terra. C'è chi si è irrigidito e ha portato i pugni chiusi al mento o al volto, come un pugile che vuole parare dei colpi, chi si è rannicchiato. La scena più commovente è quella di una donna incinta, caduta supina con il suo uomo, sdraiato su un fianco, accanto alla sua testa, che cerca di coprirle il volto con un lembo della propria veste (vedi *Inserto 2*, p. 12). Se n'è andato così, in un estremo tentativo di salvare la donna che amava...

Come è possibile che queste persone siano morte in questa posizione? Una volta persi i sensi per l'asfissia, si dovrebbe cadere esanimi e assumere la tipica postura di chi è svenuto. A ben vedere queste posizioni "di difesa" con busti, gambe e braccia contratti (come se il muscolo fosse ancora in tensione) possono spiegarsi in un solo modo: queste persone sono state sepolte dalla corrente quando erano ancora in vita, quando disperatamente cercavano di proteggersi. Una volta che la cenere finissima li ha inglobati, li ha come sigillati: difficile muovere persino un braccio. Chi ha avuto la singolare esperienza di rimanere intrappolato nel fango o nelle sabbie mobili vi racconterà della fortissima presa e pressione effettuata dai sedimenti. Se poi è l'intero corpo a essere sepolto, allora divincolarsi è davvero un'impresa.

Tra le vittime che i turisti possono vedere esposte a Pompei, ce n'è sicuramente una che colpisce tutti. È un uomo che ha cercato di rialzarsi facendo leva su un gomito, un'ultima disperata reazione all'immensa quantità di cenere finissima che gli è calata addosso. Non ce l'ha fatta, e ha perso la vita in una posizione "impossibile" per un morto.

Per queste posture anomale, per esempio con le braccia ripiegate, sono state date anche altre spiegazioni, come l'intenso calore. Ma tali ipotesi non risultano così convincenti, soprattutto quando ci si trova di fronte a persone con arti ripiegati a stretto contatto con altre che hanno invece le braccia distese.

Queste persone "ricostruite" con il calco raccontano alcuni preziosi dettagli della nube che le ha uccise, come per esempio la velocità e la violenza che hanno caratterizzato il Surge 4. Le vittime hanno sempre le vesti in ordine, al massimo un po' sollevate. Inoltre, accanto, a volte sono stati rinvenuti dei mantelli lasciati cadere per terra all'ultimo istante. Questo suggerisce che il vento che spirava nel Surge 4 non fosse fortissimo, ma costituito fondamentalmente da un'immensa caligine che avanzava. L'idea è insomma che le persone in fuga si siano buttate a terra e siano state subito ricoperte da ceneri finissime calate all'improvviso che le hanno soffocate e seppellite in alcune decine di secondi, formando uno spesso strato. Ecco perché rimangono fissate in una posizione di difesa.

Dopo aver capito cosa è successo a queste persone è necessario fare una considerazione. Fa male vedere tanti turisti accalcarsi attorno alle bacheche che contengono queste vittime fare commenti, battute, ridere, fotografare con morbosità e chiamarli in modo dispregiativo "mummie"... bisogna sempre ricordare che quelle che si trovano nelle bacheche non sono delle statue, sono state delle "persone", che ancora oggi richiedono rispetto e dignità. Immaginate se lo stesso trattamento fosse riservato a delle vittime stradali o per esempio ai caduti dell'11 settembre... Le vittime di Pompei sono forse diverse?

Ma continuiamo il nostro viaggio in questa terribile mattina. Il Surge 4 è passato, viaggiava forse a ottanta chilometri orari: nessuno poteva essergli più veloce, tanto meno su questo spesso strato di pomici... Pompei ora è una distesa chiara di ceneri su cui i venti creano piccoli mulinelli. Le rovine che fuoriescono sono ancora integre, ma spettrali.

Al momento del passaggio della nube alcune tegole, ma anche intere travi, sono cadute sui corpi in agonia delle vittime, e lì le ritroveranno gli archeologi.

La nube ha ucciso anche chi si trovava ancora in casa, penetrando dalle aperture del tetto nei corridoi e nelle sale. La cenere abrasiva e i gas si sono infilati ovunque. E sono tanti a essere morti in casa propria, mentre si aspettava che tutto finisse.

Tra questi c'è qualcuno che conosciamo bene, Gaio Giulio Polibio, l'imprenditore senza scrupoli. Fino a pochi minuti fa era ancora vivo, ma ora giace sdraiato su un letto tricliniare. Così come la moglie e la figlia (vedi *Inserto 2*, p. 14).

Intrappolati nella loro splendida casa in via dell'Abbondanza, erano riusciti per ore a sopravvivere alla pioggia di pomici. Si erano asserragliati nel *triclinium*, chiudendo ogni porta. Non erano soli: in tutto nella *domus* erano in tredici, e in questa sala addirittura in dieci. C'erano degli schiavi, ma anche la figlia incinta (su un altro letto tricliniare), che è morta tenendo per mano un ragazzo, verosimilmente il marito.

È stata forse la gravidanza della figlia a far ritenere impossibile ogni spostamento e a far prendere la decisione di rimanere asserragliati in casa.

Altri due figli piccoli, un maschio e una femmina, sono stati ritrovati accanto alla balia.

Giulio Polibio è morto con il braccio destro disteso sul torace e nella mano sinistra teneva un'ampolla di vetro contenente delle sostanze analettiche, usate probabilmente per cercare di superare le crisi respiratorie causate dai fumi e dalle ceneri provocate dall'eruzione.

È significativo notare che non hanno una posizione "di difesa" come tutte le altre vittime. Sembrano essersi semplicemente addormentati sui loro triclini. Questo suggerirebbe che non siano morti "in sofferenza", avvolti da gas irritanti o per crolli o altro, ma che abbiano perso i sensi, probabilmente per una graduale o rapida mancanza di ossigeno, provocata dal Surge 4 oppure in seguito, come sembrerebbero suggerire anche le ampolle di vetro.

Giulio Polibio è stato ucciso assieme a tutta la sua famiglia. Ma non è il solo tra quelli che abbiamo conosciuto ieri a Pompei.

La donna che dipingeva è un altro esempio. Pochi minuti fa ha cercato di fuggire assieme al marito e ai due figli attraverso un passaggio sotterraneo che collega la villa al molo personale di questa potente famiglia. Forse hanno visto arrivare la nube, forse l'insperata "pausa" concessa dalla pioggia di pomici li aveva illusi che fosse possibile tentare la sorte in mare…

Verranno uccisi in una piccola rientranza del corridoio. Il figlio che la donna aveva in braccio ha tentato con un ultimo disperato movimento di staccarsi dalla madre, ma è morto "congelato" in questa strana posizione. La donna, di cui ignoriamo il nome, indossa il suo bracciale d'oro che dà il nome alla villa e tiene tra le mani un gruzzolo di monete tra le quali, come vedremo, quella che potrebbe rappresentare la prova definitiva che l'eruzione è avvenuta in autunno. Chissà se in queste ore avrà pensato a Cesio Basso, il poeta con cui aveva castamente "flirtato" solo ieri. Il destino ha deciso altrimenti, entrambi ora giacciono privi di vita…

Anche nella casa vicina ci sono delle vittime. In questa grande dimora, una delle più lussuose di Pompei, sono stati trovati i corpi di quattro persone che stavano fuggendo lungo le scale. Tutti sono stati travolti dal surge mentre cercavano disperatamente una via di fuga, forse tentavano di risalire dopo essersi resi conto che le porte, in basso, erano bloccate dalle pomici.

Uno di loro si trova ancora su quelle scale…

È proprio in questi tragici minuti che prende forma un mito duro a morire: quello della nobile matrona romana uccisa insieme a un gladiatore dopo una sfrenata notte di sesso…

Tutto ciò sarebbe avvenuto nel cosiddetto Quadriportico dei Teatri, usato come *ludus gladiatorum*, un ambiente dove avvenivano i celebri combattimenti dei gladiatori.

In dieci delle stanze che si aprivano sul cortile del quadriportico sono stati ritrovati dagli archeologi quindici elmi e quattordici schinieri (decorati), sei spallacci, almeno tre cinturoni, una punta di lancia, una spada, due pugnali, scudi, numerose scaglie d'osso appartenenti a cotte di maglia, e infine un ceppo in ferro, usato per imprigionare gli schiavi, ma utilizzato anche dai gladiatori.

Il Quadriportico dei Teatri è uno dei luoghi, insieme alla Grande Palestra, nel quale sono stati rinvenuti più corpi: un totale di sessantacinque scheletri portati alla luce durante gli scavi effettuati tra il 1764 e il 1793. Questo edificio era dunque uno dei luoghi più "battuti" dai pompeiani in fuga, e una plausibile spiegazione è la vicinanza alla Porta Stabiana.

Diciotto corpi vennero ritrovati in una delle celle meridionali. Tra questi furono portati alla luce i resti di una ricca matrona, come testimonia il gran numero di gioielli ritrovati accanto a lei. E ciò fu sufficiente a scatenare nell'Ottocento la fantasia di scrittori e giornalisti, che ipotizzarono una storia d'amore tra lei e un gladiatore. In realtà, come detto, erano in diciotto in quella piccola stanza (decisamente poca la privacy per un incontro amoroso), inoltre i resti della donna vennero rinvenuti all'ingresso del locale, non al suo interno. Ciò fa pensare che la matrona abbia cercato un riparo momentaneo alla pioggia di ceneri e lapilli e che per fuggire dalla città si sia aggregata a uno dei molti gruppi che vagavano per Pompei in quelle ore frenetiche. Il suo volto lo conosciamo bene... È la donna che abbiamo visto entrare, con passo sensuale, nello studio del banchiere Lucio Cecilio Giocondo...

Sono tante le vittime che in questo momento giacciono in vari punti di Pompei, impossibile elencarle tutte. La Grande Palestra ne conta ben settantacinque, sessantotto delle quali sicuramente uccise da questa nube ardente. Sono passati alla storia anche i tredici individui scoperti nel cosiddetto Orto dei Fuggiaschi: furono colti dal surge mentre stavano tentando di abbandonare la città passando per Porta Nocera o cercando in quel punto un passaggio che conducesse fuori da Pompei (probabilmente la porta era diventata ormai impraticabile a causa degli accumuli di pomici e lapilli).

Un'altra ecatombe ha caratterizzato la zona del porto, dove ben ottantuno scheletri sono stati rinvenuti nei porticati delle *tabernae* che sorgevano in quest'area, tra questi uno scheletro che in passato era stato erroneamente ritenuto essere quello di Plinio il Vecchio. L'interpretazione si basava sul ritrovamento di una bellissima spada con incastonata una conchiglia marina, un'arma prestigiosa, certamente da parata, di una lunghissima catena d'oro avvolta attorno al collo (un po' come i rappers di oggi) e due armille, cioè due serpenti dorati, alle braccia. Che tutto questo appartenesse a un ammiraglio appare molto difficile: la catena e i bracciali sono oggetti tipicamente femminili... È assai più probabile che in realtà questo individuo fosse un ladro.

Uno sciacallo entrato in una villa abbandonata, un ladro senza scrupoli che ha sfilato questi gioielli ai legittimi proprietari morti in seguito a un crollo, o, ancora peggio, un assassino che si è impadronito con la forza di questi preziosi monili.

Poco distante, nel "motel" fluviale di Murecine, il Surge 4 ha ucciso i proprietari, lasciando agli archeologi una bella cesta con 300 tavolette cerate, che costituiscono uno dei più grandi "patrimoni" di tavolette di tutto l'Impero.

Ma torniamo a questo panorama di morte, su cui sta per abbattersi una nuova forza devastatrice...

SURGE 5:
UN PUGNO CONTRO POMPEI

Pompei
25 ottobre 79 d.C., ore 7,30
18 ore e mezza dopo l'eruzione

ADMIROR TE PARIES NON CECIDISSE (...)
Mi meraviglio di te, parete, che non sei ancora crollata...

La colonna eruttiva del vulcano cede nuovamente, e questa volta dà origine a un flusso assai più denso e distruttivo, che inoltre si trova la strada spianata da quello precedente. È una valanga che comprende pomici, frammenti di rocce di vario tipo, ma anche tronchi, travi, tegole, macerie, massi e alberi strappati. Un pugno devastante pronto a colpire Pompei...

Il risultato è che se la corrente piroclastica precedente era sì mortale ma non particolarmente violenta, il Surge 5 abbatte muri e scoperchia le case. Se qualche pompeiano, per miracolo, era ancora vivo, questa corrente lo viene a prendere e lo uccide.

Un esempio della sua forza si trova nei pressi della Casa dei Casti Amanti. In un vicolo attiguo due uomini sono stati uccisi e sepolti dal Surge 4: il primo è stato completamente seppellito dalla valanga, il secondo, disteso su di un fianco, emerge per metà dalla cenere. Il Surge 5, come una lama affilatissima, "trancia" il suo cadavere senza pietà. A pochi metri, un muro che spuntava dai lapilli viene abbattuto in quattro decimi di secondo. Penetrando attraverso finestre o corridoi riesce a far "esplodere" interi ambienti...

Tanto è stato silenzioso il Surge 4, quanto il Surge 5 è fragoroso. Ma nessuno l'ascolta... Una volta che è passato su Pompei, c'è solo distruzione. Raccoglie cadaveri e li maciulla e strappa loro ogni vestito, molti primi piani vengono disintegrati. Si vedono grovigli di alberi senza corteccia. E corpi nudi e orrendamente mutilati.

437

SURGE 6:
IL KILLER DELL'AMMIRAGLIO

Miseno
25 ottobre 79 d.C., ore 8,00
19 ore dopo l'eruzione

MARE NEQUAM
Mare crudele!

Se finora i guai e le terribili distruzioni sono giunti dalla terraferma a stravolgere il paesaggio, ora è la volta del mare.

Sono le parole di Plinio il Giovane a descriverci un fenomeno inquietante.

Era già la prima ora del giorno, eppure la luce era ancora incerta e quasi languida. Gli edifici attorno erano squassati e benché fossimo in luogo aperto, angusto però, il timore di un crollo era grande e imminente. Solo allora ci decidemmo a uscire dall'abitato; ci segue una folla sbigottita e, ciò che nello spavento appare come prudenza, preferisce alla propria la risoluzione altrui e in gran massa ci incalza e preme alla nostra partenza.

Usciti dall'abitato ci fermiamo. Assistiamo quivi a molti fenomeni, strani e paurosi. Giacché i veicoli, che avevano fatti predisporre, benché il terreno fosse piano, rinculavano e neppure con il sostegno di pietre rimanevano al loro posto.

Pareva inoltre che il mare si ripiegasse su se stesso, quasi respinto dal tremar della terra. Certamente la spiaggia s'era allargata e molti animali marini giacevano sulle sabbie rimaste in secco.

Il mare si ritira: in realtà si tratta del risultato indiretto dello svuotamento della camera magmatica che provoca un rigonfiamento del suolo e fa emergere i fondali dai flutti. Ma il Vesuvius ha in serbo qualcos'altro.

439

Nella camera magmatica i gas premono con minore forza contro la parete. E anche la quantità di magma è inferiore rispetto all'inizio dell'eruzione, così che le pareti cominciano a cedere e all'improvviso collassa l'intera camera magmatica. Tutto il sistema di acque geotermali attorno alla camera penetra dentro creando i forti boati e tremori avvertiti da Plinio il Giovane. Ed è allora che un'immensa serie di correnti piroclastiche, poco dense ma dotate di grande energia, scende dai pendii del Vesuvius, allargandosi questa volta in maniera uniforme e radiale per quindici chilometri: è il micidiale Surge 6, uno "tsunami" di gas e ceneri vulcaniche che trova la via spianata dalle precedenti due correnti piroclastiche.

Una nube enorme che abbatte tutte le mura più alte di Pompei, certamente il surge più devastante. Lascia un deposito di quasi un metro e mezzo, quasi triplo rispetto agli altri due surge.

Questo flusso nero e immenso si estende anche in mare. Scivola sulle onde, arriva a Capri e giunge fino a Miseno, cioè a trenta chilometri di distanza. Ecco le parole di Plinio il Giovane.

Una nube nera e terribile, squarciata da guizzi serpeggianti di fuoco, si apriva in vasti bagliori di incendio: erano essi simili a folgori, ma ancor più estesi.

Allora quello stesso amico venuto dalla Spagna con più forza e insistenza esclamò: «Se tuo fratello, tuo zio vive, egli vuole che voi siate messi in salvo; se è perito vuole che voi gli sopravviviate. Perché dunque indugiate a fuggire?».

Rispondemmo che non ce la sentivamo, nell'incertezza della morte di lui, di pensare alla nostra. Non attese altro, subito ci lasciò e di gran carriera si sottrasse al pericolo.

Dopo non molto quella nube si abbassò verso terra e coprì il mare: avvolse e nascose Capri, tolse di vista il promontorio di Miseno. Allora mia madre si mise a pregarmi, a scongiurarmi, a ordinarmi che in qualsiasi modo cercassi scampo: io lo potevo perché giovane, non essa per gli anni e la pesantezza del corpo, ma era ben contenta di morire pur di non essere cagione di mia morte.

Mi opposi: non mi sarei mai salvato senza di lei; poi prendendola per mano la costrinsi ad accelerare il passo. Essa vi riesce a stento e si lagna perché mi ritarda.

Cadeva già della cenere, ma ancora non fitta. Mi volgo: una densa caligine ci sovrastava alle spalle e simile a un torrente che si rovesciasse sul terreno ci incalzava. «Tiriamoci da banda» dissi «finché ci si vede, perché se cadessimo per via, non finiamo schiacciati al buio dalla folla che ci segue.»

Ci eravamo appena seduti, che scese la notte, non come quando non v'è luna o il cielo è nuvoloso, ma come quando ci si trova in un locale chiuso a lumi spenti. Udivi i gemiti delle donne, i gridi dei fanciulli, il clamore degli uomini: gli uni cercavano a gran voce i genitori, altri i figli, altri i consorti, li riconoscevan dalle voci; chi commiserava la propria sorte, chi quella dei propri cari; ve n'erano che per timore della morte invocavano la morte; molti alzavano le braccia agli dèi, altri più numerosi dichiaravano che non v'erano più dèi e che quella era l'ultima notte del mondo. Né mancavano coloro che accrescevano i pericoli veri con immaginari e menzogneri terrori. Chi annunciava falsamente, ma era creduto, che una casa a Miseno era crollata, che un'altra era in fiamme.

Riapparve un debole chiarore, che non ci sembrava il giorno, ma l'inizio dell'approssimarsi del fuoco. Ma questo si fermò a distanza e di nuovo furon le tenebre, di nuovo cenere in gran copia e spessa. Noi ci alzavamo a tratti per scrollarla di dosso, altrimenti ne saremmo stati ricoperti e anche oppressi sotto il suo peso. Potrei vantarmi di non aver lasciato sfuggire in così pericolosi frangenti né un lamento né una espressione men che virile, se non avessi trovato un disperato eppur gran conforto alla morte nel pensiero che io perivo insieme a tutti e con me il mondo.

Alfine quella caligine si attenuò e svanì in una specie di fumo o di nebbia: quindi fece proprio giorno, anche il sole apparve, ma livido, come quando è in eclisse. Agli sguardi ancor trepidanti il passaggio appariva mutato e ricoperto da una spessa coltre di cenere, come fosse nevicato. Rientrati a Miseno e ristorate alla meglio le forze, trascorremmo una notte affannosa e incerta fra la speranza e il timore. Prevaleva il timore; giacché le scosse di terremoto continuavano e molti fuor di senno con delle previsioni terrificanti crescevan quasi a gioco i propri e gli altrui malanni. Noi però, benché scampati ai pericoli e in attesa di nuovi, neppure allora pensavamo a partire finché non ci giungesse notizia dello zio.

In effetti l'ammiraglio si trova nel posto peggiore del pianeta in questo momento. Con le prime luci dell'alba, Plinio il Vecchio è sulla spiaggia per cercare evidentemente di avere un contatto con le sue navi. Ma il mare, come racconta il nipote, è ancora in burrasca.

Già faceva giorno ovunque, ma colà regnava una notte più scura e fonda di ogni altra, ancor che mitigata da molti fuochi e varie luci. Egli volle uscire sulla spiaggia e veder da vicino se fosse possibile mettersi in mare; ma questo era ancora agitato e impraticabile. Quivi, riposando sopra un lenzuolo disteso, chiese e richiese dell'acqua fresca e la bevve avidamente. Ma poi le fiamme e il puzzo di zolfo che le annunciava mettono in fuga taluni e riscuotono lo zio. Sostenuto da due schiavi si alzò in piedi, ma subito ricadde, perché, io suppongo, l'aria ispessita dalla cenere aveva ostruita la respirazione e bloccata la trachea che egli aveva per natura delicata e stretta e frequentemente infiammata.

Quando ritornò il giorno (il terzo dopo quello che aveva visto per ultimo) il suo corpo fu trovato intatto e illeso, coperto dei panni che aveva indosso: l'aspetto più simile a un uomo che dorme, che a un morto.

Così muore, stando alle parole di un sopravvissuto, il grande ammiraglio. Sappiamo che il nipote ha scritto questa lettera per "riabilitare" la figura di Plinio il Vecchio, che alcuni avevano criticato per la sua gestione fallimentare della missione di soccorso. Tuttavia un fatto sembra interessante: ci vollero tre giorni per ritrovarlo.

Plinio il Giovane ci sta dicendo, quantomeno in maniera indiretta, che ci vollero tre giorni perché le condizioni si stabilizzassero, consentendo di nuovo di addentrarsi nella zona per iniziare le ricerche del cadavere, eccellente, di Plinio il Vecchio.

A un certo punto è sembrato che l'eruzione avesse esaurito il suo compito di killer. Almeno per il momento…

L'AMMIRAGLIO TORNA A CASA

Miseno
28 ottobre 79 d.C.
cinque giorni dopo l'eruzione

ARMA VIRUMQUE
[Canto] le armi e l'uomo…

Le quadriremi attraccano dolcemente. Gli occhi dipinti sulla prua hanno uno sguardo vitreo, quasi non si capacitassero di ciò che hanno visto. Lungo la banchina c'è un gran viavai: militari, schiavi e personale di ogni tipo, affluiti in tempi brevissimi, si stanno preparando ad accogliere i passeggeri. Con rapidi movimenti un marinaio lancia una cima che viene rapidamente legata a una bitta, contemporaneamente viene calata una passerella dalla nave. Il primo a scendere è un uomo anziano, con i capelli bianchi scompigliati dal vento. Avanza a piccoli passi, deve essere aiutato: si tratta di un ricco proprietario di una delle ville lungo la costa. Poi, uno dopo l'altro, scendono i pochi sopravvissuti, recuperati soprattutto nelle aree marginali investite dalla catastrofe. È una folla di persone sotto shock, con lo sguardo perso, le tuniche sporche e la cenere ancora nei capelli. Alcuni hanno terribili ustioni sulle braccia e la schiena, altri ferite fasciate in qualche modo, altri ancora vogliono solo farla finita: che senso ha vivere dopo aver visto morire i propri figli o altri congiunti?

Queste quadriremi fanno parte del primo gruppo di soccorsi che è riuscito ad approdare e a esplorare i luoghi della tragedia, iniziando dalle zone periferiche, come per esempio Stabia, dove è stato possibile stabilire una testa di ponte.

Una donna scende sorretta da un soldato, respira con enorme

difficoltà, il calore le ha "bruciato" i polmoni. Una ragazza invece urla ogni volta che le sfiorano la pelle completamente ustionata.

Sono i casi più gravi, portati qui alla base, nell'unico luogo lungo la costa dove si sono radunati parecchi medici ed è stato allestito un ospedale militare. Lo stato di emergenza è massimo, e lo sarebbe anche ai nostri giorni, con migliaia di persone travolte nel giro di poche ore da una delle catastrofi più grandi della storia. Alcuni marinai scendono tenendo tra le braccia bambini gravemente ustionati: sono sfiniti e i loro grandi occhi neri cercano disperatamente qualcuno di familiare da abbracciare. Non hanno più lacrime per piangere.

Sul molo sono molte le persone che sperano di veder scendere dalle navi un parente o un amico. Quando succede, sono abbracci e pianti in un'atmosfera pervasa di tristezza.

Dopo che tutti i vivi sono sbarcati, è la volta dei morti.

Sono avvolti in sudari e durante la traversata hanno occupato un intero settore di una quadrireme. La maggior parte delle vittime, immaginiamo, è stata cremata sul luogo (usando probabilmente anche travi di case e mobilio che emergeva dalle macerie). Ma questi morti sono "diversi": tra loro ci sono anche i corpi dei marinai della torre di segnalazione situata nella villa di Rectina. Fino all'ultimo hanno mandato segnali luminosi… Prima di essere bruciati vivi. Ora ritornano a casa, dai loro commilitoni, e i sudari nascondevano il loro aspetto raccapricciante.

Gli occhi di Rectina sono velati di lacrime. Li conosceva uno per uno. Anche lei fa parte dei sopravvissuti. Tito Suedio Clemente è riuscito a portarla in salvo. Li avevamo lasciati mentre si allontanavano da Ercolano. Poi un ponte crollato lungo la strada li ha costretti a fermarsi. Di notte hanno sentito il soffio caldo delle colate piroclastiche e hanno visto il bagliore della nave incendiata al largo. Hanno provato a tornare sui propri passi per capire cosa fosse successo e aiutare qualche sopravvissuto. Ma appena avvistati i sobborghi hanno fatto un terribile incontro, imbattendosi in quello che rimaneva di un intero gruppo in fuga sorpreso dal soffio rovente. In mezzo alla via ora c'erano solo scheletri fumanti.

Alcuni aggrovigliati in un ultimo disperato abbraccio. Altri con le braccia piegate e i polsi rigirati, posizioni innaturali spiegabili solo con le altissime temperature.

E poi il cadavere di quel vecchio, non investito dalla vampa ma morto comunque per il calore, con lo sguardo fisso e la bocca sbarrata... Rectina è scoppiata in un pianto isterico e irrefrenabile, e Tito Suedio Clemente ha capito che andare oltre sarebbe stato un suicidio.

Di nuovo hanno ripreso la strada per Napoli, appena in tempo per non essere travolti da una delle tante colate di fango che più in là, lungo costa, stavano seppellendo Ercolano...

Sono arrivati a Baia dopo una cavalcata senza fine, lasciandosi alle spalle case e templi che crollavano. Rectina era stremata, ed è stata accolta da alcuni amici di famiglia che l'hanno circondata di mille attenzioni. Tito Suedio Clemente è ripartito subito per rientrare di corsa a Roma e informare l'imperatore Tito (già avvertito comunque attraverso il sistema di torri con segnalazioni ottiche) e soprattutto per organizzare al più presto i soccorsi dalla capitale dell'Impero.

Rectina oggi si trova qui al molo perché sa che le prime quadriremi della flotta sono riuscite a entrate nelle zone periferiche dell'eruzione, considerate "off limits" da giorni.

Mentre aspettava il loro arrivo, ha notato tra la folla una capigliatura ispida che solo una persona al mondo ha... ma trovandosi indietro, nella folla, non riusciva a vederne il volto. Si è fatta largo tra la gente, e quando è arrivata alle spalle di quell'uomo ha urlato il suo nome... E lui si è girato! Saturnino... Era stanco, aveva una vistosa ferita sulla tempia, ma quando ha visto Rectina il suo volto si è illuminato. Si sono abbracciati a lungo, sfogando in quel gesto tutte le angosce vissute in questi terribili giorni.

La storia di Saturnino ricorda quella di Rectina. Si è salvato perché è fuggito a cavallo verso nord, verso Pozzuoli e Baia dove la sua famiglia ha delle proprietà. Ma non c'è stato verso di smuovere il padre e la nonna, che sono voluti rimanere a Ercolano. Ha saputo poi da un altro sopravvissuto, anche lui fuggito a cavallo appena in tempo all'imbrunire, che con calma i due si erano trasferiti sulla spiaggia insieme a tutti gli altri ercolanesi, in attesa di soccorsi dal mare. Suo padre ha diretto il processo di assegnazione dei posti nei fornici rincuorando chiunque si trovasse davanti e sempre con una buona parola per tranquillizzare chi era terrorizzato. Di loro non sa più nulla.

Come Rectina e tanti altri, anche lui si trova qui sul molo nella speranza di rivedere qualcuno della sua famiglia... Nel cuore della donna, come in quello di tutti, c'era anche la speranza di vedere ritornare vivo l'ammiraglio. Una figura carismatica, il cui apporto potrebbe essere fondamentale in questo momento di emergenza.

Ma i volti tesi dei marinai a bordo e i simboli del lutto più grave segnalato da alcune bandiere issate su una quadrireme hanno già svelato a tutti, fin dall'entrata nel porto, la risposta ai tanti interrogativi sulla sorte di Plinio il Vecchio, così come la presenza del picchetto d'onore delle sue guardie personali schierate sul molo ai due lati della passerella.

Il corpo senza vita dell'ammiraglio, lavato e rivestito con una tunica pulita, viene sbarcato, portato a spalla da alcuni marinai. Sul petto è stato posto uno splendido gladio, tempestato di pietre preziose e con una bellissima conchiglia (simbolo di Venere) cesellata sul fodero. Se non fosse per il pallore, sembrerebbe addormentato. Di più, il suo volto, sereno, sembra sorridere. Sul molo scende un silenzio rotto solo da alcuni pianti e dal rumore del mare, tornato calmo dopo giorni di burrasca. La sorella Plinia e Plinio il Giovane sono sul molo ad attenderlo. La donna si avvicina con il capo coperto da un velo, ha le guance rigate dalle lacrime. Allunga la mano e accarezza amorevolmente la guancia del fratello. Il nipote invece scoppia in un pianto incontenibile. L'ammiraglio è di nuovo a casa: verrà cremato con tutti gli onori.

Anche Rectina piange, e per le lacrime non riesce a distinguere l'ultima figura che si è affacciata ora da una quadrireme e che scende a terra. Poi con il dorso della mano si asciuga gli occhi e un urlo le sfugge dalla bocca. Quello con i capelli sporchi e disordinati è... Flavio Cresto: ha il viso coperto di cenere e lo sguardo spento. Ma quando incrocia quello di Rectina il suo volto riprende vita. Ha visto l'ammiraglio morire: era nella casa di Pomponiano, quella notte, rifugiato come altri conoscenti nella dimora del ricco romano.

Si è salvato perché è rientrato all'interno della propria abitazione. È stato lui poi a scoprire il corpo senza vita dell'ammiraglio, disteso lungo il mare su un lenzuolo. Sembrava ancora vivo. Quando si è avvicinato lo ha persino chiamato, convinto che stesse solo dormendo... E invece la sua vita se n'era andata, volata via... Flavio è stato imbarcato prima degli altri proprio per testimoniare la morte dell'ammiraglio. Pomponiano non ha voluto saperne di venire a Miseno: ha radunato tutti i suoi averi e con la sua famiglia si è trasferito a Capri, dove ha un'altra *domus*. Da laggiù intende dirigere gli imponenti lavori di ricostruzione della villa faraonica di Stabia e curare i propri affari. Anzi, ora che tutto è stato stravolto, e molti concorrenti sono morti, dal suo punto di vista di imprenditore si apre un inaspettato orizzonte di possibili guadagni... *Business is business*, anche duemila anni fa.

Dopo un cordiale saluto a Rectina e Saturnino, Flavio Cresto segue il feretro dell'ammiraglio mestamente portato lungo una strada in salita, la stessa dove lo avevamo visto solo qualche giorno fa a bordo di una lettiga, con il suo segretario che inciampava quasi a ogni passo...

Quella che abbiamo appena descritto è una pagina di questa tragedia alla quale non si pensa mai... il *day after*.

Non ci sono racconti, testi o testimonianze, ma non è difficile immaginare cosa sia accaduto.

Partiamo da Miseno, dove ci troviamo ora. La città ha dovuto innanzi tutto riprendersi dopo il passaggio spaventoso della "nube nera"; gestire l'emergenza nella base (Plinio il Giovane parla di incendi nella città scoppiati con l'arrivo del terribile Surge 6); verificare lo stato della flotta; organizzare i soccorsi, sia per aiutare la gente comune sopravvissuta alle colate sia per andare alla ricerca di Plinio il Vecchio, di cui si erano perse le notizie.

Il corpo senza vita del grande ammiraglio, come racconta Plinio il Giovane, è stato rinvenuto su una spiaggia dopo tre giorni. Questo significa che per tre giorni il vulcano (e forse anche il mare in burrasca) ha impedito a chiunque, da fuori, di avvicinarsi: non è stato possibile neppure raggiungere un'area che, come visto, non rappresentava di certo l'epicentro della catastrofe, come Stabia, che tra l'altro disponeva persino di un facile approdo via mare.

Una volta sbarcati a Stabia, i marinai-soccorritori si sono inoltrati in una serie di ville, semisepolte e in parte crollate, di dimensioni enormi. I ricchi e gli aristocratici hanno avuto quindi nei primi disperati tentativi di soccorso una corsia preferenziale. Prima tappa dunque Stabia, per le sue grandi ville e la facilità di approdo. E poi?

Anche Ercolano e le strepitose ville costiere sono stati tra i primi luoghi a essere raggiunti. Forse anche perché era possibile farlo via terra, scendendo da nord, ma di certo con grande prudenza vista l'immediata vicinanza alla bocca eruttiva. Immaginate quello che è apparso ai soccorritori giunti via mare: imbarcazioni bruciate che galleggiavano, in verità pochissime visto il mare mosso dei giorni precedenti. Alcune erano ancorate al fondale, altre vagavano alla deriva. Solo lo scafo, protetto dall'acqua, aveva resistito.

Ed Ercolano? La città non esisteva più. Scomparsa… A bordo delle navi di soccorso della marina militare nessuno riusciva a capacitarsene. Al suo posto c'era solo una grande colata scura e fangosa che ricopriva tutta la costa.

Anche alcune ville, come per esempio quella dei Papiri, erano letteralmente svanite. Per accentuare questa sensazione di catastrofe è bastato guardare al pendio situato alle spalle della città: nessuna traccia dei boschi, solo una distesa arida. E poi il mare… Chissà quanti corpi avranno recuperato i soccorritori: galleggiavano in acqua, alcuni in parte carbonizzati. Avvicinandosi alla riva si poteva sentire l'odore di bruciato, e dal fango ancora non del tutto indurito a volte emergevano ossa e crani letteralmente "cotti". Una volta sbarcati, poi, ci si doveva rassegnare al fatto che nessuno rispondeva ai richiami. Tutto era silenzio e ossa calcinate. Dove erano finiti i quattromila abitanti?

Anche Oplontis era scomparsa, sommersa dalla lava.

E Pompei?

Quando finalmente si provò ad avvicinarsi via mare ci si trovò di fronte a una geografia totalmente sconvolta. Il porto era irriconoscibile, le pomici galleggiavano ovunque e avevano creato piccole lingue di terra. Il fiume aveva portato in mare ogni genere di detriti. Qua e là si vedevano emergere dalla distesa di pomici legni, alberi, tegole, tessuti, rocchi di colonne, trasportati dalla furia delle correnti piroclastiche. Anche se scampare a tutto questo era quasi impossibile (abbiamo visto il caso di Saint-Pierre), il fatto che a Pompei ci fossero mura molto spesse, la presenza di ambienti sotterranei o anche solo il caso potrebbero a mio parere aver creato le condizioni per sopravvivere. Penso soprattutto a quegli ambienti già semisepolti dalle pomici che possono aver creato una barriera in grado di resistere alle correnti piroclastiche.

Se ciò è accaduto, l'unica via di sopravvivenza è stata quella di riemergere scavando dopo il passaggio delle nubi killer. In effetti, alcune vittime sono state trovate intrappolate nelle case: avevano cercato di abbattere muri e soffitti. Molti sono morti per i crolli. Ma non è chiaro se avevano tentato di uscire durante la pioggia di pomici oppure dopo le valanghe. Se qualcuno in queste condizioni ce l'ha fatta (protetto all'interno di "bunker" di fortuna, proprio come uno dei due sopravvissuti di Saint-Pierre) ha dovuto affrontare il dilemma di come uscire, di come riemergere in superficie, facendosi strada tra le pomici e lo strato lasciato dai vari surge. Molti, immagino, sono morti per mancanza di aria, acqua e cibo. Letteralmente sepolti vivi. Ma se qualcuno davvero è "riemerso", sarà stato avvistato dai primi soccorritori mentre vagava sotto shock dalle parti del porto, dove era più facile trovare aiuto.

La distesa di ceneri si estendeva a perdita d'occhio, un "deserto" grigio chiaro, con dune e avvallamenti, uno scenario spettrale, che dovette lasciare ammutoliti i primi soccorritori. Se pensate alla superficie lunare dove sono atterrati gli astronauti, potreste farvi un'idea di come si presentava Pompei: una sconfinata desolazione, da cui emergevano tetti divelti, mura sbocconcellate, travi, statue piegate, rami e tronchi senza corteccia, colonne spezzate, e una miriade di detriti di ogni tipo. Le torri di difesa della città avevano resistito nella generale desolazione e si ergevano ancora, inutile baluardo di una distesa di cenere.

Le quadrighe poste in cima a Porta Ercolano forse avevano resistito, perché allineate alla direzione dei flussi. Ma il loro bronzo dorato era smerigliato e mancavano alcune parti strappate dalla violenza delle valanghe. I soccorritori devono aver costantemente tenuto d'occhio il vulcano, in lontananza, che continuava a eruttare provocando ancora forti scosse.

Di Terzigno non si seppe più nulla, se non molto più tardi, quando qualche ardimentoso trovò dei mattoni (sì, solo quello) sparsi su un'ampia area e dei muri che emergevano dalla superficie…

Nocera aveva subito ingenti danni a causa delle pomici, ma di certo nessuna distruzione per via delle nubi piroclastiche. È lì che, con ogni probabilità, nella notte precedente all'eruzione si è diretta Novella Primigenia in compagnia del suo nuovo amante. Che si sia salvata è però solo una nostra supposizione.

Continuiamo la nostra esplorazione. Cosa è accaduto agli altri siti che abbiamo visitato?

Murecine è scomparso. Le fattorie di Boscoreale e della Pisanella furono riscoperte, molto più tardi, solo dagli archeologi.

Quasi certamente, come in tutte le tragedie, gli sciacalli non mancarono. Molti ritrovarono e si impossessarono di anelli, collane, brocche d'argento, a volte prelevando tutte queste ricchezze direttamente dai cadaveri (abbiamo visto il caso del ladro scambiato in un primo momento per Plinio il Vecchio).

Dopo l'eruzione qualcuno tentò degli scavi clandestini: possiamo immaginare che molti vennero sorpresi e uccisi. Non ne abbiamo le prove, ma possiamo anche immaginare che le autorità imposero nei mesi successivi alla catastrofe una sorta di "legge marziale" sull'area. Vennero dispiegate delle truppe a tutela dell'area di Pompei e Stabia? Logico supporlo, ma non possiamo esserne certi. E "sciacalli" in un certo senso potrebbero essere considerate le stesse autorità romane…

Tito fu immediatamente avvertito della tragedia, probabilmente nel giro di qualche ora, grazie al sistema delle torri di segnalazione e dei messaggeri. La distanza tra Roma e Pompei è di soli duecentoquaranta chilometri, e lui da buon imperatore si recò di persona nei luoghi del disastro, per confortare e garantire che gli aiuti destinati alla ricostruzione sarebbero stati al centro dei suoi pensieri (e di quelli del Senato).

Facile immaginare anche le scene che vide: per Pompei forse si aggiravano i parenti dei sopravvissuti, un modo per stare vicino ai propri cari o ad amici sepolti dalle colate, altri sorvegliavano le proprietà, altri ancora tentavano di recuperare i propri beni.

Ma l'imperatore forse si recò subito nelle aree colpite anche per un altro motivo. Molti aristocratici e senatori avevano ville da queste parti (basti pensare a Cesare e Cicerone). La costa vesuviana era da generazioni il *buen retiro* di tante famiglie, Baia era considerata l'Acapulco del "jet set" romano. L'imperatore sapeva che la sua presenza in questi frangenti gli avrebbe fatto acquistare ulteriore credito agli occhi delle importanti famiglie che avevano membri all'interno del Senato romano, dimostrandosi in questo caso un politico più navigato del populista Nerone.

Tito rimase per qualche tempo nell'area. Sappiamo che poi dovette tornare di corsa a Roma, dove era accaduta nel frattempo un'altra tragedia, un enorme incendio scoppiato all'improvviso (era ancora vivo il ricordo di quello, devastante, che aveva raso al suolo la città appena undici anni prima). Tornò a Roma in febbraio, un altro indizio che l'eruzione avvenne in autunno e non in estate: difficile infatti immaginare Tito lontano da Roma per così tanto tempo…

Ma forse la sua presenza sulla costa vesuviana ha un risvolto oscuro. Nominò una "commissione" di procuratori del catasto composta da due magistrati straordinari, i *curatores restituendae Campaniae*, per valutare i danni, portare aiuto alla popolazione superstite e verificare se si potesse far rinascere Pompei. Erano in molti a chiederlo. Per non sollevare sospetti di favoritismo la nomina venne effettuata con un sorteggio tra esponenti della classe equestre.

Ma la commissione riferì all'imperatore che Pompei non poteva mai più rinascere da quella distesa lunare. Forse un peso determinante nella scelta lo ebbe anche la considerazione, di carattere puramente economico, che la produzione di vino di Pompei era ormai in tale crisi che non valeva più la pena di intervenire. In poche parole: era perfettamente inutile spendere somme colossali per scavare tra i lapilli e ricostruire nuove case sopra i resti delle precedenti e un'intera città che comunque da tempo versava in uno stato di crisi.

Nel caso di Ercolano poi non si capiva neanche dove fosse andata a finire la città, che pareva essere sprofondata negli abissi della Terra insieme ai suoi abitanti…

A questo punto accadde qualcosa di sconcertante. Con ogni probabilità la città fu lasciata al suo destino, ma tutto ciò che di prezioso si poteva prelevare venne sottratto dalle autorità imperiali e messo all'asta. Queste ricchezze furono acquistate da famiglie ricche, tanto dei dintorni quanto nel resto dell'Impero. Il ricavato della vendita andò a rimpinguare le casse imperiali, perennemente "affamate"…

Pompei sembrò subire la sorte di una città conquistata più che di una soccorsa; in un certo senso era diventata "proprietà" di Stato, tranne, immaginiamo, in quei casi in cui il legittimo proprietario poteva dimostrare il possesso diretto o per eredità di una casa.

Non era certo la prima volta che non si era andati tanto per il sottile: non apparteneva forse a uno degli assassini di Cesare il tavolo di marmo che gli archeologi hanno rinvenuto in una *domus* di via dell'Abbondanza? E solo pochi anni dopo Traiano non scatenò forse una lunga campagna contro la Dacia (l'attuale Romania) al solo scopo di impadronirsi delle miniere d'oro e di un favoloso bottino (una valanga di denaro che si riversò nelle casse imperiali e consentì una nuova età d'oro all'Impero, di cui godette per anni anche Adriano)?

Sappiamo che una delle prime aree che i romani vollero riportare alla luce fu quella del Foro: oggi infatti vedete il pavimento ricoperto solo di mattoni mentre prima, come detto, era interamente rivestito di marmi lucenti...

Il professor Antonio De Simone ha sottolineato che il Foro era un'area ricca di statue, bronzi e marmi pregiati posizionati da poco, dopo il terremoto del 62, una zona "facile" da scavare: essendo così ampia non si rischiavano frane e smottamenti.

Immaginiamo che proprio in quell'occasione furono riportate alla luce le botteghe dei banchieri, e al loro interno casse contenenti contratti e preziosi, di fatto mai ritrovate dagli archeologi. Come detto, non sappiamo che fine abbia fatto l'archivio del banchiere Lucio Cecilio Giocondo.

Fu prelevato dalle autorità imperiali? O il banchiere riuscì a fuggire su un carro insieme a questo prezioso "tesoro"? Non abbiamo alcuna "notizia" su di lui, ma è assai probabile che sia rimasto ucciso: se fosse sopravvissuto (e con lui il suo archivio) avrebbe certamente fatto effettuare degli scavi nella *villa rustica* della Pisanella per recuperare il favoloso tesoro in argento. O anche solo per dare una degna sepoltura alla moglie...

È logico pensare che, per prima cosa, le autorità imperiali abbiano scavato e aperto l'archivio del "municipio" di Pompei, per entrare in possesso di una lista dei cittadini e delle loro proprietà. Nel caso i legittimi proprietari fossero sopravvissuti, si sarebbe autorizzato lo scavo nella proprietà sepolta: tutto lascia supporre che il panettiere della *domus pertusa*, N. Popidio Prisco, sia stato uno di questi.

Passata questa prima fase "predatoria", Pompei venne gradualmente dimenticata.

Nocera, solo parzialmente colpita, si riprenderà. Dopo appena cinque anni verrà ripristinata la strada che la collega a Stabia.

La stessa Stabia tornerà a nuova vita (anche se ci vorranno più di vent'anni), mentre a Oplontis, dove pure saranno ricostruiti i collegamenti, non ci sono tracce di nuove strutture. Anche Murecine rinascerà: la struttura del "motel" sul Sarno servirà da base per la costruzione di un nuovo edificio, che verrà però spazzato via nel 472 d.C. da una nuova eruzione.

Altre aree che non furono particolarmente colpite ripresero quasi subito la propria vita e anche i fertili vigneti torneranno a maturare sulle pendici di quello che da ora chiameremo Vesuvio.

Pompei invece verrà dimenticata, come una specie di *Titanic* della storia, con tutti i suoi abitanti ancora "a bordo".

Autori latini come Stazio (*Silvae* IV, 4, 78-86) e Marziale (*Epigr.* IV, 44) faranno riferimento a questa tragedia la cui eco si è diffusa in tutto l'Impero.

Stazio scriverà: «Quando le messi ricresceranno e renderanno ancora verde questo deserto, potranno le future generazioni credere che città e popolazioni inghiottite giacciono sotto i loro piedi e che le campagne dei loro antenati sono scomparse in un mare di fuoco?».

Questi, invece, i versi di Marziale:

Ecco il Vesuvio, poc'anzi verdeggiante
di vigneti ombrosi,
qui un'uva pregiata
faceva traboccare le tinozze;
Bacco amò questi balzi
più dei colli di Nisa,
su questo monte i Satiri in passato
sciolsero le lor danze;
questa, di Sparta più gradita,
era di Venere la sede,
questo era il luogo rinomato
per il nome di Ercole.
Or tutto giace sommerso
in fiamme ed in tristo lapillo:

ora non vorrebbero gli dèi
che fosse stato loro consentito
d'esercitare qui tanto potere.

Nei secoli seguenti, di Pompei si perderà ogni memoria, e il dosso che la inglobò verrà chiamato "Civita", un nome che suona più come l'epitaffio di un'intera città sepolta. I racconti della gente su questa grande città si affievoliranno, per cessare del tutto durante il Medioevo. Così l'oblio calerà su queste ceneri fredde, una tomba destinata a rimanere sigillata per secoli...

Solo un eremita o una piccola comunità religiosa vivrà in quest'area, perché a un certo punto sfrutterà una stanza affrescata lasciando agli archeologi alcune lucerne appartenenti di sicuro a epoche successive e una testimonianza "iconoclasta", avendo cancellato di proposito alcuni splendidi volti affrescati... Chissà, forse sarà proprio in quel momento che le parole "Sodoma e Gomorra" verranno tracciate su una parete.

Tuttavia alcune parti della città rimarranno in superficie. In una delle torri difensive sono state infatti ritrovate tracce di un bivacco risalenti al Medioevo... ma nessuno comprenderà quale immenso tesoro si nasconda sotto la coltre di pomici. E anche quale immensa tragedia sia avvenuta proprio qui... Per un curioso risvolto del destino sarà proprio una lapide fatta porre da Tito Suedio Clemente nel corso del suo lavoro di "bonifica" cittadina a far capire per la prima volta che quella che stava emergendo agli occhi dei primi scopritori era l'antica città di Pompei...

THE DAY AFTER

(OMNIA) VINCIT AMOR
L'amore vince su tutto.

In meno di venti ore il vulcano ha espulso dieci miliardi di tonnellate di magma, centinaia di milioni di tonnellate di vapori e di altri gas a velocità di salita di trecento metri al secondo. E i depositi di tufi e pomici nell'area vesuviana, come abbiamo visto per esempio nel caso di Ercolano, hanno superato anche i venti metri. Dati certi sui morti non ce ne sono, ma possiamo stimarne otto-dodicimila per Pompei e tre-quattromila per Ercolano. Ignoriamo quante siano state le vittime mietute altrove, per esempio nel contado. In totale possiamo forse immaginare che il numero delle vittime includendo Stabia, Oplontis e Terzigno possa aggirarsi tra le quindicimila e le ventimila persone. Ma sono stime puramente teoriche.

A Pompei il primo scheletro venne ufficialmente portato alla luce il 19 aprile 1748 all'angolo tra via di Nola e via Stabiana.

In tutto a oggi sono stati ritrovati 1047 corpi a Pompei e 328 a Ercolano.

Manca molta gente all'appello, forse anche perché le loro ossa, ritrovate sicuramente anche fuori dai due principali centri abitati, per esempio nelle campagne, in epoche passate non sono state degnate di particolare attenzione, e sono state buttate via.

O forse perché ancora sepolte sia dentro che fuori Pompei (le campagne ormai sono coltivate o abitate e un terzo della città antica è ancora da scavare, e secondo alcune stime forse custodiscono i corpi di un po' meno di cinquecento pompeiani).

459

Il trentotto per cento delle vittime a Pompei si trovano nella pomice e quindi sono state uccise soprattutto dai terremoti, ma anche in buona parte dai crolli dei tetti e dei solai per il peso delle pomici stesse. Stando a queste cifre avanzate dal vulcanologo Roberto Santacroce ciò significherebbe che il sessantadue per cento è invece stato ucciso dalle correnti piroclastiche...

Cercare dei sopravvissuti a quasi duemila anni di distanza può quindi sembrare un'impresa titanica... ma non impossibile: nel corso del nostro racconto siamo riusciti a trovarne ben sette e, come avete visto nel caso di N. Popidio Prisco, il proprietario della Casa dei Marmi (la famosa *domus pertusa*), potrebbe essercene uno in più.

In conclusione, come sappiamo che alcune persone che abbiamo incontrato durante il nostro viaggio si sono salvate da quell'immane tragedia? Per alcuni lo possiamo dire con certezza, per altri ci siamo basati su una "forte" probabilità.

Plinio il Giovane è ovviamente sopravvissuto dal momento che ha descritto l'eruzione nelle sue due famose lettere indirizzate a Tacito. Di Plinia, sua madre, sappiamo che morì solo pochi anni dopo, nell'83 d.C.

Su Pomponiano si possono solo fare delle ipotesi. Nelle sue lettere Plinio il Giovane lo cita semplicemente come Pomponianus, e questo fa intendere che fosse un personaggio conosciuto (almeno da Tacito). Amico di Plinio il Vecchio, lo ospita nella sua villa a Stabia quando il naturalista decide di calare l'ancora prima che scenda la notte. Il resoconto delle ultime ore dell'ammiraglio e della sua morte sulla spiaggia di Stabia non può essere stato fatto altro che da lui, il padrone di casa, o comunque dai suoi servi e liberti, e tutto questo lascerebbe pensare che si sia salvato.

Quanto a Flavio Cresto, su una stele di marmo rinvenuta a Castellammare di Stabia durante i lavori di sterro per le fondamenta della stazione della ferrovia Circumvesuviana (e oggi conservata nell'*antiquarium* della città) si legge la seguente iscrizione:

D(is) M(anibus) Flavi Chresti vix(it) annis L. Si tratta di un'iscrizione datata tra l'81 e il 130 d.C. che fa riferimento a un liberto imperiale di origine greca di nome Cresto. Morto a cinquant'anni ed essendo stato un liberto sotto i Flavi, era certamente vivo al momento dell'eruzione ed è verosimile che si trovasse a Stabia al momento della tragedia.

Tito Suedio Clemente, il tribuno imperiale inviato dall'imperatore Vespasiano a Pompei, aveva un incarico tra i più delicati: portare a termine la revisione del catasto pubblico. Durante la sua permanenza a Pompei (che dovette essere molto lunga) appoggiò anche alcuni politici locali alle annuali elezioni. Tra questi Epidio Sabino, candidato a duoviro nel 77 d.C. Non è ben chiaro se fosse in città al momento della catastrofe, ma sicuramente sopravvisse all'eruzione del Vesuvio. Dopo aver lasciato Pompei lo ritroviamo come *praefectus castrorum* (ufficiale responsabile dell'accampamento di una legione: era quindi avanzato di grado) in Egitto nel novembre dell'80 d.C. Su un piede del colosso di Memnone a Tebe è stato infatti scoperto un graffito in cui si legge: «Suedio Clemente *praefectus castrorum*. Udì Memnone il 12 novembre dell'80 d.C.».

Di Aulio Furio Saturnino possiamo dire che abitava a Ercolano e che scampò all'eruzione. Nove anni più tardi, infatti, il suo nome è attestato in un diploma militare del 7 novembre dell'88 d.C., nel quale è indicato come comandante (*praefectus*) dell'ala *praetoria singularium* all'epoca di stanza in Siria.

Infine, arriviamo alla nostra protagonista, Rectina. Sappiamo dalla lettera di Plinio il Giovane che la sua villa era ai piedi del Vesuvius e che fu terrorizzata dall'eruzione. Ma come facciamo a sapere che si salvò?

A metà dell'Ottocento, nei pressi di una chiesa di Casalpiano, a Morrone del Sannio, si decise di erigere una grossa croce di legno, e come basamento venne usato un vecchio blocco di marmo. Si trattava di un'antica ara sacrificale, rinvenuta in quell'area e che chissà da quanti secoli si trovava lì (gli archeologi oggi sanno che al momento dell'eruzione qui sorgeva una grande *villa rustica*). Si intravedeva un'iscrizione, ma era molto rovinata e nessuno ci fece troppo caso. Fino a quando qualcuno lesse il nome di Rectina e con intuito la collegò alla lettera di Plinio. Poteva essere "quella" Rectina?

Come detto, il nome non è per niente comune, anzi è rarissimo. Inoltre l'ara risale proprio al primo secolo dopo Cristo, quando avvenne l'eruzione. Tutto farebbe quindi pensare che si tratti di lei. Ma cosa c'è scritto? Vi è inciso che il liberto «Gaio Salvio Eutico sciolse il voto ai Lari protettori del focolare domestico per il ritorno a casa della nostra Rectina» (*C. Salvius Eutychus Laribus casanicis ob reditum Rectinae nostrae votum solvit*). Su quel blocco di marmo sembra essere stata scritta l'ultima riga della terribile avventura di Rectina, un lieto fine con il ritorno alla villa dopo che tutti si erano chiesti se fosse sopravvissuta all'eruzione.

Questa villa è forse quella dove è avvenuto il banchetto con il quale abbiamo iniziato il nostro racconto? Possiamo immaginarlo.

Ma Rectina è solo uno dei tanti respiri di un'immane tragedia, solo una delle tante gocce che compongono il grande mare di quelle ore…

Pompei è stata colpita da una serie di catastrofi come raramente è avvenuto nella storia: terremoti, maremoti, piogge di pomici e rocce, valanghe roventi, torrenti di fango, gas irritanti, ceneri asfissianti… La vera "tempesta perfetta".

Eppure oggi, quando si cammina per le sue vie vuote e silenziose, sembra che tutto questo non sia mai accaduto, che i suoi abitanti siano nascosti da qualche parte, dietro l'angolo, o in una stanza attigua.

Nessun sito archeologico al mondo vi darà mai questa sensazione. Pompei infatti è stata letteralmente fermata nel tempo, "cristallizzata" quando era ancora viva. Mentre si passeggia per i suoi vicoli o si sbircia nelle sue case, si respira pace, serenità, bellezza, non certo morte o sofferenza.

Sembra davvero di rivedere e sentire accanto a sé Tito Suedio

Clemente che parla con il "Quintiliano" di Pompei, il furbo banchiere Lucio Cecilio Giocondo, il cinico Gaio Giulio Polibio, la procace Smyrina, lo scaltro Zosimo, il paffuto Pomponiano… e Rectina, che avanza con passo leggero e vi seduce con il suo sguardo mediterraneo. Anche questo è un regalo di Pompei. Forse quello che rimane più a lungo nel cuore.

APPENDICE

LA VERA DATA DELL'ERUZIONE

Un errore nella lettera di Plinio?

Fra le tante "nuove" verità che stanno emergendo su Pompei, senza dubbio la più clamorosa riguarda la data dell'eruzione. Quella che trovate su tutte le guide, i libri, i romanzi, e che viene detta nei documentari, è il 24 agosto del 79 d.C. Cioè in piena estate. Ma ne siamo certi?

In effetti, da qualche anno alcuni ricercatori stanno accumulando indizi e prove che suggerirebbero un'altra data e un'altra stagione di quello stesso 79 d.C. L'eruzione non sarebbe avvenuta in estate, ma in autunno. A ottobre. E più precisamente il 24... Ma com'è possibile?

Andiamo con ordine. La fonte principale degli eventi di quel fatidico giorno è, come abbiamo già avuto modo di dire, la lettera che Plinio il Giovane ha scritto a Tacito. Quest'ultimo aveva infatti chiesto informazioni sulla morte dello zio.

Al tempo stesso, però, si sospetta anche che il reale motivo di questa lettera fosse quello di mettere a tacere alcune voci non edificanti fatte circolare, soprattutto da Svetonio, sulla fine di Plinio il Vecchio. Secondo queste dicerie, il grande ammiraglio, vedendo fallito il proprio tentativo di salvare le persone in pericolo a Ercolano, avrebbe chiesto a uno schiavo di ucciderlo affondandogli una lama in corpo. Ovviamente poi quel suo corpo sarebbe stato travolto dall'eruzione.

Nella lettera, perciò, Plinio il Giovane spazzò via la tesi di un suicidio d'onore descrivendo come era morto lo zio e, già che c'era, raccontando tutto quello che era accaduto quel giorno. Ovviamente specificò anche la data dell'eruzione. Ma lo fece "alla romana": «nove giorni prima delle calende di settembre», *Non[um] Kal[endas] Septembres*. Ora, per "calende" s'intendeva il primo giorno di ogni mese nel calendario romano. Le calende di settembre erano quindi il 1° settembre, e andando indietro di nove giorni si arriva effettivamente al 24 agosto (se il conto non vi torna, considerate che i romani avevano l'abitudine di contare tutti i giorni, compreso quello di partenza e quello di arrivo).

Discorso chiuso? Non proprio.

Il problema, come già si è avuto modo di dire, è che non possediamo "fisicamente" la lettera originale di Plinio, ma solo delle sue copie realizzate durante il Medioevo dagli amanuensi, e custodite oggi in alcune biblioteche, come quella Vaticana, in cui al foglio 87 del codice Laurenziano Mediceo si legge proprio la data del 24 agosto.

Nella quiete dei monasteri, per generazioni, gli amanuensi hanno ricopiato pazientemente e a mano innumerevoli opere di autori antichi, salvando e traghettando nei secoli uno straordinario patrimonio culturale dell'umanità. Ma, com'è naturale, ogni tanto commettevano degli errori di trascrizione, ne abbiamo già parlato in occasione del vero nome del marito di Rectina: è possibile che *Bassus* sia diventato *Cascus*, *Tascus* e infine *Tascius*?

Purtroppo, è accaduto lo stesso anche per la data dell'eruzione.

Ho avuto la possibilità di visionare personalmente la copia della lettera di Plinio custodita nella Biblioteca dei Girolamini di Napoli. Fra i tanti volumi antichi, ce n'è uno davvero bello, il codice Oratorianus. Risale al 1501. Aprirlo è una vera emozione. Le sue pagine hanno splendide miniature. Possiamo leggere le parole di Plinio il Giovane, e... sorpresa! La data è diversa!

Non si parla di calende di settembre, ma di calende di novembre! Il testo è chiaro: ... *Kl. Nove(m)bris*...

Quale allora la data corretta? Purtroppo gli errori dei monaci in fase di trascrizione si trasmettevano in tutte le versioni successive. Pensate che esistono addirittura tre grandi "famiglie" di copie della lettera!

Molti studiosi fanno riferimento, prudentemente, alla versione più antica e quindi, teoricamente, scevra di errori: e questa lettera parla di settembre, cioè di un'eruzione in piena estate... Ma è l'unica a riportare quest'indicazione.

Molti esperti ritengono che sia proprio questa copia a essere sbagliata in partenza. Ad alimentare questo sospetto c'è il fatto che le altre copie della lettera fanno spesso riferimento a novembre, cioè all'autunno. Come per esempio *Kal. Novembres*, cioè 1° novembre, oppure *III Kal. Novembres*, cioè 30 ottobre. Infine *non. Kal...* cioè nove giorni prima delle calende di un mese (novembre?)...

E questo, come minimo, fa vacillare l'ipotesi di un'eruzione estiva.

Indizi a favore della tesi autunnale

Ma non esistono prove "dirette", prove sul campo? Cerchiamo di avere l'approccio che userebbe la "scientifica", come se si trattasse di un omicidio. Dobbiamo determinare l'ora, o quantomeno il giorno del delitto. Lo faremo esplorando i siti di Pompei, Oplontis, Ercolano, Boscoreale, Stabia e i depositi della Soprintendenza Archeologica di Pompei.

Innanzi tutto, in molte case sepolte dall'eruzione (come per esempio la Casa del Menandro o quella dei Casti Amanti) sono stati ritrovati degli indizi importanti, ovvero dei bracieri. Come si può intuire, un braciere serve per riscaldarsi e questo suggerirebbe che l'eruzione avvenne in autunno quando le temperature si abbassano notevolmente.

Che facesse freddo, secondo i sostenitori della tesi autunnale, lo si capisce anche dal tipo di vestiti che indossavano le vittime. In alcuni calchi appaiono voluminosi e pesanti, non certo estivi.

Su uno scheletro di Ercolano ci sono tracce di un copricapo di pelliccia. Era fra le trecento vittime strettamente stipate dentro a dei "garage" per barche forse per il freddo, non certo per ripararsi dalla caduta di lapilli (che non colpirono Ercolano), come dimostrerebbero fra l'altro i cadaveri delle persone ritrovate sulla spiaggia. A Ercolano, inoltre, in una culla, sono state ritrovate fibre appartenenti a una copertina di lana, altro indizio non proprio concordante con le temperature di agosto. Ma è anche vero che nel caso di un neonato o di un lattante la notte umida e fresca prodotta dal mare può suggerirne l'uso...

Naturalmente si tratta di ritrovamenti sporadici, non sappiamo come fossero vestiti tutti i pompeiani morti, abbiamo solo poche indicazioni. Magari a Pompei gli abitanti indossarono vestiti pesanti per coprirsi dai lapilli, dal vento e soprattutto, dato importante, per l'improvviso abbassamento della temperatura. In effetti sotto una colonna eruttiva e una nube di ceneri che coprono il sole la temperatura cala immediatamente. Proprio come durante un'eclissi: a titolo di esempio, persino sotto le nubi prodotte dai pozzi di petrolio in fiamme nella prima guerra del Golfo i militari, pur essendo pieno giorno e trovandosi in un deserto, sentivano freddo. Insomma, sotto la cappa di un'eruzione fa freddo e questo spiegherebbe anche la presenza di bracieri.

Ma sono comunque indizi che si aggiungono in favore della tesi autunnale.

Anche la direzione stessa della nube eruttiva potrebbe rivelare un'informazione sulla stagione. Plinio il Giovane scrisse che si "aprì", a forma di pino, facendo ricadere le pomici in direzione sud-est. Secondo alcuni studiosi la nube aveva raggiunto quote dove soffiano solo venti non legati ai "capricci" di condizioni meteo quotidiane, ma stagionali e d'alta quota, osservati in quella direzione maggiormente in autunno.

Continuiamo la nostra indagine. La scientifica cosa cercherebbe? Andrebbe a caccia di qualcosa che possa indicarci con precisione il tipo di stagione. E in questo caso un aiuto valido proviene dai cicli della natura: c'è una grossa differenza tra estate e autunno, e molti indizi emergono dai resti di piante e dai loro frutti.

Alcuni studiosi come Grete Stefani, archeologa (attuale direttrice degli scavi di Pompei), e Michele Borgongino, botanico, hanno fatto lunghe ricerche e approfondite pubblicazioni sulla tesi autunnale. Non sono i soli: l'archeologo Umberto Pappalardo aveva già nel 1990 formulato tale ipotesi. E prima di lui Michele Ruggiero, direttore degli scavi di Pompei dal 1875 al 1893. Ma si può andare ancora più indietro, addirittura nel Settecento, quando, notando bracieri e frutti autunnali riemergere dagli scavi, il vescovo e filologo napoletano Carlo Maria Rosini avanzò per primo l'ipotesi di un'eruzione nei mesi freddi, non in estate. E propose anche una data, portando a supporto della propria tesi il fatto che già in età romana c'era chi associava chiaramente la catastrofe alla stagione fredda. E non uno scrittore qualsiasi. Cassio Dione, famoso storico, certamente più vicino di noi alla tragedia di Pompei, disponeva di molti più documenti e fonti scritte. Egli scrisse che l'eruzione avvenne in autunno, il 23 novembre del 79 d.C. (o, per dirla alla romana, nove giorni prima delle calende di dicembre)...

Sono tanti, lo avete capito, quelli che puntano a proporre una data alternativa. Ma su quali basi? Quali sono questi indizi e prove sul campo? Vediamoli.

Sono state ritrovate nei depositi dell'Antiquarium di Boscoreale e si trovano oggi custodite nel Museo Archeologico Nazionale di Napoli:
- bacche di alloro, che normalmente maturano in autunno;
- un gran numero di castagne, tipiche dell'autunno. In un caso addirittura si tratta dei resti di un pasto, assieme a del pane e a delle sorbe, piccole pere selvatiche rossicce che abitualmente giungono a maturazione tra settembre e ottobre e si mangiano solo dopo averle lasciate diventare marroni;
- noci in abbondanza, che vengono solitamente raccolte anch'esse tra settembre e ottobre;

– cospicue quantità di fichi secchi. La raccolta dei fichi può avvenire in vari momenti, dall'estate all'inverno. Ma quelli destinati alla conservazione sono raccolti principalmente a settembre e messi a essiccare. Difficile che fossero quelli dell'anno prima, visto il numero molto elevato rinvenuto a Pompei. La loro forma e la loro integrità suggerisce che erano già essiccati al momento dell'eruzione altrimenti si sarebbero dissolti. Erano pronti per l'inverno che stava per giungere;

– prugne secche: in estate si mangiano appena raccolte, morbide e succose. In autunno si trovano – e quindi si possono consumare – solo quelle secche;

– datteri: giungevano dall'Africa di solito non prima di ottobre, dal momento che maturano proprio in quel periodo. Ne sono stati trovati pochi proprio perché appena arrivati a Pompei, disponibili solo nelle dispense di poche case (dei ricchi...);

– grandi quantità di melegrane. In una villa di Oplontis ben dieci quintali, messe a seccare tra quattro strati di stuoia intrecciate. Sappiamo che la raccolta avveniva proprio tra fine settembre e ottobre, prima dell'avvento delle piogge, così il frutto completava la maturazione in un ambiente protetto.

Questi ultimi indizi ci farebbero pensare che l'eruzione sia avvenuta in autunno. Ma c'è dell'altro.

La vendemmia era già conclusa

In autunno avviene qualcosa che tutti gli amanti del vino attendono con pazienza: la vendemmia. Gli archeologi hanno scoperto l'esistenza di alcune aziende agricole, tra le quali una miracolosamente scampata all'eruzione, che produceva vino. Si tratta di Villa Regina a Boscoreale, dove è stata rinvenuta anche una gran quantità di argenteria, oggi esposta al Louvre.

Sappiamo che in altri siti gli archeologi hanno rinvenuto grandi quantità di vinacce, segno che la vendemmia era già avvenuta. Ma in questa azienda agricola è emerso un altro indizio fondamentale...

A Pompei i romani non usavano le botti: facevano maturare il vino dentro grandi orci di terracotta sepolti fino al "collo". Erano i *dolia*. Nel cortile interno dell'azienda agricola sono stati ritrovati un gran numero di *dolia* per il mosto già chiusi e sigillati!

La vendemmia, allora come oggi, avveniva a settembre, al più tardi durante la prima settimana di ottobre. Il succo di uva veniva raccolto, messo nei *dolia* e lasciato fermentare e ribollire per dieci giorni. Nei venti giorni successivi si controllava che tutto proseguisse correttamente e poi si sigillavano i *dolia*, con coperchi e scudi protettivi.

Quindi, questi *dolia* sono stati chiusi al massimo a fine ottobre-inizi novembre. Dal momento che si trovavano sotto lo strato dei lapilli, vuol dire che l'eruzione è avvenuta solo *dopo* la loro chiusura.

Infine c'è un ultimo dato, forse più una curiosità, proposta dai sostenitori della tesi autunnale. A Pompei, nell'area del mercato c'era un sacello destinato al culto dell'imperatore. Regolarmente avevano luogo delle cerimonie, riti e sacrifici in onore della famiglia imperiale, con tanto di sacerdoti addetti al culto. Il sacello conteneva statue (in parte ritrovate) di Tito, Domiziano, il fratello dell'imperatore e anche lui figlio di Vespasiano, con mogli, figlie, generi, ecc., insomma la famiglia imperiale al completo.

Nelle immediate vicinanze, nell'Ottocento, alcuni archeologi hanno ritrovato quello che era un recinto e al suo interno degli scheletri di ovini. L'ipotesi è che si trattasse di animali pronti a essere sacrificati in onore della famiglia imperiale. Ma per quale motivo? Per esempio un compleanno, considerato festa pubblica in tutto l'impero. Guarda caso il 24 ottobre cadeva proprio il compleanno di Domiziano.

Erano quindi degli animali destinati al sacrificio in suo onore ma mai uccisi per via dell'eruzione? È un'ipotesi suggestiva, certo. Ma non abbiamo altre prove.

La tesi estiva

Naturalmente anche la tesi estiva ha dei sostenitori in grado di dare una spiegazione plausibile a tutti questi indizi che sembrano favorevoli alla tesi autunnale. I bracieri ritrovati avrebbero avuto un uso rituale (ma non si capisce allora perché i pompeiani ignorassero e non usassero i tanti piccoli altari, dedicati ai Lari, le anime degli antenati, presenti negli atrii delle case dei romani e che avevano proprio questo scopo).

I *dolia* interrati e sigillati e le anfore chiuse e pronte al commercio avrebbero potuto contenere non vino ma altre sostanze, oppure vini medicati e non da tavola, o ancora vini a lungo invecchiamento dell'anno precedente. Inoltre sostengono che ancora oggi in quella zona si praticano in alcuni casi vendemmie "anticipate", nel cuore dell'estate. È una tesi accettabile, ma in contrasto con la grande quantità di vino ritrovata: suona un po' strano che gli archeologi abbiano rinvenuto solo vini medicati o a lungo invecchiamento o frutto di vendemmie anticipate...

È vero che sono state scoperte olive in molti siti, dicono i sostenitori della tesi estiva, ma non in quantità paragonabili a quelle che caratterizzano la raccolta estiva.

I fichi secchi sarebbero, di nuovo, delle "giacenze" del passato. Difficile però ritenere che tutti i frutti "autunnali" fossero rimasti nelle case dei romani non consumati o non venduti per un anno. Certo, tutto è possibile, ma sorprendono comunque le quantità di ritrovamenti, tutt'altro che sporadici.

Secondo i sostenitori della tesi estiva, inoltre, la presenza di noci si spiegherebbe con il fatto che queste venivano consumate fresche e non secche, e che le melegrane venissero staccate dagli alberi non ancora mature in modo da rallentare il processo di maturazione e consentire il loro disseccamento tra le stuoie. Venivano poi usate per preparare medicine.

A sostegno dell'eruzione avvenuta in agosto vengono portate poi come prova le oltre duecento specie erbacee, arbustive e arboree di cui si sarebbero conservati sia i pollini sia parti di fusti e foglie. Non si capisce, tuttavia, perché per i fichi secchi si parli di giacenze addirittura dell'anno precedente, mentre in questo caso non si tiene conto che potrebbero essere benissimo le tracce di un'estate appena passata da qualche settimana.

In ultimo, alcuni campi agricoli portati alla luce dagli archeologi mostrerebbero che si stava cercando di favorire l'accumulo di acqua irrigata al loro interno, attività e strategia in sintonia con i mesi estivi, al contrario di quanto avviene abitualmente durante i mesi invernali, quando invece si cerca di far defluire le acque piovane. È un dato interessante. Purtroppo, in mancanza di un quadro completo dei campi coltivati attorno a Pompei e di precise informazioni sulle condizioni climatiche di quelle settimane (piovosità e/o aridità), non si può dire di più.

Così come il ritrovamento, in alcune botteghe e abitazioni, di una varietà di pesce utilizzata per il famoso *garum*. Veniva prodotto anche a Pompei, e il pesce di cui stiamo parlando è la boga (*Boops boops*). Più facile che questo pesce abbocchi all'amo tra luglio e gli inizi di agosto, anche se in realtà si pesca tutto l'anno, ed è probabile che la presenza della boga fosse il frutto di una selezione di chi faceva il *garum* più che del clima. Inoltre è tutto da dimostrare che duemila anni fa fossero più frequenti nelle reti o sugli ami proprio negli stessi giorni di oggi. Soprattutto se si considera che il clima era leggermente diverso.

Insomma, come vedete, sia i sostenitori della tesi autunnale sia quelli della tesi estiva hanno avanzato numerosi argomenti a proprio favore. E noi rispettiamo entrambi i punti di vista.

Ma, lo avete capito, gli indizi, più che risolvere la questione, non fanno altro che accendere discussioni. Ci vorrebbe una scoperta che indichi chiaramente una data precisa. Come una scritta che riporti chiaramente una data, o qualcosa del genere. Ed effettivamente è stata rinvenuta proprio nel sito di Pompei…

La moneta d'argento in mano a una vittima

La prova più importante a favore dei sostenitori dell'eruzione nel periodo autunnale è stata ritrovata proprio nelle mani di una vittima, una donna morta assieme alla sua famiglia. Per ripararsi dall'eruzione, lei e i parenti si erano rifugiati in un corridoio della loro *domus*, la Casa del Bracciale d'Oro, ma sono stati tutti uccisi all'istante da una "nube killer" del vulcano. La donna è stata ritrovata con il figlio in braccio, il quale, in un ultimo tentativo di sopravvivenza, aveva cercato di staccarsi. In mano, la donna stringeva un cofanetto o un sacchetto, contenente alcuni gioielli, quaranta monete d'oro e centottanta d'argento. Una di esse è davvero speciale.

Questo piccolo tesoro si trova oggi al Museo Archeologico Nazionale di Napoli. La moneta, con numero d'inventario P 14312/176, è un denario d'argento. È stato coniato sotto l'imperatore Tito: lo si vede di profilo e lungo i bordi si leggono i vari titoli del sovrano:

Imperator Titus Caesar Vespasianus Augustus
(era infatti diventato imperatore il 23 giugno del 79 d.C.)
P[ontifex] M[aximus]
(cioè pontefice massimo, la massima carica religiosa)

Sul lato opposto è rappresentato un animale mitologico e sono elencate altre cariche:

Tr[ibunicia] P[otestate] VIIII
(cioè per la nona volta riceve la carica chiamata *tribunicia potestas*, che effettivamente sappiamo assunse il 1° luglio del 79 d.C.)
Co[n]sul VII
(cioè console per la settima volta, 1° gennaio del 79 d.C.)
P P (*Pater Patriae*)
(padre della patria)

E poi si scorge qualcosa di molto piccolo, ma importantissimo, che secondo parecchi studiosi potrebbe essere la risposta a tutte le nostre domande. Si leggerebbe *IMP XV*. Cosa significa? È l'abbreviazione del fatto che Tito, per una vittoria militare, sia stato acclamato imperatore per la quindicesima volta: si tratta della pratica della *salutatio imperatoria*, quando appunto le truppe dell'esercito acclamavano il proprio comandante (l'*imperator*) e chiedevano al Senato di onorarne il trionfo. E questo ci dà una data precisa. Perché sappiamo, grazie a una lettera di Tito indirizzata ai decurioni (funzionari che amministravano le colonie) della città di Munigua e a un diploma di congedo ritrovato nella regione del Fayyum, che Tito venne acclamato per la quattordicesima volta imperatore il 7 settembre pertanto la quindicesima non può essere stata che dopo l'8 settembre. Di conseguenza l'eruzione non può essere avvenuta d'estate, ma in autunno.

Questione chiusa? Purtroppo no... Perché, anche in questo caso, c'è un problema. La scritta sulla moneta è molto ossidata e rovinata dal tempo. Di conseguenza la sua lettura non è così chiara e inequivocabile. Rimaniamo ancora avvolti in un velo di incertezza. Quasi a voler incrementare quell'aura di enigma su Pompei...

In conclusione, qual è la data "vera" dell'eruzione di Pompei? Purtroppo non esiste una certezza "tecnica", qualcosa che assomigli alla formula $E=mc^2$, e ognuno di voi si sarà fatto, a questo punto, una propria idea.

Tuttavia, molti indizi raccolti, lo avete visto, possono risultare assai convincenti. Soprattutto quando vengono presentati tutti assieme. Formano una massa critica difficile da indirizzare altrove.

Rimangono ancora molte cose da chiarire. Anche perché si tratta d'indizi emersi qua e là, figli della cosiddetta *Serendipity* (Serendipità); cioè venuti alla luce in modo inaspettato quando si stavano scavando e studiando tutt'altre cose. Non sono il risultato di uno studio corposo, con scavi mirati e team multidisciplinari che cercano unicamente la risposta in tutti i livelli archeologici. Forse la prova definitiva, chiara e inequivocabile è ancora là che aspetta da qualche parte.

In questo libro in cui dovevamo fare una scelta precisa, visto il tipo di narrazione, abbiamo sposato la datazione autunnale, perché la troviamo molto convincente. Per noi quindi l'eruzione è avvenuta il 24 ottobre del 79 d.C. Abbiamo calcolato che cadeva di... venerdì.

Tuttavia manteniamo comunque prudenza, per onestà scientifica e per apertura mentale. Pronti ad acquisire qualsiasi nuovo dato a favore o a sfavore, il giorno che emergerà da qualche studio o scavo.

Quello che rimane certo, invece, è la dimensione della catastrofe. A prescindere dalla stagione, in poche ore due intere città, con borghi, fattorie e ville sono scomparse dalle mappe e dalla Storia. E con esse migliaia di persone.

RINGRAZIAMENTI

Da anni avevo l'idea di scrivere questo volume, per dare a tutti le conoscenze e le informazioni su Pompei che ho lentamente acquisito in più di vent'anni di riprese e visite di lavoro tra le sue rovine, oltreché nei vari siti archeologici e nei musei dell'area vesuviana. Non è stato facile mettere tutto in fila, fornendo l'informazione più completa possibile su quello che è realmente accaduto, sulle persone, sui luoghi e sui reperti rinvenuti. Ma sono in tanti ad avermi aiutato, consentendo la pubblicazione di questo libro.

Il mio primo ringraziamento va ad Antonio De Simone, che in due decenni di incontri e sopralluoghi nei vari siti archeologici vesuviani è riuscito a far nascere in me l'amore per Pompei e soprattutto la passione investigativa per tutto quello che ci possono rivelare i mille dettagli della città sulla vita dei romani. Ancora oggi, ogni incontro è sempre una lezione ricca di nuovi spunti e argomenti.

Devo sinceramente ringraziare Emilio Quinto, senza il cui straordinario lavoro di ricerca queste pagine non sarebbero mai state così ricche di persone e storie individuali. I nostri lunghi confronti sui vari temi da affrontare, direttamente tra i vicoli di Pompei, costituivano ogni volta per me un incredibile viaggio nel tempo.

Sono debitore anche nei confronti di Giovanni Macedonio, sempre pronto a darci il corretto inquadramento dei fenomeni precursori dell'eruzione e della terribile sequenza che ha portato alla distruzione di Pompei ed Ercolano.

In questi anni altri vulcanologi e ricercatori dell'Istituto Nazionale di Geofisica e Vulcanologia, e in particolare dell'Osservatorio Vesuviano di Napoli, sono stati una preziosa fonte di suggerimenti e di conoscenze sull'attività del Vesuvio e sull'eruzione di Pompei.

Il mio ringraziamento va anche a Massimo Osanna, soprintendente ai Beni Archeologici di Pompei, Ercolano e Stabia, per la disponibilità alle nostre richieste, ma anche per la sensibilità e l'aiuto nell'operazione di restauro e salvataggio di un affresco di Pompei legata a questo libro.

Ringrazio anche tutti quei restauratori e manutentori il cui silenzioso lavoro ha permesso a Pompei di esistere per generazioni e costituisce il vero asso nella manica per salvare il suo futuro.

Vorrei ringraziare gli archeologi e i ricercatori (è impossibile nominarli tutti) che ho conosciuto e intervistato in questi vent'anni. Le loro parole e scoperte sono state trasformate nella "prosa" di questo volume. Ringrazio anche i responsabili dei siti, dei depositi e dei musei di Pompei, Ercolano, Oplontis, Stabia, Boscoreale, Napoli. Sempre pronti a far conoscere e divulgare l'incredibile patrimonio riemerso negli scavi.

Ringrazio anche tutti quegli esperti che mi hanno accompagnato nelle visite e nelle riprese, regalandomi piccole perle della loro esperienza e svelandomi curiosità poco note dei siti.

Sono debitore anche a Romolo Augusto Staccioli per la conoscenza del mondo romano che mi ha trasmesso e che emerge in molte delle pagine di questo libro.

Infine ringrazio Lydia Salerno, editor, che con incrollabile costanza, pazienza e perseveranza ha seguito passo dopo passo la nascita di quest'opera non facile, mantenendo sempre alta la qualità del contenuto.

Per concludere, il mio pensiero va a quelle migliaia di volti e sorrisi che non conosceremo mai e che hanno riempito di vita Pompei fino a quel terribile giorno del 79 d.C.

BIBLIOGRAFIA

Gli argomenti trattati nel volume trovano specifici riferimenti nella vastissima bibliografia dedicata alle città e al territorio seppelliti dall'eruzione del Vesuvio nel 79 d.C. e indicata in repertori bibliografici quali:

García y García, Laurentino, *Nova Bibliotheca Pompeiana*, voll. I e II, Arbor Sapientiae, Roma 1998

García y García, Laurentino, *Nova Bibliotheca Pompeiana – I supplemento 1999-2011*, Arbor Sapientiae, Roma 2012

McIlwaine, I.C., *Herculaneum. A Guide to Printed Sources*, voll. I e II, Bibliopolis, Napoli 1988

McIlwaine, I.C., *Herculaneum. A Guide to Sources, 1980-2007*, Bibliopolis, Napoli 2009

Nella redazione del presente volume sono state specificamente consultate le seguenti opere.

FONTI ANTICHE

Apicio, *L'arte culinaria*, a cura di Carazzali, Giulia, Bompiani, Milano 2012

Appiano, *Storia romana*, a cura di Gabba, Emilio e Magnino, Domenico, UTET, Torino 2001

Cassio Dione, *Storia romana. Testo greco a fronte. Volume settimo. Libri LXIV-LXVII*, a cura di Galimberti, Alessandro, BUR, Milano 2000

Diodoro Siculo, *Biblioteca storica*, a cura di Cordiano, Giuseppe, e Zorat, Marta, BUR, Milano 2004

Marziale, *Epigrammi*, a cura di Norcio, Giuseppe, UTET, Torino 2002

Petronio, *Satyricon*, a cura di Aragosti, Andrea, BUR, Milano 2011

Plinio il Giovane, *Lettere ai familiari*, a cura di Lenaz, Luciano, trad. it. di Rusca, Luigi, BUR, Milano 2005

Plinio il Vecchio, *Naturalis historia*, Giardini, Pisa 1984

Seneca, *Questioni naturali*, trad. it. di Mugellesi, Rossana, BUR, Milano 2004

Stazio, *Le selve*, a cura di Canali, Luca, e Pellegrini, Maria, Mondadori, Milano 2006

Strabone, *Geografia. L'Italia. Libri V-VI*, a cura di Biraschi, Anna Maria, BUR, Milano 1988

Svetonio, *Vite dei Cesari*, trad. it. di Dessì, Felice, BUR, Milano 1998

Tacito, *Annali*, trad. it. di Ceva, Bianca, BUR, Milano 1994

Vitruvio, *Sull'architettura*, a cura di Ferri, Silvio, BUR, Milano 2010

STUDI MODERNI

Anguissola, Anna, *Intimità a Pompei: riservatezza, condivisione e prestigio negli ambienti ad alcova di Pompei*, De Gruyter, Berlino 2010

Auricchio, Maria Oliva, *La Casa di Giulio Polibio. Giornale di scavo 1966/1978*, Sovrintendenza Archeologica di Pompei, Edizione Centro Studi Arti Figurative Università di Tokyo, 2001

Avvisati, Carlo, *Pompei. Mestieri e botteghe 2000 anni fa*, Bardi Editore, Roma 2003

Beard, Mary, *Prima del fuoco*, Laterza, Roma-Bari 2012

Bonifacio, Giovanna; Sodo, Anna Maria (a cura di), *Stabiae – Storia e architettura*, L'Erma di Bretschneider, Roma 2002

Borgoncino, Michele, *Archeolobotanica. Reperti vegetali da Pompei e dal territorio vesuviano*, L'Erma di Bretschneider, Roma 2006

Borriello, Maria Rosaria; D'Ambrosio, Antonio, *Baiae-Misenum. Forma Italiae, Regio I-XIV*, Olschki, Firenze 1979

Camodeca, Giuseppe, *L'archivio puteolano dei Sulpicii*, Jovene, Napoli 1992

Canali, Luca; Cavallo, Guglielmo, *Graffiti latini*, BUR, Milano 1998

Cantarella, Eva; Jacobelli, Luciana, *Nascere e vivere a Pompei*, Electa, Milano 2011

Cantarella, Eva; Jacobelli, Luciana, *Pompei è viva*, Feltrinelli, Milano 2013

Capasso, Luigi, *I fuggiaschi di Ercolano: paleobiologia delle vittime dell'eruzione vesuviana del 79 d.C.*, L'Erma di Bretschneider, Roma 2001

Carcopino, Jérôme, *La vita quotidiana a Roma*, Laterza, Roma-Bari 1994

Catalano, Virgilio, *Case, abitanti e culti di Ercolano*, Bardi Editore, Roma 2002

Ciarallo, Annamaria; De Carolis, Ernesto (a cura di), *Homo Faber. Natura, scienza e tecnica nell'antica Pompei*, Mondadori Electa, Milano 1998

Ciarallo, Annamaria; De Carolis, Ernesto, *Lungo le mura di Pompei. L'antica città nel suo ambiente naturale*, Mondadori Electa, Milano 1998

Cicirelli, Caterina, *Le ville romane di Terzigno*, Torre del Greco, 1989

Coarelli, Filippo (a cura di), *Pompei, la vita ritrovata*, Magnus, Reggio Emilia 2002

D'Ambrosio, Antonio, *Gli ori di Oplontis. Gioielli romani del suburbio pompeiano*, Bibliopolis, Napoli 1987

D'Ambrosio Antonio; Guzzo, Pier Giovanni; Mastroroberto, Marisa (a cura di), *Storie da un'eruzione. Pompei, Ercolano, Oplontis*, Mondadori Electa, Milano 2003

De Albentiis, Emidio, *La casa dei Romani*, Longanesi, Milano 1990

De Caro, Stefano, *La villa rustica in località Villa Regina a Boscoreale*, L'Erma di Bretschneider, Roma 1994

De Caro, Stefano, *Il gabinetto segreto del Museo Archeologico Nazionale di Napoli*, Mondadori Electa, Milano 2000

De Carolis, Ernesto, *Il mobile a Pompei ed Ercolano. Letti, tavoli, sedie e armadi. Contributo alla tipologia dei mobili della prima età imperiale*, L'Erma di Bretschneider, Roma 2007

De Carolis, Ernesto; Patricelli, Giovanni, *Vesuvio 79 d.C.: la distruzione di Pompei ed Ercolano*, L'Erma di Bretschneider, Roma 2002

Della Corte, Matteo, *Case ed abitanti di Pompei*, Fausto Fiorentino Editore, Firenze 1965

De Simone, Antonio, *L'indagine archeologica in località Murecine a Pompei*, in De Simone, Antonio; Nappo, Salvatore Ciro (a cura di), *Mitis Sarni opes*, Denaro Libri, Napoli 2000

De Simone, Antonio, *Rediscovering the Villa of the Papyri*, in Zarmakoupi, Mantha (a cura di), *The Villa of the Papyri at Herculaneum: Archaeology, Reception and Digital Reconstruction*, De Gruyter, Berlin-New York 2009

De Simone, Antonio, *La cosiddetta Villa di Augusto in Somma Vesuviana*, in «Meridione: sud e nord del mondo», a. 12, nn. 2-3 (apr.-sett.), Edizioni scientifiche italiane, Napoli 2012

De Simone, Girolamo Ferdinando, *Il territorio nord-vesuviano e un sito dimenticato di Pollena Trocchia*, in «Cronache Ercolanesi», n. 38, Gaetano Macchiaroli Editore, Napoli 2008

De Simone, Girolamo Ferdinando, *Con Dioniso fra i vigneti del vaporifero Vesuvio*, in «Cronache Ercolanesi», n. 41, Gaetano Macchiaroli Editore, Napoli 2011

Fergola, Lorenzo; Pagano, Mario, *Oplontis: le splendide ville romane di Torre Annunziata. Itinerario archeologico ragionato*, T&M, Napoli 1998

Franklin, James L., *Pompeii: The Electoral Programmata, Campaigns and Politics, A.D. 71-79*, American Academy in Rome, 1980

Franklin, James L., *Pompeis difficile est: Studies in the Political Life of Imperial Pompeii*, University of Michigan, 2001

Gallo, Pasquale, *Terme e bagni in Pompei antica*, Tip. F. Sicigliano, Pompei 1991

García y García, Laurentino, *Alunni, maestri e scuole a Pompei*, Bardi Editore, Roma 2004

García y García, Laurentino, *Danni di guerra a Pompei. Una dolorosa vicenda quasi dimenticata*, L'Erma di Bretschneider, Roma 2006

Giardina, Andrea, *L'uomo romano*, Laterza, Roma-Bari 2009

Gigante, Marcello, *Il racconto pliniano dell'eruzione del Vesuvio dell'anno 79 d.C.*, in «Parola del passato», n. 34, G. Macchiaroli, Napoli 1979

Giordano, Carlo; Casale, Angelandrea, *Profumi, unguenti e acconciature in Pompei antica*, Bardi Editore, Roma 1992

Giordano, Carlo; Kahn, Isidoro, *Testimonianze ebraiche a Pompei, Ercolano, Stabia e nelle città della Campania Felix*, Bardi Editore, Roma 2001

Grimaldi Bernardi, Grazia, *Botteghe romane. L'arredamento*, Edizioni Quasar, Roma 2005

Guadagno, Giuseppe, *Il viaggio di Plinio il Vecchio verso la morte (Plin., Ep. VI, 16)*, in «Rivista di studi pompeiani», VI, L'Erma di Bretschneider, Roma 1993-1994

Guidobaldi, Maria Paola; Guzzo, Pier Giovanni; Borriello, Maria Rosaria, *Ercolano. Tre secoli di scoperte. Catalogo della mostra (Napoli, 16 ottobre 2008 - 13 aprile 2009)*, Mondadori Electa, Milano 2008

Guzzo, Pier Giovanni; Fergola, Lorenzo, *Oplontis. La Villa di Poppea*, Federico Motta Editore, Milano 2000

Hunink, Vincent (a cura di), *Felice è questo luogo! 1000 graffiti pompeiani*, Apeiron, Roma 2013

Jacobelli, Luciana, *Le pitture erotiche delle Terme Suburbane di Pompei*, L'Erma di Bretschneider, Roma 1995

Jacobelli, Luciana, *Gladiatori a Pompei*, L'Erma di Bretschneider, Roma 2003

Ling, Roger, *The Insula of the Menander at Pompeii. Vol. I: The Structures*, Clarendon Press, Oxford 1997

Ling, Roger; Ling, Lesley A., *The Insula of the Menander at Pompeii. Vol. II: The Decorations*, Clarendon Press, Oxford 2005

Maiuri, Amedeo, *La Villa dei Misteri*, Istituto Poligrafico dello Stato, Roma 1931

Maiuri, Amedeo, *La Casa del Menandro e il suo tesoro di argenteria*, Istituto Poligrafico dello Stato, Roma 1937

Maiuri, Amedeo, *Pompei ed Ercolano fra case e abitanti*, Giunti, Firenze 1998

Mastroroberto, Marisa, *Pompei e la riva destra del Sarno*, in De Simone, Antonio; Nappo, Salvatore Ciro (a cura di), *Mitis Sarni opes*, Denaro Libri, Napoli 2000

McGinn, Thomas, *The Economy of Prostitution in the Roman World: A Study of Social History and the Brothel*, University of Michigan Press, Ann Arbor 2004

Nappo, Salvatore Ciro, *Pompei. Guida alla città sepolta*, White Star, Vercelli 1998

Paoli, Ugo Enrico, *Vita romana. Usi, costumi, istituzioni, tradizioni*, Mondadori, Milano 1990

Pesando, Fabrizio; Guidobaldi, Maria Paola, *Gli ozi di Ercole: residenze di lusso a Pompei ed Ercolano*, L'Erma di Bretschneider, Roma 2006

Pesando, Fabrizio; Guidobaldi, Maria Paola, *Pompei, Oplontis, Ercolano, Stabiae*, Laterza, Roma-Bari 2006

Pescatore, Tullio; Sigurdsson, Haraldur, *L'eruzione del Vesuvio del 79 d.C.*, in *Ercolano 1738-1988: 250 anni di ricerca archeologica. Atti del Convegno internazionale (Ravello-Ercolano-Napoli-Pompei, 30 ottobre - 5 novembre 1988)*, L'Erma di Bretschneider, Roma 1993

Sabbatini Tumolesi, Patrizia, *Gladiatorum Paria. Annunci di spettacoli gladiatori a Pompei*, Edizioni di Storia e Letteratura, Roma 1980

Salles, Catherine, *I bassifondi dell'antichità. Prostitute, ladri, schiavi, gladiatori: dietro lo scenario eroico del mondo classico*, Rizzoli, Milano 2001

Salza Prina Ricotti, Eugenia, *L'arte del convito nella Roma antica*, L'Erma di Bretschneider, Roma 1983

Salza Prina Ricotti, Eugenia, *Ricette della cucina romana a Pompei e come eseguirle*, L'Erma di Bretschneider, Roma 1993

Sampaolo Valeria; Bragantini, Irene (a cura di), *La pittura pompeiana*, Mondadori Electa, Milano 2013

Sauron, Gilles, *Il grande affresco della Villa dei Misteri a Pompei. Memorie di una devota di Dioniso*, Jaca Book, Milano 2010

Spinazzola, Vittorio, *Pompei alla luce degli Scavi Nuovi di Via dell'Abbondanza (anni 1910-1923)*, La Libreria dello Stato, Roma 1953

Squillace, Giuseppe, *Il profumo nel mondo antico*, Olschki, Firenze 2010

Stefani, Grete (a cura di), *Cibi e sapori a Pompei e dintorni*, Sovrintendenza archeologica di Pompei, Edizioni Flavius 2005

Stefani, Grete; Borgongino, Michele, *Intorno alla data dell'eruzione del 79 d.C.*, in «Rivista di studi pompeiani», 12-13, L'Erma di Bretschneider, Roma 2001-2002

Stefani, Grete; Sodo, Anna Maria, *Uomo e ambiente nel territorio vesuviano. Guida all'antiquarium di Boscoreale*, Marius Edizioni, Milano 2002

Storoni Mazzolani, Lidia, *Iscrizioni funerarie romane*, BUR, Milano 2007

Varone, Antonio, *Erotica pompeiana. Iscrizioni d'amore sui muri di Pompei*, L'Erma di Bretschneider, Roma 1994

Varone, Antonio, *L'erotismo a Pompei*, L'Erma di Bretschneider, Roma 2000

Varone, Antonio, *Pompei. I misteri di una città sepolta. Storia e segreti di un luogo in cui la vita si è fermata duemila anni fa*, Newton Compton, Roma 2006

Veyne, Paul, *La società romana*, trad. it. Laterza, Roma 1990

Veyne, Paul, *La vita privata nell'Impero romano*, trad. it. Laterza, Roma 2000

Weber, Carl, *Panem et circenses. La politica dei divertimenti di massa nell'antica Roma*, trad. it. Garzanti, Milano 1989

Zanker, Paul, *Pompei. Società, immagini urbane e forme dell'abitare*, Einaudi, Torino 1993

Zevi, Fausto (a cura di), *Pompei 79. Raccolta di studi per il decimonono centenario dell'eruzione vesuviana*, Arbor Sapientiae, Roma 1979

Zevi, Fausto (a cura di), *Pompei*, 2 voll., Banco di Napoli, Napoli 1991-1992

Zevi, Fausto, *Pompei, prima e dopo l'eruzione*, in Fontana, Maria Vittoria; Gemito, Bruno (a cura di), «Studi in onore di Umberto Scerrato: per il suo settantacinquesimo compleanno», vol. II, L'Orientale, Napoli 2003

STUDI SCIENTIFICI

Anderson, Michael, *Disruption or Continuity? The Spatio-Visual Evidence of Post Earthquake Pompeii*, in Flohr, M.; Cole, K.; Poehler, E. (a cura di), *Pompeii: Art, Industry and Infrastructure*, Oxbow, Oxford (UK) 2011.

Barbante, C.; Kehrwald, N.M.; Marianelli, P.; Vinther, B.M.; Steffensen, J.P.; Cozzi, G.; Hammer, C.U.; Clausen, H.B.; Siggaard-Andersen, M.-L., *Greenland Ice Core Evidence of the 79 AD Vesuvius Eruption*, in «Climate of the Past», vol. 9, 2013, pp. 1221-1232

Carey, Steven; Sigurdsson, Haraldur, *Temporal Variations in Column Height and Magma Discharge Rate During the 79 A.D. Eruption of Vesuvius*, in «Geological Society of America Bulletin», 2, vol. 99, 1987, pp. 303-314

Cioni, Raffaello; Gurioli, Lucia; Lanza, Roberto; Zanella, Elena, *Temperatures of the A.D. 79 Pyroclastic Density Current Deposits (Vesuvius, Italy)*, in «Journal of Geophysical Research», vol. 109, B02207, 2004

Gurioli, Lucia; Pareschi, Maria Teresa; Zanella, Elena; Lanza, Roberto; Deluca, Enrico; Bisson, Marina, *Interaction of Pyroclastic Density Currents with Human Settlements: Evidence from Ancient Pompeii*, in «Geology», vol. 33, 2005, pp. 441-444

Macedonio, Giovanni; Pareschi, Maria Teresa; Santacroce, Roberto, *A Numerical Simulation of the Plinian Fall Phase of the 79 A.D. Eruption of Vesuvius*, in «Journal of Geophysical Research», B12, vol. 93, 1988, pp. 14.817-14.827

Rolandi, G.; Paone, A.; Di Lascio, M.; Stefani, G., *The 79 AD Eruption of Somma: The Relationship Between the Date of the Eruption and the Southeast Tephra Dispersion*, in «Journal of Volcanology and Geothermal Research», vol. 169, 2007, pp. 87-98

Santacroce, Roberto (a cura di), *Somma-Vesuvius*, in «Quaderni de "La Ricerca Scientifica"», 114, vol. 8, Consiglio Nazionale delle Ricerche, Roma 1987

Sigurdsson, Haraldur; Cashdollar, Stanford; Sparks, R.J. Stephen, *The Eruption of Vesuvius in A.D. 79: Reconstruction from Historical and Volcanological Evidence*, in «American Journal of Archaeology», vol. 86, 1982, pp. 39-51

INDICE

Finito di stampare nel mese di dicembre 2014
presso ☙ Grafica Veneta - Trebaseleghe (PD)

Printed in Italy

C A M

via Appia

Volturno

AGRO CAMPANO

via Consolare Cam

Ad
Septimu

*M A R
T I R R E N O*

via Domiziana

Literno

Cuma

Campi
Flegrei

Baia

Pozzuoli

Miseno

Promontorio
di Miseno

Ischia

Procida

Go

ISCHIA

CAP

'L LITORALE VESUVIANO